後漢書（五）

〔南朝宋〕范曄 撰
〔唐〕李賢等 注

荊楚文庫編纂出版委員會
崇文書局

後漢書卷七十四上

袁紹劉表列傳第六十四上 紹子譚

袁紹字本初,汝南汝陽人,司徒湯之孫。父成,五官中郎將,[1]〔一〕(紹)壯健好交結,〔二〕大將軍梁冀以下莫不善之。

【注】

〔1〕袁山松《書》曰:"紹,司空逢之孽子,出後伯父成。"《魏書》亦同。《英雄記》:"成字文開,與梁冀結好,言無不從。京師謠曰:'事不諧,問文開。'"

紹少為郎,除濮陽長,〔三〕遭母憂去官。三年禮竟,追感幼孤,又行父服。[1]服闋,徙居洛陽。紹有姿貌威容,愛士養名。[2]既累世台司,賓客所歸,加傾心折節,莫不爭赴其庭,士無貴賤,與之抗禮,輜軿柴轂,填接街陌。[3]內官皆惡之。中常侍趙忠言於省內曰:"袁本初坐作聲價,好養死士,不知此兒終欲何作。"叔父太傅隗聞而呼紹,以忠言責之,紹終不改。

【注】

〔1〕《英雄記》曰,凡在冢廬六年。
〔2〕《英雄記》曰:"紹不妄通賓客,非海內知名不得相見。又好游俠,與

張孟卓、何伯求、吳子卿、許子遠皆為奔走之友。"

〔3〕《説文》曰："輧車，衣車也。"鄭玄注《周禮》曰："輧猶屏也，取其自蔽隱。"柴轂，賤者之車。

後辟大將軍何進掾，為侍御史、虎賁中郎將。中平五年，初置西園八校尉，以紹為佐軍校尉。〔1〕〔四〕

【注】
〔1〕樂資《山陽公載記》曰："小黄門蹇碩為上軍校尉，虎賁中郎將袁紹為中軍校尉，屯騎校尉鮑鴻為下軍校尉，議郎曹操為典軍校尉，趙融為助軍左校尉，馮芳為助軍右校尉，諫議大夫夏牟為左校尉，淳于瓊為右校尉：〔五〕凡八人，謂之西園軍，皆統於碩。"此云"佐軍"，與彼文不同。

靈帝崩，紹勸何進徵董卓等衆軍，脅太后誅諸宦官，轉紹司隸校尉。語已見《何進傳》。及卓將兵至，騎都尉太山鮑信説紹曰：〔1〕"董卓擁制強兵，將有異志，今不早圖，必為所制。及其新至疲勞，襲之可禽也。"紹畏卓，不敢發。頃之，卓議欲廢立，謂紹曰："天下之主，宜得賢明，每念靈帝，令人憤毒。〔2〕董侯似可，今當立之。"紹曰："今上富於春秋，未有不善宣於天下。〔六〕若公違禮任情，廢嫡立庶，恐衆議未安。"卓案劍叱紹曰："豎子敢然！天下之事，豈不在我？我欲為之，誰敢不從！"紹詭對曰："此國之大事，請出與太傅議之。"卓復言"劉氏種不足復遺"。紹勃然曰："天下健者，豈惟董公！"橫刀長揖徑出。〔3〕懸節於上東門，〔4〕而奔冀州。

【注】
〔1〕《魏書》曰："信，太山（陽）平〔陽〕人也。〔七〕少有大節，寬厚愛人，沈毅有謀。説紹不從，乃引軍還鄉里。"〔八〕

〔2〕毒，恨也。

〔3〕《英雄記》曰:"紹揖卓去,坐中驚愕。卓新至,見紹大家,故不敢害。"

〔4〕洛陽城東面北頭門也。《山陽公載記》曰:"卓以袁紹弃節,改第一葆為赤旄。"

董卓購募求紹。時侍中周珌、城門校尉伍瓊為卓所信待,瓊等陰為紹說卓曰:"夫廢立大事,非常人所及。袁紹不達大體,恐懼出奔,非有它志。今急購之,執必為變。袁氏樹恩四世,門生故吏徧於天下,若收豪傑以聚徒衆,英雄因之而起,則山東非公之有也。不如赦之,拜一郡守,紹喜於免罪,必無患矣。"卓以為然,乃遣授紹勃海太守,封邟鄉侯。〔1〕紹猶稱兼司隸。

【注】
〔1〕《前書》潁川有周承休侯國,元帝置。元始二年更名邟,音口浪反。

初平元年,紹遂以勃海起兵,(以)〔與〕從弟後將軍術、〔九〕冀州牧韓馥、〔1〕豫州刺史孔伷、兗州刺史劉岱、陳留太守張邈、廣陵太守張超、河內太守王匡、山陽太守袁遺、東郡太守橋瑁、〔2〕濟北相鮑信等同時俱起,衆各數萬,以討卓為名。紹與王匡屯河內,伷屯潁川,馥屯鄴,餘軍咸屯酸棗,約盟,遙推紹為盟主。紹自號車騎將軍,領司隸校尉。

【注】
〔1〕馥字文節,潁川人也。
〔2〕《英雄記》曰,孔伷字公緒,陳留人也。王匡字公節,泰山人也。袁遺字伯業,紹從弟術字公路,汝南汝陽人也。橋瑁字元偉,橋玄族子,先為兗州刺史,甚有威惠。《魏氏春秋》云劉岱惡而殺之。

董卓聞紹起山東,乃誅紹叔父隗,及宗族在京師者,盡滅之。〔1〕卓乃遣大鴻臚韓融、少府陰脩、執金吾胡母班、將作大匠吳脩、〔一〇〕越騎校尉王瓌譬解紹等諸軍。紹使王匡殺班、瓌、吳脩等，〔二〕袁術亦執殺陰脩，惟韓融以名德免。

【注】

〔1〕《獻帝春秋》曰："太傅袁隗，太僕袁基，術之母兄，卓使司隸宣璠（尺）〔盡〕口收之，〔一一〕母及姊妹嬰孩以上五十餘人下獄死。"《卓別傳》曰："悉埋青城門外東都門內，而加書焉。又恐有盜取者，復以屍送郿藏之。"

〔2〕《海內先賢傳》曰："韓融字元長，穎川人。"《楚國先賢傳》曰："陰脩字元基，南陽新野人也。"《漢末名士錄》曰："胡母班字季友，〔一二〕泰山人，名在八廚。"謝承《書》曰："班，王匡之妹夫。匡受紹旨，收班繫獄，欲殺以徇軍。班與匡書，略曰：'足下拘僕於獄，欲以釁鼓，此何悖暴無道之甚者也？僕與董卓何親戚？義豈同惡？足下張虎狼之口，吐長蛇之毒，恚卓遷怒，何其酷哉！死者人之所難，然恥為狂夫所害。若亡者有靈，當訴足下於皇天。夫婚姻者禍福之幾，今日著矣。曩為一體，今為血讎，亡人二女，〔一三〕則君之甥，身沒之後，慎勿令臨僕尸骸。'匡得書，抱班二子哭，班遂死於獄。"

是時豪傑既多附紹，且感其家禍，人思為報，州郡蜂起，莫不以袁氏為名。韓馥見人情歸紹，忌（方）〔其〕得眾，〔一四〕恐將圖己，常遣從事守紹門，不聽發兵。橋瑁乃詐作三公移書，傳驛州郡，說董卓罪惡，天子危逼，企望義兵，以釋國難。馥於是方聽紹舉兵。乃謀於眾曰："助袁氏乎？助董氏乎？"治中劉惠勃然曰："興兵為國，安問袁、董？"〔1〕馥意猶深疑於紹，每貶節軍糧，欲使離散。

【注】

〔1〕《英雄記》曰："劉子惠，中山人。兗州刺史劉岱與其書，道'卓無道，天下所共攻，死在旦暮，不足為憂。但卓死之後，當復回師討文節。擁強兵，何凶逆，〔一五〕寧可得置'。封書與馥，馥得此大懼，歸咎子惠，欲斬之。別

駕從事耿武等排閤伏子惠上,願并見斬,得不死,作徒,被赭衣,埽除宮門外。"

明年,馥將麴義反畔,馥與戰失利。紹既恨馥,乃與義相結。紹客逢紀〔一六〕謂紹曰:〔1〕"夫舉大事,非據一州,無以自立。今冀部強實,而韓馥庸才,可密要公孫瓚將兵南下,馥聞必駭懼。并遣辯士為陳禍福,馥迫於倉卒,必可因據其位。"紹然之,益親紀,即以書與瓚。瓚遂引兵而至,外託〔討〕董卓,〔一七〕而陰謀襲馥。紹乃使外甥陳留高幹及潁川荀諶等〔2〕說馥曰:"公孫瓚乘勝來南,而諸郡應之。袁車騎引軍東向,其意未可量也。竊為將軍危之。"馥懼,曰:"然則為之奈何?"諶曰:"君自料寬仁容眾,為天下所附,孰與袁氏?"馥曰:"不如也。""臨危吐決,智勇邁於人,又孰與袁氏?"馥曰:"不如也。""世布恩德,天下家受其惠,又孰與袁氏?"馥曰:"不如也。"諶曰:"勃海雖郡,其實州也。〔3〕今將軍資三不如之執,久處其上,袁氏一時之傑,必不為將軍下也。且公孫提燕、代之卒,其鋒不可當。夫冀州天下之重資,若兩軍并力,兵交城下,危亡可立而待也。夫袁氏將軍之舊,且為同盟。當今之計,莫若舉冀州以讓袁氏,必厚德將軍,公孫瓚不能復與之爭矣。是將軍有讓賢之名,而身安於太山也。願勿有疑。"馥素性恇怯,因然其計。馥長史耿武、別駕閔純、騎都尉沮授〔一八〕聞而諫曰:〔4〕"冀州雖鄙,帶甲百萬,穀支十年。袁紹孤客窮軍,仰我鼻息,譬如嬰兒在股掌之上,絕其哺乳,立可餓殺。奈何欲以州與之?"馥曰:"吾袁氏故吏,且才不如本初。度德而讓,古人所貴,諸君獨何病焉?"先是,馥從事趙浮、程渙〔一九〕將強弩萬人屯孟津,聞之,率兵馳還,請以拒紹,馥又不聽。〔5〕乃避位,出居中常侍趙忠故舍,遣子送印綬以讓紹。

【注】

〔1〕《英雄記》曰:"紀字元圖。初,紹去董卓,與許攸及紀俱詣冀州,以

紀聰達有計策,甚親信之。"逢音龐。

〔2〕《魏志》云諶,荀彧之弟。

〔3〕言土廣也。

〔4〕《獻帝傳》曰:"沮授,廣平人。少有大志,多謀略。"《英雄記》曰:"耿武字文威。閔純字伯典。後袁紹至,馥從事十人棄馥去,唯恐在後,獨武、純杖刀拒,兵不能禁,紹後令田豐殺此二人。"

〔5〕《英雄記》曰:"紹在朝歌清水口,浮等從後來,船數百艘,衆萬餘人整兵駭鼓過紹營,紹甚惡之。浮等到,謂馥曰:'袁本初軍無斗糧,各欲離散,旬日之間,必土崩瓦解。明將軍但閉户高枕,何憂何懼?'"

紹遂領冀州牧,承制以馥為奮威將軍,而無所將御。引沮授為別駕,因謂授曰:"今賊臣作亂,朝廷遷移。吾歷世受寵,志竭力命,興復漢室。然齊桓非夷吾不能成霸,句踐非范蠡無以存國。今欲與卿戮力同心,共安社稷,將何以匡濟之乎?"授進曰:"將軍弱冠登朝,播名海内。值廢立之際,忠義奮發,單騎出奔,董卓懷懼,濟河而北,勃海稽服。〔1〕擁一郡之卒,撮冀州之衆,〔2〕威陵河朔,名重天下。若舉軍東向,則黃巾可埽;還討黑山,則張燕可滅;〔3〕回師北首,則公孫必禽;震脅戎狄,則匈奴立定。橫大河之北,合四州之地,〔4〕收英雄之士,擁百萬之衆,迎大駕於長安,復宗廟於洛邑,號令天下,誅討未服。以此争鋒,誰能御之!比及數年,其功不難。"紹喜曰:"此吾心也。"〔5〕即表授為奮武將軍,使監護諸將。

【注】

〔1〕稽音启。

〔2〕《廣雅》曰:"撮,持也。"

〔3〕黑山在今衛州衛縣西北。《九州春秋》曰"燕本姓褚。黃巾賊起,燕聚少年為群盜,博陵張牛角亦起與燕合。燕推牛角為帥,俱攻癭陶。牛角為飛矢所中,被創且死,大會其衆,告曰:'必以燕為帥。'牛角死,衆奉燕,故改

姓張。性剽悍，捷速過人，故軍中號曰'飛燕'。其後人眾浸廣，常山、趙郡、中山、上黨、河內諸山谷皆相通，號曰'黑山'"也。

〔4〕四州見下。

〔5〕《左傳》秦伯曰：〔二〇〕"是吾心也。"

魏郡審配，鉅鹿田豐，〔1〕並以正直不得志於韓馥。紹乃以豐為別駕，配為治中，甚見器任。馥自懷猜懼，辭紹索去，〔2〕往依張邈。後紹遣使詣邈，有所計議，因共耳語。馥時在坐，謂見圖謀，無何，如廁自殺。〔3〕

【注】

〔1〕《先賢行狀》曰："配字正南。少忠烈慷慨，有不可犯之節。紹領冀州，委腹心之任。豐字元皓。天姿瓌傑，權略多奇。紹軍之敗也，土崩奔走，徒眾略盡，軍將皆撫膝啼泣曰：'向使田豐在此，不至於是。'"

〔2〕《英雄記》曰："紹以河內朱漢為都官從事。漢先時為馥所不禮，內懷忿恨，且欲徼迎紹意，擅發城郭兵圍守馥第，拔刃登屋，馥走上樓，收得馥大兒，搥折兩腳。紹亦立收漢殺之。馥猶憂怖，故報紹索去。"

〔3〕《九州春秋》曰："至廁，因以書刀自殺。"

其冬，公孫瓚大破黃巾，還屯槃河，〔1〕威震河北，冀州諸城無不望風響應。紹乃自擊之。瓚兵三萬，列為方陳，分突騎萬匹，翼軍左右，其鋒甚銳。紹先令麴義領精兵八百，強弩千張，以為前登。瓚輕其兵少，縱騎騰之，義兵伏楯下，一時同發，瓚軍大敗，斬其所置冀州刺史嚴綱，獲甲首千餘級。麴義追至界橋，〔2〕瓚斂兵還戰，義復破之，遂到瓚營，拔其牙門，〔3〕餘眾皆走。紹在後十數里，聞瓚已破，發鞌息馬，唯衛帳下強弩數十張，大戟士百許人。瓚散兵二千餘騎卒至，圍紹數重，射矢雨下。田豐扶紹，使却入空垣。紹脫兜鍪抵地，曰："大丈夫當前鬭死，而反逃垣牆閒邪？"促使諸弩競發，多傷瓚騎。眾不知是紹，頗稍引却。會麴義來迎，瓚乃散退。三年，瓚又遣兵至龍湊挑戰，紹復擊破之。瓚遂還幽州，不敢復出。

【注】
〔1〕《爾雅》有九河，鉤槃是其一也。故河道在今德州昌平縣界，入滄州樂陵縣，今名枯槃河。
〔2〕《九州春秋》曰："還屯廣宗界橋。"今貝州宗城縣東有古界城，此城近枯漳水，則界橋蓋當在此之側也。
〔3〕《真人水鏡經》曰："凡軍始出，立牙竿必令完堅；若有折，將軍不利。"牙門旗竿，軍之精也。即《周禮·司常職》云"軍旅會同置旌門"是也。

四年初，天子遣太僕趙岐和解關東，使各罷兵。瓚因此以書譬紹曰："趙太僕以周、邵之德，銜命來征，宣揚朝恩，示以和睦，曠若開雲見日，何喜如之！昔賈復、寇恂争相危害，遇世祖解紛，遂同興並出。釁難既釋，時人美之。自惟邊鄙，得與將軍共同斯好，此誠將軍之（羞）[眷]，〔二一〕而瓚之願也。"紹於是引軍南還。

三月上巳，大會賓徒於薄落津。〔1〕〔二二〕聞魏郡兵反，與黑山賊于毒〔二三〕等數萬人共覆鄴城，殺郡守。〔2〕坐中客家在鄴者，皆憂怖失色，或起而啼泣，紹容貌自若，不改常度。〔3〕賊有陶升者，自號"平漢將軍"，〔4〕獨反諸賊，將部衆踰西城入，閉府門，具車重，〔5〕載紹家及諸衣冠在州內者，身自扞衛，送到斥丘。〔6〕紹還，因屯斥丘，以陶升為建義中郎將。六月，紹乃出軍，入朝歌鹿腸山蒼巖谷口，〔7〕討于毒。圍攻五日，破之，斬毒及其衆萬餘級。紹遂尋山北行，〔二四〕進擊諸賊左髭丈八〔二五〕等，皆斬之，又擊劉石、青牛角、黃龍、左校、郭大賢、李大目、于氐根等，復斬數萬級，皆屠其屯壁。遂與黑山賊張燕及四營屠各、鴈門烏桓戰於常山。燕精兵數萬，騎數千匹，連戰十餘日，燕兵死傷雖多，紹軍亦疲，遂各退。麴義自恃有功，驕縱不軌，紹召殺之，而并其衆。

【注】

〔1〕歷法三月建辰,己卯退除,可以拂除災也。《韓詩》曰:"溱與洧,方洹洹兮。"薛君注云:"鄭國之俗,三月上巳之辰,兩水之上招魂續魄,拂除不祥,故詩人願與所説者俱往也。"酈元《水經》注曰:"漳水經鉅鹿故城西,謂之〔薄〕落津。"〔二六〕《續漢志》瘦陶縣有薄落亭。

〔2〕《管子》曰,齊桓公築五鹿、中牟、鄴,以禦諸侯。

〔3〕《獻帝春秋》曰:"紹勸督引滿投壺,言笑容貌自若。"

〔4〕《英雄記》曰:"升故為内黄小吏。"

〔5〕重,輜重也。

〔6〕斥丘,縣,屬鉅鹿郡,故城在今相州成安縣東南。《十三州志》云:"土地斥鹵,故曰斥丘。"

〔7〕朝歌故城在今衛縣西。《續漢志》曰:"朝歌有鹿腸山。"

興平二年,拜紹右將軍。〔二七〕其冬,車駕為李傕等所追於曹陽,沮授説紹曰:"將軍累葉台輔,世濟忠義。今朝廷播越,宗廟殘毀,觀諸州郡,雖外託義兵,内實相圖,未有憂存社稷卹人之意。且今州城粗定,兵彊士附,西迎大駕,即宮鄴都,挾天子而令諸侯,稸士馬以討不庭,誰能禦之?"〔1〕紹將從其計。潁川郭圖、淳于瓊曰:〔2〕"漢室陵遲,為日久矣,今欲興之,不亦難乎?且英雄並起,各據州郡,連徒聚衆,動有萬計,所謂秦失其鹿,先得者王。〔3〕今迎天子,動輒表聞,從之則權輕,違之則拒命,非計之善者也。"授曰:"今迎朝廷,於義為得,於時為宜。若不早定,必有先之者焉。夫權不失幾,功不猒速,願其圖之。"帝立既非紹意,竟不能從。

【注】

〔1〕《左傳》,周襄王出奔於鄭,狐偃言於晉文公曰:"求諸侯莫如勤王,

諸侯信之，且大義也。繼文之業而信宣於諸侯，今為可矣。"文公從之，納襄王，遂成霸業。

〔2〕《九州春秋》圖字公則。

〔3〕《史記》曰，蒯通曰："秦失其鹿，天下共追之，高才者先得焉。"

紹有三子：譚字顯思，熙字顯雍，〔二八〕尚字顯甫。譚長而惠，尚少而美。紹後妻劉有寵，而偏愛尚，數稱於紹，紹亦奇其姿容，欲使傳嗣。乃以譚繼兄後，出為青州刺史。沮授諫曰："世稱萬人逐兔，一人獲之，貪者悉止，分定故也。〔1〕且年均以賢，德均則卜，古之制也。〔2〕願上惟先代成（則）〔敗〕之誡，〔二九〕下思逐兔分定之義。若其不改，禍始此矣。"紹曰："吾欲令諸子各據一州，以視其能。"於是以中子熙為幽州刺史，外甥高幹為并州刺史。

【注】

〔1〕《慎子》曰："兔走於街，百人追之，貪人具存，人莫之非者，以兔為未定分也。積兔滿市，過不能顧，非不欲兔也，分定之後，雖鄙不爭。"子思子、商君書並載，其詞略同。

〔2〕《左傳》曰："王后無嫡則擇立長，年鈞以德，德鈞以卜。"

建安元年，曹操迎天子都許，乃下詔書於紹，責以地廣兵多而專自樹黨，不聞勤王之師而但擅相討伐。紹上書曰：

臣聞昔有哀歎而霜隕，〔1〕悲哭而崩城者。〔2〕每讀其書，謂為信然，於今況之，乃知妄作。何者？臣出身為國，破家立事，至乃懷忠獲釁，抱信見疑，晝夜長吟，剖肝泣血，曾無崩城隕霜之應，故鄒衍、杞婦何能感徹。

【注】

〔1〕《淮南子》曰："鄒衍事燕惠王盡忠，左右譖之，仰天而哭。夏五月，

天為降霜。"

〔2〕齊莊公攻莒,為五乘之賓,而杞梁獨不預。歸而不食,其母曰:"食!汝生而無義,死而無名,則雖非五乘,孰不汝笑?生而有義,死而有名,則五乘之賓盡汝下也。"及與莒戰,梁遂鬬殺二十七人而死。妻聞而哭,城為之陁而隅為之崩。見《説苑》。

臣以負薪之資,〔1〕拔於陪隸之中,〔2〕奉職憲臺,擢授戎校。常侍張讓等滔亂天常,侵奪朝威,賊害忠德,扇動姦黨。故大將軍何進忠國疾亂,義心赫怒,以臣頗有一介之節,可責以鷹犬之功,故授臣以督司,諮臣以方略。臣不敢畏憚強禦,避禍求福,與進合圖,事無違異。忠策未盡而元帥受敗,〔3〕太后被質,宮室焚燒,陛下聖德幼沖,親遭厄困。時進既被害,師徒喪沮,臣獨將家兵百餘人,抽戈承明,竦劒翼室,〔4〕虎叱群司,奮擊凶醜,曾不浹辰,罪人斯殄。〔5〕此誠愚臣效命之一驗也。

【注】

〔1〕負薪謂賤人也。《禮記》曰:"問士之子長幼,長曰能負薪矣,幼曰未能負薪。"

〔2〕陪,重也。《左傳》曰:"王臣公,公臣卿,卿臣大夫,大夫臣士,士臣皁,皁臣隸,隸臣僚,僚臣僕,僕臣臺。"又曰:"是無陪臺也。"陪隸猶陪臺。

〔3〕元帥謂何進。

〔4〕《山陽公載記》曰:"紹與王匡等并力入端門,於承明堂上格殺中常侍高望等二人。"《尚書》曰:"延入翼室。"孔安國注:"翼,明也。室謂路寢。"

〔5〕浹,帀也。《左傳》曰:"浹辰之間。"杜預曰:"十二日也。"

會董卓乘虛,所圖不軌。臣父兄親從,並當大位,〔1〕不憚一室之禍,苟惟寧國之義,故遂解節出奔,創謀河外。〔2〕時卓方貪結外援,招悅英豪,故即臣勃海,申以軍號,〔3〕則臣之與卓,未有纖芥之嫌。若使苟欲滑泥揚波,偷榮求利,〔4〕則進可以享竊祿位,退無門戶之患。然臣愚所守,志無傾奪,故遂引會英雄,興師百萬,飲馬孟津,歃血漳河。〔5〕會故冀州牧韓馥懷挾逆謀,欲專權埶,絶臣軍糧,不得踵係,至使獮虜肆毒,害及一門,尊卑大小,同日并戮。鳥獸之情,猶知號呼。〔6〕臣所以蕩然忘哀,貌無隱戚者,〔7〕誠以忠孝之節,道不兩立,顧私懷己,不能全功。斯亦愚臣破家徇國之二驗也。

【注】

〔1〕謂叔隗為太傅,從兄基為太僕。

〔2〕河外,河南。

〔3〕即謂就拜也。《山陽公載記》曰:"董卓以紹為前將軍,封邟鄉侯。紹受侯,不受前將軍。"

〔4〕滑,混也。《楚詞》:"滑其泥,揚其波。"

〔5〕《獻帝春秋》曰:"紹合冀州十郡守相,衆數十萬,登壇歃血,盟曰:'賊臣董卓,承漢室之微,負兵甲之衆,陵越帝城,跨蹈王朝,幽鴆太后,戮殺弘農,提挈幼主,越遷秦地,殘害朝臣,斬刈忠良,焚燒宫室,蒸亂宫人,發掘陵墓,虐及鬼神,過惡烝皇天,濁穢薰后土。神祇怨恫,無所憑恃,兆人泣血,無所控告,仁賢之士,痛心疾首,義士奮發,雲興霧合,咸欲奉辭伐罪,躬行天誅。凡我同盟之後,〔三〇〕畢力致命,以伐凶醜,同奬王室,翼戴天子。有渝此盟,神明是殛,〔三一〕俾墜其師,無克祚國!'"

〔6〕《禮記》曰:"凡生天地之間者,有血氣之屬必有知,有知之屬莫不知愛其類。今是(夫)[大]鳥獸則失喪其群匹,〔三二〕越月踰時焉,則必反巡過其故鄉,翔回焉,鳴號焉,躑躅焉,踟躕焉,然後乃能去之。小者至於燕爵,猶有啁噍之頃焉,然後乃能去之。"

〔7〕隱,憂也。

又黃巾十萬焚燒青、兗,黑山、張楊蹈藉冀域。臣乃旋師,奉辭伐畔。金鼓未震,狡敵知亡,故韓馥懷懼,謝咎歸土,張楊、黑山同時乞降。〔三三〕臣時輒承制,竊比竇融,以議郎曹操權領兗州牧。〔1〕會公孫瓚師旅南馳,陸掠北境,臣即星駕席卷,與瓚交鋒。假天之威,每戰輒克。臣備公族子弟,生長京輦,頗聞俎豆,不習干戈;加自乃祖先臣以來,世作輔弼,咸以文德盡忠,得免罪戾。臣非與瓚角戎馬之埶,爭戰陣之功者也。誠以賊臣不誅,〔2〕《春秋》所貶,苟云利國,〔3〕專之不疑。故冒踐霜雪,不憚劬勤,實庶一捷之福,以立終身之功。社稷未定,臣誠恥之。太僕趙岐〔三四〕銜命來征,宣明陛下含弘之施,蠲除細故,與下更新,奉詔之日,引師南轅。〔4〕是臣畏怖天威,不敢怠慢之三驗也。

【注】

〔1〕竇融行西河五郡大將軍事,以梁統為武威太守。

〔2〕《公羊傳》曰:"趙盾弒其君夷皋。弒者趙穿也,曷為加之趙盾?不討賊也。趙盾曰:'天乎!予無辜。'史曰:'爾為仁為義,人弒爾君,而復國不討賊,非弒如何?'"

〔3〕《左傳》曰:"苟利社稷,專之可也。"

〔4〕《左傳》曰:"令尹南轅反斾。"杜預曰:"回軍南向。"

又臣所上將校,率皆清英宿德,令名顯達,登鋒履刃,死者過半,勤恪之功,不見書列。而州郡牧守,競盜聲名,懷持二端,優游顧望,皆列土錫圭,跨州連郡,是以遠近狐疑,議論紛錯者也。臣聞守文之世,德高者位尊;倉卒之時,功多者賞厚。陛下播越非所,洛邑乏祀,海內傷心,志士憤惋。是以忠臣肝腦塗地,肌膚橫分而無悔心者,義之所感故也。今賞加無勞,以攜有德;〔1〕杜黜忠功,以疑眾望。斯豈腹心之遠圖?將乃讒慝之邪說使之然也?臣爵為通侯,位二千石。殊恩厚德,臣既叨之,豈敢闚覦重禮,以希肜弓玈矢之命哉?〔2〕誠傷偏裨列校,勤不見紀,盡忠為國,飜成重怨。斯蒙恬所以悲號於邊獄,〔3〕白起歔欷於杜郵也。〔4〕太傅日磾位為師保,任配東征,而耗亂王命,〔5〕寵任非所,凡所舉用,皆衆所捐弃。而容納其策,以為謀主,令臣骨肉兄弟,還為讎敵,交鋒接刃,搆難滋甚。臣雖欲釋甲投戈,事不得已。誠恐陛下日月之明,有所不照,四聰之聽有所不聞,乞下臣章,咨之群賢,使三槐九棘,議臣罪戾。〔6〕若以臣今行權為釁,則桓、文當有誅絶之刑;〔7〕若以衆不討賊為賢,則趙盾可無書弒之貶矣。臣雖小人,志守一介。若使得申明本心,不愧先帝,則伏首歐刀,褰衣就鑊,臣之願也。惟陛下垂《尸鳩》之平,〔8〕絶邪諂之論,無令愚臣結恨三泉。〔9〕

【注】

〔1〕攜,離也。

〔2〕《左氏傳》曰:"王命尹氏策晉文公為侯伯,賜之大路之服,戎路之服,彤弓一,彤矢百,玈弓十,玈矢千。"

〔3〕《史記》曰,胡亥遣使者殺蒙恬,恬不肯死,使者即以屬吏,繫於陽周。恬喟然太息曰:"恬罪當死矣。起臨洮屬之遼東,城萬餘里,此其中不能無絶地脉,此乃恬之罪也!"遂吞藥自殺。

〔4〕《史記》曰,秦王免白起為士伍,遷之陰密。白起既行,出咸陽西門十里,至杜郵,秦王乃使使者賜之劍,自裁。

〔5〕《三輔決録》注曰:"馬日磾字翁叔,馬融之族子。少傳融業,以才學進,歷位九卿,遂登台輔。"《獻帝春秋》曰:"日磾假節東征,循撫州郡。術在壽春,不肅王命,侮慢日磾,借節觀之,因奪不還,從術求去,而術不遣,既以失節屈辱,憂恚而死。"

〔6〕《周官》曰:"三槐,三公(匹)〔位〕焉。〔三五〕左九棘,孤卿大夫位焉。右九棘,公侯伯子男位焉。"鄭玄注曰:"槐之言懷也,言懷來人於此欲與謀也。樹棘以為位者,取其赤心而外刺,象以赤心有刺也。"

〔7〕齊桓、晉文時，周室弱，諸侯不朝，桓、文權行征伐，率諸侯以朝天子。

〔8〕尸鳩，鴶鵴也。《詩·國風》曰："尸鳩在桑，其子七兮，叔人君子，其儀一兮。"毛萇注曰："尸鳩之養其子，旦從上下，暮從下上，平均如一。言善人君子執義亦如此。"

〔9〕三者，數之小終，言深也。《前書》曰："下錮三泉。"

於是以紹為太尉，封鄴侯。[1]時曹操自為大將軍，紹恥為之下，[2]偽表辭不受。操大懼，乃讓位於紹。二年，使將作大匠孔融持節拜紹大將軍，錫弓矢節鉞，虎賁百人，[3]兼督冀、青、幽、并四州，然後受之。

【注】

[1]《獻帝春秋》曰："使將作大匠孔融持節之鄴，拜太尉紹為大將軍，改封鄴侯。"

[2]太尉位在大將軍上。初，武帝以衛青征伐有功，以為大將軍，欲尊寵之，故置大司馬官號以冠之。其後霍光、王鳳等皆然。明帝以弟東平王蒼有賢材，以為驃騎大將軍，[三六]以王故，位公上。和帝以舅竇憲征匈奴，還遷大將軍，在公上，以勳戚者不拘常例焉。

[3]《禮含文嘉》曰："九錫一曰車馬，二曰衣服，三曰樂器，四曰朱戶，五曰納陛，六曰虎賁之士百人，七曰斧鉞，八曰弓矢，九曰秬鬯。"《春秋元命苞》曰"賜虎賁得專征伐，賜斧鉞得誅"也。

紹每得詔書，患有不便於己，乃欲移天子自近，使說操以許下埤[1]溼，洛陽殘破，宜徙都甄城，[2]以就全實。操拒之。田豐說紹曰："徙都之計，既不克從，宜早圖許，奉迎天子，動託詔令，響號海內，此筭之上者。不爾，終為人所禽，雖悔無益也。"紹不從。四年春，擊公孫瓚，遂定幽土，事在《瓚傳》。

【注】

〔1〕埤亦下也。音婢。

〔2〕甄音絹。

紹既并四州之地,衆數十萬,而驕心轉盛,貢御稀簡。主簿耿包密白紹曰:"赤德衰盡,袁為黃胤,宜順天意,[1]以從民心。"紹以包白事示軍府僚屬,議者以包妖妄宜誅。紹知衆情未同,不得已乃殺包以弭其迹。於是簡精兵十萬,騎萬匹,欲出攻許,以審配、逢紀統軍事,田豐、荀諶及南陽許攸為謀主,顏良、文醜為將帥。沮授進說曰:"近討公孫,師出歷年,百姓疲敝,倉庫無積,賦役方殷,此國之深憂也。宜先遣使獻捷天子,務農逸人。若不得通,乃表曹操隔我王路,然後進屯黎陽,漸營河南,益作舟船,繕修器械,分遣精騎,抄其邊鄙,令彼不得安,我取其逸。如此可坐定也。"郭圖、審配曰:"兵書之法,十圍五攻,敵則能戰。[2]今以明公之神武,連河朔之強衆,以伐曹操,(兵)〔其〕執譬若覆手。[3]〔三七〕今不時取,後難圖也。"授曰:"蓋救亂誅暴,謂之義兵;恃衆憑強,謂之驕兵。義者無敵,驕者先滅。[4]曹操奉迎天子,建宮許都。今舉師南向,於義則違。且廟勝之策,不在彊弱。[5]曹操法令既行,士卒精練,非公孫瓚坐受圍者也。今弃萬安之術,而興無名之師,[6]竊為公懼之。"圖等曰:"武王伐紂,不為不義;況兵加曹操,而云無名!且公師徒精勇,〔三八〕將士思奮,而不及時早定大業,所謂'天與不取,反受其咎'。[7]此越之所以霸,吳之所以滅也。監軍之計,在於(將軍)〔持牢〕,〔三九〕而非見時知幾之變也。"紹納圖言。圖等因是譖沮授曰:"授監統內外,威震三軍,若其浸盛,何以制之!夫臣與主同者〔昌,主與臣同者〕亡,〔四〇〕此黃石之所忌也。[8]且御衆於外,不宜知內。"[9]紹乃分授所統為三都督,使授及郭圖、淳于瓊各典一軍,未及行。

【注】

〔1〕《獻帝春秋》曰："袁,舜後。黃應代赤,故包有此言。"

〔2〕十倍則圍之,五倍則攻之。

〔3〕《前書》陸賈謂南越王曰："越殺王降漢,如反覆手耳。"

〔4〕《前書》魏相上書曰："救亂誅暴,謂之義兵。兵義者王。敵加於己,不得已而起者,謂之應兵。兵應者勝。爭恨小故,不勝憤怒者,謂之忿兵。兵忿者敗。利人土地貨寶者,謂之貪兵。兵貪者破。恃國家之大,矜人庶之衆,欲見威於敵者,謂之驕兵。兵驕者滅。此非但人事,乃天道也。"

〔5〕《淮南子》曰："運籌於廟堂之中,決勝乎千里之外。"

〔6〕《前書》曰,新城三老說高祖曰："順德者昌,逆德者亡。兵出無名,事故不成。"《音義》曰："有名,伐有罪也。"

〔7〕《史記》范蠡謂句踐曰："天與不取,反受其咎。"

〔8〕臣與主同者,權在於主也。主與臣同者,權在臣也。黃石者,即張良於下邳圯上所得者,三略也。圯音以之反。

〔9〕《淮南子》曰："國不可從外理,軍不可從中御。"

五年,左將軍劉備殺徐州刺史車冑,據沛以背曹操。操懼,乃自將征備。田豐說紹曰："與公爭天下者,曹操也。操今東擊劉備,兵連未可卒解,今舉軍而襲其後,可一往而定。兵以幾動,斯其時也。"紹辭以子疾,未得行。豐舉杖擊地曰："嗟乎,事去矣!夫遭難遇之幾,而以嬰兒病失其會,惜哉!"紹聞而怒之,從此遂疏焉。

曹操畏紹過河,乃急擊備,遂破之。備奔紹,紹於是進軍攻許。田豐以既失前幾,不宜便行,諫紹曰："曹操既破劉備,則許下非復空虛。且操善用兵,變化無方,衆雖少,未可輕也。今不如久持之。將軍據山河之固,擁四州之衆,外結英雄,內修農戰,然後簡其精銳,分為奇兵,〔1〕乘虛迭出,以擾河南,救右則擊其左,救左則擊其右,使敵疲於奔命,人不得安業,我未勞而彼已困,不及三年,可坐剋也。今釋廟勝之策而決成敗於一戰,若不如志,悔無及也。"紹不從。豐強諫忤紹,紹以為沮衆，遂械繫之。乃先宣檄曰：

【注】
〔1〕《孫子兵法》曰："凡戰者以正合，以奇勝也。"注云："正者當敵，奇者擊其不備。"

蓋聞明主圖危以制變，忠臣慮難以立權。曩者強秦弱主，趙高執柄，專制朝命，威福由己，終有望夷之禍，汙辱至今。[1]及臻吕后，祿、産專政，擅斷萬機，決事禁省，下陵上替，海內寒心。於是絳侯、朱虛興威奮怒，誅夷逆暴，尊立太宗，故能道化興隆，光明融顯。此則大臣立權之明表也。[2]

【注】
〔1〕始皇崩，胡亥立，趙高為丞相。胡亥夢白虎齧其左驂馬，殺之，心不樂。問占夢，卜涇水為祟，胡亥乃齋望夷宮。趙高令其壻閻樂逼胡亥使自殺。張華云："望夷之宮在長陵西北長平觀，東臨涇水，作之以望北夷。"事見《史記》。
〔2〕吕后專制，以兄子祿為趙王、上將軍，産為梁王、相國，各領南北軍。吕后崩，欲為亂，絳侯周勃、朱虛侯劉章等共誅之，立文帝，廟稱太宗。《左傳》閔子馬曰："下陵上替，能無亂乎？"

司空曹操祖父騰，故中常侍，與左悺、徐璜並作妖孽，饕餮放橫，傷化虐人。[1]父嵩，乞匄攜養，[2]因臧買位，[四一]輿金輦寶，輸貨權門，竊盜鼎司，傾覆重器。操（姦）[贅]閹遺醜，[四二]本無令德，剽狡鋒俠，好亂樂禍。[3]幕府董統鷹揚，埽夷凶逆，[4]續遇董卓侵官暴國，[5]於是提劍揮鼓，發命東夏，廣羅英雄，弃瑕錄用，故遂與操參咨策略，謂其鷹犬之才，爪牙可任。至乃愚佻短慮，輕進易退，傷夷折衂，數喪師徒。[6]幕府輒復分兵命銳，修完補輯，表行東郡太守、兗州刺史，被以虎文，[7]授以偏師，獎就威柄，[四三]冀獲秦師一克之報。[8]而遂乘資跋扈，肆行酷烈，割剝元元，殘賢害善。[9]故九江太守邊讓，英才儁逸，以直言正色，論不阿諂，身被梟懸之戮，[四四]妻孥受灰滅之咎。自是士林憤痛，人怨天怒，一夫奮臂，舉州同聲，故躬破於徐方，地奪於呂布，[10]彷徨東裔，蹈據無所。幕府惟強幹弱枝之義，且不登畔人之黨，[11]故復援旍擐甲，席卷赴征，金鼓響震，布衆破沮，[12]拯其死亡之患，復其方伯之任。是則幕府無德於兗土，而有大造於操也。[13]

【注】
[1] 貪財為饕，貪食為餮。悋音烏板反。
[2] 《續漢志》曰："嵩字巨高。靈帝時賣官，嵩以貨得拜大司農、大鴻臚，代崔烈為太尉。"《魏志》曰："嵩，騰養子，莫能審其生出本末。"《曹瞞傳》及郭頒《代語》並云嵩，夏侯氏子，惇之叔父。魏太祖於惇為從父兄弟也。"匄"亦"乞"也。
[3] 《方言》曰："僄，輕也。"《魏志》曰："操少機警有權數，而任俠放蕩，不修行業。"鋒俠言如其鋒之利也。僄音方妙反。或作"剽"，劫財物也，音同。
[4] 謂紹誅諸閹人，無少長皆斬之。
[5] 《左傳》："侵官冒也。"
[6] 《字書》曰："佻，輕也。"《魏志》曰："操引兵西，將據成皋，到滎陽汴水，遇卓將徐榮，戰不利，士卒死傷多，操為流矢所中，所乘馬被創。曹洪以馬與操，得夜遁，又為呂布所敗。"
[7] 《續漢志》曰："虎賁將，冠鶡冠，虎文單衣。襄邑歲獻織成虎文衣。"
[8] 秦穆公使孟明視、西乞術、白乙丙伐鄭，晉襄公敗諸殽，執孟明等。文嬴請而舍之，歸於秦。穆公復用孟明伐晉，晉人不敢出，封殽尸而還。事見《左傳》。

〔9〕《太公金匱》曰:"天道無親,常與善人。今海內陸沈於殷久矣,何乃急於元元哉?"

〔10〕《魏志》曰:"陶謙為徐州牧,操初征之,下十餘城。後復征謙,收五城,遂略地至東海。還過郯,會張邈與陳宮畔迎呂布,郡縣皆應。布西屯濮陽而操攻之,布出兵戰,操兵奔,陣亂,馳突火出,墜馬燒左手掌,司馬樓異扶操上馬,遂得引去。"

〔11〕強幹弱枝,解見《班固傳》。《左傳》宋大夫魚石等以宋彭城畔屬楚,經書"宋彭城",傳曰"非宋地,追書也,且不登畔人也"。杜預注曰:"登,成也。"

〔12〕《左傳》曰:"擐甲執兵。"杜預注曰:"擐,貫也。"《前書》楊雄曰:"雲徹席卷,後無餘災。"《魏志》曰:"操襲定陶未拔,會布至,擊破之。布將薛蘭、李封屯鉅野,操攻之。布救蘭敗,布走。布復與陳宮將萬餘人(乘)〔來〕戰,〔四五〕操時兵少,設伏縱奇兵擊,大破之。布夜走,東奔劉備。"

〔13〕《左傳》使呂相絕秦曰:"秦師克還無害,則是我有大造於西也。"杜預注曰:"造,成也。"

會後鑾駕東反,群虜亂政。時冀州方有北鄙之警,匪遑離局,〔1〕故使從事中郎徐勳就發遣操,使繕修郊廟,翼衛幼主。而便放志專行,威劫省禁,卑侮王僚,敗法亂紀,坐召三臺,專制朝政,〔2〕爵賞由心,刑戮在口,所愛光五宗,所怨滅三族,〔3〕群談者受顯誅,腹議者蒙隱戮,〔4〕道路以目,百辟鉗口,〔5〕尚書記朝會,公卿充員品而已。〔6〕

【注】

〔1〕北鄙之儆謂公孫瓚攻紹也。《左傳》曰:"局部也。"杜預注曰:"遠其部曲為離局。"

〔2〕《晉書》曰:"漢官尚書為中臺,御史為憲臺,謁者為外臺,是謂三臺。"

〔3〕五宗謂上至高祖，下及孫。三族謂父族、母族、妻族。

〔4〕大農顏異與張湯有隙，人告異，湯推異與客言詔令下有不便者，異不言，微反脣。湯遂奏，異九卿，見令不便，不入言而腹非，論死。見《前書》。

〔5〕《國語》曰："厲王虐，國人謗王。邵公告王曰：'人不堪命矣。'王怒，得衞巫，使監謗，以告則殺之。國人莫敢言，道路以目。"《周書》曰："賢哲鉗口，小人鼓舌。"何休注《公羊傳》曰："柑，以木衘其口也。""鉗"或作"柑"，音渠廉反。

〔6〕《前書》賈誼曰："大臣特以簿書不報，期會之閒，以為大故。"

故太尉楊彪，歷典二司，元綱極位。[1]操因睢眦，被以非罪，笞楚并兼，五毒俱至，[2]觸情放慝，不顧憲章。又議郎趙彥，忠諫直言，議有可納，故聖朝含聽，改容加錫。操欲迷奪時明，杜絕言路，擅收立殺，不俟報聞。又梁孝王先帝母弟，墳陵尊顯，松栢桑梓，猶宜恭肅。操率將吏士，親臨發掘，破棺裸尸，掠取金寶，至令聖朝流涕，士民傷懷。[3]又署發丘中郎將、摸金校尉，所過毀突，無骸不露。身處三公之官，而行桀虜之態，汙國虐民，毒施人鬼。加其細政苛慘，科防互設，繒繳充蹊，阬穽塞路，舉手挂網羅，動足蹈機陷，是以兗、豫有無聊之人，帝都有呼嗟之怨。[4]

【注】

〔1〕《續漢書》曰："彪代董卓為司空，又代黃琬為司徒。時袁術僭亂，操託彪與術婚姻，誣以欲圖廢置，奏收下獄，劾以大逆。"

〔2〕《獻帝春秋》曰："收彪下獄考實，遂以策罷。"

〔3〕《前書》曰，孝文皇帝竇皇后生孝景帝、梁孝王武。

〔4〕《管子》曰："天下無道，人在爵位者皆不自聊生。"

歷觀古今書籍所載，貪殘虐烈無道之臣，於操為甚。莫府方詰外姦，未及整訓，加意含覆，冀可彌縫。[1]而操豺狼野心，潛包禍謀,〔2〕乃欲橈折棟梁,孤弱漢室,〔3〕除忠害善,專為梟雄。往歲伐鼓北征,討公孫瓚,強禦桀逆,拒圍一年。操因其未破,陰交書命,欲託助王師,以見掩襲,故引兵造河,方舟北濟。會行人發露,瓚亦梟夷,故使鋒芒挫縮,厥圖不果。屯據敖倉,阻河為固,〔4〕乃欲運螳蜋之斧,禦隆車之隧。〔5〕莫府奉漢威靈,折衝宇宙,長戟百萬,胡騎千群,奮中黃、育、獲之士,〔6〕騁良弓勁弩之埶,〔7〕并州越太行,〔8〕青州涉濟、漯,〔9〕大軍汎黃河以角其前,荊州下宛、葉而掎其後〔10〕。雷震虎步,並集虜廷,若舉炎火以焚飛蓬,〔11〕覆滄海而注熛炭,〔12〕有何不消滅者哉?

【注】

〔1〕《左傳》曰:"彌縫敝邑。"杜預注曰:"彌縫猶補合。"

〔2〕《左傳》曰,楚司馬子良生子越椒,令尹子文曰:"必殺之。是子也,熊虎之狀而豺狼之聲,弗殺必滅若敖氏。諺曰'狼子野心',是乃狼也,其可畜乎!"

〔3〕《周易》"棟橈之凶,不可有以輔"也。

〔4〕《獻帝春秋》曰:"操引軍造河,託言助紹,實圖襲鄴,以為瓚援。會瓚破滅,紹亦覺之,以軍退,屯于敖倉。"

〔5〕《韓詩外傳》曰:"齊莊公獵,有螳蜋舉足將持其輪,問其御曰:'此何蟲?'對曰:'此螳蜋也。此蟲知進而不知退,不量其力而輕就敵。'公曰:'此為天下勇士矣。'迴車避之,勇士歸焉。"亦見《淮南子》。又《莊子》曰:"螳蜋怒臂以當車轍,不知其不勝任也。"隧,道也。

〔6〕《尸子》曰:"[中]黃伯曰:〔四六〕'我左執太行之獶,右執彫虎,唯象未試。'"《史記》范雎說秦昭王"烏獲、任鄙之力,慶忌、夏育之勇"也。

〔7〕《文子》曰:"狡兔得而獵犬烹,高鳥盡而良弓臧。"《史記》蘇秦說韓王曰:"天下之強弓勁弩,皆從韓出。"

〔8〕紹甥高幹為并州刺史,故言越太行山而來助。

〔9〕紹長子譚為青州刺史。濟,漯,二水名,在今齊州界。漯音他合反。

〔10〕賈逵注《國語》曰："從後牽曰掎。"音居蟻反。《左傳》曰"晉人角之，諸戎掎之"是也。荊州謂劉表也。與紹交，故云下宛、葉。

〔11〕《楚詞》曰："離憂患而乃寤，若縱火於秋蓬。"

〔12〕《黃石公三略》曰："夫以義而討不義，若決河而沈熒火，其尅必也。"

當今漢道陵遲，綱弛網絕，操以精兵七百，圍守宮闕，外稱陪衛，內以拘質，懼篡逆之禍，因斯而作。乃忠臣肝腦塗地之秋，烈士立功之會也。可不勗哉！[1]

【注】

〔1〕據《陳琳集》，此檄陳琳之詞也。《魏志》曰："琳字孔璋，廣陵人，避難冀州，袁紹使典文章。紹敗，歸太祖。太祖謂曰：'卿昔為本初移書，但可罪狀孤而已，惡惡止其身，何乃上及父祖邪？'琳謝罪。太祖愛其才而不咎也。"流俗本此下有"陳琳之辭"者，非也。

乃先遣顏良攻曹操別將劉延於白馬，[1]紹自引兵至黎陽。沮授臨行，會其宗族，散資財以與之。曰："埶存則威無不加，埶亡則不保一身。哀哉！"其弟宗曰："曹操士馬不敵，君何懼焉？"授曰："以曹兗州之明略，又挾天子以為資，我雖尅伯珪，眾實疲敝，而主驕將忲，軍之破敗，在此舉矣。楊雄有言：'六國蚩蚩，為嬴弱姬。'今之謂乎！"[2]曹操遂救劉延，擊顏良斬之。[3]紹乃度河，壁延津南。[4]沮授臨船歎曰："上盈其志，下務其功，悠悠黃河，吾其濟乎！"遂以疾退，紹不許而意恨之，復省其所部，并屬郭圖。

【注】

〔1〕白馬，縣，屬東郡，今滑州縣也，故城在今縣東。

〔2〕《法言》之文也。嬴，秦姓也。姬，周姓。《方言》："蚩，悖也。"

六國悖惑,侵弱周室,終為秦所併也。

〔3〕《蜀志》曰:"曹公使張遼及關羽為先鋒,羽望見良麾蓋,策馬刺良萬衆之中,斬其首還,諸將莫能當,遂解白馬圍。"

〔4〕酈元《水經注》曰:"漢孝文時河決酸棗,東潰金堤,大發卒塞之,武帝作《瓠子之歌》,皆謂此口也。"又東北謂之延津。杜預注《左傳》:"陳留酸棗縣北有延津。"

紹使劉備、文醜挑戰,曹操又擊破之,斬文醜。再戰而禽二將,紹軍中大震。操還屯官度,〔1〕紹進保陽武。〔2〕沮授又說紹曰:"北兵雖衆,而勁果不及南軍;南軍穀少,而資儲不如北。南幸於急戰,北利在緩師。宜徐持久,曠以日月。"紹不從。連營稍前,漸逼官度,遂合戰。操軍不利,〔3〕復還堅壁。紹為高櫓,起土山,射營中,〔4〕[營中]皆蒙楯而行。〔5〕〔四七〕操乃發石車擊紹樓,皆破,軍中呼曰"霹靂車"。〔6〕紹為地道欲襲操,操輒於内為長壍以拒之。又遣奇兵襲紹運車,大破之,盡焚其穀食。

【注】

〔1〕官度在今鄭州中牟縣北。酈元《水經》云:"蒗蕩渠經曹公壘北,有高臺謂之官度臺,在中牟城北,俗謂之中牟臺。"

〔2〕陽武,今鄭州縣。

〔3〕《魏志》曰:"連營稍進,前依沙塠,東西數十里為屯。操亦分營與相當。"

〔4〕《釋名》曰:"樓櫓者,露上無覆屋也。"今官度臺北土山猶在,臺東,紹舊營遺基並存焉。

〔5〕楯,今之旁排也。楊雄《羽獵賦》曰:"蒙楯負羽。"《獻帝春秋》曰:"紹令軍中各持三尺繩,曹操誠禽,〔四八〕但當縛之。"

〔6〕以其發石聲震烈,呼為霹靂,即今之拋車也。拋音普孝反。

相持百餘日，河南人疲困，多畔應紹。紹遣淳于瓊等將兵萬餘人北迎糧運。沮授説紹可遣蔣奇別為支軍於表，以絶曹操之鈔。〔1〕紹不從。許攸進曰："曹操兵少而悉師拒我，許下餘守埶必空弱。若分遣輕軍，星行掩襲，許拔則操（為）成禽。〔四九〕如其未潰，可令首尾奔命，破之必也。"紹又不能用。會攸家犯法，審配收繫之，攸不得志，遂奔曹操，而説使襲取淳于瓊等。瓊等時宿在烏巢，〔2〕去紹軍四十里。操自將步騎五千人，夜往攻破瓊等，悉斬之。〔3〕

【注】

〔1〕以支軍為瓊等表援。

〔2〕烏巢，地名，在滑州酸棗城東。

〔3〕《曹瞞傳》曰："公聞許攸來，跣出迎之。攸勸公襲瓊等，公大喜，乃選精鋭步騎，皆執袁軍旗幟，銜枚縛馬口，夜從閒道出，人把束薪。所歷道問者，語之曰：'袁公恐曹操鈔掠後軍，還兵以益備。'〔五〇〕問者信以為然。既至，圍屯，大放火，營中驚亂，大破之，盡燔其糧穀寶貨，斬督將（睢）[眭]元進等，〔五一〕割得將軍淳于仲簡鼻，殺士卒千餘人，皆取鼻，牛馬割脣舌，以示紹軍。將士皆惶懼。"

初，紹聞操擊瓊，謂長子譚曰："就操破瓊，吾拔其營，彼固無所歸矣。"乃使高覽、張郃等攻操營，不下。〔1〕二將聞瓊等敗，遂奔操。於是紹軍驚擾，大潰。紹與譚等幅巾乘馬，與八百騎度河，至黎陽北岸，入其將軍蔣義渠營。至帳下，把其手曰："孤以首領相付矣。"義渠避帳而處之，使宣令焉。衆聞紹在，稍復集。餘衆偽降，曹操盡阬之，前後所殺八萬人。

【注】

〔1〕《魏志》曰："張郃字儁文，河閒鄚人也。郃説紹曰：'曹公精兵往，必破瓊等，則事去矣。'郭圖曰：'郃計非也，不如攻其本營。'郃曰：'曹公

營固，攻之必不拔。若瓊等見禽，吾屬盡為虜矣。'紹但遣輕騎救瓊，而以重兵攻太祖營，不能下。太祖果破瓊等。紹軍潰，圖慙，又更譖郃快軍敗，郃懼，歸太祖。"

沮授為操軍所執，乃大呼曰："授不降也，為所執耳。"操見授謂曰："分野殊異，遂用圮絕，不圖今日乃相得也。"授對曰："冀州失策，自取奔北。授知力俱困，宜其見禽。"操曰："本初無謀，不相用計。今喪亂過紀，[1]國家未定，方當與君圖之。"授曰："叔父、母、弟懸命袁氏，若蒙公靈，速死為福。"操歎曰："孤早相得，天下不足慮也。"遂赦而厚遇焉。授尋謀歸袁氏，乃誅之。

【注】
〔1〕十二年曰紀。

紹外寬雅有局度，憂喜不形於色，而性矜愎自高，[1]短於從善，故至於敗。及軍還，或謂田豐曰："君必見重。"豐曰："公貌寬而內忌，不亮吾忠，而吾數以至言迕之。若勝而喜，必能赦我，戰敗而怨，內忌將發。若軍出有利，當蒙全耳，今既敗矣，吾不望生。"紹還，曰："吾不用田豐言，果為所笑。"遂殺之。[2]

【注】
〔1〕愎音平逼反。
〔2〕《先賢行狀》曰："紹謂逢紀曰：'冀州人聞吾軍敗，皆當念吾；唯田別駕前諫止吾，與眾不同，吾亦慙之。'紀復曰：'豐聞將軍之退，拍手大笑，喜其言之中也。'紹於是有害豐之意。初，太祖聞豐不從戎，喜曰：'紹必敗矣。'及紹奔遁，復曰：'向使紹用其別駕計，尚未可知也。'"

官度之敗，審配二子為曹操所禽。孟岱與配有隙，因蔣奇言於紹曰:"配在位專政,族大兵強,且二子在南,必懷反畔。"郭圖、辛評亦為然。紹遂以岱為監軍,代配守鄴。護軍逢紀與配不睦,[1]紹以問之,紀對曰:"配天性烈直,每所言行,慕古人之節,不以二子在南為不義也,公勿疑之。"紹曰:"君不惡之邪?"紀曰:"先所争者私情,今所陳者國事。"紹曰"善"。乃不廢配,配、[紀]由是更協。〔五二〕

【注】
〔1〕《英雄記》曰:"審配任用,與紀不睦,辛評、郭圖皆比於譚。"評,辛毗兄也。見《魏志》。

冀州城邑多畔,紹復擊定之。自軍敗後發病,七年夏,薨。[1]〔五三〕未及定嗣,逢紀、審配宿以驕侈為譚所病,辛評、郭圖皆比於譚而與配、紀有隙。衆以譚長,欲立之。配等恐譚立而評等為害,遂矯紹遺命,奉尚為嗣。

【注】
〔1〕《魏志》曰:"紹自軍破後,發病歐血死。"《獻帝春秋》曰:"紹為人政寬,百姓德之。河北士女莫不傷怨,市巷揮淚,如或喪親。"《典論》曰:"袁紹妻劉氏性酷妒,紹死,僵尸未殯,寵妾五人盡殺之,為死者有知,當復見紹於地下,乃髡頭墨面,以毀其形。尚又為盡殺死者之家。"

【校勘記】
〔一〕父成五官中郎將 按:《集解》引錢大昕説,謂華嶠《漢書》作"左中郎將",見《三國志》注。《袁安傳》云"左中郎",似失之。
〔二〕(紹)壯健好交結 殿本《考證》引何焯説,謂此指其父成,衍"紹"字。今據删。
〔三〕除濮陽長 按:《集解》引錢大昕説,謂《許劭傳》稱紹為濮陽令。
〔四〕以紹為佐軍校尉 《集解》引洪頤煊説,謂《何進傳》作"中軍校尉",《蓋勳傳》、《五行志》俱作"佐軍校尉"。按:沈家本謂注引《山陽公載記》作"中軍",《獻紀》注引亦同,《魏志》亦作"中軍",案時有上軍、下軍,則作"中軍"是也。

〔五〕淳于瓊為右校尉　按:《何進傳》作"左軍校尉"。

〔六〕未有不善宣於天下　按:《校補》引柳從辰說,謂袁《紀》"宣"作"害"。

〔七〕信太山(陽)平〔陽〕人也　洪亮吉謂"陽平"應如《魏志‧鮑勳傳》作"平陽"。今據改。

〔八〕乃引軍還鄉里　按:《刊誤》謂"軍"當作"歸",或云"軍"字衍。

〔九〕(以)〔與〕從弟後將軍術　據《刊誤》改。

〔一〇〕少府陰循至將作大匠吳循　按:《集解》引錢大昕說,謂《獻帝紀》"循"皆作"脩",《魏志》亦作"吳脩",當以"脩"為正。

〔一一〕卓使司隸宣璠(尺)〔盡〕口收之　據汲本、殿本改。

〔一二〕胡母班字季友　《三國‧魏志》注"季友"作"季皮"。《風俗通》卷三作"胡母季皮"。今按:作"皮"是。沈家本謂《漢書‧敍傳》,楚人謂虎班。名班字季皮,猶春秋時鄭罕虎字子皮也。

〔一三〕亡人二女　按:沈家本謂《魏志》注作"亡人子二人",案下文云"匡抱班二子哭",則作"二女"者非也。

〔一四〕忌(方)〔其〕得衆　《刊誤》謂"方"字無義,當是"其"字。按:《通志》正作"其",今據改。

〔一五〕何凶逆　《刊誤》謂"何"當作"阿"。按:嚴可均《全後漢》文注"何,負也"。依嚴說,則"何"字不誤。

〔一六〕紹客逢紀　按:《何進傳》作"龐紀"。

〔一七〕外託〔討〕董卓　《刊誤》謂案文少一"討"字。按:《通志》正作"託討董卓",今據補。

〔一八〕騎都尉沮授　按:《集解》引王補說,謂《魏志》言諫者耿、閔外,有治中李歷,而無沮授,《通鑑》從之。

〔一九〕程涣　按：《集解》引惠棟説，謂《魏志》"涣"作"奂"。

〔二〇〕秦伯曰　按："秦"原譌"泰"，逕據汲本、殿本改。

〔二一〕此誠將軍之（羞）〔眷〕　《集解》引惠棟説，謂"羞"字誤，當依《英雄記》作"眷"。今據改。按：《三國志·袁紹傳》注引《英雄記》作"眷"。

〔二二〕大會賓徒於薄落津　《校補》謂"徒"當作"從"。按：《魏志》注引《英雄記》，作"方與賓客諸將共會"。

〔二三〕黑山賊干毒　殿本"干"作"于"，下同。按：《朱儁傳》亦作"于"。

〔二四〕紹遂尋山北行　按：張森楷《校勘記》謂"尋"字無義，疑當作"循"。

〔二五〕左髭丈八　按：殿本"丈"作"文"。

〔二六〕謂之〔薄〕落津　《校補》引柳從辰説，謂《通鑑》注引此作"謂之薄落津"，此脱"薄"字。今據補，與今本《水經注》合。

〔二七〕拜紹右將軍　按：《集解》引惠棟説，謂袁宏《紀》作"後將軍"。

〔二八〕熙字顯雍　《集解》引惠棟説，謂"顯雍"當從《魏志》注作"顯奕"。按：潘眉《三國志考證》謂雍熙字相應，作"奕"誤。

〔二九〕願上惟先代成（則）〔敗〕之誡　《集解》引惠棟説，謂"則"依《九州春秋》當作"敗"。今據改。

〔三〇〕凡我同盟之後　按：《刊誤》謂案文當云"同盟之人，既盟之後"，此盟書常文也，誤脱四字。

〔三一〕神明是殛　按："殛"原譌"亟"，逕據汲本、殿本改正。

〔三二〕今是（夫）〔大〕鳥獸則失喪其群匹　據殿本改，與今《禮記》文合。

〔三三〕張楊黑山同時乞降　按："楊"原作"揚"，前後互岐，逕改正。

〔三四〕太僕趙岐　按："岐"原譌"歧"，逕改正。

〔三五〕三槐三公（匹）〔位〕焉　據汲本、殿本改。

〔三六〕以爲驃騎大將軍　按：張森楷《校勘記》謂案《明帝紀》及《東

平王傳》並云為驃騎將軍，"大"字蓋衍。

〔三七〕（兵）〔其〕埶譬若覆手　據汲本改。

〔三八〕且公師徒精勇　按：《校補》引柳從辰説，謂閩本"公"作"今"。

〔三九〕在於（將軍）〔持牢〕　據殿本改。按：殿本《考證》李良裘謂按《三國志》注中載《獻帝傳》作"在於持牢"，"將軍"二字傳寫之誤。又《集解》引王補説，謂《通鑑》亦作"持牢"，胡注猶今南人言"把穩"也。

〔四〇〕夫臣與主同者〔昌主與臣同者〕亡　《集解》引惠棟説，謂《獻帝傳》云"臣與主同者昌，主與臣同者亡"，傳漏"昌主與臣同者"六字。今據補。

〔四一〕因臧買位　《集解》引惠棟説，謂"買"《陳琳集》作"假"。今按：《文選》亦作"假"。

〔四二〕操（姦）〔贅〕閹遺醜　《集解》引錢大昕説，謂"姦"當作"贅"，《三國志》注及《文選》並是"贅"字。今據改。

〔四三〕奬就威柄　《集解》引惠棟説，謂《文選》及《魏志》注皆作"奬蹴"，蹴，成也，就亦訓成，與蹴同義。按：殿本"就"譌"蹴"。

〔四四〕身被梟懸之戮　《文選》"身"下有"首"字，"戮"作"誅"。按：下云"妻孥受灰滅之咎"，"身首""妻孥"相對成文，疑此脱"首"字。

〔四五〕布復與陳宮將萬餘人（乘）〔來〕戰　據汲本、殿本改。

〔四六〕〔中〕黄伯曰　據《刊誤》補。

〔四七〕〔營中〕皆蒙楯而行　李慈銘謂"皆"字上當疊"營中"二字，《三國志·袁紹傳》作"營中皆蒙楯，衆大懼"。今據補。

〔四八〕曹操誠禽　按：《刊誤》謂"誠"案文當作"成"。

〔四九〕許拔則操（為）成禽　據刊誤刪。

〔五〇〕還兵以益備　按：《校補》謂《魏志》注引《曹瞞傳》，"還兵"作"遣兵"。

〔五一〕斬督將（睢）〔眭〕元進等　《集解》引惠棟説，謂"睢"當作"眭"，即眭固也。今據改。

〔五二〕配〔紀〕由是更協　據《集解》引蘇輿説補。

〔五三〕七年夏薨　按：《魏志·袁紹傳》"夏薨"作"憂死"。

後漢書卷七十四下

袁紹劉表列傳第六十四下 紹子譚

　　譚自稱車騎將軍，出軍黎陽。尚少與其兵，而使逢紀隨之。譚求益兵，審配等又議不與。譚怒，殺逢紀。
　　曹操度河攻譚，譚告急於尚，尚乃留審配守鄴，自將助譚，與操相拒於黎陽。自九月至明年二月，〔一〕大戰城下，譚、[1]尚敗退。操將圍之，乃夜遁還鄴。操進軍，尚逆擊破操，操軍還許。譚謂尚曰："我鎧甲不精，故前為曹操所敗。今操軍退，人懷歸志，及其未濟，出兵掩之，可令大潰，此策不可失也。"尚疑而不許，既不益兵，又不易甲。譚大怒，郭圖、辛評因此謂譚曰："使先公出將軍為兄後者，皆是審配之所構也。"〔二〕譚然之。遂引兵攻尚，戰於外門。[2]譚敗，乃引兵還南皮。[3]

【注】
〔1〕郭緣生《述征記》曰："黎陽城西袁譚城，城南又有一城，是曹公攻譚之所築。"
〔2〕鄴郭之門。
〔3〕南皮，今滄州縣也。章武有北皮亭，故此曰南皮。

　　別駕王脩率吏人自青州往救譚，譚還欲更攻尚，問脩曰："計將安出？"脩曰："兄弟者，左右手也。譬人將鬥而斷其右手，曰'我必勝若'，如是者可乎？夫弃兄弟而不親，天下其誰親之？屬有讒人交鬥其閒，以求一朝之利，願塞耳勿聽也。若斬佞臣數人，復相親睦，以御四方，可横行於天下。"譚不從。尚復自將攻譚，譚戰大敗，嬰城固守。[1]尚圍之急，譚奔平原，而遣潁川辛毗詣曹操請救。[2]

【注】

[1]《前書》蒯通曰："必將嬰城固守。"《音義》曰："嬰謂以城自繞也。"

[2]《魏志》曰："辛毗，潁川陽翟人也。譚使毗詣太祖求和，毗見太祖致譚意。太祖悅，謂毗曰：'譚可信，尚必可克不？'毗對曰：'明公無問信與詐也，直(言)當論其埶耳。[三]袁氏本兄弟相伐，非謂他人能閒其閒，乃謂天下可定於己也。一旦求救於明公，此可知也。'"

劉表以書諫譚曰：

天降災害，禍難殷流，初交殊族，卒成同盟，使王室震蕩，彝倫攸斁。[1]是以智達之士，莫不痛心入骨，傷時人不能相忍也。然孤與太公，志同願等，[2]雖楚魏絶邈，山河迥遠，[3]戮力乃心，共奬王室，[4]使非族不干吾盟，異類不絶吾好，此孤與太公無貳之所致也。功績未卒，太公徂隕，賢胤承統，以繼洪業。宣奕世之德，[四]履丕顯之祚，[5]摧嚴敵於鄴都，揚休烈於朔土，顧定疆宇，虎視河外，凡我同盟，莫不景附。何悟青蠅飛於竿旌，無忌游於二壘，[6]使股肱分成二體，匈膂絶為異身。初聞此問，尚謂不然，定聞信來，乃知關伯、實沈之忿已成，弃親即讎之計已決，[7]旆旐交於中原，暴尸累於城下。聞之哽咽，若存若亡。昔三王、五伯，下及戰國，君臣相弒，父子相殺，兄弟相殘，親戚相滅，蓋時有之。然或欲以成王業，[8]或欲以定霸功，[9]皆所謂逆取順守，而徼富強於一世也。未有弃親即異，兀其根本，而能全於長世者也。[五]

【注】

〔一〕《左傳》曰:"震蕩播越。"《書》曰:"彝倫攸斁。"彝,常也。倫,理也。攸,所也。斁,敗也。

〔二〕言太公者尊之,謂紹也。

〔三〕楚,荊州也。魏,冀州也。

〔四〕《左傳》曰:"同好惡,獎王室。"杜預曰:"獎,助也。"

〔五〕奕,重也,《國語》曰"奕代載德"。

〔六〕《詩·小雅》曰:"營營青蠅,止于榛。讒人罔極,構我二人。"〔六〕《史記》,費無忌得寵於楚平王,為太子建少傅,無寵於太子,日夜讒太子於王,欲誅太子。太子亡奔宋。《左傳》作"無極"。竿旌、二壘者,謂譚、尚也。

〔七〕《左傳》子產曰:"高辛氏有二子,伯曰閼伯,季曰實沈,居於曠林,不相能也,日尋干戈,以相征討。"

〔八〕若周公誅管、蔡之類。

〔九〕若齊桓公殺子糾也。

昔齊襄公報九世之讎,[1]士匃卒荀偃之事,是故《春秋》美其義,君子稱其信。夫伯游之恨於齊,未若太公之忿於曹也;宣子之臣承業,未若仁君之繼統也。[2]且君子違難不適讎國,交絕不出惡聲,[3]況忘先人之讎,棄親戚之好,而為萬世之戒,遺同盟之恥哉!蠻夷戎狄將有誚讓之言,況我族類,而不痛心邪!

【注】

〔一〕《公羊傳》曰:"紀侯大去其國。大去者何?滅之也。孰滅之也?齊滅之。曷為不言齊滅之?為襄公諱也。《春秋》為賢者諱。何賢於襄公?復讎也。何讎爾?遠祖也。哀公烹於周,紀侯譖之。遠祖者幾代?九代矣。"《史記》曰,紀侯譖齊哀公於周,周夷王烹哀公。其弟靜立,〔七〕是為胡公。弟獻公立,子武公立,子厲公立,子文公立,子成公立,子莊公立,子釐公立,子襄公八年,紀遷去其邑,是為九代也。

〔2〕荀偃，晉大夫也。《左傳》曰，荀偃將中軍，士匄佐之，伐齊。濟河，病目出，及卒，而視不可唅。欒盈曰："其為未卒事於齊故也？"士匄撫之曰："主苟終，所不嗣事於齊有如河！"乃瞑受唅。伯游，荀偃字也。宣子即士匄也，士燮之子，士會之孫。

〔3〕《左傳》曰，公山不狃曰："君子違難不適讎國。"杜預曰："違，奔亡也。"《史記》樂毅遺燕惠王書曰："臣聞古之君子，交絕不出惡聲。"

夫欲立竹帛於當時，全宗祀於一世，豈宜同生分謗，爭校得失乎？若冀州有不弟之慼，[1] 無愍順之節，仁君當降志辱身，以濟事為務。事定之後，使天下平其曲直，不亦為高義邪？今仁君見憎於夫人，未若鄭莊之於姜氏；昆弟之嫌，未若重華之於象敖。然莊公卒崇大隧之樂，象敖終受有鼻之封。願捐棄百痾，追攝舊義，復為母子昆弟如初。[2] 今整勒士馬，瞻望鵠立。

【注】

〔1〕《左傳》曰："段不弟，[八] 故不言弟。"

〔2〕鄭武公娶於申，曰武姜，生莊公及叔段。莊公寤生，驚姜氏，遂惡之，愛叔段，欲立之，武公弗許。及莊公立，姜氏為請京，使居之。段繕甲兵，將襲鄭，夫人將啓之。莊公遂寘姜氏于城潁，而誓之曰："不及黃泉，無相見也。"既而悔之。潁考叔曰："君何患焉？若闕地及泉，隧而相見，其誰曰不然！"從之。公入而賦："大隧之中，其樂也融融。"姜出而賦："大隧之外，其樂也洩洩。"遂為母子如初。事見《左傳》。《史記》曰，舜名重華。父瞽叟盲而舜母死，瞽叟更娶妻，生象。瞽叟愛後妻子，常欲殺舜。舜踐帝位，封弟象為諸侯。《孟子》曰："象至不仁，封諸有鼻。仁人之於其弟也，不藏怒焉，不宿怨焉，親愛之而已矣。"鼻國在永州營道縣北，今猶謂之鼻亭。

又與尚書諫之，並不從。[1]

【注】

〔1〕《魏氏春秋》載表遺尚書曰:"知變起辛、郭,禍結同生,追閟伯、實沈之蹤,忘《常棣》死喪之義,親尋干戈,僵尸流血,聞之哽咽,若存若亡。昔軒轅有涿鹿之戰,周公有商、奄之師,皆所以翦除穢害而定王業,非強弱之爭,喜怒之忿也。故雖滅親不尤,誅兄不傷。〔九〕今二君初承洪業,纂繼前軌,進有國家傾危之慮,退有先公遺恨之負。當唯曹是務,〔一〇〕唯國是康。何者?金木水火剛柔相濟,然後剋得其和,能為人用。今青州天性峭急,迷於曲直。仁君度數弘廣,綽然有餘,當以大苞小,以優容劣,先除曹操,以平先公之恨,事定之後,乃議曲直之評,不亦善乎!若留神遠圖,剋己復禮,當振旅長驅,共獎王室。若迷而不返,遵而無改,〔一一〕則胡夷將有誚讓之言,況我同盟,復能戮力仁君之役哉!此韓盧、東郭自困於前,而遺田父之獲者也。憤躍鶴望,冀聞和同之聲。若其泰也,則袁族其與漢升降乎!如其否也,則同盟永無望矣。"表二書並見《王粲集》。

曹操遂還救譚,十月至黎陽。尚聞操度河,乃釋平原還鄴。尚將呂曠、高翔〔一二〕畔歸曹氏,譚復陰刻將軍印,以假曠、翔。操知譚詐,乃以子整娉譚女以安之,〔1〕而引軍還。

【注】

〔1〕《魏志》曰,整建安二十二年封郿侯,二十三年薨,無子。黃初二年,追進爵,諡曰戴公。

九年三月,尚使審配守鄴,復攻譚於平原。配獻書於譚曰:"配聞良藥苦口而利於病,忠言逆耳而便於行。〔1〕願將軍緩心抑怒,終省愚辭。蓋《春秋》之義,國君死社稷,忠臣死君命。〔2〕苟圖危宗廟,剝亂國家,親疏一也。〔3〕是以周公垂涕以(斃)〔蔽〕管、蔡之獄,〔4〕〔一三〕季友歔欷而行叔牙之誅。〔5〕何則?義重人輕,事不獲已故也。昔先公廢黜將軍以續賢兄,立我將軍以為嫡嗣,上告祖靈,下書譜牒,海內遠近,誰不備聞！何意凶臣郭圖，妄畫蛇足，[6]曲辭諂媚，交亂懿親。至令將軍忘孝友之仁，襲閼、沈之迹，放兵鈔突，屠城殺吏，冤魂痛於幽冥，創痍被於草棘。又乃圖獲鄴城，許賞賜秦胡，其財物婦女，豫有分數。又云：'孤雖有老母，趣使身體完具而已。'聞此言者，莫不悼心揮涕，使太夫人憂哀憤隔，我州君臣痛寐悲歎。誠拱默以聽執事之圖，則懼違《春秋》死命之節，詒太夫人不測之患，損先公不世之業。我將軍辭不獲命，以及館陶之役。[7]伏惟將軍至孝蒸蒸，發於岐嶷，友于之性，生於自然，章之以聰明，行之以敏達，覽古今之舉措，視興敗之徵符，輕榮財於糞土，貴名（高）〔位〕於丘岳。[一四]何意奄然迷沈，墮賢哲之操，[8]積怨肆忿，取破家之禍！翹企延頸，待望讎敵，委慈親於虎狼之牙，以逞一朝之志，豈不痛哉！若乃天啓尊心，革圖易慮，則我將軍匍匐悲號[一五]於將軍股掌之上，配等亦當敷躬布體以聽斧鑕之刑。如又不悛，禍將及之。願熟詳吉凶，以賜環玦。"[9]譚不納。

【注】

〔1〕《孔子家語》曰："忠言逆耳而利於行。"

〔2〕《左傳》晏嬰曰："君為社稷死則死之，為社稷亡則亡之。"又晉解楊曰："受命以出，有死無隕。死而成命，臣之祿也。"

〔3〕《左傳》曰"天實剥亂"也。

〔4〕《左傳》曰，鄭子太叔曰："周公殺管叔，放蔡叔。夫豈不愛？王室故也。"

〔5〕《公羊傳》曰："公子牙卒。何以不稱弟？殺也，為季子諱殺也。莊公病，叔牙曰：'魯一生一及，君以知之。慶父存也。'[一六]季子曰：'夫何敢？是將為亂！'和藥而飲之，曰：'公子從吾言而飲此，則可以無為天下戮笑，必有後於魯國。'誅不避兄弟，君臣之義也。"

〔6〕《戰國策》曰："楚有祠者，賜其舍人酒一卮，相謂曰：'數人飲之不足，一人飲之有餘，請各畫地為蛇，先成者飲酒。'一人蛇先成，引酒且飲，乃左手持酒，右手畫蛇，曰：'吾能為之足。'未成，一人蛇成，奪其卮，曰：

'蛇固無足,子安能為足?'遂飲酒。為蛇足者終亡其酒。"

〔7〕詣,遺也。不世猶言非常也。《獻帝春秋》曰:"譚尚遂尋干戈,以相征討。譚軍不利,保于平原,尚乃軍于館陶。譚擊之敗,尚走保險。譚追攻之,尚設奇伏大破譚軍,僵屍流血不可勝計。譚走還平原。"

〔8〕墮音許規反。

〔9〕《孫卿子》曰:"絕人以玦,反人以環。"

曹操因此進攻鄴,審配將馮(札)[禮]〔一七〕為內應,開突門內操兵三百餘人。[1]配覺之,從城上以大石擊門,門閉,入者皆死。操乃鑿塹圍城,周回四十里,初令淺,示若可越。配望見,笑而不出爭利。操一夜濬之,廣深二丈,引漳水以灌之。自五月至八月,城中餓死者過半。尚聞鄴急,將軍萬餘人還救城,操逆擊破之。尚走依曲漳為營,[2]操復圍之,未合,尚懼,遣陰夔、陳琳求降,不聽。尚還走藍口,[3]操復進,急圍之。尚將馬延等臨陣降,眾大潰,尚奔中山。盡收其輜重,得尚印綬節鉞及衣物,以示城中,城中崩沮。審配令士卒曰:"堅守死戰,操軍疲矣。幽州方至,何憂無主!"操出行圍,配伏弩射之,幾中。[4]以其兄子榮為東門校尉,榮夜開門內操兵,配拒戰城中,生獲配。操謂配曰:"吾近行圍,弩何多也?"配曰:"猶恨其少。"操曰:"卿忠於袁氏,亦自不得不爾。"意欲活之。配意氣壯烈,終無撓辭,見者莫不歎息,遂斬之。[5]全尚母妻子,還其財寶。高幹以并州降,復為刺史。

【注】

〔1〕《墨子·備突篇》曰"城百步,一突門。突門用車兩輪,以木束之塗其上,維置突門內。度門廣狹之,令人入門四尺,中置窒突,門旁為櫜,充竈狀,又置艾。寇即入,下輪而塞之,鼓櫜薰之"也。

〔2〕漳水之曲。

〔3〕相州安(楊)[陽]縣界有藍嵯山,〔一八〕與鄴相近,蓋藍山之口。

〔4〕幾音祈。中音竹仲反。

〔5〕《先賢行狀》曰："是日先縛配將詣帳下，辛毗等逆以馬鞭擊其頭，罵之曰：'奴，汝今日真死矣。'配顧曰：'狗輩！由汝曹破冀州，恨不得殺汝。'太祖既有意活配，配無撓辭，辛毗等號哭不已，乃殺之。"

曹操之圍鄴也，譚復背之，因略取甘陵、安平、勃海、河閒，攻尚於中山。尚敗，走故安從熙，而譚悉收其衆，還屯龍湊。

十二月，曹操討譚，軍其門。譚夜遁（奔）［走］南皮，〔一九〕臨清河而屯。明年正月，急攻之。譚欲出戰，軍未合而破。譚被髮驅馳，追者意非恒人，趨奔之。〔1〕譚墮馬，顧曰："咄，兒過我，我能富貴汝。"言未絕口，頭已斷地。於是斬郭圖等，戮其妻子。

【注】
〔1〕趨音促。

熙、尚為其將焦觸、張南所攻，奔遼西烏桓。觸自號幽州刺史，驅率諸郡太守令長背袁向曹，陳兵數萬。殺白馬盟，令曰："違者斬！"衆莫敢仰視，各以次歃。至別駕代郡韓珩，〔1〕曰："吾受袁公父子厚恩，今其破亡，智不能救，勇不能死，於義闕矣。若乃北面曹氏，所不能為也！"一坐為珩失色。觸曰："夫舉大事，當立大義。事之濟否，不待一人，可卒珩志，以厲事君。"〔2〕曹操聞珩節，甚高之，屢辟不至，卒於家。

【注】
〔1〕珩音行。
〔2〕《先賢行狀》曰"珩字子佩，代郡人，清粹有雅量。少喪父母，奉養兄姊，宗族稱悌"也。

高幹復叛，執上黨太守，舉兵守壺口關。〔1〕十一年，曹操自征幹，幹乃留其將守城，自詣匈奴求救，不得，獨與數騎亡，欲南奔荊州。上洛都尉捕斬之。[2]

【注】
[1]潞州上黨縣有壺山口，因其險而置關焉。
[2]《典論》曰：[二〇]"上洛都尉王琰獲高幹，以功封侯。其妻哭於室，以為琰富貴將更娶妾媵故也。"

十二年，曹操征遼西，擊烏桓。尚、熙與烏桓逆操軍，戰敗走，乃與親兵數千人奔公孫康於遼東。尚有勇力，先與熙謀曰："今到遼東，康必見我，我獨為兄手擊之，且據其郡，猶可以自廣也。"康亦心規取尚以為功，乃先置精勇於廄中，然後請尚、熙。熙疑不欲進，尚彊之，遂與俱入。未及坐，康叱伏兵禽之，坐於凍地。尚謂康曰："未死之間，寒不可忍，可相與席。"康曰："卿頭顱方行萬里，何席之為！"遂斬首送之。

康，遼東人。父度，初避吏為玄菟小吏，[二一]稍仕。中平元年，還為本郡守。在職敢殺伐，郡中名豪與己夙無恩者，遂誅滅百餘家。因東擊高句驪，西攻烏桓，威行海畔。時王室方亂，度恃其地遠，陰獨懷幸。會襄平社生大石丈餘，下有三小石為足，度以為己瑞。[1]初平元年，乃分遼東為遼西、中遼郡，並置太守，越海收東萊諸縣，為營州刺史，[2]自立為遼東侯、平州牧，追封父延為建義侯。立漢二祖廟。承制設壇墠於襄平城南，郊祀天地，藉田理兵，乘鸞輅九旒旄頭羽騎。建安九年，司空曹操表為奮威將軍，[二二]封永寧鄉侯。度死，康嗣，故遂據遼土焉。

【注】
[1]襄平，縣，屬遼東郡，故城在今平州盧龍縣西南。《魏志》曰："時襄平延里社生大石，或謂度曰：'此漢宣帝冠石祥也，里名與先君同。社主土地，

明當有土地，有三公輔也。'度益喜。"

〔2〕為猶置也。

劉表字景升，山陽高平人，魯恭王之後也。[1]身長八尺餘，姿貌溫偉。與同郡張儉等俱被訕議，號為"八顧"。詔書捕案黨人，表亡走得免。黨禁解，辟大將軍何進掾。

【注】

〔1〕恭王，景帝子，名餘。

初平元年，長沙太守孫堅殺荊州刺史王叡，[1]詔書以表為荊州刺史。時江南宗賊大盛，[2]又袁術阻兵屯魯陽，表不能得至，乃單馬入宜城，[3]請南郡人蒯越、襄陽人蔡瑁與共謀畫。[4]表謂越曰："宗賊雖盛而衆不附，若袁術因之，禍必至矣。吾欲徵兵，恐不能集，其策焉出？"對曰："理平者先仁義，理亂者先權謀。兵不在多，貴乎得人。袁術驕而無謀，宗賊率多貪暴。越有所素養者，使人示之以利，必持衆來。使君誅其無道，施其才用，威德既行，襁負而至矣。兵集衆附，南據江陵，北守襄陽，荊州八郡[5]可傳檄而定。公路雖至，無能為也。"表曰："善。"乃使越遣人誘宗賊帥，至者十五人，[二三]皆斬之而襲取其衆。唯江夏賊張虎、陳坐擁兵據襄陽城，[二四]表使越與龐季往譬之，乃降。江南悉平。諸守令聞表威名，多解印綬去。表遂理兵襄陽，以觀時變。

【注】

〔1〕《王氏譜》曰："叡字通曜，晉太保祥之伯父也。"《吳錄》曰："叡見執，驚曰：'我何罪？'堅曰：'坐無所知。'叡窮迫，刮金飲之而死。"

〔2〕宗黨共為賊。

〔3〕宜城，縣，屬南郡，本鄢，惠帝三年改名宜城。
〔4〕《傅子》曰："越字異度，魏太祖平荊州，與荀彧書曰：'不喜得荊州，喜得異度耳。'"
〔5〕《漢官儀》曰，荊州管長沙、零陵、桂陽、南陽、江（陵）〔夏〕、〔二五〕武陵、南郡、章陵等是也。

袁術與其從兄紹有隙，而紹與表相結，故術共孫堅合從襲表。表敗，堅遂圍襄陽。會表將黃祖救至，堅為流箭所中死，餘衆退走。[1]及李傕等入長安，冬，表遣使奉貢。傕以表為鎮南將軍、荊州牧，封成武侯，假節，以為己援。

【注】
〔1〕《典略》曰："劉表夜遣將黃祖潛出兵，堅逆與戰，祖敗走，竄峴山中。堅乘勝夜追祖，祖部兵從竹木間射堅，殺之。"《英雄記》："劉表將呂介將兵緣山向堅，堅輕騎尋山討介，介下兵射中堅頭，應時物故。"〔二六〕與此不同。

建安元年，驃騎將軍張濟自關中走南陽，因攻穰城，中飛矢而死。荊州官屬皆賀。表曰："濟以窮來，主人無禮，至於交鋒，此非牧意，牧受弔不受賀也。"使人納其衆，衆聞之喜，遂皆服從。[1]三年，長沙太守張羨率零陵、桂陽三郡畔表，表遣兵攻圍，破羨，平之。[2]於是開土遂廣，南接五領，[3]北據漢川，地方數千里，帶甲十餘萬。初，荊州人情好擾，加四方駭震，寇賊相扇，處處麋沸。表招誘有方，威懷兼洽，其姦猾宿賊更為效用，萬里肅清，大小咸悅而服之。關西、兖、豫學士歸者蓋有千數，表安慰賑贍，皆得資全。遂起立學校，博求儒術，綦母闓、〔二七〕宋忠等[4]撰立五經章句，謂之後定。愛民養士，從容自保。

【注】

〔1〕《獻帝春秋》曰："濟引衆入荆州，賈詡隨之歸劉表。襄陽城守不受，濟因攻之，為流矢所中。濟從子繡收衆而退。劉表自責，以為己無賓主禮，遣使招繡，繡遂屯襄陽，為表北藩。"

〔2〕《英雄記》曰："張羨，南陽人。先作零陵、桂陽守，甚得江湘閒心。然性屈彊不順，表薄其為人，不甚禮也。羨因是懷恨，遂畔表。"

〔3〕裴氏《廣州記》云："大庾、始安、臨賀、桂陽、揭陽，是謂五領。"鄧德明《南康記》曰："大庾一也，桂陽甲騎二也，九真都龐三也，臨賀萌渚四也，始安越城五也。"

〔4〕閶音開。

及曹操與袁紹相持於官度，紹遣人求助，表許之，不至，亦不援曹操，且欲觀天下之變。從事中郎南陽韓嵩、[1]別駕劉先說表[2]曰："今豪桀並爭，兩雄相持，天下之重在於將軍。若欲有為，起乘其敝可也；如其不然，固將擇所宜從。豈可擁甲十萬，坐觀成敗，求援而不能助，見賢而不肯歸！此兩怨必集於將軍，恐不得中立矣。曹操善用兵，且賢俊多歸之，其埶必舉袁紹，然後移兵以向江漢，恐將軍不能禦也。今之勝計，莫若舉荆州以附曹操，操必重德將軍，長享福祚，垂之後嗣，此萬全之策也。"蒯越亦勸之。表狐疑不斷，乃遣嵩詣操，觀望虛實。謂嵩曰："今天下未知所定，而曹操擁天子都許，君為我觀其釁。"嵩對曰："嵩觀曹公之明，必得志於天下。將軍若欲歸之，使嵩可也；如其猶豫，嵩至京師，天子假嵩一職，不獲辭命，[二八]則成天子之臣，將軍之故吏耳。在君為君，不復為將軍死也。惟加重思。"表以為憚使，強之。至許，果拜嵩侍中、零陵太守。及還，盛稱朝廷曹操之德，勸遣子入侍。表大怒，以為懷貳，陳兵詰嵩，將斬之。[3]嵩不為動容，徐陳臨行之言。表妻蔡氏知嵩賢，諫止之。表猶怒，乃考殺從行者。知無它意，但囚嵩而已。[4]

【注】

〔1〕《先賢行狀》曰:"嵩字德高,義陽人,少好學,貧不改操。"

〔2〕《零陵先賢傳》曰:"先字始宗。博學強記,尤好黃老,明習漢家典故。"

〔3〕詬,罵也。

〔4〕《傅子》曰:"表妻蔡氏諫之曰:'韓嵩,楚國之望,且其言直,誅之無辭。'表乃不誅而囚之。"

六年,劉備自袁紹奔荊州,表厚相待結而不能用也。十三年,曹操自將征表,未至。八月,表疽發背卒。[1]在荊州幾二十年,家無餘積。

【注】

〔1〕《代語》曰〔二九〕"表死後八十餘年,晉太康中,冢見發,表及妻身形如生,芬香聞數里"也。

二子:琦,琮。表初以琦貌類於己,甚愛之,後為琮娶其後妻蔡氏之姪,蔡氏遂愛琮而惡琦,毀譽之言日聞於表。表寵耽後妻,每信受焉。又妻弟蔡瑁及外甥張允並得幸於表,又睦於琮。而琦不自寧,嘗與琅邪人諸葛亮謀自安之術。亮初不對。後乃共升高樓,因令去梯,謂亮曰:"今日上不至天,下不至地,言出子口而入吾耳,可以言未?"亮曰:"君不見申生在內而危,重耳居外而安乎?"[1]琦意感悟,陰規出計。會表將江夏太守黃祖為孫權所殺,琦遂求代其任。

【注】

〔1〕申生,晉獻公之太子。為麗姬所譖,自縊死。重耳,申生之弟。懼麗姬之讒,出奔。獻公卒,重耳入,是為文公,遂為霸主。見《左氏傳》。

及表病甚,琦歸省疾,素慈孝,允等恐其見表而父子相感,更有託後之意,乃謂琦曰:"將軍命君撫臨江夏,其任至重。今釋衆擅來,必見譴怒。傷親之歡,重增其疾,非孝敬之道也。"遂過于户外,使不得見。琦流涕而去,人衆聞而傷焉。〔三〇〕遂以琮為嗣。琮以侯印授琦。琦怒,投之地,將因奔喪作難。會曹操軍至新野,琦走江南。蒯越、韓嵩及東曹掾傅巽等説琮歸降。〔1〕琮曰:"今與諸君據全楚之地,守先君之業,以觀天下,何為不可?"巽曰:"逆順有大體,强弱有定執。以人臣而拒人主,逆道也;以新造之楚而禦中國,必危也;以劉備而敵曹公,不當也。三者皆短,欲以抗王師之鋒,必亡之道也。將軍自料何與劉備?"琮曰:"不若也。"巽曰:"誠以劉備不足禦曹公,則雖全楚不能以自存也。誠以劉備足禦曹公,則備不為將軍下也。願將軍勿疑。"

【注】
〔1〕《傅子》曰:"巽字公悌,瓌瑋博達,有知人監識。"〔三一〕

及操軍到襄陽,琮舉州請降,劉備奔夏口。〔1〕操以琮為青州刺史,封列侯。蒯越等侯者十五人。乃釋嵩之囚,以其名重,甚加禮待,使條品州人優劣,皆擢而用之。以嵩為大鴻臚,以交友禮待之。蒯越光禄勳,劉(光)〔先〕尚書令。〔三二〕初,表之結袁紹也,侍中從事鄧義〔三三〕諫不聽。義以疾退,終表世不仕,操以為侍中。其餘多至大官。

【注】
〔1〕夏口,城,今之鄂州也。《左傳》:"吳伐楚,楚沈尹戍奔命於夏汭。"杜預注曰:"漢水入(口)〔江〕,〔三四〕今夏口也。"

操後敗於赤壁,〔1〕劉備表琦為荆州刺史。明年卒。

【注】
〔1〕赤壁,山名也,在今鄂州蒲圻縣。

論曰：袁紹初以豪俠得眾，遂懷雄霸之圖，天下勝兵舉旗者，莫不假以為名。及臨場決敵，則悍夫爭命；[1]深籌高議，則智士傾心。盛哉乎，其所資也！《韓非》曰："很剛而不和，愎過而好勝，嫡子輕而庶子重，斯之謂亡徵。"[2]劉表道不相越，而欲臥收天運，擬蹤三分，其猶木禺之於人也。[3]

【注】

[1]悍，勇也。

[2]《韓非·亡徵篇》曰："很剛而不和，愎諫而好勝，不顧社稷而輕為信者，可亡也。"又曰："太子輕，庶子伉，可亡也。"又曰："太子卑而庶子尊，可亡也。"

[3]言其如刻木為人，無所知也。《前書》："有木禺龍一。"《音義》曰："禺，寄也。寄龍形於木。"

贊曰：紹姿弘雅，表亦長者。稱雄河外，擅強南夏。魚儷漢舳，雲屯冀馬。[1]闚圖訊鼎，禋天類社。[2]既云天工，亦資人亮。[3]矜彊少成，坐談奚望。[4]回皇冢嫛，身積業喪。[5]

【注】

[1]魚儷猶相次比也。《左傳》曰："奉公為魚麗之陳。"《前書音義》曰："舳，船後持柂處也。"《左傳》曰："冀之北土，馬之所生。"

[2]闚圖謂若劉歆圖書改名秀。訊鼎謂楚子問王孫滿鼎輕重也。《國語》曰："精意以享謂之禋。"《爾雅》曰："是類是禡，師祭也。"社者陰類，將興師，故祭之。

[3]工者，官也。亮，信也。《尚書》曰："天工人其代之。"又曰："惟時亮天工。"

[4]《九州春秋》曰："曹公征烏桓，諸將曰：'今深入遠征，萬一劉表使備襲許，悔無及也。'郭嘉曰：'劉表坐談客耳，自知才不足以御備，重任之則

恐不能制，輕之則備不為用。雖違國遠征，無憂矣。'公遂征之。"

〔5〕冢，嫡也。嬖，愛也。

【校勘記】

〔一〕自九月至明年二月　按：沈家本謂案《魏志·武紀》，操破譚　尚在三月。

〔二〕皆是審配之所構也　按："構"原譌"搆"，各本同，逕改正。

〔三〕直（言）當論其執耳　據《刊誤》刪。按：《魏志·辛毗傳》無"言"字。

〔四〕宣奕世之德　按："奕"原譌"弈"，逕據汲本、殿本改正。注同。

〔五〕而能全於長世者也　《校補》謂"於"字誤，當作"族"。按：《魏志》注引《魏氏春秋》作"而能崇業濟功，垂祚後世者也"。

〔六〕構我二人　按："構"原譌"搆"，逕據殿本改正。

〔七〕其弟靜立　汲本、殿本"靜"作"靖"。按：靜靖古多通作。

〔八〕段不弟　"段"原譌"叚"，逕改正。下同，不悉出校記。

〔九〕故雖滅親不尤誅兄不傷　按：《魏志》注"尤"上有"為"字，"傷"下有"義"字。

〔一〇〕當唯曹是務　按：《集解》引惠棟說，謂曹，羣也，《魏氏春秋》作"義"。《王粲集》云"唯曹氏是務"，此後人妄加也。

〔一一〕遵而無改　按：《魏志》注"遵"作"違"。

〔一二〕尚將呂曠高翔　《魏志》"高翔"作"呂翔"，惠棟《補注》從之。按：潘眉謂作"高翔"是。

〔一三〕是以周公垂涕以（斃）〔蔽〕管蔡之獄　《集解》引惠棟說，謂"斃"當作"弊"，斷也。或作"蔽"，義同。今據改。按：《魏志》注作"是以周公垂泣而蔽管蔡之獄"。

〔一四〕貴名（高）〔位〕於丘岳　據殿本改。按：《校補》引錢大昭說，謂閩本"高"作"位"。

〔一五〕匍匐悲號　按："匍匐"二字原倒，逕乙正。

〔一六〕慶父存也　按：《刊誤》謂案《公羊》云"慶父也存"。

〔一七〕審配將馮（札）〔禮〕　《集解》引錢大昭說，謂閩本"馮札"作"馮禮"。又《魏志》亦作"馮禮"。今據改。按：禮字古作"礼"，形近譌"札"。

〔一八〕相州安（楊）〔陽〕縣界有藍嵯山　據殿本改。

〔一九〕譚夜遁（奔）〔走〕南皮　據汲本改。按：《校補》謂奔者逃亡之辭，譚時尚有軍，作"奔"非。

〔二〇〕典論曰　按：《校補》引錢大昭說，謂《魏志》注引此作"典略"。

〔二一〕初避吏為玄兔小吏　按：《刊誤》謂"玄兔"按郡名皆作"菟"。

〔二二〕司空曹操表為奮威將軍　按：沈家本謂《魏志·公孫度傳》"奮"作"武"。

〔二三〕至者十五人　按：《集解》引惠棟說，謂司馬彪《戰略》云"五十五人"。

〔二四〕唯江夏賊張虎陳坐擁兵據襄陽城　按：殿本《考證》謂何焯校本"坐"改"生"。又《集解》引惠棟說，謂《戰略》作"陳生"。

〔二五〕江（陵）〔夏〕　《集解》引洪亮吉說，謂"江陵"應作"江夏"，表傳凡言江夏者三，《漢官儀》作"江陵"，誤。今據改。

〔二六〕劉表將呂介至應時物故　按：《校補》謂《吳志》注引《英雄記》"介"作"公"，"介下兵射中堅頭"作"公兵下石中堅頭"，"應時"下多"腦出"二字。

〔二七〕綦母闓　按：殿本"綦母"作"綦毋"。

〔二八〕不獲辭命　按：《刊誤》謂案文當云"辭不獲命"。

〔二九〕代語曰　按：《校補》引錢大昭說，謂《代語》即《世語》，唐人避諱改。《世語》晉郭頒撰，《隋書·經籍志》作"魏晉世語"。

〔三〇〕琦流涕而去人衆聞而傷焉　汲本、殿本"人"作"之"，屬上讀。按：《魏志》注引《典論》，作"琦流涕而去"，無"之"字。

〔三一〕有知人監識　汲本、殿本"監"作"鑒"。按：監與鑒通。

〔三二〕劉（光）〔先〕尚書令　按：《集解》引惠棟說，謂"光"《魏志》

作"先",即上别駕劉先也。《零陵先賢傳》亦作"先"。今據改。

〔三三〕侍中從事鄧義　按:《集解》引陳景雲説,謂"侍"當作"治"。又引錢大昕説,謂章懷諱"治"為"持",此"治中"改"持中",校書者妄易為"侍"耳。又按:《集解》引惠棟説,謂《魏志》"鄧義"作"鄧羲"。

〔三四〕漢水入(口)〔江〕　據《刊誤》改,與《左傳》杜注合。

後漢書卷七十五

劉焉袁術呂布列傳第六十五

　　劉焉字君郎,〔一〕江夏竟陵人也,〔1〕魯恭王後也。〔2〕肅宗時,徙竟陵。焉少任州郡,以宗室拜郎中。去官居陽城山,精學教授。舉賢良方正,稍遷南陽太守、宗正、太常。

【注】
〔1〕竟陵今復州縣。
〔2〕恭王,景帝子,名餘。

　　時靈帝政化衰缺,四方兵寇,焉以為刺史威輕,既不能禁,且用非其人,輒增暴亂,乃建議改置牧伯,鎮安方夏,清選重臣,〔二〕以居其任。焉乃陰求為交阯,以避時難。議未即行,會益州刺史郤儉〔三〕在政煩擾,謠言遠聞,而并州刺史張懿、〔四〕涼州刺史耿鄙並為寇賊所害,故焉議得用。出焉為監軍使者,領益州牧,〔1〕太僕黃琬為豫州牧,宗正劉虞為幽州牧,皆以本秩居職。州任之重,自此而始。

【注】
〔1〕《前書》任安為監北軍使者。

是時益州賊馬相亦自號"黃巾",合聚疲役之民數千人,先殺綿竹令,〔1〕進攻雒縣,〔2〕殺郗儉,又擊蜀郡、犍為,旬月之閒,破壞三郡。〔3〕馬相自稱"天子",衆至十餘萬人,遣兵破巴郡,殺郡守趙部。州從事賈龍,先領兵數百人在犍為,遂糾合吏人攻相,破之,〔五〕龍乃遣吏卒迎焉。〔六〕焉到,以龍為校尉,徙居綿竹。(龍)撫納離叛,〔七〕務行寬惠,而陰圖異計。

【注】

〔1〕綿竹故城在今益州綿竹縣東。

〔2〕今益州雒縣。

〔3〕綿竹及雒屬廣漢郡,并蜀郡、犍為郡。

沛人張魯,母有恣色,兼挾鬼道,往來焉家,遂任魯以為督義司馬,(遂)與別部司馬張脩〔八〕將兵掩殺漢中太守蘇固,斷絕斜谷,殺使者。魯既得漢中,遂復殺張脩而并其衆。

焉欲立威刑以自尊大,乃託以佗事,殺州中豪彊十餘人,〔1〕士民皆怨。初平二年,犍為太守任岐及賈龍並反,攻焉。焉擊破,皆殺之。自此意氣漸盛,遂造作乘輿車重千餘乘。〔2〕焉四子,範為左中郎將,誕治書御史,璋奉車都尉,〔3〕並從獻帝在長安,唯別部司馬瑁隨焉在益州。朝廷使璋曉譬焉,焉留璋不復遣。興平元年,征西將軍馬騰與範謀誅李傕,焉遣叟兵五千助之,戰敗,〔4〕範及誕並見殺。焉既痛二子,又遇天火燒其城府車重,延及民家,館邑無餘,於是徙居成都,遂[疽]發背(疽)卒。〔5〕〔九〕

【注】

〔1〕《蜀志》曰,殺王咸、李權等。

〔2〕重,輜重也。

〔3〕《蜀志》曰:"璋字季玉。"

〔4〕漢世謂蜀為叟。孔安國注《尚書》云："蜀，叟也。"
〔5〕《説文》曰："疸，久癰。"

州大吏趙韙等貪璋温仁，立為刺史。詔書因以璋為監軍使者，領益州牧，以韙為征東中郎將。先是荆州牧劉表表焉僭擬乘輿器服，韙以此遂屯兵朐䏰備表。[1]

【注】
〔1〕朐音蠢。䏰音如尹反。屬巴郡，故城在今夔州雲安縣西也。

初，南陽、三輔民數萬户流入益州，焉悉收以為衆，名曰"東州兵"。璋性柔寬無威略，東州人侵暴為民患，不能禁制，舊士頗有離怨。趙韙之在巴中，甚得衆心，璋委之以權。韙因人情不輯，[1]乃陰結州中大姓。建安五年，還共擊璋，蜀郡、廣漢、犍為皆反應。東州人畏見誅滅，乃同心并力，為璋死戰，遂破反者，進攻韙於江州，[2]斬之。

【注】
〔1〕輯，和也。
〔2〕江州，縣名，屬巴郡，今渝州巴縣。

張魯以璋闇懦，不復承順。璋怒，殺魯母及弟，而遣其將龐義等攻魯，數為所破。魯部曲多在巴土，故以義為巴郡太守。魯因襲取之，遂雄於巴漢。

十三年，曹操自將征荆州，璋乃遣使致敬。操加璋振威將軍，兄瑁平寇將軍。璋因遣別駕從事張松詣操，而操不相接禮。松懷恨而還，勸璋絶曹氏，而結好劉備。璋從之。

十六年，璋聞曹操當遣兵向漢中討張魯，内懷恐懼，松復説璋迎劉備以拒操。璋即遣法正將兵迎備。[1]璋主簿巴西黃權諫曰：[2]"劉備有梟名,〔3〕今以部曲遇之,則不滿其心,以賓客待之,則一國不容二主,此非自安之道。"從事廣漢王累自倒懸於州門以諫。璋一無所納。

【注】

〔1〕《蜀志》曰:"法正字孝直,扶風郿人也。祖真,字喬卿。〔一〇〕父衍,字季謀。"

〔2〕《蜀志》曰:"權字公衡,閬中人也。先主取益州,諸縣望風景附,權閉城堅守。須璋稽服,乃詣先主。[先]主稱尊號,〔一一〕將東伐吳,權諫,先主不從,以權為鎮北將軍,督江北軍,先主自在江南。吳將陸義乘虛斷圍,南軍敗績,先主引退,而道隔,權不得還,故率所領降于魏。有司執法白收權妻子。先主曰:'孤負黃權,權不負孤也。'待之如初。魏文帝謂權曰:'君舍逆效順,欲追蹤陳、韓邪?'權對曰:'臣過受劉氏厚遇,降吳不可,還蜀無路,是以歸命。且敗軍之將,免死為幸,何古人之可慕?'"

〔3〕梟即驍也。

備自江陵馳至涪城,〔1〕璋率步騎數萬與備會。〔2〕張松勸備於會襲璋,備不忍。明年,出屯葭萌。松兄廣漢太守肅懼禍及己,乃以松謀白璋,收松斬之,〔3〕勑諸關戍勿復通。備大怒,還兵擊璋,所在戰尅。十九年,進圍成都,數十日,城中有精兵三萬人,穀支一年,〔一二〕吏民咸欲拒戰。璋言:"父子在州二十餘歲,無恩德以加百姓,而攻戰三載,肌膏草野者,以璋故也。何心能安!"遂開城出降,群下莫不流涕。備遷璋於公安,〔4〕歸其財寶,後以病卒。〔5〕

【注】

〔1〕涪城故城今綿州城。

〔2〕《蜀志》曰:"是歲建安十六年。"

〔3〕《益郡耆舊傳》曰:"張肅有威儀,容貌甚偉。松為人短小放蕩,不持節操,然識理精果,有才幹。劉璋遣詣曹公,公不甚禮。楊脩深器之,白公辟

松,不納。脩以公所撰兵書示松,飲宴之閒,一省即便闇誦,以此異之。"

〔4〕公安,今荆州縣。

〔5〕《蜀志》曰:"先主遷璋于公安南,〔一三〕猶佩振威將軍印綬。孫權破關羽,取荆州,以璋為益州牧,留(住)〔駐〕秭歸。"〔一四〕

明年,曹操破張魯,定漢中。

魯字公旗。〔一五〕初,祖父陵,順帝時客於蜀,學道鶴鳴山中,〔1〕造作符書,以惑百姓。受其道者輒出米五斗,故謂之"米賊"。陵傳子衡,衡傳於魯,魯遂自號"師君"。其來學者,初名為"鬼卒",後號"祭酒"。祭酒各領部衆,衆多者名曰"理頭"。〔一六〕皆校以誠信,不聽欺妄,有病但令首過而已。〔2〕諸祭酒各起義舍於路,同之亭傳,〔3〕縣置米肉以給行旅。食者量腹取足,過多則鬼能病之。犯法者先加三原,〔4〕然後行刑。不置長吏,以祭酒為理,民夷信向。〔5〕朝廷不能討,遂就拜魯鎮夷中郎將,〔一七〕領漢寧太守,〔6〕通其貢獻。

【注】

〔1〕山在今益州晉原縣西。

〔2〕《魏志》曰:"大抵與黃巾相似。"首音式(殺)〔救〕反。〔一八〕

〔3〕傳音陟戀反。

〔4〕原,免也。

〔5〕《典略》曰:"初,熹平中,妖賊大起,〔三輔有駱曜。光和中,東方有張角〕,〔一九〕漢中有張脩。〔駱曜教民緬匿法,角〕為太平道,(張角)〔脩〕為五斗米道。〔二〇〕太平道師持九節杖,為符祝,教病人叩頭思過,因以符水飲之。病或自愈者,則云此人信道,其或不愈,則云不信道。脩法略與角同,加施淨室,使病人處其中思過。又使人為姦令祭酒,主以《老子》五千文,使都習,號'姦令'。為鬼吏,主為病者請禱。〔請禱〕之法,〔二一〕書病人姓字,説服罪之意。作三通,其一上之天,著山上,其一埋之地,其一沈之水,謂之'三官手書'。使病者家出米五斗以為常,故號'五斗米師'也。實無益於療病,

［但為淫妄］，〔二二〕小人昏愚，競共事之。後角被誅，脩亦亡。及魯自在漢中，因其人信行脩業，遂增飾之。教使起義舍，以米［肉］置其中，〔二三〕以止行人。又［教］使自隱，〔二四〕有小過者，當循道百步，〔二五〕則罪除。又依《月令》，春夏禁殺。又禁酒。流移寄在其地者，不敢不奉也。"

〔6〕袁山松《書》，建安二十年置漢寧郡。

韓遂、馬超之亂，關西民奔魯者數萬家。時人有地中得玉印者，群下欲尊魯為漢寧王。魯功曹閻圃諫曰："漢川之民，戶出十萬，四面險固，財富土沃，上匡天子，則為桓文，次方竇融，不失富貴。今承制署置，勢足斬斷。遽稱王號，必為禍先。"魯從之。

魯自在漢川垂三十年，聞曹操征之，至陽平，〔1〕欲舉漢中降。其弟衛不聽，率衆數萬，拒關固守。〔2〕操破衛，斬之。魯聞陽平已陷，將稽顙歸降。閻圃説曰："今以急往，其功為輕，不如且依巴中，然後委質，功必多也。"於是乃奔南山。左右欲悉焚寶貨倉庫。魯曰："本欲歸命國家，其意未遂。今日之走，以避鋒銳，非有惡意。"遂封藏而去。操入南鄭，甚嘉之。又以魯本有善意，遣人慰安之。魯即與家屬出逆，拜鎮南將軍，封閬中侯，邑萬戶，〔3〕將還中國，待以客禮。封魯五子及閻圃等皆為列侯。

【注】

〔1〕《周地圖記》曰："褒谷西北有古陽平關。"其地在今梁州褒城縣西北也。

〔2〕《魏志》曰："太祖征魯至陽平關，衛拒關堅守。"

〔3〕閬中屬巴郡，今隆州縣。

魯卒，謚曰原侯。子富嗣。

論曰：劉焉覿時方艱，先求後亡之所，〔1〕庶乎見幾而作。〔2〕夫地廣則驕尊之心生，財衍則僭奢之情用，〔3〕固亦恒人必至之期也。璋能閉隘養力，守案先圖，尚可與歲時推移，而遽輸利器，静受流斥，〔4〕所謂羊質虎皮，見豺則恐，吁哉！〔5〕

【注】

〔1〕《左傳》曰，鄭公孫黑肱有疾，歸邑于公，曰："吾聞之，生於亂代，貴而能貧，人無求焉，可以後亡。"

〔2〕《易》曰："君子見幾而作，不俟終日。"又曰："幾者動之微，吉之先見。"

〔3〕衍，饒也。

〔4〕《老子》曰："國之利器，不可以示人。"

〔5〕楊子《法言》曰：[二六]"羊質虎皮，見草而悦，見豺而戰。"

袁術字公路，汝南汝陽人，司空逢之子也。少以俠氣聞，數與諸公子飛鷹走狗，後頗折節。舉孝廉，累遷至河南尹、虎賁中郎將。

時董卓將欲廢立，以術為後將軍。術畏卓之禍，出奔南陽。會長沙太守孫堅殺南陽太守張咨，〔1〕引兵從術。劉表上術為南陽太守，術又表堅領豫州刺史，使率荆、豫之卒，擊破董卓於陽人。

【注】

〔1〕《英雄記》曰："咨字子議，潁川人。"《吳曆》曰："孫堅至南陽，咨不給軍糧，又不肯見。堅欲進兵，恐為後害，乃詐得急疾，舉軍震惶，迎呼巫醫，禱祀山川，遣所親人說咨，言病困欲以兵付咨。咨聞之，心利其兵，即將步騎五六百人入營看堅。堅與相見，無何，卒然而起，案劍罵咨，遂執斬之。"

術從兄紹因堅討卓未反，遠，遣其將會稽周昕[二七]奪堅豫州。術怒，擊昕走之。紹議欲立劉虞為帝，術好放縱，憚立長君，託以公義不肯同，積此釁隙遂成。乃各外交黨援，以相圖謀，術結公孫瓚，而紹連劉表。豪桀多附於紹，術怒曰："群豎不吾從，而從吾家奴乎！"又與公孫瓚書，云紹非袁氏子，紹聞大怒。初平三年，術遣孫堅擊劉表於襄陽，堅戰死。公孫瓚使劉備與術合謀共逼紹，紹與曹操會擊，皆破之。四年，術引軍入陳留，屯封丘。黑山餘賊及匈奴於扶羅等佐術，〔二八〕與曹操戰於匡亭，大敗。術退保雍丘，又將其餘眾奔九江，殺揚州刺史陳溫而自領之，又兼稱徐州伯。李傕入長安，欲結術為援，乃授以左將軍，假節，封陽翟侯。〔二九〕

初，術在南陽，戶口尚數十百萬，而不修法度，以鈔掠為資，奢恣無猒，百姓患之。又少見讖書，言"代漢者當塗高"，自云名字應之。[1] 又以袁氏出陳為舜後，以黃代赤，德運之次，[2] 遂有僭逆之謀。又聞孫堅得傳國璽，[3] 遂拘堅妻奪之。興平二年冬，天子播越，敗於曹陽。術大會群下，因謂曰："今海內鼎沸，劉氏微弱。吾家四世公輔，[4] 百姓所歸，欲應天順民，於諸君何如？"眾莫敢對。主簿閻象進曰："昔周自后稷至于文王，積德累功，參分天下，〔三〇〕猶服事殷。[5] 明公雖奕世克昌，[6]〔三一〕孰若有周之盛？漢室雖微，未至殷紂之敝也。"術嘿然，使召張範。範辭疾，遣弟承往應之。術問曰："昔周室陵遲，則有桓文之霸；[7] 秦失其政，漢接而用之。今孤以土地之廣，士人之眾，欲徼福於齊桓，擬迹於高祖，可乎？"承對曰："在德不在眾。苟能用德以同天下之欲，雖云匹夫，霸王可也。若陵僭無度，干時而動，眾之所弃，誰能興之！"[8] 術不說。

【注】

[1] 當塗高者，魏也。然術自以"術"及"路"皆是"塗"，故云應之。

[2] 陳大夫轅濤塗，袁氏其後也。五行火生土，故云以黃代赤。

[3] 韋昭《吳書》曰："漢室大亂，天子北詣河上，六璽不自隨，掌璽者以投井中。孫堅北討董卓，頓軍城南，甄官署有井，每旦有五色氣從井中出，

使人浚井，得漢〔傳〕國玉璽，〔三二〕其文曰'受命于天，既壽永昌'。"

〔4〕袁安為司空，子敞及京，京子湯，湯子逢並為司空。

〔5〕《國語》曰："后稷勤周，十五代而王。"《毛詩·國風》序曰："國君積行累功，以致爵位。"《論語》孔子曰："三分天下有二，猶服事殷。"〔三三〕

〔6〕奕猶重也。《詩》云："不顯奕代。"又曰："克昌厥後。"

〔7〕王肅注《家語》曰："言若丘陵之漸逶遲。"

〔8〕《魏志》曰，範字公儀。承字公先，河內人，司徒歆之孫也。

自孫堅死，子策復領其部曲，術遣擊楊州刺史劉繇，破之，策因據江東。策聞術將欲僭號，與書諫曰："董卓無道，陵虐王室，禍加太后，暴及弘農，天子播越，〔1〕宮廟焚毀，是以豪桀發憤，沛然俱起。〔2〕元惡既斃，幼主東顧，乃使王人奉命，宣明朝恩，偃武修文，與之更始。然而河北異謀於黑山，〔3〕曹操毒被於東徐，劉表僭亂於南荊，公孫叛逆於朔北，正禮阻兵，〔4〕玄德爭盟，〔5〕是以未獲從命，櫜弓戢戈。當謂使君與國同規，〔三四〕而舍是弗恤，完然有自取之志，〔6〕懼非海內企望之意也。成湯討桀，稱'有夏多罪'；〔7〕武王伐紂，曰'殷有重罰'。〔8〕此二王者，雖有聖德，假使時無失道之過，無由逼而取也。今主上非有惡於天下，徒以幼小脅於彊臣，異於湯武之時也。又聞幼主明智聰敏，有夙成之德，〔9〕天下雖未被其恩，咸歸心焉。若輔而興之，則旦、奭之美，率土所望也。使君五世相承，〔10〕為漢宰輔，榮寵之盛，莫與為比，宜効忠守節，以報王室。時人多惑圖緯之言，妄牽非類之文，苟以悅主為美，不顧成敗之計，古今所慎，可不孰慮！忠言逆耳，駁議致憎，〔11〕苟有益於尊明，無所敢辭。"術不納，策遂絕之。

【注】

〔1〕《左傳》曰，王子朝云"茲不穀震蕩播越"。播，遷也。越，逸也。言失其所居。

〔2〕沛然，自恣縱皃也。沛音片害反。

〔3〕謂袁紹為冀州牧，與黑山賊相連。

〔4〕劉繇也。

〔5〕劉備也。

〔6〕完然，自得皃。

〔7〕《尚書·湯誓》曰："有夏多罪，天命殛之。"

〔8〕《史記》曰："武王徧告諸侯曰：'殷有重罰，不可不伐。'"

〔9〕夙，早也。

〔10〕安生京，京生湯，湯生逢，逢生術，凡五代。

〔11〕駁，雜也，議不同也。《前書》張良曰："忠言逆耳利於行，良藥苦口利於病。"

　　建安二年，因河內張炯符命，遂果僭號，自稱"仲家"。[1]以九江太守為淮南尹，置公卿百官，郊祀天地。乃遣使以竊號告呂布，并為子娉布女。布執術使送許。[2]術大怒，遣其將張勳、橋蕤攻布，大敗而還。術又率兵擊陳國，誘殺其王寵及相駱俊，曹操乃自征之。術聞大駭，即走度淮，留張勳、橋蕤於蘄陽，[3]〔三五〕以拒操。[操]擊破斬蕤，〔三六〕而勳退走。術兵弱，大將死，眾情離叛。加天旱歲荒，士民凍餒，江、淮間相食殆盡。時舒仲應為術沛相，術以米十萬斛與為軍糧，仲應悉散以給飢民。術聞怒，陳兵將斬之。仲應曰："知當必死，故為之耳。寧可以一人之命，救百姓於塗炭。"術下馬牽之曰："仲應，足下獨欲享天下重名，不與吾共之邪？"

【注】

〔1〕"仲"或作"沖"。

〔2〕時獻帝在許。

〔3〕《水經》曰："蘄水出江夏蘄春縣北山。"酈元注云："即蘄山也。西南流經蘄山，又南對蘄陽，注于大江，亦謂之蘄陽口。"

術雖矜名尚奇，而天性驕肆，尊己陵物。及竊偽號，淫侈滋甚，媵御數百，無不兼羅紈，厭粱肉，[1]自下飢困，莫之䘏卹。於是資實空盡，不能自立。四年夏，乃燒宮室，奔其部曲陳簡、[三七]雷薄於灊山。[2]復為簡等所拒，遂大困窮，士卒散走。憂懣不知所為，遂歸帝號於紹，曰："祿去漢室久矣，天下提挈，政在家門。豪雄角逐，分割疆宇。此與周末七國無異，唯彊者兼之耳。袁氏受命當王，符瑞炳然。今君擁有四州，[3]人戶百萬，以彊則莫與爭大，以位則無所比高。曹操雖欲扶衰獎微，安能續絕運，起已滅乎！謹歸大命，君其興之。"紹陰然其計。

【注】
[1]《九州春秋》曰："司隸馮方女，國色也，避亂楊州。袁術登城，見而悅之，遂納焉，甚愛幸。諸婦害其寵，紿之曰：'將軍貴人有志節，當時時涕泣憂愁，必長見敬重。'馮氏以為然，後見術輒垂涕，術果以有心志，益哀之。諸婦因是共絞殺之，懸之廁梁，術誠以為不得志而死也，厚加殯斂焉。"
[2]灊縣之山也。灊，今壽州霍山縣也。灊音潛。
[3]青、冀、幽、并。

術因欲北至青州從袁譚，曹操使劉備徼之，不得過，復走還壽春。六月，至江亭。坐簀牀而歎曰：[1][三八]"袁術乃至是乎！"因憤慨結病，歐血死。妻子依故吏廬江太守劉勳。[2]孫策破勳，復見收視，術女入孫權宮，子曜仕吳為郎中。

【注】
[1]簀，笫也，謂無茵席也。
[2]《魏志》曰"勳字子臺，琅邪人，與太祖有舊，為孫策破後，自歸太祖，封列侯。勳自恃與太祖有宿，日驕慢，數犯法，又誹謗，遂免其官"也。

論曰：天命符驗，可得而見，未可得而言也。然大致受大福者，歸於信順乎！〔1〕夫事不以順，雖彊力廣謀，不能得也。謀不可得之事，日失忠信，變詐妄生矣。況復苟肆行之，其以欺天乎！雖假符僭稱，歸將安所容哉！

【注】
〔1〕《易》曰："天之所助者，順也；人之所助者，信也。履信思順，自天祐之。"

呂布字奉先，五原九原人也。以弓馬驍武給并州。刺史丁原為騎都尉，(原)屯河內，〔三九〕以布為主簿，甚見親待。靈帝崩，原受何進召，將兵詣洛陽，為執金吾。會進敗，董卓誘布殺原而并其兵。

卓以布為騎都尉，誓為父子，甚愛信之。稍遷至中郎將，封都亭侯。卓自知凶恣，每懷猜畏，行止常以布自衛。嘗小失卓意，卓拔手戟擲之。布拳捷得免，而改容顧謝，卓意亦解。布由是陰怨於卓。卓又使布守中閤，而私與傅婢情通，益不自安。因往見司徒王允，自陳卓幾見殺之狀。〔1〕時允與尚書僕射士孫瑞密謀誅卓，因以告布，使為內應。布曰："如父子何？"曰："君自姓呂，本非骨肉。今憂死不暇，何謂父子？擲戟之時，豈有父子情也？"布遂許之，乃於門刺殺卓，事已見《卓傳》。允以布為奮威將軍，假節，儀同三司，封溫侯。

【注】
〔1〕幾音祈。

允既不赦涼州人，由是卓將李傕等遂相結，還攻長安。布與傕戰，敗，乃將數百騎，以卓頭繫馬鞌，走出武關，奔南陽。袁術待之甚厚。布自恃殺卓，有德袁氏，遂恣兵鈔掠。術患之。布不安，復去從張楊於河內。時李傕等購募求布急，楊下諸將皆欲圖之。布懼，謂楊曰："與卿州里，今見殺，其功未必多。不如生賣布，可大得催等爵寵。"楊以為然。有頃，布得走投袁紹，紹與布擊張燕於常山。燕精兵萬餘，騎數千匹。布常御良馬，號曰赤菟，能馳城飛塹，[1]與其健將成廉、魏越等數十騎馳突燕陣，一日或至三四，皆斬首而出。連戰十餘日，遂破燕軍。布既恃其功，更請兵於紹，紹不許，而將士多暴橫，紹患之。布不自安，[四〇]因求還洛陽。紹聽之，承制使領司隸校尉，遣壯士送布而陰使殺之。布疑其圖己，乃使人鼓箏於帳中，潛自遁出。夜中兵起，而布已亡。紹聞，懼為患，募遣追之，皆莫敢逼，遂歸張楊。道經陳留，太守張邈遣使迎之，相待甚厚，臨別把臂言誓。

【注】
〔1〕《曹瞞傳》曰："時人語曰：'人中有呂布，馬中有赤菟。'"

邈字孟卓，東平人，少以俠聞。初辟公府，稍遷陳留太守。董卓之亂，與曹操共舉義兵。及袁紹為盟主，有驕色，邈正義責之。紹既怨邈，且聞與布厚，乃令曹操殺邈。操不聽，然邈心不自安。興平元年，曹操東擊陶謙，令其將武陽人陳宮屯東郡。[1]宮因說邈曰："今天下分崩，雄桀並起。君擁十萬之衆，當四戰之地，[2]撫劍顧眄，亦足以為人豪，而反受制，不以鄙乎！今州軍東征，其處空虛，呂布壯士，善戰無前，迎之共據兗州，觀天下形執，俟時事變通，此亦從橫一時也。"邈從之，遂與弟超及宮等迎布為兗州牧，據濮陽，郡縣皆應之。

【注】
〔1〕《典略》曰："陳宮字公臺，東郡人也。剛直烈壯，[四一]少與海內知名之士皆連結。及天下亂，始隨太祖。後自疑，乃從呂布。為布畫策，布每不從。"
〔2〕陳留地平，四面受敵，故謂之四戰之地也。

曹操聞而引軍擊布，累戰，相持百餘日。是時旱蝗少穀，百姓相食，布移屯山陽。二年間，操復盡收諸城，破布於鉅野，布東奔劉備。邈詣袁術求救，留超將家屬屯雍丘。操圍超數月，屠之，滅其三族。邈未至壽春，為其兵所害。

　　時劉備領徐州，居下邳，與袁術相拒於淮上。術欲引布擊備，乃與布書曰："術舉兵詣闕，未能屠裂董卓。將軍誅卓，為術報恥，功一也。〔1〕昔金元休南至封丘，為曹操所敗。〔2〕將軍伐之，令術復明目於遐邇，功二也。術生年以來，不聞天下有劉備，備乃舉兵與術對戰。憑將軍威靈，得以破備，功三也。將軍有三大功在術，術雖不敏，奉以死生。將軍連年攻戰，軍糧苦少，今送米二十萬斛。非唯此止，當駱驛復致。凡所短長亦唯命。"布得書大悅，即勒兵襲下邳，獲備妻子。備敗走海西，〔3〕飢困，請降於布。布又患術運糧不復至，乃具車馬迎備，以為豫州刺史，遣屯小沛。〔4〕布自號徐州牧。術懼布為己害，為子求婚，布復許之。

【注】
〔1〕董卓殺隗及術兄基等男女二十餘人。
〔2〕《典略》曰"元休名尚，京兆人。同郡韋休甫、第五文休俱著名，號為'三休'。尚，獻帝初為兗州刺史，東之郡，而太祖已臨兗州。尚依袁術，術僭號，欲以尚為太尉，不敢顯言，私使諷之，術亦不敢強也。建安初，尚逃還，為術所害"也。
〔3〕海西，縣，屬廣陵郡，故屬東海。
〔4〕高祖本泗水郡沛縣人。及得天下，改泗水為沛郡，小沛即沛縣。

　　術遣將紀靈等步騎三萬以攻備，備求救於布。諸將謂布曰："將軍常欲殺劉備，今可假手於術。"布曰："不然。術若破備，則北連太山，吾為在術圍中，不得不救也。"便率步騎千餘，馳往赴之。靈等聞布至，皆斂兵而止。布屯沛城外，遣人招備，并請靈等與共饗飲。布謂靈曰:"玄德,布弟也,為諸君所困,故來救之。布性不喜合鬬,但喜解鬬耳。"乃令軍候植戟於營門,布彎弓顧曰:"諸君觀布射〔戟〕小支,〔1〕〔四二〕中者當各解兵,不中可留決鬬。"布即一發,正中戟支。靈等皆驚,言"將軍天威也"。明日復歡會,然後各罷。

【注】
〔1〕《周禮·考工記》曰:"為戟博二寸,内倍之,胡參之,援四之。"鄭注云:"援,直刃;胡,其子也。"小支謂胡也。即今之戟傍曲支。

術遣韓胤以僭號事告布,因求迎婦,布遣女隨之。沛相陳珪恐術報布成姻,〔四三〕則徐楊合從,為難未已。於是往説布曰:"曹公奉迎天子,輔贊國政,將軍宜與協同策謀,共存大計。今與袁術結姻,必受不義之名,將有累卵之危矣。"〔1〕布亦素怨術,而女已在塗,乃追還絕婚,執胤送許,曹操殺之。

【注】
〔1〕《説苑》曰:"晉靈公造九層臺,費用千億,謂左右曰:'敢有諫者斬。'孫息求見。靈公張弩持矢見之,謂之曰:'子欲諫邪?'孫息曰:'臣不敢諫也。臣能累十二博棋,加九雞子於其上。'公曰:'吾未嘗見也,子為寡人作之。'孫息即正顏色,定志意,以棋子置下,加雞子其上。左右憎息。靈公曰:'危哉!'孫息曰:'復有危於此者。'公曰:'願復見之。'息曰:'九層之臺,三年不成,男不得耕,女不得織,國用空虛,户口減少,吏人叛亡,鄰國謀議將興兵。'公乃壞臺。"

陳珪欲使子登詣曹操,布固不許,會使至,拜布為左將軍,布大喜,即聽登行,并令奉章謝恩。登見曹操,因陳布勇而無謀,輕於去就,宜早圖之。操曰:"布狼子野心,誠難久養,〔1〕非卿莫究其情僞。"即增珪秩中二千石,拜登廣陵太守。臨别,操執登手曰:"東方之事,便以相付。"令陰合部衆,以為內應。始布因登求徐州牧,不得。登還,布怒,拔戟斫机曰:"卿父勸吾協同曹操,絕婚公路。今吾所求無獲,而卿父子並顯重,但為卿所賣耳。"登不為動容,徐對之曰:"登見曹公,言養將軍譬如養虎,當飽其肉,不飽則將噬人。公曰:'不如卿言。譬如養鷹,飢即為用,飽則颺去。'其言如此。"布意乃解。

【注】
〔1〕《左傳》曰:"伯石之生也,叔向之母視之,曰:'是豺狼之聲也,狼子野心。'"

袁術怒布殺韓胤,遣其大將張勳、橋蕤等與韓暹、楊奉連埶,步騎數萬,七道攻布。布時兵有三千,馬四百匹,懼其不敵,謂陳珪曰:"今致術軍,卿之由也,為之柰何?"珪曰:"暹、奉與術,卒合之師耳。[1]謀無素定,[2]不能相維。子登策之,比於連雞,埶不俱棲,[3]立可離也。"布用珪策,與暹、奉書曰:"二將軍親拔大駕,而布手殺董卓,俱立功名,當垂竹帛。今袁術造逆,宜共誅討,柰何與賊還來伐布?可因今者同力破術,為國除害,建功天下,此時不可失也。"又許破術兵,悉以軍資與之。暹、奉大喜,遂共擊勳等於下邳,大破之,生禽橋蕤,餘衆潰走,其所殺傷、墮水死者殆盡。

【注】
〔1〕卒音千忽反。
〔2〕素,舊也。
〔3〕《戰國策》曰:"秦惠王謂寒泉子曰:'蘇秦欺弊邑,欲以一人之知,反覆山東之君。夫諸侯之不可一,猶連雞之不能俱上於棲。'"

時太山臧霸等攻破莒城,許布財幣以相結,而未及送,布乃自往求之。其督將高順諫止[1]曰:"將軍威名宣播,遠近所畏,何求不得,而自行求賂。萬一不剋,豈不損邪?"布不從。既至莒,霸等不測往意,固守拒之,無獲而還。順為人清白有威嚴,少言辭,將眾整齊,每戰必剋。布性決易,所為無常。順每諫曰:"將軍舉動,不肯詳思,忽有失得,動輒言誤。誤事豈可數乎?"布知其忠而不能從。

【注】

〔1〕《英雄記》曰"順為人不飲酒,不受饋。所將七百餘兵,號為千人,名'陷陣營'。布後疏順,奪順所將兵,亦無恨意"也。

建安三年,[四四]布遂復從袁術,遣順攻劉備於沛,破之。曹操遣夏侯惇救備,〔1〕為順所敗。操乃自將擊布,至下邳城下。遺布書,為陳禍福。布欲降,而陳宮等自以負罪於操,深沮其計,而謂布曰:"曹公遠來,勢不能久。將軍若以步騎出屯於外,宮將餘眾閉守於內。若向將軍,宮引兵而攻其背;若但攻城,則將軍救於外。不過旬月,軍食畢盡,擊之可破也。"布然之。布妻曰:"昔曹氏待公臺如赤子,猶舍而歸我。今將軍厚公臺不過於曹氏,而欲委全城,捐妻子,孤軍遠出乎?若一旦有變,妾豈得為將軍妻哉!"布乃止。而潛遣人求救於袁術,自將千餘騎出。戰敗走還,保城不敢出。術亦不能救。

【注】

〔1〕《魏志》曰:"夏侯惇字元讓,沛國譙人。年二十四,就師學,人有辱其師者,惇殺之。後從征呂布,為流矢傷左目。領陳留、濟陰太守,加建武將軍。太祖常同輿載,特見親重,出入臥內,諸將莫之比。"

曹操塹圍之,壅沂、泗以灌其城,三月,上下離心。其將侯成使客牧其名馬,而客策之以叛。成追客得馬,諸將合禮以賀成。成分酒肉,先入詣布而言曰:"蒙將軍威靈,得所亡馬,諸將齊賀,未敢嘗也,故先以奉貢。"布怒曰:"布禁酒而卿等醞釀,為欲因酒共謀布邪?"成忿懼，乃與諸將共執陳宮、高順，率其衆降。布與麾下登白門樓。〔1〕兵圍之急，令左右取其首詣操。左右不忍，乃下降。布見操曰："今日已往，天下定矣。"操曰："何以言之？"布曰："明公之所患不過於布，今已服矣。令布將騎，明公將步，天下不足定也。"顧謂劉備曰："玄德，卿為坐上客，我為降虜，繩縛我急，獨不可一言邪？"操笑曰："縛虎不得不急。"乃命緩布縛。劉備曰："不可。明公不見呂布事丁建陽、董太師乎？"操頷之。〔2〕布目備曰："大耳兒最叵信！"〔3〕操謂陳宮曰："公臺平生自謂智有餘，今意何如？"〔四五〕宮指布曰："是子不用宮言，以至於此。若見從，未可量也。"操又曰："奈卿老母何？"宮曰："老母在公，不在宮也。夫以孝理天下者，不害人之親。"操復曰："奈卿妻子何？"宮曰："宮聞霸王之主，不絕人之祀。"〔4〕固請就刑，遂出不顧，操為之泣涕。布及宮、順皆縊殺之，傳首許市。

【注】
〔1〕宋武《北征記》曰："下邳城有三重，大城（之門）周四里，〔四六〕呂布所守也。魏武禽布於白門。白門，大城之門也。"酈元《水經注》曰："南門謂之白門，魏武禽陳宮於此。"
〔2〕杜預注《左傳》曰："頷，搖頭也。"音五感反。
〔3〕《蜀志》曰："備顧自見其耳。"
〔4〕《左傳》曰："齊桓公存三亡國。"

贊曰：焉作庸牧，以希後福。〔1〕曷云負荷？地墮身逐。術既叨貪，布亦翻覆。

【注】
〔1〕王莽改益州曰庸部。

【校勘記】

〔一〕劉焉字君郎　按：《校補》引柳從辰說，謂《蜀志》同，《華陽國志》作"字君朗"。

〔二〕清選重臣　按："清"原譌"請"，逕據汲本、殿本改正。

〔三〕益州刺史郄儉　按：《集解》引惠棟說，謂《蜀志》"郄"作"郤"。

〔四〕并州刺史張懿　《集解》引錢大昕說，謂《蜀志·劉二牧傳》作"張益"。又引惠棟說，謂一作"張壹"。按：王先謙謂"懿"作"壹"或作"益"，避晉諱也。

〔五〕州從事賈龍先領兵數百人在犍為遂糾合吏人攻相破之　按：李慈銘謂案《三國志》作"在犍為東界"，《華陽國志》曰，賈龍素領家兵在犍為之青衣，則《三國志》云在東界者是也。時犍為已為黃巾所破，此傳省文，非是。"人"當作"民"。"破之"《華陽國志》作"破滅之"。

〔六〕龍乃遣吏卒迎焉　按："遣"原譌"選"，逕據汲本、殿本改正。

〔七〕（龍）撫納離叛　《校補》謂"龍"字誤衍，各本皆未去，此敍焉事，與龍無涉，兼係《蜀志》原文，原文固無"龍"字也。今據刪。

〔八〕（遂）與別部司馬張脩　據《刊誤》刪。

〔九〕遂［疽］發背（疽）卒　據殿本改。

〔一〇〕祖真字喬卿　按：《蜀志·法正傳》裴注引《三輔決錄》"喬"作"高"。

〔一一〕［先］主稱尊號　據汲本補。

〔一二〕穀支一年　按：《集解》引惠棟說，謂《蜀志》云"穀帛支二年"。

〔一三〕先主遷璋于公安南　按："遷"原譌"還"，逕改正。

〔一四〕留（住）［駐］秭歸　據汲本改。

〔一五〕魯字公旗　按：殿本《考證》謂《魏志》作"公祺"。

〔一六〕衆多者名曰"理頭"　按：《魏志·張魯傳》"理"作"治"。《補注》引何焯說，謂"理"本"治"字，避唐諱改。

〔一七〕遂就拜魯鎮夷中郎將　按：《魏志》"夷"作"民"。

〔一八〕首音式（殺）［救］反　據殿本改。

〔一九〕妖賊大起［三輔有駱曜光和中東方有張角］　殿本《考證》謂何焯校本于"妖賊大起"下增"三輔有駱曜光和中東方有張角"十三字。今據補，與《魏志》裴注引《典略》合。

〔二〇〕［駱曜教民緬匿法角］為太平道（張角）［脩］為五斗米道　殿本《考證》謂何焯校本于"漢中有張脩"句下增"駱曜教民緬匿法角"八字，"張脩為五斗米道"滅去"張"字，改"角"為"脩"。今據補改，與《魏志》裴注引《典略》合。

〔二一〕主為病者請禱［請禱］之法　殿本《考證》謂何焯校本"請禱"下復增"請禱"二字。今據補，與《魏志》裴注引《典略》合。

〔二二〕實無益於療病［但為淫妄］　殿本《考證》謂何焯校本"實無益於療病"下增"但為淫妄"四字。今據補，與《魏志》裴注引《典略》合。

〔二三〕以米［肉］置其中　殿本《考證》謂何焯校本"米"字下增"肉"字。今據補，與《魏志》裴注引《典略》合。

〔二四〕又［教］使自隱　殿本《考證》謂何焯校本"使"字上增"教"字。今據補，與《魏志》裴注引《典略》合。

〔二五〕當循道百步　按《魏志》裴注引《典略》"循"作"治"。《補注》引何焯說，謂避唐諱改。

〔二六〕楊子法言曰　"楊"字原作"揚"，逕據汲本、殿本改。

〔二七〕遣其將會稽周昕　按：《校補》謂"周昕"據《吳錄》作"周㬎"，昕之弟也。

〔二八〕黑山餘賊及匈奴於扶羅等佐術　按："及"原譌"反"，逕據汲本、殿本改正。

〔二九〕陽翟侯　按："陽"原譌"楊"，逕據汲本、殿本改正。

〔三〇〕參分天下《魏志》作"參分天下有其二"，此脫"有其二"三字。按：《校補》謂去此三字，則文義不屬，當由轉寫脫誤耳。若范氏刪節，胡不云"三分有二"乎？

〔三一〕明公雖奕世克昌　按："奕"原譌"弈"，逕據汲本、殿本改。注同。

〔三二〕得漢〔傳〕國玉璽　殿本《考證》謂何焯校本"漢"字下添"傳"字，今據補。

〔三三〕三分天下有二猶服事殷　按：汲本"有"下有"其"字。殿本"猶"作"以"。

〔三四〕當謂使君與國同規　殿本"當"作"嘗"。按：袁《紀》作"當"。

〔三五〕留張勳橋蕤於蘄陽　《集解》引《通鑑》胡注，謂此蓋沛國之蘄縣，范史衍"陽"字。按：《校補》謂胡說是。前志沛郡蘄縣字本作"鄿"，從邑，鄿陽蓋即鄿北地名，亦非衍"陽"字。此與江夏之蘄春本無涉也。章懷雖誤注，當仍未改字，故毛本注中猶間雜從邑之字，後人並改為從斤，遂無別耳。

〔三六〕〔操〕擊破斬蕤　據汲本、殿本補。

〔三七〕奔其部曲陳簡　按：《集解》引惠棟說，謂"陳簡"《魏志》作"陳蘭"。

〔三八〕坐簀牀而歎曰　按：《魏志·袁術傳》裴注引《吳書》，"簀牀"作"櫺牀"。

〔三九〕(原)屯河內　《魏志·呂布傳》無"原"字，今據刪。

〔四〇〕布不自安　按：原作"布自不安"，逕據汲本、殿本改。

〔四一〕剛直烈壯　按："烈"原作"列"，逕改正。

〔四二〕諸君觀布射〔戟〕小支　據汲本、殿本補。

〔四三〕恐術報布成姻　汲本"姻"作"婚"。按：《魏志》亦作"婚"。

〔四四〕建安三年　按："三"原譌"二"，逕改正。

〔四五〕今意何如　按：《刊誤》謂"意"當作"竟"。

〔四六〕大城(之門)周四里　據《刊誤》刪。

後漢書卷七十六

循吏列傳第六十六

　　初，光武長於民閒，頗達情偽，[1]見稼穡艱難，百姓病害，至天下已定，務用安静，解王莽之繁密，還漢世之輕法。[2]身衣大練，色無重綵，耳不聽鄭衛之音，手不持珠玉之玩，宮房無私愛，左右無偏恩。建武十三年，異國有獻名馬者，日行千里，又進寶劍，賈兼百金，詔以馬駕鼓車，劍賜騎士。損上林池篽之官，廢騁望弋獵之事。其以手迹賜方國者，皆一札十行，細書成文。[3]勤約之風，行于上下。數引公卿郎將，列于禁坐。[4]廣求民瘼，觀納風謠。故能內外匪懈，百姓寬息。自臨宰邦邑者，競能其官。若杜詩守南陽，號為"杜母"，任延、錫光移變邊俗，斯其績用之最章章者也。[5]又第五倫、宋均之徒，亦足有可稱談。然建武、永平之閒，吏事刻深，亟以謠言單辭，轉易守長。故朱浮數上諫書，箴切峻政，鍾離意等亦規諷殷勤，以長者為言，而不能得也。[6]所以中興之美，蓋未盡焉。自章、和以後，其有善績者，往往不絕。如魯恭、吳祐、劉寬及潁川四長，[7]並以仁信篤誠，使人不欺；王堂、陳寵委任賢良，而職事自理：[8]斯皆可以感物而行化也。邊鳳、延篤先後為京兆尹，時人以輩前世趙、張。[9]又王渙、任峻之為洛陽令，明發姦伏，吏端禁止，然導德齊禮，有所未充，亦一時之良能也。今綴集殊聞顯迹，以為《循吏篇》云。

【注】
〔1〕《左傳》楚子曰："晉侯在外十九年矣，人之情偽盡知之矣。"
〔2〕《前書》曰："莽春夏斬人於市，一家鑄錢，保伍人没入為官奴婢，〔一〕男子檻車，女子步，鐵鎖琅鐺其頸，愁苦死者十七八。"輕法謂高祖約法三章，孝文除肉刑也。
〔3〕《説文》曰："札，牒也。"
〔4〕禁坐猶御坐也。
〔5〕章章，明也。《前書》班固曰："章章尤著者也。"
〔6〕時明帝性褊察，好以耳目隱發為明，又引杖撞郎，朝廷竦慄，〔二〕爭為苛刻，唯意獨敢諫争，數封還詔書。見《意傳》也。
〔7〕謂苟淑為當塗長，韓韶為嬴長，陳寔為太丘長，鍾皓為林慮長。淑等皆潁川人也。
〔8〕王堂任陳蕃、應嗣，陳寵任王渙、鐔顯也。
〔9〕輩，類也。趙謂趙廣漢，張謂張敞者也。

衛颯字子産，〔1〕河内脩武人也。家貧好學問，隨師無糧，常傭以自給。王莽時，仕郡歷州宰。

【注】
〔1〕颯音立。

建武二年，辟大司徒鄧禹府。舉能案劇，除侍御史，襄城令。政有名迹，遷桂陽太守。郡與交州接境，頗染其俗，不知禮則。颯下車，修庠序之教，設婚姻之禮。朞年閒，邦俗從化。
先是含洭、湞陽、曲江三縣，越之故地，〔1〕武帝平之，内屬桂陽。民居深山，濱溪谷，習其風土，不出田租。去郡遠者，或且千里。吏事往來，輒發民乘船，名曰"傳役"。每一吏出，徭及數家，百姓苦之。颯乃鑿山通道五百餘里，列亭傳，置郵驛。於是役省勞息，姦吏杜絶。

流民稍還，漸成聚邑，使輸租賦，同之平民。又耒陽縣（山）[出]鐵石，[2][三]佗郡民庶常依因聚會，私為冶鑄，遂招來亡命，多致姦盜。颯乃上起鐵官，罷斥私鑄，歲所增入五百餘萬。颯理卹民事，居官如家，其所施政，莫不合於物宜。視事十年，郡內清理。

【注】
[1]含洭故城在今廣州含洭縣東。湞陽，今廣州縣也。曲江，韶州縣也。
[2]《續漢志》耒陽縣有鐵官也。

二十五年，徵還。光武欲以為少府，會颯被疾，不能拜起，[1]勑以桂陽太守歸家，須後詔書。[2]居二歲，載病詣闕，自陳困篤，乃收印綬，賜錢十萬，後卒于家。

【注】
[1]《東觀記》曰"颯到即引見，賜食於前。從吏二人，賜冠幘，錢人五千"也。
[2]須，待也。

南陽茨充代颯為桂陽。[1]亦善其政，教民種殖桑柘麻紵之屬，[2]勸令養蠶織履，民得利益焉。[3]

【注】
[1]《東觀記》曰"充字子河，宛人也。初舉孝廉，之京師，同侶馬死，充到前亭，輒舍車持馬還相迎，鄉里號之曰'一馬兩車茨子河'"也。
[2]《禮記》曰："禁人無伐桑柘。"鄭玄注云："愛蠶食也。"
[3]《東觀記》曰："元和中，荊州刺史上言：臣行部入長沙界，觀者皆徒跣。臣問御佐曰：'人無履亦苦之否？'御佐對曰：'十二月盛寒時並多剖裂血出，燃火燎之，春溫或膿潰。建武中，桂陽太守茨充教人種桑蠶，人得其利，

至今江南頗知桑蠶織履，皆充之化也。'"

　　任延字長孫，南陽宛人也。年十二，為諸生，學於長安，明《詩》、《易》、《春秋》，顯名太學，學中號為"任聖童"。值倉卒，避兵之隴西。時隗囂已據四郡，遣使請延，延不應。
　　更始元年，以延為大司馬屬，拜會稽都尉。時年十九，迎官驚其壯。[1] 及到，靜泊無為，唯先遣饋禮祠延陵季子。[2] 時天下新定，道路未通，避亂江南者皆未還中土，會稽頗稱多士。延到，皆聘請高行如董子儀、嚴子陵等，敬待以師友之禮。掾吏貧者，輒分奉祿以賑給之。省諸卒，令耕公田，以周窮急。每時行縣，輒使慰勉孝子，就餐飯之。[3]

【注】
〔1〕壯，少也。
〔2〕季子，吳王壽夢之少子札也，封於延陵也。
〔3〕飯音符晚反。

　　吳有龍丘萇者，隱居太末，[1] 志不降辱。王莽時，四輔三公連辟，不到。[2] 掾史白請召之。延曰："龍丘先生躬德履義，有原憲、伯夷之節。[3] 都尉埽洒其門，猶懼辱焉，召之不可。"遣功曹奉謁，修書記，致醫藥，吏使相望於道。積一歲，萇乃乘輦詣府門，願得先死備錄。[4] 延辭讓再三，遂署議曹祭酒。萇尋病卒，延自臨殯，不朝三日。是以郡中賢士大夫爭往宦焉。

【注】
〔1〕太末，縣，屬會稽郡，今婺州龍丘縣也。《東陽記》云："秦時改為太末，有龍丘山在東，有九石特秀，色丹，遠望如蓮華。萇之隱處有一巖穴如窗牖，中有石牀，可寢處。"

〔2〕四輔謂太師、太傅、國師、國將。三公謂大司馬、司徒、司空也,並莽時官。見《前書》也。

〔3〕原憲,孔子弟子,魯人也。子貢結駟連騎,排藜藿過謝,原憲攝敝衣冠見子貢。伯夷,孤竹君之子,讓其國,餓死於首陽山也。

〔4〕請編名録於郡職也。

建武初,延上書願乞骸骨,歸拜王庭。詔徵為九真太守。光武引見,賜馬雜繒,令妻子留洛陽。九真俗以射獵為業,不知牛耕,〔1〕民常告糴交阯,每致困乏。延乃令鑄作田器,教之墾闢。田疇歲歲開廣,百姓充給。又駱越之民無嫁娶禮法,各因淫好,無適對匹,〔2〕不識父子之性,夫婦之道。延乃移書屬縣,各使男年二十至五十,女年十五至四十,皆以年齒相配。其貧無禮娉,令長吏以下各省奉禄以賑助之。同時相娶者二千餘人。是歲風雨順節,穀稼豐衍。其產子者,始知種姓。咸曰:"使我有是子者,任君也。"多名子為"任"。於是徼外蠻夷夜郎等慕義保塞,延遂止罷偵候戍卒。〔3〕

【注】
〔1〕《東觀漢記》曰:"九真俗燒草種田。"《前書》曰:"搜粟都尉趙過教人牛耕"也。

〔2〕適音丁歷反。

〔3〕偵,伺也,音丑政反。

初,平帝時,漢中錫光為交阯太守,教導民夷,漸以禮義,化聲侔於延。〔1〕王莽末,閉境拒守。建武初,遣使貢獻,封鹽水侯。領南華風,始於二守焉。

【注】
〔1〕侔,等也。

延視事四年，徵詣洛陽，以病稽留，左轉睢陽令，九真吏人生為立祠。拜武威太守，帝親見，戒之曰："善事上官，無失名譽。"延對曰："臣聞忠臣不私，私臣不忠。〔四〕履正奉公，臣子之節。上下雷同，非陛下之福。善事上官，臣不敢奉詔。"帝歎息曰："卿言是也。"

既之武威，時將兵長史田紺，郡之大姓，其子弟賓客為人暴害。延收紺繫之，父子賓客伏法者五六人。紺少子尚乃聚會輕薄數百人，自號將軍，夜來攻郡。延即發兵破之。自是威行境內，吏民累息。〔1〕

【注】
〔1〕累息，累氣。

郡北當匈奴，南接種羌，民畏寇抄，多廢田業。延到，選集武略之士千人，明其賞罰，令將雜種胡騎休屠黃石屯據要害，〔1〕其有警急，逆擊追討。虜恒多殘傷，遂絕不敢出。

【注】
〔1〕黃石，雜種號也。

河西舊少雨澤，乃為置水官吏，修理溝渠，皆蒙其利。又造立校官，〔1〕〔五〕自掾（吏）［史］子孫，〔六〕皆令詣學受業，復其繇役。章句既通，悉顯拔榮進之。郡遂有儒雅之士。

【注】
〔1〕校，學也。

後坐擅誅羌不先上，左轉召陵令。顯宗即位，拜潁川太守。永平二年，徵會辟雍，因以為河內太守。視事九年，病卒。

少子愷，官至太常。

王景字仲通,樂浪詌邯人也。[1]八世祖仲,本琅邪不其人。好道術,明天文。諸呂作亂,齊哀王襄謀發兵,而數問於仲。及濟北王興居反,欲委兵師仲,[2]仲懼禍及,乃浮海東奔樂浪山中,因而家焉。父閎,為郡三老。更始敗,土人王調殺郡守劉憲,自稱大將軍、樂浪太守。建武六年,光武遣太守王遵將兵擊之。至遼東,閎與郡決曹史楊邑等[七]共殺調迎遵,皆封為列侯,閎獨讓爵。帝奇而徵之,道病卒。

【注】
〔1〕詌音諸甘反,邯音下甘反,縣名。
〔2〕襄及興居並高祖孫,齊悼惠王肥之子也。

景少學《易》,遂廣闚衆書,又好天文術數之事,沈深多伎蓺。辟司空伏恭府。時有薦景能理水者,顯宗詔與將作謁者王吳共修作浚儀渠。吳用景壖流法,水乃不復為害。

初,平帝時,河、汴決壞,未及得修。建武十年,陽武令張汜上言:「河決積久,日月侵毀,濟渠所漂數十許縣。[1]脩理之費,其功不難。宜改脩堤防,以安百姓。」書奏,光武即為發卒。方營河功,而浚儀令樂俊復上言:「昔元光之閒,[2]人庶熾盛,緣隄墾殖,而瓠子河決,尚二十餘年,不即擁塞。[3]今居家稀少,田地饒廣,雖未脩理,其患猶可。且新被兵革,方興役力,勞怨既多,民不堪命。宜須平靜,更議其事。」光武得此遂止。後汴渠東侵,日月弥廣,而水門故處,皆在河中,兗、豫百姓怨歎,以為縣官恒興佗役,不先民急。永平十二年,議修汴渠,乃引見景,問以理水形便。景陳其利害,應對敏給,帝善之。又以嘗修浚儀,功業有成,乃賜景《山海經》、《河渠書》、[4]《禹貢圖》,及錢帛衣物。夏,遂發卒數十萬,遣景與王吳脩渠築隄,[八]自滎陽東至千乘海口千餘里。景乃商度地執,鑿山阜,破砥績,[5]直截溝澗,防遏衝要,疎決壅積,十里立一水門,令更相洄注,[6]無復潰漏之患。景雖簡省役費,然猶以百億計。[7]明年夏,渠成。帝親自巡行,詔濱河郡國置河堤員吏，如西京舊制。[8]景由是知名。王吳及諸從事掾史皆增秩一等。景三遷為侍御史。十五年，從駕東巡狩，至無鹽，帝美其功績，拜河堤謁者，賜車馬縑錢。

【注】

〔1〕濟水出今洛州濟源縣西北，東流經溫縣入河，度河東南入鄭州，又東入滑、曹、鄆、濟、齊、青等州入海，即此渠也。王莽末，旱，因枯涸，但入河內而已。

〔2〕武帝年。

〔3〕瓠子堤在今滑州白馬縣。武帝元光中，河決於瓠子，東南注鉅野，通於淮、泗，至元封二年塞之也。

〔4〕《山海經》，禹所作。《河渠書》，太史公《史記》也。

〔5〕《尚書》曰："原隰厎績。"注："厎，致也。績，功也。"言破禹所致功之處也。或云砥磧，山名也。

〔6〕《爾雅》曰："逆流而上曰洄。"郭璞注云："旋流也。"

〔7〕十萬曰億也。

〔8〕《十三州志》曰："成帝時河堤大壞，汎濫青、徐、兗、豫四州略徧，乃以校尉王延代領河堤謁者，秩千石，或名其官為護都水使者。中興，以三府掾屬為之。"

建初七年，遷徐州刺史。先是杜陵杜篤奏上《論都[賦]》，[九]欲令車駕遷還長安。耆老聞者，皆動懷土之心，莫不眷然佇立西望。景以宮廟已立，恐人情疑惑，會時有神雀諸瑞，[1]乃作《金人論》，頌洛邑之美，天人之符，文有可採。

【注】

〔1〕章帝時有神雀、鳳皇、白鹿、白烏等瑞也。

明年，遷廬江太守。先是百姓不知牛耕，致地力有餘而食常不足。郡界有楚相孫叔敖所起芍陂稻田。[1]景乃驅率吏民，修起蕪廢，教用犁耕，由是墾闢倍多，境內豐給。遂銘石刻誓，令民知常禁。又訓令蠶織，為作法制，皆著于鄉亭，廬江傳其文辭。卒於官。

【注】
〔1〕陂在今壽州安豐縣東。陂徑百里，灌田萬頃。芍音鵲。

初，景以為《六經》所載，皆有卜筮，作事舉止，質於蓍龜，而眾書錯糅，吉凶相反，乃參紀眾家數術文書，冢宅禁忌，[1]堪輿日相之屬，[2]適於事用者，集為《大衍玄基》云。[3]

【注】
〔1〕葬送造宅之法，若黃帝、青烏之書也。
〔2〕《前書·藝文志》，《堪輿金匱》十四卷。許慎云："堪，天道也。輿，地道也。"日相謂日辰王相之法也。
〔3〕《易》曰"大衍之數五十，其用四十有九"也。

秦彭字伯平，[一〇]扶風茂陵人也。自漢興之後，世位相承。六世祖襲，為潁川太守，與群從同時為二千石者五人，故三輔號曰"萬石秦氏"。彭同產女弟，顯宗時入掖庭為貴人，有寵。永平七年，以彭貴人兄，隨四姓小侯擢為開陽城門候。[1]十五年，拜騎都尉，副駙馬都尉耿秉北征匈奴。

【注】
〔1〕《續漢志》："城門候一人，六百石。"〔開陽〕，城南面東頭第一門也。〔一〕《漢官儀》云"開陽門始成，未有名，夜有一柱來止樓上。琅邪開陽縣

上言南門一柱飛去,因以名門"也。

建初元年,遷山陽太守。以禮訓人,不任刑罰。崇好儒雅,敦明庠序。每春秋饗射,輒修升降揖讓之儀。乃為人設四誡,以定六親長幼之禮。[1]有遵奉教化者,擢為鄉三老,常以八月致酒肉以勸勉之。吏有過咎,罷遣而已,不加恥辱。百姓懷愛,莫有欺犯。興起稻田數千頃,每於農月,親度頃畝,分別肥墝,差為三品,各立文簿,藏之鄉縣。於是姦吏跼蹐,無所容詐。彭乃上言,宜令天下齊同其制。詔書以其所立條式,班令三府,並下州郡。

【注】
〔1〕六親謂父子兄弟夫婦也。

在職六年,轉潁川太守,仍有鳳皇、麒麟、嘉禾、甘露之瑞,集其郡境。肅宗巡行,再幸潁川,輒賞賜錢穀,恩寵甚異。章和二年卒。
彭弟惇、褒,並為射聲校尉。

王渙字稚子,廣漢郪人也。[1]父順,安定太守。渙少好俠,尚氣力,數通剽輕少年。[2]晚而改節,敦儒學,習《尚書》,讀律令,略舉大義。為太守陳寵功曹,當職割斷,不避豪右。寵風聲大行,入為大司農。和帝問曰:"在郡何以為理?"寵頓首謝曰:"臣任功曹王渙以簡賢選能,主簿鐔顯拾遺補闕,臣奉宣詔書而已。"帝大悅。渙由此顯名。

【注】
〔1〕郪,縣,故城在今梓州郪縣西南也。
〔2〕剽,劫奪也。

州舉茂才，除溫令。縣多姦猾，積為人患。涣以方略討擊，悉誅之。境內清夷，商人露宿於道。其有放牛者，輒云以屬稚子，終無侵犯。在溫三年，遷兗州刺史，繩正部郡，〔1〕風威大行。後坐考妖言不實論。歲餘，徵拜侍御史。

【注】
〔1〕繩，直也。

永元十五年，從駕南巡，還為洛陽令。以平正居身，得寬猛之宜。其冤嫌久訟，歷政所不斷，法理所難平者，莫不曲盡情詐，壓塞群疑。又能以譎數發擿姦伏。〔1〕京師稱歎，以為涣有神筭。〔2〕元興元年，病卒。百姓市道莫不咨嗟。〔一二〕男女老壯皆相與賦斂，致奠醊以千數。〔3〕

【注】
〔1〕譎，詐；數，術也。
〔2〕智筭若神也。
〔3〕醊音張芮反。《說文》曰："祭酹也。"

涣喪西歸，道經弘農，民庶皆設槃桉於路。吏問其故，咸言平常持米到洛，為卒司所鈔，〔1〕恒亡其半。自王君在事，不見侵枉，故來報恩。其政化懷物如此。民思其德，為立祠安陽亭西，每食輒弦歌而薦之。〔2〕

【注】
〔1〕鈔，掠也。
〔2〕《古樂府歌》曰"孝和帝在時，洛陽令王君，本自益州廣漢蜀人，〔一三〕少行(官)[宦]學，〔一四〕通《五經》論。明知法令，歷代衣冠，從溫補洛陽令，化行致賢。外行猛政，內懷慈仁，移惡子姓名五，篇著里端。無妄發賦，念在理冤。清身苦體，宿夜勞勤，化有能名，遠近所聞。天年不遂，早就奄昏，

為君作祠安陽亭西,欲令後代莫不稱傳"也。

永初二年,鄧太后詔曰:"夫忠良之吏,國家所以為理也。求之甚勤,得之至寡。故孔子曰:'才難不其然乎!'昔大司農朱邑、[1]右扶風尹翁歸,[2]政迹茂異,令名顯聞,孝宣皇帝嘉歎愍惜,而以黃金百斤策賜其子。故洛陽令王渙,秉清脩之節,蹈《羔羊》之義,[3]盡心奉公,務在惠民,功業未遂,不幸早世,百姓追思,為之立祠。自非忠愛之至,孰能若斯者乎!今以渙子石為郎中,以勸勞勤。"延熹中,桓帝事黃老道,悉毀諸房祀,唯特詔密縣存故太傅卓茂廟,洛陽留王渙祠焉。

【注】
[1]《前書》曰,邑字仲卿,廬江舒人。為北海太守,以理行第一,入為大司農。性公正,不可交以私,天子器之,朝廷敬焉。神爵元年卒,宣帝下詔賜其子黃金百斤,奉其祭祀。

[2]《前書》云,翁歸字子況,河東平陽人。拜東海太守,以高第入守右扶風。元康四年卒。宣帝制詔:"御史右扶風翁歸,廉平嚮正,早夭不遂,朕甚憐之。其賜翁歸子黃金百斤,以奉其祭祀。"

[3]《韓詩·羔羊》曰:"羔羊之皮,素絲五紽。"薛君《章句》曰:"小者曰羔,大者曰羊。素喻潔白,絲喻屈柔。紽,數名也。詩人賢仕為大夫者,言其德能,稱有潔白之性,屈柔之行,進退有度數也。"

鐔顯後亦知名,安帝時為豫州刺史。時天下飢荒,競為盜賊,州界收捕且萬餘人。顯愍其困窮,自陷刑辟,輒擅赦之,因自劾奏。有詔勿理。後位至長樂衛尉。

自渙卒後,連詔三公特選洛陽令,皆不稱職。永和中,以劇令勃海任峻補之。[1]峻擢用文武吏,皆盡其能,糾剔姦盜,不得旋踵,[2]一歲斷獄,不過數十。威風猛於渙,而文理不及之。峻字叔高,終於太山太守。

【注】

〔1〕劇,縣名,屬北海郡也。

〔2〕《左傳》天王策命晉文侯曰:"糾逖王慝。"杜預注云:"逖,遠也。""剔"與"逖"通。

許荆字少張,[1]會稽陽羨人也。[2]祖父武,太守第五倫舉為孝廉。武以二弟晏、普未顯,欲令成名,乃請之曰:"禮有分異之義,家有別居之道。"[3]於是共割財產以為三分,武自取肥田廣宅奴婢強者,二弟所得並悉劣少。鄉人皆稱弟克讓而鄙武貪婪,晏等以此並得選舉。武乃會宗親,泣曰:"吾為兄不肖,盜聲竊位,二弟年長,未豫榮祿,所以求得分財,自取大譏。今理產所增,三倍於前,悉以推二弟,一無所留。"於是郡中翕然,遠近稱之。位至長樂少府。

【注】

〔1〕謝承《書》曰:"荆字子張。家貧為吏。無有船車,休假常單步荷擔上下。"

〔2〕陽羨故城在今常州義興縣也。

〔3〕《儀禮》曰"父子一體也,夫婦一體也,昆弟一體也。故父子手足也,夫婦判合也,昆弟四體也。昆弟之義無分焉,而有分者,則避子之私也。子不私其父,則不成為子。故有東宮,有西宮,有南宮,有北宮。異居而同財,有餘則歸之宗,不足則資之宗"也。

荆少為郡吏,兄子世嘗報讎殺人,怨者操兵攻之。荆聞,乃出門逆怨者,跪而言曰:"世前無狀相犯,咎皆在荆不能訓導。兄既早沒,一子為嗣,如令死者傷其滅絕,願殺身代之。"怨家扶荆起,曰:"許掾郡中稱賢,吾何敢相侵?"因遂委去。荆名譽益著。太守黃兢舉孝廉。

和帝時,稍遷桂陽太守。郡濱南州,風俗脆薄,[1]不識學義。荆為設喪紀婚姻制度，使知禮禁。嘗行春到耒陽縣，人有蔣均者，兄弟爭財，互相言訟。荆對之歎曰："吾荷國重任，而教化不行，咎在太守。"乃顧使吏上書陳狀，乞詣廷尉。均兄弟感悔，各求受罪。[2]在事十二年，父老稱歌。以病自上，徵拜諫議大夫，卒於官。桂陽人為立廟樹碑。

【注】
〔1〕脆薄猶輕薄也。
〔2〕謝承《書》曰"郴人謝弘等不養父母，兄弟分析，因此皆還供養者千有餘人"也。

荆孫械，靈帝時為太尉。

孟嘗字伯周，會稽上虞人也。其先三世為郡吏，並伏節死難。嘗少脩操行，仕郡為戶曹史。上虞有寡婦至孝養姑。姑年老壽終，夫女弟先懷嫌忌，乃誣婦厭苦供養，加鴆其母，列訟縣庭。郡不加尋察，遂結竟其罪。嘗先知枉狀，備言之於太守，太守不為理。嘗哀泣外門，因謝病去，婦竟冤死。自是郡中連旱二年，禱請無所獲。後太守殷丹到官，訪問其故，嘗詣府具陳寡婦冤誣之事。因曰："昔東海孝婦，感天致旱，于公一言，甘澤時降。[1]宜戮訟者，以謝冤魂，庶幽枉獲申，時雨可期。"丹從之，即刑訟女而祭婦墓，天應澍雨，穀稼以登。

【注】
〔1〕解見《霍諝傳》也。

嘗後策孝廉，舉茂才，拜徐令。州郡表其能，遷合浦太守。郡不產穀實，而海出珠寶，與交阯比境，常通商販，貿糴糧食。[1]先時宰守並多貪穢，詭人採求，不知紀極，[2]珠遂漸徙於交阯郡界。於是行旅不至，人物無資，貧者餓死於道。〔一五〕嘗到官，革易前敝，求民病利。〔3〕曾未踰歲，去珠復還，百姓皆反其業，商貨流通，稱為神明。

【注】

〔1〕貿，易也。

〔2〕詭，責也。

〔3〕人所病苦及利益之（甚）〔事〕也。〔一六〕

以病自上，被徵當還，吏民攀車請之。嘗既不得進，乃載鄉民船夜遁去。隱處窮澤，身自耕傭。鄰縣士民慕其德，就居止者百餘家。

桓帝時，尚書同郡楊喬上書薦嘗曰：〔1〕"臣前後七表言故合浦太守孟嘗，而身輕言微，終不蒙察。區區破心，徒然而已。嘗安仁弘義，耽樂道德，清行出俗，能幹絕群。前更守宰，移風改政，去珠復還，飢民蒙活。且南海多珍，財產易積，掌握之內，價盈兼金，而嘗單身謝病，躬耕壟次，匿景藏采，不揚華藻。實羽翮之美用，非徒腹背之毛也。〔2〕而沈淪草莽，好爵莫及，〔3〕廊廟之寶，弃於溝渠。〔4〕且年歲有訖，桑榆行盡，〔5〕而忠貞之節，永謝聖時。臣誠傷心，私用流涕。夫物以遠至為珍，〔6〕士以稀見為貴。樊木朽株，為萬乘用者，左右為之容耳。〔7〕王者取士，宜拔眾之所貴。臣以斗筲之姿，趨走日月之側，〔8〕思立微節，不敢苟私鄉曲。竊感禽息，亡身進賢。"〔9〕嘗竟不見用。年七十，卒于家。

【注】

〔1〕謝承《書》曰"喬字聖達，烏傷人也。前後數上書陳政事"也。

〔2〕《說苑》曰："趙簡子游於西河而樂之，歎曰：'安得賢士而與處焉？'舟人古桑曰：'此是吾君不好之也。'簡子曰：'吾門左右客千人，朝食不足，暮收市征，暮食不足，朝收市征，吾可謂不好士乎？'古桑曰：'鴻鵠高飛遠翔，其所恃者六翮也。背上之毛，腹下之毳，無尺寸之數，加之滿把，飛不能

為之益高。不知門下左右客千人者,六翮之用乎?將盡毛毳也?'"《新序》云晉平公,餘並同也。

〔3〕《易》曰:"我有好爵,吾與爾縻之。"

〔4〕《尚書·顧命》曰:"赤刀、大訓、弘璧、琬琰在西序,大玉、夷玉、天球、河圖在東序。"《周禮·大宗伯》曰:"天府掌祖廟之守藏,凡國之玉鎮大寶器藏焉。"

〔5〕謂日將夕,在桑榆間,言晚暮也。

〔6〕若珠翠之屬也。

〔7〕《前書》鄒陽曰:"蟠木根柢,輪囷離奇,而為萬乘器者,左右為之先容耳。"

〔8〕日月喻人君也。《易》曰:"懸象著明莫大乎日月,崇高莫大乎富貴。"

〔9〕禽息,秦大夫,薦百里奚而不見納。繆公出,當車以頭擊闑,腦乃播出,曰:"臣生無補於國,不如死也。"繆公感寤,而用百里奚,秦以大化。見《韓詩外傳》。

第五訪字仲謀,京兆長陵人,司空倫之族孫也。少孤貧,常傭耕以養兄嫂。有閑暇,則以學文。〔1〕仕郡為功曹,察孝廉,補新都令。〔2〕政平化行,三年之間,鄰縣歸之,戶口十倍。

【注】

〔1〕文謂道藝者也。

〔2〕新都,縣,屬蜀郡,故城在今益州新都縣東。

遷張掖太守。歲飢,粟石數千,訪乃開倉賑給以救其敝。吏懼譴,〔1〕爭欲上言。訪曰:"若上須報,是弃民也。〔2〕太守樂以一身救百姓!"遂出穀賦人。順帝璽書嘉之。由是一郡得全。歲餘,官民並豐,界無姦盜。

【注】
〔1〕譴,責也。
〔2〕上音時掌反。須,待也。

遷南陽太守,去官。拜護羌校尉,邊境服其威信。卒於官。

劉矩字叔方,沛國蕭人也。叔父光,順帝時為司徒。〔一七〕矩少有高節,以（叔）父〔叔〕遼未得仕進,〔一八〕遂絶州郡之命。太尉朱寵、太傅桓焉嘉其志義,故叔遼以此為諸公所辟,拜議郎,矩乃舉孝廉。稍遷雍丘令,以禮讓化之,〔一九〕其無孝義者,皆感悟自革。民有争訟,矩常引之於前,提耳訓告,〔1〕以為忿恚可忍,縣官不可入,使歸更尋思。訟者感之,輒各罷去。其有路得遺者,皆推尋其主。在縣四年,以母憂去官。

【注】
〔1〕《毛詩》曰:"匪面命之,言提其耳。"

後太尉胡廣舉矩賢良方正,四遷為尚書令。矩性亮直,不能諧附貴執,以是失大將軍梁冀意,出為常山相,以疾去官。時冀妻兄孫祉〔二〇〕為沛相,矩懼為所害,不敢還鄉里,乃投彭城友人家。歲餘,冀意少悟,乃止。補從事中郎,復為尚書令,遷宗正、太常。
延熹四年,代黄瓊為太尉。瓊復為司空,矩與瓊及司徒种暠同心輔政,號為賢相。時連有灾異,司隸校尉以劾三公。尚書朱穆上疏,稱矩等良輔,及言殷湯、高宗不罪臣下之義。〔1〕帝不省,竟以蠻夷反叛免。後復拜太中大夫。

【注】
〔1〕《尚書·湯誥》曰:"余一人有罪,無以爾萬方。〔二一〕萬方有罪,在余一人。"《尚書》高宗誡傅説曰:"一夫不獲,則曰時予之辜。"

靈帝初,代周景為太尉。矩再為上公,所辟召皆名儒宿德。不與州郡交通。順辭默諫,多見省用。復以日食免。因乞骸骨,卒於家。

【注】
〔1〕順辭,不忤旨。默諫,不顯揚也。

劉寵字祖榮,東萊牟平人,齊悼惠王之後也。〔1〕悼惠王子孝王將閭,將閭少子封牟平侯,子孫家焉。父丕,〔二二〕博學,號為通儒。

【注】
〔1〕悼惠王肥,高祖子也。

寵少受父業,以明經舉孝廉,除東平陵令,〔1〕以仁惠為吏民所愛。母疾,弃官去。百姓將送塞道,車不得進,乃輕服遁歸。

【注】
〔1〕東平陵,縣名,屬濟南郡也。

後四遷為豫章太守,又三遷拜會稽太守。山民愿朴,乃有白首不入市井者,〔1〕頗為官吏所擾。寵簡除煩苛,禁察非法,郡中大化。徵為將作大匠。山陰縣有五六老叟,厖眉皓髮,〔2〕自若邪山谷閒出,〔3〕人齎百錢以送寵。寵勞之曰:"父老何自苦?"對曰:"山谷鄙生,未嘗識郡朝。〔二三〕它守時吏發求民閒,至夜不絶,或狗吠竟夕,民不得安。自明府下車以來，狗不夜吠，民不見吏。年老遭值聖明，今聞當見棄去，故自扶奉送。"寵曰："吾政何能及公言邪？勤苦父老！"為人選一大錢受之。

【注】

〔1〕愿，謹也。《風俗通》曰"俗說市井者，言至市（當）有所鬻賣，〔二四〕當於井上先濯，乃到市也。謹案《春秋井田記》，人年三十，受田百畝，以食五口。五口為一戶，父母妻子也。公田十畝，廬舍五畝，成田一頃十五畝。八家而九頃二十畝，共為一井。廬舍在內，貴人也。公田次之，重公也。私田在外，賤私也。井田之義，一曰無洩地氣，二曰無費一家，三曰同風俗，四曰合巧拙，五曰通財貨。因井為市，交易而退，故稱市井"也。
〔2〕尨，雜也。老者眉雜白黑也。
〔3〕若邪，在今越州會稽縣東南也。

轉為宗正、大鴻臚。延熹四年，代黃瓊為司空，以陰霧愆陽免。頃之，拜將作大匠，復為宗正。建寧元年，代王暢為司空，頻遷司徒、太尉。二年，以日食策免，歸鄉里。

寵前後歷宰二郡，累登卿相，而（准）〔清〕約省素，〔二五〕家無貨積。嘗出京師，欲息亭舍，亭吏止之，曰："整頓洒埽，以待劉公，不可得（也）〔止〕。"〔二六〕寵無言而去，時人稱其長者。以老病卒于家。

弟方，官至山陽太守。方有二子：岱字公山，繇字正禮。兄弟齊名稱。〔1〕

【注】

〔1〕《吳志》曰："平原陶丘洪薦繇，欲令舉茂才。刺史曰：'前年舉公山，奈何復舉正禮？'洪曰：'若（使）明〔使〕君用公山於前，〔二七〕擢正禮於後，所謂御二龍於長塗，騁騏驥於千里，不亦可乎？'"

董卓入洛陽，岱從侍中出為兗州刺史。虛己愛物，為士人所附。初平三年，青州黃巾賊入兗州，殺任城相鄭遂，轉入東平。岱擊之，戰死。

興平中，繇為楊州牧、振威將軍。時袁術據淮南，繇乃移居曲阿。值中國喪亂，士友多南奔，繇攜接收養，與同優劇，甚得名稱。袁術遣孫策攻破繇，因奔豫章，病卒。

仇覽字季智，一名香，陳留考城人也。[1]少為書生淳默，鄉里無知者。年四十，縣召補吏，選為蒲亭長。〔二八〕勸人生業，為制科令，至於果菜為限，雞豕有數，農事既畢，乃令子弟群居，還就黌學。其剽輕游恣者，皆役以田桑，嚴設科罰。躬助喪事，賑恤窮寡。朞年稱大化。覽初到亭，人有陳元者，〔二九〕獨與母居，而母詣覽告元不孝。覽驚曰：“吾近日過舍，廬落整頓，[2]耕耘以時。此非惡人，當是教化未及至耳。母守寡養孤，苦身投老，柰何肆忿於一朝，欲致子以不義乎？”母聞感悔，涕泣而去。覽乃親到元家，與其母子飲，因為陳人倫孝行，譬以禍福之言。元卒成孝子。[3]鄉邑為之諺曰：“父母何在在我庭，化我鳲梟哺所生。”[4]

【注】

〔1〕《續漢志》：“考城故葘。”《陳留風俗傳》曰“章帝惡其名，改為考城”也。

〔2〕《廣雅》曰：“落，居也。”案今人謂院為落也。

〔3〕謝承《書》曰“覽為縣陽遂亭長，好行教化。人羊元凶惡不孝，〔三〇〕其母詣覽言元。覽呼元，誨責元以子道，與一卷《孝經》，使誦讀之。元深改悔，到母牀下，謝罪曰：‘元少孤，為母所驕。諺曰：“孤犢觸乳，驕子罵母。”乞今自改。’母子更相向泣，於是元遂修孝道，後成佳士”也。

〔4〕鳲梟即鴟梟也。

時考城令河內王渙,〔三一〕政尚嚴猛,聞覽以德化人,署為主簿。謂覽曰:"主簿聞陳元之過,不罪而化之,得無少鷹鸇之志邪?"〔1〕覽曰:"以為鷹鸇,不若鸞鳳。"渙謝遣曰:"枳棘非鸞鳳所棲,百里豈大賢之路?〔2〕今日太學曳長裾,飛名譽,皆主簿後耳。以一月奉為資,勉卒景行。"〔3〕

【注】
〔1〕《左傳》季孫行父曰:"見無禮於君者誅之,如鷹鸇之逐鳥雀。"
〔2〕時渙為縣令,故自稱百里也。
〔3〕卒,終也。

覽入太學。時諸生同郡符融有高名,與覽比宇,賓客盈室。覽常自守,不與融言。融觀其容止,心獨奇之,乃謂曰:"與先生同郡壤,隣房牖。今京師英雄四集,志士交結之秋,雖務經學,守之何固?"覽乃正色曰:"天子脩設太學,豈但使人游談其中!"高揖而去,不復與言。後融以告郭林宗,林宗因與融齎刺就房謁之,遂請留宿。林宗嗟歎,下牀為拜。

覽學畢歸鄉里,州郡並請,皆以疾辭。雖在宴居,〔1〕必以禮自整。妻子有過,輒免冠自責。妻子庭謝,候覽冠,乃敢升堂。家人莫見喜怒聲色之異。後徵方正,遇疾而卒。

【注】
〔1〕宴,安也。《論語》曰:"子之宴居。"

三子皆有文史才,少子玄,最知名。

童恢〔三二〕字漢宗〔1〕,琅邪姑幕人也。〔2〕父仲玉,遭世凶荒,傾家賑卹，九族鄉里賴全者以百數。仲玉早卒。

【注】
〔1〕謝承《書》"童"作"僮"，〔三三〕"恢"作"种"也。
〔2〕姑幕故城在今密州莒縣東北也。

恢少仕州郡為吏，司徒楊賜聞其執法廉平，乃辟之。及賜被劾當免，掾屬悉投刺去，恢獨詣闕爭之。及得理，掾屬悉歸府，恢杖策而逝。由是論者歸美。

復辟公府，除不其令。吏人有犯違禁法，輒隨方曉示。若吏稱其職，人行善事者，皆賜以酒肴之禮，以勸勵之。耕織種收，皆有條章。一境清靜，牢獄連年無囚。比縣流人歸化，徙居二萬餘戶。民嘗為虎所害，乃設檻捕之，生獲二虎。恢聞而出，呪虎曰："天生萬物，唯人為貴。虎狼當食六畜，〔1〕而殘暴於人。王法殺人者死，傷人則論法。汝若是殺人者，當垂頭服罪；自知非者，當號呼稱冤。"一虎低頭閉目，狀如震懼，即時殺之。其一視恢鳴吼，踴躍自奮，遂令放釋。吏人為之歌頌。青州舉尤異，遷丹陽太守，暴疾而卒。

【注】
〔1〕杜預注《左傳》云："六畜，馬牛羊豕犬雞也。"

弟翊字漢文，名高於恢，宰府先辟之。翊陽喑不肯仕，〔1〕及恢被命，乃就孝廉，除須昌長。化有異政，吏人生為立碑。聞舉將喪，弃官歸。後舉茂才，不就。卒於家。

【注】
〔1〕喑，疾不能言也。

贊曰：政畏張急，[1]理善亨鮮。[2]推忠以及，衆瘼自蠲。[3]一夫得情，千室鳴弦。[4]懷我風愛，永載遺賢。[5]

【注】

〔1〕《韓詩外傳》曰："水濁則魚喁，令苛則人亂。理國者譬若張琴然，大弦急則小絃絕矣。故急轡銜者，非千里之御也。"

〔2〕《老子》曰"理大國者若亨小鮮"也。

〔3〕推忠恕以及於人，則衆病自蠲除。

〔4〕一夫謂守長也。千室謂黎庶。言上得化下之情，則其下鳴弦而安樂也。

〔5〕沈約《宋書》載曄與其姪及甥書，論撰書之意曰："吾觀史書，恒覺其不可解。既造《後漢》，轉得統緒。詳觀古今著述及評論，殆少可得意者。班氏最有高名，既任情無例，不可甲乙。博贍不可及之，[三四]整理未必愧也。吾雜傳論皆有精意深旨，至於《循吏》已下及六夷諸序論，筆勢縱放，實天下之奇作，其中合者，往往不減《過秦篇》。嘗比方班氏所作，非但不愧之而已。又欲因事發論，以正一代得失，意復未果。贊自是吾文之傑思，殆無一字空設。此書行，故應有賞音者。紀傳例為舉其大略耳。諸細意甚多，自古體大而思精，未有此也。恐俗人不能盡之，多貴古賤今，所以稱情狂言耳。"

【校勘記】

〔一〕保伍人没入為官奴婢　按：汲本"伍"作"五"。

〔二〕又引杖撞郎朝廷竦慄　按："撞"原譌"橦"，"慄"原譌"慓"，逕改正。

〔三〕又耒陽縣（山）〔出〕鐵石　據汲本、殿本改。

〔四〕臣聞忠臣不私私臣不忠　按：兩"私"字《通鑑》皆作"和"。《考異》謂案高峻《小史》作"忠臣不和，和臣不忠"，意思為長，又與上語相應，今從之。又按：《御覽》四二七引，兩"私"字並作"和"。

〔五〕又造立校官　按：汲本"造"作"遣"。

〔六〕自掾（吏）〔史〕子孫　據《刊誤》改。按：何焯校本"吏"改"史"。

〔七〕郡決曹史楊邑等　按："楊"原譌"揚"，逕改正。

〔八〕遣景與王吳脩渠築隄　按：《集解》引惠棟說，謂"王吳"《水經注》作"王昊"。

〔九〕杜陵杜篤奏上論都〔賦〕　據《刊誤》補，與《杜篤傳》合。按：汲本、殿本"論"下衍"遷"字。

〔一〇〕秦彭字伯平　按：《集解》引惠棟說，謂"伯平"《東觀記》作"國平"。

〔一一〕〔開陽〕城南面東頭第一門也　據《刊誤》補。

〔一二〕百姓市道莫不咨嗟　殿本"市"作"帀"。按：《校補》謂帀道猶言繞道，義亦可通。

〔一三〕本自益州廣漢蜀人《宋書·樂志》作"本自益州廣漢民"。按：沈家本謂章懷避"民"作"人"，衍"蜀"字。又謂此注所載歌辭不全，全篇《宋書·樂志》載之。

〔一四〕少行（官）〔宦〕學　《集解》引惠棟說，謂"官"當作"宦"。按：《宋志》作"宦"，今據改。

〔一五〕貧者餓死於道　按："餓死"，原作"死餓"，各本同，《御覽》二百六十引作"餓死"，今乙正。

〔一六〕人所病苦及利益之（甚）〔事〕也　據汲本、殿本改。

〔一七〕叔父光順帝時為司徒　按："司徒"乃"太尉"之譌。《集解》引錢大昕說，謂案《順帝紀》，永建二年七月，太常劉光為太尉，四年八月免，未嘗為司徒也。

〔一八〕以（叔）父〔叔〕遼未得仕進　《集解》引錢大昕說，謂當云"父叔遼"，傳寫偶倒耳，見《風俗通·十反篇》。李慈銘說同。今據改。

〔一九〕以禮讓化之　《刊誤》謂"之"當作"人"。今按：化本治字，避唐諱改，謂以禮讓治之也，劉說未諦。

〔二〇〕時冀妻兄孫祉　按：殿本"祉"作"祗"。《集解》棟說，謂"祉"

《風俗通》作"禮"。

〔二一〕無以爾萬方　按："爾"原譌"令"，逕據汲本、殿本改正。

〔二二〕父丕　按：《集解》引惠棟說，謂"丕"一作"本"。

〔二三〕山谷鄙生未嘗識郡朝　按：袁宏《紀》作"山谷鄙老生未嘗到郡縣"。《集解》引王補說，謂《通鑑》從范《書》，無"老"字。按如范《書》，則"生"字句絶，袁《紀》則"生"字當屬下句讀。

〔二四〕言至市（當）有所鬻賣　《刊誤》謂多一"當"字。按：《詩·陳風》疏與《御覽》卷一九一、八二七引，皆無"當"字，今據刪。

〔二五〕而（准）〔清〕約省素　據汲本改。

〔二六〕整頓灑埽以待劉公不可得（也）〔止〕　《校補》引錢大昭說，謂"也"當從《吳志》注作"止"。今據改。按：《吳志》裴注引《續漢書》作"整頓傳舍，以待劉公，不可得止"。

〔二七〕若（使）明〔使〕君用公山於前　《集解》引陳景雲說，謂"使明君"當作"明使君"，漢代人稱州將如此。今據改。按：《吳志》正作"明使君"。

〔二八〕選為蒲亭長　按：殿本《考證》謂謝承《書》作"陽遂亭長"。

〔二九〕人有陳元者　按：《集解》引惠棟說，謂《汝南先賢行狀》作"孫元"。

〔三〇〕人羊元凶惡不孝　按：殿本"羊"作"陳"。

〔三一〕河內王渙　按：《集解》引錢大昕說，謂"渙"當作"奐"，河內武德人，非廣漢之王渙。

〔三二〕童恢　按：《集解》引惠棟說，謂案《不其令董君闕》，董字從廾從童，董與董通，恢蓋姓董也。又引汪文臺說，謂《御覽》九百二十二、《事類賦注》十九引謝承《書》作"董仲"，《類聚》九十九作"董种"。

〔三三〕謝承書童作僮　按：汲本"僮"作"憧"。

〔三四〕博贍不可及之　按："不可"原作"可不"，逕據《宋書》、《南史》乙正。

後漢書卷七十七

酷吏列傳第六十七

　　漢承戰國餘烈，多豪猾之民。其并兼者則陵橫邦邑，桀健者則雄張閭里。[1]且宰守曠遠，户口殷大。[2]故臨民之職，專事威斷，族滅姦軌，先行後聞。[3]肆情剛烈，成其不橈之威。[4]違衆用己，表其難測之智。[5]至於重文橫入，為窮怒之所遷及者，亦何可勝言。[6]故乃積骸滿穽，漂血十里。[7]致溫舒有虎冠之吏，[8]延年受屠伯之名，豈虛也哉！[9]若其揣挫彊埶，摧勒公卿，碎裂頭腦而不顧，亦為壯也。[10]

【注】

〔1〕橫音胡孟反。張音知亮反。

〔2〕《前書》曰，成帝户一千二百二十三萬三千六十，口五千九百五十九萬四千九百七十八，漢極盛矣。

〔3〕先行刑而後聞奏也。

〔4〕橈，屈也。《前書》甯成為濟南都尉，而郅都為守。始前數都尉，步入府，因吏謁守如縣令，其畏都如此。及成往，直陵都出其上。都素聞其聲，善遇之，與結驩。

〔5〕《前書》嚴延年為河南太守，衆人所謂當死者一朝出之，所謂當生者詭殺之，吏人莫能測其用意深淺也。

〔6〕重猶深也。橫猶枉也。窮，極也。言遷怒於無罪之人。

〔7〕穿,阬也。《前書》尹賞守長安令,得一切以便宜從事。賞至,修理長安獄,穿地方深各數丈,名為虎穴。乃部戶曹掾史,雜舉長安中輕薄少年惡子,無市藉商販作務,而鮮衣凶服者,得數百人,盡以次內穴中,覆以大石,皆相枕藉死。又王溫舒為河內太守,捕郡中豪猾論報,流血十餘里也。

〔8〕王溫舒為中尉,窮案姦猾,盡糜爛獄中。其爪牙吏,虎而冠者也。《音義》云"言其殘虐之甚"也。

〔9〕《前書》嚴延年為河南太守,所誅殺血流數里。河南號曰"屠伯",言若屠人之殺六畜也。

〔10〕《前書》濟南瞯氏,宗人三百餘家,豪猾,二千石莫能制。郅都為濟南守,至則誅瞯氏首惡,郡中路不拾遺,都後竟坐斬。又趙廣漢為京兆尹,侵犯貴戚大臣,將吏卒入丞相魏相府,召其夫人(疏)〔跪〕庭下受辭,〔一〕責以殺婢事。司直蕭望之劾奏廣漢摧辱大臣,傷化不道,坐罝斬。破碎頭腦言不避誅戮也。

　　自中興以後,科網稍密,吏人之嚴害者,方於前世省矣。而閹人親婭,侵虐天下。〔1〕至使陽球磔王甫之屍,張儉剖曹節之墓。〔二〕若此之類,雖厭快衆憤,亦云酷矣!儉知名,故附《黨人篇》。〔2〕

【注】
〔1〕《爾雅》曰:"兩壻相謂曰婭。"
〔2〕劉淑、李膺等傳也。

　　董宣字少平,陳留圉人也。初為司徒侯霸所辟,舉高第,累遷北海相。到官,以大姓公孫丹為五官掾。丹新造居宅,而卜工以為當有死者,丹乃令其子殺道行人,置屍舍內,以塞其咎。宣知,即收丹父子殺之。丹宗族親黨三十餘人,操兵詣府,稱冤叫號。宣以丹前附王莽,慮交通海賊,乃悉收繫劇獄,〔1〕使門下書佐水丘岑盡殺之。〔2〕青州以其多濫,奏宣考岑,宣坐徵詣廷尉。在獄,晨夜諷誦,無憂色。及當出刑,官屬具饌送之，宣乃厲色曰："董宣生平未曾食人之食，況死乎！"升車而去。時同刑九人，次應及宣，光武馳使騶騎特原宣刑，且令還獄。遣使者詰宣多殺無辜，宣具以狀對，言水丘岑受臣旨意，罪不由之，願殺臣活岑。使者以聞，有詔左轉宣懷令，令青州勿案岑罪。岑官至司隸校尉。

【注】
〔1〕劇縣之獄。
〔2〕姓水丘，名岑也。

　　後江夏有劇賊夏喜等寇亂郡境，以宣為江夏太守。到界，移書曰："朝廷以太守能禽姦賊，故辱斯任。今勒兵界首，檄到，幸思自安之宜。"喜等聞，懼，即時降散。外戚陰氏為郡都尉，宣輕慢之，坐免。
　　後特徵為洛陽令。時湖陽公主蒼頭白日殺人，因匿主家，吏不能得。及主出行，而以奴驂乘，宣於夏門亭候之，乃駐車叩馬，以刀畫地，大言數主之失，叱奴下車，因格殺之。主即還宮訴帝，帝大怒，召宣，欲箠殺之。宣叩頭曰："願乞一言而死。"帝曰："欲何言？"宣曰："陛下聖德中興，而縱奴殺良人，將何以理天下乎？臣不須箠，請得自殺。"即以頭擊楹，流血被面。帝令小黃門持之，使宣叩頭謝主，宣不從，彊使頓之，宣兩手據地，終不肯俯。主曰："文叔為白衣時，臧亡匿死，吏不敢至門。今為天子，威不能行一令乎？"帝笑曰："天子不與白衣同。"因勑彊項令出。〔1〕賜錢三十萬，宣悉以班諸吏。由是搏擊豪彊，莫不震慄。京師號為"臥虎"。歌之曰："枹鼓不鳴董少平。"〔2〕

【注】
〔1〕謝承《書》曰："勑令詣太官賜食。宣受詔出，飯盡，覆杯食机上。〔三〕太官以狀聞。上問宣，宣對曰：'臣食不敢遺餘，如奉職不敢遺力。'"
〔2〕枹，擊鼓杖也，音浮，其字從木也。

在縣五年。年七十四，卒於官。詔遣使者臨視，唯見布被覆屍，妻子對哭，有大麥數斛、敝車一乘。〔1〕帝傷之，曰：「董宣廉絜，死乃知之！」以宣嘗為二千石，賜艾綬，葬以大夫禮。拜子並為郎中，後官至齊相。〔2〕

【注】
〔1〕謝承《書》曰「有白馬一匹，蘭輿一乘」也。
〔2〕諸本此下有說蔡茂事二十五字，亦有無者。案：茂自有傳也。

樊曄字仲華，南陽新野人也。與光武少游舊。建武初，徵為侍御史，遷河東都尉，引見雲臺。初，光武微時，嘗以事拘於新野，曄為市吏，餽餌一笥，〔1〕帝德之不忘，仍賜曄御食，及乘輿服物。因戲之曰：「一笥餌得都尉，何如？」曄頓首辭謝。及至郡，誅討大姓馬適匡等。〔2〕盜賊清，吏人畏之。數年，遷楊州牧，〔四〕教民耕田種樹理家之術。視事十餘年，坐法左轉軹長。〔3〕

【注】
〔1〕《蒼頡篇》曰：「餽，饟也。」《說文》曰：「餌，餅也。笥，竹器也。」
〔2〕馬適，姓也。《前書》有馬適建。俗本「匡」上有「王」字者，誤也。
〔3〕軹，縣，屬河（南）〔內〕郡，〔五〕故城在今洛州濟源縣東南也。

隗囂滅後，隴右不安，乃拜曄為天水太守。政嚴猛，好申韓法，〔1〕善惡立斷。人有犯其禁者，率不生出獄，吏人及羌胡畏之。道不拾遺。行旅至夜，聚衣裝道傍，曰「以付樊公」。涼州為之歌曰：「游子常苦貧，力子天所富。〔2〕寧見乳虎穴，〔3〕〔六〕不入冀府寺。〔4〕〔七〕大笑期必死，忿怒或見置。嗟我樊府君，安可再遭值！」視事十四年，卒官。

【注】
〔1〕申不害、韓非之法也。
〔2〕勤力之子。
〔3〕乳,産也。猛獸産乳護其子,則搏噬過常,故以喻也。諸本"穴"字或作"六",誤也。
〔4〕冀,天水縣也。

永平中,顯宗追思曄在天水時政能,以為後人莫之及,詔賜家錢百萬。子融,有俊才,好黃老,不肯為吏。

李章字第公,〔八〕河內懷人也。五世二千石。章習《嚴氏春秋》,〔1〕經明教授,歷州郡吏。光武為大司馬,平定河北,召章置東曹屬,數從征伐。

【注】
〔1〕宣帝時博士嚴彭祖也。

光武即位,拜陽平令。〔1〕時趙、魏豪右往往屯聚,清河大姓趙綱遂於縣界起塢壁,繕甲兵,為在所害。章到,乃設饗會,而延謁綱。綱帶文劍,被羽衣,〔2〕從士百餘人來到。章與對讌飲,有頃,手劍斬綱,伏兵亦悉殺其從者,因馳詣塢壁,掩擊破之,吏人遂安。

【注】
〔1〕陽平,縣,屬東郡,故城今魏州莘縣也。
〔2〕緝鳥羽以為衣也。《前書》欒大為五利將軍,服羽衣也。

遷千乘太守,坐誅斬盜賊過濫,徵下獄免。歲中拜侍御史,出為琅邪太守。時北海安丘大姓夏長思等反,遂囚太守處興,[1]而據營陵城。[2]章聞,即發兵千人,馳往擊之。掾(吏)[史]止章[九]曰:"二千石行不得出界,兵不得擅發。"[3]章按劍怒曰:"逆虜無狀,囚劫郡守,此何可忍!若坐討賊而死,吾不恨也。"遂引兵安丘城下,募勇敢燒城門,與長思戰,斬之,獲三百餘級,得牛馬五百餘頭而還。興歸郡,以狀上帝,悉以所得班勞吏士。後坐度人田不實徵,以章有功,但司寇論。月餘免刑歸。復徵,會病卒。

【注】

〔1〕《風俗通》曰:"《史記》趙有辯士處子,故有處姓也。"
〔2〕營陵,縣,屬北海郡也。
〔3〕《前書》杜欽奏記王鳳曰"二千石守千里之地,任兵馬之重,不宜去郡"也。

周紆字文通,下邳徐人也。為人刻削少恩,好韓非之術。少為廷尉史。

永平中,補南行唐長。到官,曉吏人曰:"朝廷不以長不肖,使牧黎民,而性雠猾吏,志除豪賊,且勿相試!"遂殺縣中尤無狀者數十人,吏人大震。遷博平令。[1]收考姦臧,無出獄者。以威名遷齊相,亦頗嚴酷,專任刑法,而善為辭案條教,[2]為州內所則。後坐殺無辜,復左轉博平令。

【注】

〔1〕博平,縣,故城在今博州博平縣東也。
〔2〕辭案猶今案牘也。

建初中,為勃海太守。每赦令到郡,輒隱閉不出,先遣使屬縣盡決刑罪，乃出詔書。坐徵詣廷尉，免歸。

紆廉絜無資，常築墼以自給。肅宗聞而憐之，復以為郎，再遷召陵侯相。廷掾憚紆嚴明，欲損其威，[1]乃晨取死人斷手足，立寺門。紆聞，便往至死人邊，若與死人共語狀。陰察視口眼有稻芒，乃密問守門人曰："悉誰載藁入城者？"[2]門者對："唯有廷掾耳。"又問鈴下：[3]"外頗有疑令與死人語者不？"對曰："廷掾疑君。"乃收廷掾考問，具服"不殺人，取道邊死人"。後人莫敢欺者。

【注】
〔1〕《續漢志》每郡有五官掾，縣為廷掾也。
〔2〕悉猶知也。
〔3〕《漢官儀》曰："鈴下、侍閤、辟車，此皆以名自定者也。"

徵拜洛陽令。下車，先問大姓主名，吏數閭里豪彊以對。紆厲聲怒曰："本問貴戚若馬、竇等輩，豈能知此賣菜傭乎？"於是部吏望風旨，爭以激切為事。貴戚跼蹐，京師肅清。皇后弟黃門郎竇篤從宮中歸，夜至止姦亭，亭長霍延遮止篤，篤蒼頭與爭，延遂拔劍擬篤，而肆詈恣口。篤以表聞。詔召司隸校尉、河南尹詣尚書譴問，遣劍戟士收紆送廷尉詔獄。數日貰出。[1]帝知紆奉法疾姦，不事貴戚，然苛慘失中，[2]數為有司所奏，八年，遂免官。

【注】
〔1〕貰，赦也，音市夜反。
〔2〕慘，虐也。

後為御史中丞。和帝即位，太傅鄧彪奏紆在任過酷，不宜典司京輦。[1]免歸田里。後竇氏貴盛，篤兄弟秉權，睚眦宿怨，無不僵仆。[2]紆自謂無全，乃柴門自守，以待其禍。然篤等以紆公正，而怨隙有素，遂不敢害。

【注】

〔1〕《漢官儀》曰："御史中丞，外督部刺史，内領侍御史，糾察百司。"故云典司京輦。

〔2〕僵，偃也。仆，踣也。

永元五年，復徵爲御史中丞。諸竇雖誅，而夏陽侯瓌猶尚在朝。紆疾之，乃上疏曰："臣聞臧文仲之事君也，見有禮於君者，事之如孝子之養父母；見無禮於君者，誅之如鷹鸇之逐鳥雀。[1]案夏陽侯瓌，本出輕薄，志在邪僻，學無經術，而妄搆講舍，外招儒徒，實會姦桀。輕忽天威，侮慢王室，又造作巡狩封禪之書，惑衆不道，當伏誅戮，而主者營私，不爲國計。夫涓流雖寡，浸成江河；爝火雖微，卒能燎野。[2]履霜有漸，可不懲革？[3]宜尋呂産專竊之亂，[4]永惟王莽篡逆之禍，上安社稷之計，下解萬夫之惑。"會瓌歸國，紆遷司隸校尉。

【注】

〔1〕《左氏傳》季孫行父稱臧文仲教行父事君之辭也。

〔2〕《莊子》曰："日月出矣，而爝火不息。"爝火，小火也。

〔3〕《易》曰："履霜堅冰至，其所由來者漸矣。"

〔4〕呂産，呂太后之兄子，封爲梁王，太后崩，與弟禄作亂也。

六年夏旱，車駕自幸洛陽録囚徒，二人被掠生蟲，坐左轉騎都尉。七年，遷將作大匠。九年，卒於官。

黃昌字聖真，會稽餘姚人也。[1]本出孤微。居近學官，數見諸生修庠序之禮，因好之，遂就經學。又曉習文法，仕郡爲決曹。[2]刺史行部，見昌,甚奇之,辟從事。

【注】
〔1〕餘姚,今越州縣也。
〔2〕《續漢志》曰:"決曹主罪法事。"

後拜宛令,政尚嚴猛,好發姦伏。人有盜其車蓋者,昌初無所言,後乃密遣親客至門下賊曹家掩取得之,[1]悉收其家,一時殺戮。大姓戰懼,皆稱神明。

【注】
〔1〕《續漢志》曰:"賊曹主盜賊事。"

朝廷舉能,遷蜀郡太守。先太守李根年老多悖政,[1]百姓侵冤。及昌到,吏人訟者七百餘人,悉為斷理,莫不得所。密捕盜帥一人,脅使條諸縣彊暴之人姓名居處,乃分遣掩討,無有遺脫。宿惡大姦,皆奔走它境。

【注】
〔1〕悖,亂也。

初,昌為州書佐,其婦歸寧於家,遇賊被獲,遂流轉入蜀為人妻。其子犯事,乃詣昌自訟。昌疑母不類蜀人,因問所由。對曰:"妾本會稽餘姚戴次公女,州書佐黃昌妻也。妾嘗歸家,為賊所略,遂至於此。"昌驚,呼前謂曰:"何以識黃昌邪?"對曰:"昌左足心有黑子,常自言當為二千石。"[1]昌乃出足示之。因相持悲泣,還為夫婦。

【注】
〔1〕《相書》曰:"足心有黑子者二千石。"

視事四年,徵,再遷陳相。縣人彭氏舊豪縱,造起大舍,高樓臨道。昌每出行縣,彭氏婦人輒升樓而觀。昌不喜,遂勑收付獄,案殺之。

又遷為河內太守,又再遷潁川太守。〔一〇〕永和五年,徵拜將作大匠。漢安元年,進補大司農,左轉太中大夫,卒於官。

陽球字方正,漁陽泉州人也。〔1〕家世大姓冠蓋。球能擊劍,習弓馬。性嚴厲,好申韓之學。郡吏有辱其母者,球結少年數十人,殺吏,滅其家,由是知名。初舉孝廉,補尚書侍郎,閑達故事,其章奏處議,〔2〕常為臺閣所崇信。出為高唐令,以嚴苛過理,郡守收舉,〔3〕會赦見原。

【注】
〔1〕泉州故城在今幽州雍奴縣南也。
〔2〕處,斷也。
〔3〕收繫舉劾之也。

辟司徒劉寵府,舉高第。九江山賊起,連月不解。三府上球有理姦才,拜九江太守。球到,設方略,凶賊殄破,收郡中姦吏盡殺之。

遷平原相。〔一一〕出教曰:"相前在高唐,志埽姦鄙,遂為貴郡所見枉舉。昔桓公釋管仲射鉤之讎,高祖赦季布逃亡之罪。雖以不德,敢忘前義。況君臣分定,而可懷宿昔哉!今一蠲往愆,期諸來効。若受教之後而不改姦狀者,不得復有所容矣。"郡中咸畏服焉。時天下大旱,司空張顥〔一二〕條奏長吏苛酷貪污者,皆罷免之。球坐嚴苦,徵詣廷尉,當免官。靈帝以球九江時有功，拜議郎。

遷將作大匠，坐事論。頃之，拜尚書令。奏罷鴻都文學，曰："伏承有詔勅中尚方為鴻都文學樂松、江覽等三十二人圖象立贊，以勸學者。臣聞《傳》曰：'君舉必書。書而不法，後嗣何觀！'〔1〕案松、覽等皆出於微蔑，斗筲小人，依憑世戚，附託權豪，俛眉承睫，徼進明時。或獻賦一篇，或鳥篆盈簡，〔2〕而位升郎中，形圖丹青。亦有筆不點牘，辭不辯心，假手請字，妖偽百品，莫不被蒙殊恩，蟬蛻滓濁。〔3〕是以有識掩口，天下嗟歎。臣聞圖象之設，以昭勸戒，欲令人君動鑒得失。未聞豎子小人，詐作文頌，而可妄竊天官，垂象圖素者也。今太學、東觀足以宣明聖化。願罷鴻都之選，以消天下之謗。"書奏不省。

【注】
〔1〕《左傳》曹（翽）〔劌〕諫魯莊公之辭也。〔一三〕
〔2〕八體書有鳥篆，象形以為字也。
〔3〕《説文》曰："蛻，蟬蛇所解皮也。"蛻音式鋭反。《楚詞》曰："濟江海兮蟬蛻。"或音它外反。

時中常侍王甫、曹節等姦虐弄權，扇動外內，球嘗拊髀發憤曰："若陽球作司隸，此曹子安得容乎？"光和二年，遷為司隸校尉。王甫休沐里舍，球詣闕謝恩，奏收甫及中常侍淳于登、袁赦、封昜、〔1〕中黄門劉毅、小黄門龐訓、朱禹、〔一四〕齊盛等，及子弟為守令者，姦猾縱恣，罪合滅族。太尉段熲〔一五〕詔附佞倖，宜並誅戮。於是悉收甫、熲等送洛陽獄，及甫子永樂少府萌、沛相吉。球自臨考甫等，五毒備極。萌謂球曰："父子既當伏誅，少以楚毒假借老父。"球曰："若罪惡無狀，〔2〕死不滅責，乃欲求假借邪？"〔一六〕萌乃罵曰："爾前奉事吾父子如奴，奴敢反汝主乎！今日困吾，行自及也！"球使以土窒萌口，箠朴交至，父子悉死杖下。熲亦自殺。乃僵磔甫屍於夏城門，大署牓曰"賊臣王甫"。盡没入財產，妻子皆徙比景。

【注】

〔1〕晜音吐盍反。

〔2〕若,汝也。

球既誅甫,復欲以次表曹節等,乃勑中都官從事曰:"且先去大猾,當次案豪右。"權門聞之,莫不屏氣。諸奢飾之物,皆各緘縢,不敢陳設。[1]京師畏震。

【注】

〔1〕《說文》曰:"緘,束篋也。"孔安國注《尚書》曰:"縢,緘也。"

時順帝虞貴人葬,百官會喪還,曹節見磔甫屍道次,慨然抆淚曰:[1]"我曹自可相食,何宜使犬舐其汁乎?"語諸常侍,今且俱入,勿過里舍也。節直入省,白帝曰:"陽球故酷暴吏,前三府奏當免官,以九江微功,復見擢用。愆過之人,好為妄作,不宜使在司隸,以騁毒虐。"帝乃徙球為衛尉。時球出謁陵,節勑尚書令召拜,不得稽留尺一。球被召急,因求見帝,叩頭曰:"臣無清高之行,橫蒙鷹犬之任。前雖糾誅王甫、段熲,蓋簡落狐狸,[一七]未足宣示天下。願假臣一月,必令豺狼鴟梟,各服其辜。"叩頭流血。殿上呵叱曰:"衛尉扞詔邪!"至於再三,乃受拜。

【注】

〔1〕抆,拭也,音亡粉反。

其冬,司徒劉郃與球議收案張讓、曹節,節等知之,共譖白郃等。語已見《陳球傳》。遂收球送洛陽獄,誅死,妻子徙邊。

王吉者，陳留浚儀人，中常侍甫之養子也。甫在《宦者傳》。吉少好誦讀書傳，喜名聲，而性殘忍。以父秉權寵，年二十餘，為沛相。曉達政事，能斷察疑獄，發起姦伏，多出衆議。課使郡內各舉姦吏豪人諸常有微過酒肉為臧者，雖數十年猶加貶棄，注其名籍。專選剽悍吏，擊斷非法。若有生子不養，即斬其父母，合土棘埋之。凡殺人皆磔屍車上，隨其罪目，宣示屬縣。[1]夏月腐爛，則以繩連其骨，周徧一郡乃止，見者駭懼。視事五年，凡殺萬餘人。其餘慘毒刺刻，不可勝數。郡中惴恐，[2]莫敢自保。及陽球奏甫，乃就收執，死於洛陽獄。

【注】
〔1〕目，罪名也。
〔2〕惴，懼也，音之瑞反。

　　論曰：古者敦厖，善惡易分。[1]至於畫衣冠，異服色，而莫之犯。[2]叔世偷薄，[3]上下相蒙，[4]德義不足以相洽，化導不能以懲違，遂乃嚴刑痛殺，隨而繩之，致刻深之吏，以暴理姦，倚疾邪之公直，濟忍苛之虐情。漢世所謂酷能者，蓋有聞也。皆以敢捍精敏，巧附文理，風行霜烈，威譽諠赫。與夫斷斷守道之吏，何工否之殊乎！[5]故嚴君蚩黃霸之術，[6]密人笑卓茂之政，[7]猛既窮矣，而猶或未勝。然朱邑不以笞辱加物，[8]袁安未嘗鞫人臧罪，[9]而猾惡自禁，人不欺犯。何者？以為威辟既用，而苟免之行興；[10]仁信道孚，故感被之情著。[11]苟免者威隙則姦起，感被者人亡而思存。[12]由一邦以言天下，則刑訟繁措，可得而求乎！

【注】
〔1〕《左傳》申叔時曰："人生敦厖，和同以聽。"杜預注云："敦厖，厚大也。"
〔2〕《白武通》曰：[一八]"畫象者，其衣服象五刑也。犯墨者蒙巾，犯劓者

以赭著其衣，犯髕者以墨蒙其髕處而畫之，犯宮者雜扉，犯大辟者布衣無領。"墨，黥面也。

〔3〕《左傳》曰："叔向曰：'三辟之興，皆叔代也。'"叔代猶末代也。偷，苟且也。本或作"渝"。渝，變也。

〔4〕《左傳》介之推曰："下義其罪，上賞其姦，上下相蒙，難與處矣。"蒙，欺也。

〔5〕《尚書》曰："如有一介臣，斷斷猗。"孔安國注云："斷斷猗然專一之臣也。"

〔6〕《前書》嚴延年為河南太守，嚴刑峻罰。時黃霸為潁川太守，以寬恕為化，郡中亦平，屢蒙豐年，鳳皇屢集。上下詔稱揚其行，加金爵之賞。延年素輕霸為人，及比郡為守，襃賞反在己前，心內不服。河南界中又有蝗，府丞狐義出行蝗，還見延年。延年曰："此蝗豈鳳皇食邪？"

〔7〕《茂傳》曰："初茂到縣，有所廢置，吏人笑之。"

〔8〕《前書》曰："朱邑以愛利為行，未嘗笞辱人。"

〔9〕《安傳》曰"安為河南尹，政號嚴明，然未曾以臧罪鞫人"也。

〔10〕辟，法也，音頻亦反。

〔11〕《左傳》曰："小信未孚。"杜預注云："孚，大信也。"此言仁信之道，大信於人。

〔12〕若子產卒，仲尼聞之，曰"古之遺愛也"。

贊曰：大道既往，刑禮為薄。〔1〕斯人散矣，機詐萌作。〔2〕去殺由仁，濟寬非虐。〔3〕末暴雖勝，崇本或略。〔4〕

【注】

〔1〕《老子》曰："大道廢，有仁義。"又曰："禮者，忠信之薄而亂之始。"

〔2〕《論語》曾子曰"上失其道，人散久矣，如得其情，則哀矜而勿喜"也。

〔3〕《論語》曰："善人為邦百年，亦可以勝殘去殺。"此言用仁德化人，人知禮節，可以無殺戮也。《左傳》曰："寬以濟猛，猛以濟寬。"言政寬則人慢，故須以猛濟之，非故為暴虐也。

〔4〕《春秋繁露》曰："君者，國之本也。夫為國（本），其化莫大於崇本。〔一九〕崇本則君化若神，不崇本則無以兼人。"此言酷暴為政化之末，雖得勝殘，而崇本之道尚為略也。

【校勘記】

〔一〕召其夫人（疏）〔跪〕庭下受辭　據汲本改。

〔二〕張儉剖曹節之墓　按：《集解》引何焯説，謂以《黨錮》、《宦者》二傳參考，乃侯覽，非曹節也，所當刊正。

〔三〕覆杯食机上　按："杯"原譌"枴"，逕改正。

〔四〕遷楊州牧　按："楊"原作"揚"，各本同。以前後皆作"楊"，逕改。

〔五〕軹縣屬河（南）〔内〕郡　據《集解》引洪亮吉説改。

〔六〕寧見乳虎穴　按：《校補》謂"見"或"覓"之譌。

〔七〕不入冀府寺　按：《集解》引惠棟説，謂"府"一作"城"。

〔八〕李章字第公　"第"原作"弟"，逕據汲本、殿本改。按：弟第古通作。

〔九〕掾（吏）〔史〕止章　據《刊誤》改。

〔一〇〕又遷為河內太守又再遷潁川太守　按：《刊誤》謂案文多二"又"字。

〔一一〕遷平原相　按：《校補》引柳從辰説，謂袁《紀》作"甘陵相"。

〔一二〕司空張顥　按：《集解》引惠棟説，謂《考異》云案顥光和元年為太尉，未嘗為司空。

〔一三〕曹（翽）〔劌〕諫魯莊公之辭也　據殿本改。

〔一四〕朱禹　按：殿本《考證》謂何焯校本"禹"改"瑀"。

〔一五〕太尉段熲　按："段"原誤"叚"，逕改正。下同。

〔一六〕乃欲求假借邪　按：《集解》引王補説，謂此句《通鑑》"乃欲"下多"論先後"三字。

〔一七〕簡落狐狸　按：《集解》引王補説，謂袁《紀》作"狐狸小醜"。

〔一八〕白武通曰　按：汲本、殿本"武"作"虎"，此避唐諱而未回改也。

〔一九〕夫為國（本）其化莫大於崇本　據《刊誤》删。

後漢書卷七十八

宦者列傳第六十八

《易》曰："天垂象，聖人則之。"〔1〕宦者四星，在皇位之側，故《周禮》置官，亦備其數。閽者守中門之禁，〔2〕寺人掌女宮之戒。〔3〕又云"王之正内者五人"。〔4〕〔一〕《月令》："仲冬，命閹尹審門閭，謹房室。"〔5〕《詩》之《小雅》，亦有《巷伯》刺讒之篇。〔6〕然宦人之在王朝者，其來舊矣。將以其體非全氣，情志專良，通關中人，易以役養乎？〔7〕然而後世因之，才任稍廣。其能者，則勃貂、管蘇有功於楚、晉，〔8〕景監、繆賢著庸於秦、趙。〔9〕及其敝也，則豎刁亂齊，伊戾禍宋。〔10〕

【注】

〔1〕《易·繫辭》之文也。

〔2〕《周禮》曰："閽人掌守王宮中門之禁。"鄭玄注云："中門，於外内為中也。閽即刖足者。"

〔3〕《周禮》曰："寺人掌王宮之内人及女宮之戒命"也。

〔4〕《周禮》曰："寺人掌王之正内五人。"〔二〕注云："正内，路寢也。"

〔5〕鄭玄注《月令》云："奄尹，主領奄豎之官者也。於周（禮）則為内宰，〔三〕掌理王之内政、宮令，誡出入開閉之屬也。"

〔6〕《毛詩序》曰："《巷伯》，刺幽王也。寺人傷於讒，而作是詩也。"

毛萇注云："巷伯，內之小臣也。"

〔7〕關，涉也。中人，內人也。

〔8〕勃貂即寺人披也。一名勃鞮，字伯楚。《左傳》曰，呂、郤畏偪，將焚公宮，殺晉文公。寺人披見公，以難告，遂殺呂、郤。《新序》曰："楚恭王有疾，告諸大夫曰：'管蘇犯我以義，違我以禮，與處不安，不見不思，然而有得焉，〔四〕吾死之後，爵之於朝'"也。

〔9〕《史記》曰，商君入秦，因孝公寵臣景監以求見。又曰，藺相如為趙宦者令繆賢舍人，趙求人使報秦者，未得，繆賢曰："臣舍人藺相如可使也。"著庸謂薦鞅及相如也。

〔10〕《左傳》曰，齊桓公卒，易牙入，與寺人貂因內寵以殺群吏而立公子無虧，孝公奔宋。杜預注曰："寺人即閹官。""刁"即"貂"也，音彫。又曰，楚客聘于晉，過宋，太子知之，請野享之，公使往。寺人伊戾請從之。至則坎用牲，加書徵之，而騁告公曰："太子將為亂。"公使視之，則信有焉。太子死，公徐聞其無罪，乃亨伊戾也。

漢興，仍襲秦制，置中常侍官。然亦引用士人，以參其選，皆銀璫左貂，給事殿省。及高后稱制，乃以張卿為大謁者，出入臥內，受宣詔命。〔1〕文帝時，有趙談、北宮伯子，頗見親倖。至於孝武，亦愛李延年。〔2〕帝數宴後庭，或潛游離館，故請奏機事，多以宦人主之。至元帝之世，史游為黃門令，勤心納忠，有所補益。〔3〕其後弘恭、石顯以佞險自進，卒有蕭、周之禍，損穢帝德焉。〔4〕

【注】

〔1〕《前書》曰，齊人田生求事呂后所幸大謁者張釋卿。《音義》曰："奄人也。"仲長統《昌言》曰："宦豎傅近房臥之內，交錯婦人之閒。"

〔2〕《前書》曰，孝文時宦者則趙談、北宮伯子，孝武時宦者李延年也。

〔3〕《前書》曰，《急就》一篇，元帝黃門令史游作。董巴《輿服志》曰"禁門曰黃闥，中人主之，故曰黃門"也。

〔4〕《前書》曰,前將軍蕭望之及光祿大夫周堪建白,以為宜罷中常侍官,應古不近刑人,由是大與石顯忤,後皆害焉。望之自殺,堪廢錮不得復進用也。

　　中興之初,宦官悉用閹人,〔五〕不復雜調它士。至永平中,始置員數,中常侍四人,小黃門十人。和帝即祚幼弱,而竇憲兄弟專總權威,内外臣僚,莫由親接,所與居者,唯閹宦而已。故鄭眾得專謀禁中,終除大憝,〔1〕遂享分土之封,超登宮卿之位。〔2〕於是中官始盛焉。

【注】
〔1〕憝,惡也,音大對反。謂誅竇憲也。
〔2〕宮卿謂為大長秋也。

　　自明帝以後,迄乎延平,委用漸大,而其員稍增,中常侍至有十人,小黃門二十人,改以金璫右貂,兼領卿署之職。鄧后以女主臨政,而萬機殷遠,朝臣國議,〔六〕無由參斷帷幄,稱制下令,不出房闥之間,〔1〕不得不委用刑人,寄之國命。手握王爵,口含天憲,非復掖廷永巷之職,閨牖房闥之任也。〔2〕其後孫程定立順之功,曹騰參建桓之策,續以五侯合謀,梁冀受鉞,迹因公正,恩固主心,故中外服從,上下屏氣。或稱伊、霍之勳,無謝於往載;或謂良、平之畫,復興於當今。雖時有忠公,而竟見排斥。〔3〕舉動回山海,呼吸變霜露。阿旨曲求,則光寵三族;〔4〕直情忤意,則參夷五宗。〔5〕漢之綱紀大亂矣。

【注】
〔1〕《爾雅》曰"宮中(小)〔之〕門謂之闈"〔七〕也。
〔2〕永巷及掖廷,並署名也。《爾雅》曰:"小閨謂之闥。"
〔3〕謂皇甫嵩、蔡邕等並被排也。
〔4〕父族、母族、妻族也。
〔5〕夷,滅也。參夷,夷三族也。五宗,五服内親故也。〔八〕

若夫高冠長劍，紆朱懷金者，布滿宮闈；〔1〕苴茅分虎，南面臣人者，蓋以十數。〔2〕府署第館，棋列於都鄙；〔3〕子弟支附，過半於州國。南金、和寶、冰紈、霧縠之積，盈仞珍臧；〔4〕嬪媛、侍兒、歌童、舞女之玩，充備綺室。〔5〕狗馬飾雕文，土木被緹繡。〔6〕皆剝割萌黎，競恣奢欲。搆害明賢，專樹黨類。其有更相援引，希附權彊者，皆腐身熏子，以自衒達。〔7〕同敝相濟，故其徒有繁，敗國蠹政之事，不可單書。〔8〕所以海內嗟毒，志士窮棲，寇劇緣閒，搖亂區夏。〔9〕雖忠良懷憤，時或奮發，而言出禍從，旋見拏戮。因復大考鉤黨，轉相誣染。〔10〕凡稱善士，莫不離被災毒。竇武、何進，位崇戚近，乘九服之囂怨，協群英之執力，〔11〕而以疑留不斷，至於殄敗。斯亦運之極乎！雖袁紹龔行，芟夷無餘，然以暴易亂，亦何云及！〔12〕自曹騰説梁冀，竟立昏弱。〔13〕魏武因之，遂遷龜鼎。〔14〕所謂"君以此始，必以此終"，信乎其然矣！〔15〕

【注】

〔1〕《楚辭》曰："高余冠之岌岌。"又曰："撫長劍兮玉珥。"楊雄《法言》曰："或問使我紆朱懷金，其樂不可量也。"李軌注曰："朱，朱紱也。金，金印也。"

〔2〕封諸侯各以其方色土，苴以白茅，而分銅虎符也。

〔3〕棋列，如棋之布列。《史記》曰："往往棋置。"

〔4〕《詩·頌》曰："大路南金。"鄭玄注云："荊、楊之州，〔九〕貢金三品。"和謂卞和也。

〔5〕《左傳》曰："夫差宿有妃嬙嬪御焉。"杜預注曰："妃嬙，貴者。"嬙音牆。《前書》曰："初，爰盎為吳相時，從史盜私盎侍兒。"《昌言》曰："為音樂則歌兒舞女，千曹而迭起。"《左傳》晏子曰："高臺深池，撞鍾舞女。"綺室，室之綺麗者。

〔6〕《前書》東方朔曰："土木衣綺繡，〔一〇〕狗馬被績罽。"緹，厚繒也。

〔7〕《前書》曰："史遷熏胥以刑。"韋昭曰："古者腐刑必熏合之。"

〔8〕單，盡也。

〔9〕寇盜劇賊緣閒隙而起也。

〔10〕鉤黨謂李膺、杜密等。

〔11〕九服已見上。群英謂劉猛、朱寓之屬，〔一〕見《竇武傳》。

〔12〕《尚書》曰："龔行天罰。"《左傳》曰："芟夷蘊崇之。"《史記》曰"以暴易亂兮，不知其非"也。

〔13〕謂立桓帝也。

〔14〕龜鼎，國之守器，以諭帝位也。《尚書》曰："寧王遺我大寶龜。"《左傳》曰"鼎遷于商"也。

〔15〕此謂宦官也。言漢家初寵用宦官，其後終為宦官所滅。《左傳》楚屈蕩曰"君以此始，必以此終"也。

鄭衆字季產，南陽犨人也。為人謹敏有心幾。永平中，初給事太子家。肅宗即位，拜小黃門，遷中常侍。和帝初，加位鉤盾令。

時竇太后秉政，后兄大將軍憲等並竊威權，朝臣上下莫不附之，而衆獨一心王室，不事豪黨，帝親信焉。及憲兄弟圖作不軌，衆遂首謀誅之，以功遷大長秋。策勳班賞，每辭多受少。由是常與議事。[1]中官用權，自衆始焉。

【注】
〔1〕與音預。

十四年，帝念衆功美，封為鄛鄉侯，食邑千五百户。[1]永初元年，和熹皇后益封三百户。

【注】
〔1〕鄛音士交反。〔一二〕《説文》曰："南（郡）[陽]棘陽縣有鄛鄉。"〔一三〕

元初元年卒，養子閎嗣。閎卒，子安嗣。後國絕。桓帝延熹二年，紹封眾曾孫石膢為關內侯。

蔡倫字敬仲，桂陽人也。以永平末始給事宮掖，建初中，為小黃門。及和帝即位，轉中常侍，豫參帷幄。

倫有才學，盡心敦慎，數犯嚴顏，匡弼得失。每至休沐，輒閉門絕賓，暴體田野。後加位尚方令。永元九年，監作祕劍及諸器械，莫不精工堅密，為後世法。

自古書契多編以竹簡，其用縑帛者謂之為紙。縑貴而簡重，並不便於人。倫乃造意，用樹膚、麻頭及敝布、魚網以為紙。元興元年奏上之，帝善其能，自是莫不從用焉，故天下咸稱"蔡侯紙"。[1]

【注】
〔1〕《湘州記》曰："耒陽縣北有漢黃門蔡倫宅，宅西有一石臼，云是倫舂紙臼也。"

元初元年，鄧太后以倫久宿衛，[一四]封為龍亭侯，[1]邑三百戶。後為長樂太僕。四年，帝以經傳之文多不正定，乃選通儒謁者劉珍及博士良史詣東觀，各讎校（漢）家法，[一五]令倫監典其事。

【注】
〔1〕龍亭，縣，故城在今洋州興埶縣東，明月池在其側。

倫初受竇后諷旨，誣陷安帝祖母宋貴人。及太后崩，安帝始親萬機，勑使自致廷尉。倫恥受辱，乃沐浴整衣冠，飲藥而死。國除。

孫程字稚卿，涿郡新城人也。[1]安帝時，為中黃門，給事長樂宮。

【注】

〔1〕《東觀記》曰："北新城人，衛康叔之冑孫林父之後。"《東觀》自此已下十九人，與程同功者皆敘其所承本系。蓋當時史官懼程等威權，故曲為文飾。

時鄧太后臨朝，帝不親政事。小黃門李閏與帝乳母王聖常共譖太后兄執金吾悝等，言欲廢帝，立平原王（德）〔翼〕，〔一六〕帝每忿懼。及太后崩，遂誅鄧氏而廢平原王，封閏雍鄉侯；又小黃門江京以讒諂進，初迎帝於邸，以功封都鄉侯，食邑各三百戶。閏、京並遷中常侍，江京兼大長秋，與中常侍樊豐、黃門令劉安、鉤盾令陳達及王聖、聖女伯榮扇動內外，競為侈虐。又帝舅大將軍耿寶、皇后兄大鴻臚閻顯更相阿黨，遂枉殺太尉楊震，廢皇太子為濟陰王。

明年帝崩，立北鄉侯為天子。顯等遂專朝爭權，乃諷有司奏誅樊豐，廢耿寶、王聖，及黨與皆見死徙。

十月，北鄉侯病篤。程謂濟陰王謁者長興渠曰：〔1〕"王以嫡統，本無失德，先帝用讒，遂至廢黜。若北鄉疾不起，共斷江京、閻顯，事乃可成。"渠等然之。又中黃門南陽王康，先為太子府史，自太子之廢，常懷歎憤。又長樂太官丞京兆王國，並附同於程。至二十七日，北鄉侯薨。閻顯白太后，徵諸王子簡為帝嗣。未及至。十一月二日，程遂與王康等十八人聚謀於西鍾下，皆截單衣為誓。四日夜，程等共會崇德殿上，因入章臺門。時江京、劉安及李閏、陳達等俱坐省門下，程與王康共就斬京、安、達，以李閏權埶積為省內所服，欲引為主，因舉刃脅閏曰："今當立濟陰王，無得搖動。"閏曰："諾。"於是扶閏起，俱於西鍾下迎濟陰王立之，是為順帝。召尚書令、僕射以下，從輦幸南宮雲臺，程等留守省門，遮扞內外。

【注】

〔1〕興姓，渠名。

閻顯時在禁中，憂迫不知所為，小黃門樊登勸顯發兵，以太后詔召越騎校尉馮詩、虎賁中郎將閻崇，屯朔平門，〔一七〕以禦程等。誘詩入省，太后使授之印，曰：「能得濟陰王者封萬戶侯，得李閏者五千戶侯。」顯以詩所將衆少，使與登迎吏士于左掖門外。詩因格殺登，歸營屯守。顯弟衛尉景遽從省中還外府，收兵至盛德門。程傳召諸尚書使收景。尚書郭鎮時臥病，聞之，即率直宿羽林出南止車門，逢景從吏士，拔白刃，呼曰：「無干兵。」鎮即下車，持節詔之。景曰：「何等詔？」因斫鎮，不中。鎮引劍擊景墯車，左右以戟叉其匈，遂禽之，送廷尉獄，即夜死。旦日，令侍御史收顯等送獄，於是遂定。下詔曰：「夫表功錄善，古今之通義也。故中常侍長樂太僕江京、黃門令劉安、鉤盾令陳達與故車騎將軍閻顯兄弟謀議惡逆，傾亂天下。中黃門孫程、王康、長樂太官丞王國、中黃門黃龍、彭愷、孟叔、李建、王成、張賢、史汎、馬國、王道、李元、楊佗、〔1〕陳予、趙封、李剛、魏猛、苗光等，〔2〕懷忠憤發，勠力協謀，遂埽滅元惡，以定王室。《詩》不云乎：『無言不讎，無德不報。』〔3〕程為謀首，康、國協同。其封程為浮陽侯，食邑萬戶；康為華容侯，國為酈侯，各九千戶；黃龍為湘南侯，五千戶；彭愷為西平昌侯，〔4〕孟叔為中廬侯，〔5〕李建為復陽侯，各四千二百戶；王成為廣宗侯，張賢為祝阿侯，史汎為臨沮侯，〔6〕馬國為廣平侯，王道為范縣侯，李元為褒信侯，楊佗為山都侯，〔7〕陳予為下雋侯，〔8〕趙封為析縣侯，李剛為枝江侯，各四千戶；魏猛為夷陵侯，二千戶；苗光為東阿侯，千戶。」是為十九侯。加賜車馬金銀錢帛各有差。李閏以先不豫謀，故不封。遂擢拜程騎都尉。

【注】
〔1〕佗音駝。
〔2〕《東觀記》曰「程賦棗脯，又〔分〕與光，〔一八〕曰：『以為信，今暮其當著矣。』漏盡，光為尚席直事通燈，解劍置外，持燈入章臺門，程等適入。光走出門，欲取劍，王康呼還，光不應。光得劍，欲還入，門已閉，光便守宜

秋門，會李閏來，出光，因與俱迎濟陰王幸南宮雲臺。詔書錄功臣，令康疏名，康詐疏光入章臺門。光謂康曰：'緩急有問者當相證也。'詔書封光東阿侯，食邑四千户，未受符策，光心不自安，詣黃門令自告。有司奏康、光欺詐主上，詔書勿問，遂封東阿侯，邑千户"也。

〔3〕《詩·大雅》也。

〔4〕西平昌，（諸）縣，屬平原郡。〔一九〕

〔5〕中廬，縣，屬南郡。

〔6〕臨沮，縣，屬南郡。

〔7〕褒信、山都並屬南陽郡也。〔二〇〕

〔8〕下雋，縣，〔屬〕長沙郡，〔二一〕音似兗反。

永建元年，程與張賢、孟叔、馬國等為司隸校尉虞詡訟罪，懷表上殿，呵叱左右。帝怒，遂免程官，因悉遣十九侯就國，後徙封程為宜城侯。程既到國，怨恨恚懟，〔1〕封還印綬、符策，亡歸京師，〔2〕往來山中。詔書追求，復故爵土，賜車馬衣物，遣還國。

【注】

〔1〕懟，怨也，音直季反。

〔2〕《續漢書》曰："程到宜城，怨恨恚懟，刻瓦為印，封還印綬。"

三年，帝念程等功勳，悉徵還京師。程與王道、李元皆拜騎都尉，餘悉奉朝請。陽嘉元年，程病甚，即拜奉車都尉，位特進。及卒，使五官〔中〕郎將〔二二〕追贈車騎將軍印綬，賜諡剛侯。侍御史持節監護喪事，乘輿幸北部尉傳，〔1〕瞻望車騎。

【注】

〔1〕北部尉之傳舍也。傳音陟戀反。

程臨終，遺言上書，以國傳弟美。帝許之，而分程半，〔二三〕封程養子壽為浮陽侯。後詔書錄微功，封興渠為高望亭侯。四年，詔宦官養子悉聽得為後，襲封爵，定著乎令。

王康、王國、彭愷、王成、趙封、魏猛六人皆早卒。黃龍、楊佗、孟叔、李建、張賢、史汎、王道、李元、李剛九人與阿母山陽君宋娥更相貨賂，求高官增邑，又誣罔中常侍曹騰、孟賁等。永和二年，發覺，並遣就國，減租四分之一。宋娥奪爵歸田舍。唯馬國、陳予、苗光保全封邑。

初，帝見廢，監太子家小黃門籍建、傅高梵、長秋長趙熹、丞良賀、藥長夏珍皆以無過獲罪，建等坐徙朔方。及帝即位，並擢為中常侍。梵坐贓罪，減死一等。建後封東鄉侯，三百戶。

賀清儉退厚，[1]位至大長秋。陽嘉中，詔九卿舉武猛，〔二四〕賀獨無所薦。帝引問其故，對曰："臣生自草茅，長於宮掖，既無知人之明，又未嘗交知士類。昔衛鞅因景監以見，有識知其不終。[2]今得臣舉者，匪榮伊辱。"固辭之。及卒，帝思賀忠，封其養子為都鄉侯，三百戶。

【注】
[1]謙退而厚重也。
[2]《史記》趙良謂商君曰："君之見秦王也，因嬖人景監，非所以為名也。"商君竟為秦惠所車裂也。

曹騰字季興，沛國譙人也。安帝時，除黃門從官。順帝在東宮，鄧太后以騰年少謹厚，使侍皇太子書，特見親愛。及帝即位，騰為小黃門，遷中常侍。桓帝得立，騰與長樂太僕州輔等七人，以定策功，皆封亭侯，騰為費亭侯，遷大長秋，加位特進。

騰用事省闥三十餘年，奉事四帝，未嘗有過。其所進達，皆海內名人，陳留虞放、邊韶、南陽延固、張溫、弘農張奐、潁川堂谿典等。時蜀郡太守因計吏賂遺於騰，益州刺史种暠於斜谷關搜得其書，[二五]上奏太守，并以劾騰，請下廷尉案罪。帝曰："書自外來，非騰之過。"遂寢暠奏。騰不為纖介，常稱暠為能吏，時人嗟美之。

騰卒，養子嵩嗣。种暠後為司徒，告賓客曰："今身為公，乃曹常侍力焉。"

嵩靈帝時貨賂中官及輸西園錢一億萬，故位至太尉。[1]及子操起兵，不肯相隨，乃與少子疾避亂琅邪，[二六]為徐州刺史陶謙所殺。

【注】
〔1〕嵩具《袁紹傳》。

單超，河南人；徐璜，下邳良城人；具瑗，魏郡元城人；左悺，河南平陰人；[1]唐衡，潁川郾人也。桓帝初，超、璜、瑗為中常侍，悺、衡為小黃門史。

【注】
〔1〕悺音工奐反，又音綰。

初，梁冀兩妹為順桓二帝皇后，冀代父商為大將軍，再世權戚，威振天下。冀自誅太尉李固、杜喬等，驕橫益甚，皇后乘埶忌恣，多所鴆毒，上下鉗口，[1]莫有言者。帝逼畏久，恒懷不平，恐言泄，不敢謀之。延熹二年，皇后崩，帝因如廁，獨呼衡問："左右與外舍不相得者皆誰乎？"[2]衡對曰："單超、左悺前詣河南尹不疑，禮敬小簡，不疑收其兄弟送洛陽獄，二人詣門謝，乃得解。徐璜、具瑗常私忿疾外舍放橫，口不敢道。"於是帝呼超、悺入室，謂曰："梁將軍兄弟專固國朝，迫脅外內，公卿以下從其風旨。今欲誅之，於常侍意何如？"超等對曰："誠國姦賊，當誅日久。臣等弱劣，未知聖意何如耳。"帝曰："審然者,常侍密圖之。"對曰:"圖之不難,但恐陛下復中狐疑。"〔3〕帝曰:"姦臣脅國,當伏其罪,何疑乎!"於是更召瑝、瑗等五人,遂定其議,帝齧超臂出血為盟。於是詔收冀及宗親黨與悉誅之。悺、衡遷中常侍,封超新豐侯,二萬戶,瑝武原侯,瑗東武陽侯,各萬五千戶,賜錢各千五百萬;悺上蔡侯,衡汝陽侯,各萬三千戶,賜錢各千三百萬。五人同日封,故世謂之"五侯"。又封小黃門劉普、趙忠等八人為鄉侯。自是權歸宦官,朝廷日亂矣。

【注】
〔1〕《周書》曰:"賢智鉗口。"謂不言也。拑與鉗古字通,音其炎反。
〔2〕外舍謂皇后家也。
〔3〕中音丁仲反。

超病,帝遣使者就拜車騎將軍。明年薨,賜東園祕器,棺中玉具,贈侯將軍印綬,使者理喪。及葬,發五營騎士,(將軍)侍御史護喪,〔二七〕將作大匠起冢塋。

其後四侯轉橫,天下為之語曰:"左回天,具獨坐,〔1〕徐臥虎,唐兩墯。"〔2〕皆競起第宅,樓觀壯麗,窮極伎巧。金銀罽氂,施於犬馬。〔3〕多取良人美女以為姬妾,皆珍飾華侈,擬則宮人。其僕從皆乘牛車而從列騎。又養其疏屬,或乞嗣異姓,或買蒼頭為子,並以傳國襲封。兄弟姻戚皆宰州臨郡,辜較百姓,與盜賊無異。

【注】
〔1〕獨坐言驕貴無偶也。
〔2〕兩墯謂隨意所為不定也。今人謂持兩端而任意為兩墯。諸本"兩"或作"雨"也。
〔3〕氂,以毛羽為飾,音如志反。

超弟安為河東太守，弟子匡為濟陰太守，璜弟盛為河內太守，恉弟敏為陳留太守，瑗兄恭為沛相，皆為所在蠹害。

璜兄子宣為下邳令，暴虐尤甚。先是求故汝南太守下邳李暠女不能得，及到縣，遂將吏卒至暠家，載其女歸，戲射殺之，埋著寺內。時下邳縣屬東海，汝南黃浮為東海相，有告言宣者，浮乃收宣家屬，無少長悉考之。掾史以下固諫爭。浮曰：「徐宣國賊，今日殺之，明日坐死，足以瞑目矣。」即案宣罪棄市，暴其尸以示百姓，郡中震慄。璜於是訴怨於帝，帝大怒，浮坐髡鉗，輸作右校。〔二八〕五侯宗族賓客虐徧天下，民不堪命，起為寇賊。七年，衡卒，亦贈車騎將軍，如超故事。璜卒，賻贈錢布，賜冢塋地。

明年，司隸校尉韓演因奏恉罪惡，及其兄太僕南鄉侯稱請託州郡，聚斂為姦，賓客放縱，侵犯吏民。恉、稱皆自殺。演又奏瑗兄沛相恭臧罪，徵詣廷尉。瑗詣獄謝，上還東武侯印綬，詔貶為都鄉侯，卒於家。超及璜、衡襲封者，並降為鄉侯，租入歲皆三百萬，子弟分封者，悉奪爵土。劉普等貶為關內侯。

侯覽者，山陽防東人。桓帝初為中常侍，以佞猾進，倚埶貪放，受納貨遺以巨萬計。延熹中，連歲征伐，府帑空虛，乃假百官奉祿，王侯租稅。覽亦上縑五千匹，賜爵關內侯。又託以與議誅梁冀功，進封高鄉侯。

小黃門段珪家在濟陰，與覽並立田業，近濟北界，僕從賓客侵犯百姓，劫掠行旅。濟北相滕延一切收捕，殺數十人，陳尸路衢。覽、珪大怨，以事訴帝，延坐多殺無辜，徵詣廷尉，免。延字伯行，北海人，後為京兆尹，有理名，世稱為長者。

覽等得此愈放縱。覽兄參為益州刺史，民有豐富者，輒誣以大逆，皆誅滅之，沒入財物，前後累億計。太尉楊秉奏參，檻車徵，於道自殺。京兆尹袁逢於旅舍閱參車三百餘兩，〔二九〕皆金銀錦帛珍玩，不可勝

數。覽坐免，旋復復官。〔1〕

【注】
〔1〕復，上音房又反。

建寧二年，喪母還家，大起塋冢。督郵張儉因舉奏覽貪侈奢縱，前後請奪人宅三百八十一所，田百一十八頃。起立第宅十有六區，皆有高樓池苑，堂閣相望，飾以綺畫丹漆之屬，制度重深，僭類宮省。又豫作壽冢，〔1〕石椁雙闕，高廡百尺，〔2〕破人居室，發掘墳墓。虜奪良人，妻略婦子，及諸罪釁，請誅之。而覽伺候遮截，章竟不上。儉遂破覽冢宅，藉沒資財，具言罪狀。又奏覽母生時交通賓客，干亂郡國。復不得御。〔3〕覽遂誣儉為鉤黨，及故長樂少府李膺、太僕杜密等，皆夷滅之。遂代曹節領長樂太僕。

【注】
〔1〕生而自為冢，為壽冢。
〔2〕廡，廊下周屋也。
〔3〕御，進也。

熹平元年，有司舉奏覽專權驕奢，策收印綬，自殺。阿黨者皆免。

曹節字漢豐，南陽新野人也。其本魏郡人，〔三〇〕世吏二千石。順帝初，以西園騎遷小黃門。桓帝時，遷中常侍，奉車都尉。建寧元年，持節將中黃門虎賁羽林千人，北迎靈帝，陪乘入宮。及即位，以定策封長安鄉侯，六百戶。

時竇太后臨朝，后父大將軍武與太傅陳蕃謀誅中官，節與長樂五官史朱瑀、從官史共普、張亮、〔1〕中黃門王尊、長樂謁者騰是等十七人，共矯詔以長樂食監王甫為黃門令，將兵誅武、蕃等，事已具蕃、武《傳》。節遷長樂衛尉，封育陽侯，增邑三千戶；〔三一〕甫遷中常侍，黃門令如故；瑀封都鄉侯，千五百戶；普、亮等五人各三百戶；餘十一人皆為關內侯，歲食租二千斛。

【注】
〔1〕共音恭。

先是瑀等陰於明堂中禱皇天曰："竇氏無道，請皇天輔皇帝誅之，令事必成，天下得寧。"既誅武等，詔令太官給塞具，〔1〕賜瑀錢五千萬，餘各有差，後更封華容侯。二年，節病困，詔拜為車騎將軍。有頃疾瘳，上印綬，罷，復為中常侍，位特進，秩中二千石，尋轉大長秋。

【注】
〔1〕塞，報祠也，音蘇代反。字當為"賽"，通也。

熹平元年，竇太后崩，有何人書朱雀闕，〔1〕言"天下大亂，曹節、王甫幽殺太后，常侍侯覽多殺黨人，公卿皆尸祿，無有忠言者。"於是詔司隸校尉劉猛逐捕，十日一會。猛以誹書言直，不肯急捕，月餘，主名不立。〔2〕猛坐左轉諫議大夫，以御史中丞段熲代猛，乃四出逐捕，及太學游生，繫者千餘人。節等怨猛不已，使熲以它事奏猛，抵罪輸左校。朝臣多以為言，乃免刑，復公車徵之。

【注】
〔1〕何人，不知何人也。
〔2〕不得書闕主名。

節遂與王甫等誣奏桓帝弟勃海王悝謀反，誅之。以功封者十二人。

甫封冠軍侯。節亦增邑四千六百戶，并前七千六百戶。父兄子弟皆為公卿列校、牧守令長，布滿天下。

節弟破石為越騎校尉，越騎營五百妻有美色，〔1〕破石從求之，五百不敢違，妻執意不肯行，遂自殺。其淫暴無道，多此類也。

【注】

〔1〕韋昭《辯釋名》曰：「五百字本為『伍』。伍，當也。伯，道也。使之導引當道陌中以驅除也。」案：今俗呼行杖人為五百也。

光和二年，司隸校尉陽球奏誅王甫及子長樂少府萌、沛相吉，皆死獄中。時連有災異，郎中梁人審忠以為朱瑀等罪惡所感，乃上書曰：「臣聞理國得賢則安，失賢則危，故舜有臣五人而天下理，〔1〕湯舉伊尹不仁者遠。〔2〕陛下即位之初，未能萬機，皇太后念在撫育，〔3〕權時攝政，故中常侍蘇康、管霸應時誅殄。〔4〕太傅陳蕃、大將軍竇武考其黨與，志清朝政。華容侯朱瑀知事覺露，禍及其身，遂興造逆謀，作亂王室，撞蹋省闥，〔5〕執奪璽綬，迫脅陛下，聚會群臣，離間骨肉母子之恩，遂誅蕃、武及尹勳等。因共割裂城社，自相封賞。父子兄弟被蒙尊榮，素所親厚布在州郡，或登九列，或據三司。不惟祿重位尊之責，而苟營私門，多蓄財貨，繕修第舍，連里竟巷。盜取御水以作魚釣，〔6〕車馬服玩擬於天家。群公卿士杜口吞聲，莫敢有言。州牧郡守承順風旨，辟召選舉，釋賢取愚。故蟲蝗為之生，夷寇為之起。天意憤盈，積十餘年。故頻歲日食於上，地震於下，所以譴戒人主，欲令覺悟，誅鉏無狀。昔高宗以雉雊之變，故獲中興之功。〔7〕近者神祇啓悟陛下，發赫斯之怒，故王甫父子應時鹹戮，〔8〕路人士女莫不稱善，若除父母之讎。誠怪陛下復忍孽臣之類，不悉殄滅。〔9〕昔秦信趙高，以危其國；吳使刑人，身遘其禍。〔10〕虞公抱寶牽馬，魯昭見逐乾侯，以不用宮之奇、子家駒以至滅辱。〔11〕今以不忍之恩，赦夷族之罪，姦謀一成，悔亦何及！臣為郎十五年，皆耳目聞見，瑀之所為，誠皇天所不復赦。願陛下留漏刻之聽，裁省臣表,埽滅醜類,以荅天怒。與瑀考驗,有不如言,願受湯鑊之誅,妻子并徙,以絶妄言之路。"章寢不報。節遂領尚書令。四年,卒,贈車騎將軍。後瑀亦病卒,皆養子傳國。

【注】
〔1〕五臣謂禹、稷、契、咎陶、伯益也。
〔2〕《論語》文也。
〔3〕桓思竇后。
〔4〕《竇后傳》誅康及霸。
〔5〕撞音直江反。
〔6〕水入宮苑為御水。
〔7〕高宗祭,有雉升鼎耳而雊,高宗修德,殷以中興。見《尚書》也。
〔8〕《詩·魯頌》曰:"在泮獻馘。"音古獲反。鄭玄注云:"謂所殺者之左耳。"
〔9〕謂復任用曹節等也。
〔10〕《左傳》曰,吳伐越獲俘焉,以為閽,使守舟。吳子餘祭觀舟,閽人以刀殺之。
〔11〕《公羊傳》曰,晉大夫荀息請以屈產之乘與垂棘之璧,假道於虞以伐虢,宮之奇諫,不聽。後晉滅虞,虞公抱寶牽馬而至,荀息見曰:"臣之謀何如?"又曰,昭公將殺季氏,告子家駒曰:"季氏為無道,僭于公室久矣。吾欲殺之,何如?"子家駒曰:"諸侯僭於天子,大夫僭於諸侯,久矣,君無多辱焉。"昭公不從其言,後逐季氏,昭公奔于乾侯,遂死焉。

審忠字公誠,宦官誅後,辟公府。

呂强字漢盛,河南成皋人也。少以宦者為小黃門,再遷中常侍。為人清忠奉公。靈帝時,例封宦者,以強為都鄉侯。強辭讓懇惻,固不敢

當,帝乃聽之。因上疏陳事曰:

臣聞諸侯上象四七,下裂王土,高祖重約非功臣不侯,所以重天爵明勸戒也。伏聞中常侍曹節、王甫、張讓等,及侍中許相,並為列侯。節等宦官祐薄,〔三二〕品卑人賤,讒諂媚主,佞邪徼寵,放毒人物,疾妒忠良,有趙高之禍,未被轘裂之誅,[1]掩朝廷之明,成私樹之黨。而陛下不悟,妄授茅土,開國承家,小人是用。[2]又并及家人,重金兼紫,[3]相繼為蕃輔。受國重恩,不念爾祖,述脩厥德,[4]而交結邪黨,下比群佞。陛下或其瑣才,[5]〔三三〕特蒙恩澤。又授位乖越,賢才不升,素餐私倖,必加榮擢。陰陽乖剌,稼穡荒蔬,[6]人用不康,罔不由茲。臣誠知封事已行,言之無逮,所以冒死干觸陳愚忠者,實願陛下損改既謬,從此一止。

【注】

[1] 趙高指鹿為馬,而殺胡亥。轘裂,以車裂也。
[2] 《易》曰:"開國承家,小人勿用。"
[3] 金印紫綬。重、兼,言累積也。
[4] 《詩·大雅》云:"無念爾祖,聿脩厥德。"聿,述也。
[5] 瑣,小也。
[6] 鄭玄注《周禮》云:"蔬,草有實者。"

臣又聞後宮綵女數千餘人,衣食之費,日數百金。比穀雖賤,而戶有飢色。案法當貴而今更賤者,由賦發繁數,以解縣官,[1]寒不敢衣,飢不敢食。民有斯厄,而莫之卹。宮女無用,填積後庭,天下雖復盡力耕桑,猶不能供。昔楚女悲愁,則西宮致災,[2]況終年積聚,豈無憂怨乎!夫天生蒸民,立君以牧之。君道得,則民戴之如父母,仰之猶日月,[3]雖時有征稅,猶望其仁恩之惠。《易》曰:"悅以使民,民忘其勞;悅以犯難,民忘其死。"[4]儲君副主,宜諷誦斯言;南面當國,宜履行其事。[5]

【注】

〔一〕縣官調發既多，故賤糶穀以供之。

〔二〕《公羊傳》曰："西宮災，何以書？記災也。"何休注云："是時僖公為齊桓公所脅，以齊媵為嫡，楚女廢居西宮而不見恤，悲愁怨曠所生也。"

〔三〕《左傳》師曠對晉侯曰："君養人如子，蓋之如天，容之如地。人奉其君，愛之如父母，仰之如日月，敬之如神明，畏之如雷霆。天生人而立之君，使司牧之，勿使失其性"也。

〔四〕《易·兌卦·彖辭》。

〔五〕《易》曰："聖人南面，嚮明而化。"杜預注《左傳》曰："當國，執政也。"

又承詔書，當於河閒故國起解瀆之館。陛下龍飛即位，雖從藩國，然處九天之高，豈宜有顧戀之意。[1]且河閒疏遠，解瀆邈絕，而當勞民單力，未見其便。又今外戚四姓貴倖之家，及中官公族無功德者，造起館舍，凡有萬數，樓閣連接，丹青素堊，[2]雕刻之飾，不可單言。喪葬踰制，奢麗過禮，競相放效，莫肯矯拂。[3]《穀梁傳》曰："財盡則怨，力盡則懟。"《尸子》曰：[4]"君如杅，民如水，杅方則水方，杅圓則水圓。"[5]上之化下，猶風之靡草。今上無去奢之儉，下有縱欲之敝，至使禽獸食民之甘，木土衣民之帛。昔師曠諫晉平公曰："梁柱衣繡，民無褐衣；池有弃酒，士有渴死；廄馬秣粟，民有飢色。近臣不敢諫，遠臣不得暢。"此之謂也。[6]

【注】

〔一〕《楚辭》曰："圜則九重，孰營度之？"圜謂天也。

〔二〕《郭璞》注《山海經》曰："堊似土，白色，音惡。"

〔三〕矯，正也。拂，戾也，音扶弗反。

〔四〕尸子，晉人也，名佼，秦相衛鞅客也。鞅謀計，未嘗不與佼規也。商君被刑，恐并誅，乃亡逃入蜀，作書二十篇，十九篇陳道德仁義之紀，一篇言九州險阻，水泉所起也。

〔5〕杅，椀屬也，音于。字亦作盂。

〔6〕《説苑》咎犯諫晉文公之辭也。

又聞前召議郎蔡邕對問於金商門，而令中常侍曹節、王甫等以詔書喻旨。邕不敢懷道迷國，而切言極對，毀刺貴臣，譏呵豎宦。陛下不密其言，至令宣露，群邪項領，膏脣拭舌，[1]競欲咀嚼，造作飛條。[2]陛下迴受誹謗，致邕刑罪，室家徙放，老幼流離，豈不負忠臣哉！今群臣皆以邕為戒，上畏不測之難，下懼劍客之害，[3]臣知朝廷不復得聞忠言矣。故太尉段熲，武勇冠世，習於邊事，垂髮服戎，功成皓首，[4]歷事二主，[5]勳烈獨昭。陛下既已式序，位登台司，而為司隸校尉陽球所見誣脅，一身既斃，而妻子遠播。天下惆悵，功臣失望。宜徵邕更授任，反熲家屬，則忠貞路開，衆怨以弭矣。

【注】

〔1〕《毛詩》曰："駕彼四牡，四牡項領。"注云："項，大也。四牡者人所駕，今但養大其領，不肯為用。諭大臣自恣，王不能使也。"膏脣拭舌謂欲讒毀故也。

〔2〕飛條，飛書也。

〔3〕謂蔡邕徙朔方時，陽球使刺客追刺邕也。

〔4〕垂髮謂童子也。

〔5〕謂桓帝、靈帝也。

帝知其忠而不能用。

時帝多稸私藏，收天下之珍，每郡國貢獻，先輸中署，名為"導行費"。[1]彊上疏諫曰：

【注】
〔1〕中署,內署也。導,引也。貢獻外別有所入,以為所獻希之導引也。〔三四〕

天下之財,莫不生之陰陽,歸之陛下。〔1〕歸之陛下,豈有公私?而今中尚方斂諸郡之寶,中御府積天下之繒,西園引司農之臧,中廄聚太僕之馬,而所輸之府,輒有導行之財。調廣民困,費多獻少,姦吏因其利,百姓受其敝。又阿媚之臣,好獻其私,容諂姑息,自此而進。

【注】
〔1〕萬物稟陰陽而生。

舊典選舉委任三府,三府有選,參議掾屬,咨其行狀,度其器能,〔1〕受試任用,責以成功。若無可察,然後付之尚書。尚書舉劾,請下廷尉,覆案虛實,行其誅罰。今但任尚書,或復勑用。如是,三公得免選舉之負,尚書亦復不坐,責賞無歸,豈肯空自苦勞乎!

【注】
〔1〕咨,謀也。

夫立言無顯過之咎,明鏡無見玼之尤。如惡立言以記過,則不當學也;不欲明鏡之見玼,則不當照也。〔1〕願陛下詳思臣言,不以記過見玼為責。

【注】
〔1〕《韓子》曰:"古人之目短於自見,故以鏡觀面。智短於自規,故以道

正己。鏡無見疵之罪，道無明過之惡。目失鏡則無以正鬚眉，身失道則無以知迷惑。"眦與疵同也。

　　書奏不省。
　　中平元年，黃巾賊起，帝問強所宜施行。強欲先誅左右貪濁者，大赦黨人，料簡刺史、二千石能否。帝納之，乃先赦黨人。於是諸常侍人人求退，又各自徵還宗親子弟在州郡者。中常侍趙忠、夏惲等遂共搆強，云"與黨人共議朝廷，數讀《霍光傳》〔1〕強兄弟所在並皆貪穢"。帝不悅，使中黃門持兵召強。強聞帝召，怒曰："吾死，亂起矣。丈夫欲盡忠國家，豈能對獄吏乎！"遂自殺。忠、惲復譖曰："強見召未知所問，而就外草自屏，有姦明審。"〔2〕遂收捕宗親，没入財產焉。

【注】
〔1〕言其欲謀廢立也。
〔2〕外草自屏謂在外野草中自殺也。

　　時宦者濟陰丁肅、下邳徐衍、〔三五〕南陽郭耽、汝陽李巡、〔三六〕北海趙祐〔三七〕等五人稱為清忠，皆在里巷，不爭威權。巡以為諸博士試甲乙科，爭弟高下，更相告言，至有行賂定蘭臺漆書經字，以合其私文者，乃白帝，與諸儒共刻《五經》文於石，於是詔蔡邕等正其文字。自後《五經》一定，爭者用息。趙祐博學多覽，著作校書，諸儒稱之。
　　又小黃門甘陵吳伉，善為風角，博達有奉公稱。知不得用，常託病還寺舍，從容養志云。

　　張讓者，潁川人；趙忠者，安平人也。少皆給事省中，桓帝時為小黃門。忠以與誅梁冀功封都鄉侯。〔1〕延熹八年，黜為關（中）〔內〕侯，〔三八〕食本縣租千斛。

【注】
〔1〕與音預。

　　靈帝時，讓、忠並遷中常侍，封列侯，與曹節、王甫等相為表裏。節死後，忠領大長秋。讓有監奴典任家事，交通貨賂，威形諠赫。扶風人孟佗，[1]資產饒贍，與奴朋結，傾竭饋問，無所遺愛。奴咸德之，問佗曰："君何所欲？力能辦也。"曰："吾望汝曹為我一拜耳。"時賓客求謁讓者，車恒數百千兩，佗時詣讓，後至，不得進，監奴乃率諸倉頭迎拜於路，遂共轝車入門。賓客咸驚，謂佗善於讓，皆爭以珍玩賂之。佗分以遺讓，讓大喜，遂以佗為涼州刺史。[2]

【注】
〔1〕佗音駝。
〔2〕《三輔決錄注》曰："佗字伯郎。以蒲陶酒一斗遺讓，讓即拜佗為涼州刺史。"

　　是時讓、忠及夏惲、郭勝、孫璋、畢嵐、栗嵩、段珪、高望、張恭、韓悝、宋典十二人，皆為中常侍，封侯貴寵，父兄子弟布列州郡，所在貪殘，為人蠹害。黃巾既作，盜賊糜沸，郎中中山張鈞[三九]上書曰："竊惟張角所以能興兵作亂，萬人所以樂附之者，其源皆由十常侍多放父兄、子弟、婚親、賓客典據州郡，辜搉財利，侵掠百姓，百姓之冤無所告訴，故謀議不軌，聚為盜賊。宜斬十常侍，縣頭南郊，以謝百姓，又遣使者布告天下，可不須師旅，而大寇自消。"天子以鈞章示讓等，皆免冠徒跣頓首，乞自致洛陽詔獄，並出家財以助軍費。有詔皆冠履視事如故。帝怒鈞曰："此真狂子也。十常侍固當有一人善者不？"鈞復重上，猶如前章，輒寢不報。詔使廷尉、侍御史考為張角道者，御史承讓等旨，遂誣奏鈞學黃巾道，收掠死獄中。而讓等實多與張角交通。後中常侍封諝、徐(奏)[奉]事獨發覺[四〇]坐誅，帝因怒詰讓等曰:"汝曹常言黨人欲為不軌,皆令禁錮,或有伏誅。今黨人更為國用,汝曹反與張角通,為可斬未?"皆叩頭云:"故中常侍王甫、侯覽所為。"帝乃止。

　　明年,南宮災。讓、忠等說帝令斂天下田畝稅十錢,以修宮室。發太原、河東、狄道諸郡〔四一〕材木及文石,每州郡部送至京師,黃門常侍輒令譴呵不中者,因強折賤買,十分雇一,〔1〕因復貨之於宦官,復不為即受,材木遂至腐積,宮室連年不成。刺史、太守復增私調,百姓呼嗟。凡詔所徵求,皆令西園騶密約勅,〔2〕號曰"中使",恐動州郡,多受賕賂。刺史、二千石及茂才孝廉遷除,皆責助軍修宮錢,大郡至二三千萬,餘各有差。當之官者,皆先至西園諧價,然後得去。〔3〕有錢不畢者,或至自殺。其守清者,乞不之官,皆迫遣之。

【注】
〔1〕雇謂酬其價也。
〔2〕騶,養馬人。
〔3〕諧謂平論定其價也。

　　時鉅鹿太守河內司馬直新除,以有清名,減責三百萬。直被詔,悵然曰:"為民父母,而反割剝百姓,以稱時求,吾不忍也。"辭疾,不聽。行至孟津,上書極陳當世之失,古今禍敗之戒,即吞藥自殺。書奏,帝為暫絕修宮錢。

　　又造萬金堂於西園,引司農金錢繒帛,仞積其中。〔1〕又還河間買田宅,起第觀。帝本侯家,宿貧,每歎桓帝不能作家居,故聚為私臧,復(臧)寄小黃門常侍錢各數千萬。〔四二〕常云:"張常侍是我公,〔四三〕趙常侍是我母。"宦官得志,無所憚畏,並起第宅,擬則宮室。帝常登永安候臺,〔2〕宦官恐其望見居處,乃使中大人尚但諫曰:〔3〕"天子不當登高,登高則百姓虛散。"自是不敢復升臺榭。〔4〕

【注】

〔1〕仞,滿也。

〔2〕永安,宮也。

〔3〕尚姓,但名。

〔4〕《春秋潛潭巴》曰:"天子無高臺榭,高臺榭,則下畔之。"蓋因此以諷帝也。

明年,遂使鉤盾令宋典繕修南宮玉堂。又使掖庭令畢嵐鑄銅人四列於倉龍、玄武闕。〔1〕又鑄四鐘,皆受二千斛,縣於玉堂及雲臺殿前。又鑄天祿蝦蟆,吐水於平門外橋東,轉水入宮。又作翻車渴烏,〔2〕施於橋西,用灑南北郊路,以省百姓灑道之費。又鑄四出文錢,錢皆四道。識者竊言侈虐已甚,形象兆見,〔四四〕此錢成,必四道而去。及京師大亂,錢果流布四海。復以忠為車騎將軍,百餘日罷。

【注】

〔1〕倉龍,東闕。玄武,北闕。

〔2〕翻車,設機車以引水。渴烏,為曲筒,以氣引水上也。

六年,帝崩。中軍校尉袁紹說大將軍何進,令誅中官以悅天下。謀泄,讓、忠等因進入省,遂共殺進。而紹勒兵斬忠,捕宦官無少長悉斬之。讓等數十人劫質天子走河上。追急,讓等悲哭辭曰:"臣等殄滅,天下亂矣。惟陛下自愛!"皆投河而死。

論曰:自古喪大業絕宗禋者,其所漸有由矣。三(世)[代]以嬖色取禍,〔1〕〔四五〕嬴氏以奢虐致災,〔2〕西京自外戚失祚,東都緣閹尹傾國。成敗之來,先史商之久矣。〔3〕至於釁起宦夫,其略猶或可言。何者?刑餘之醜,理謝全生,聲榮無暉於門閥,肌膚莫傳於來體,推情未鑒其敝,即事易以取信,加漸染朝事,頗識典物,故少主憑謹舊之庸,〔四六〕

女君資出内之命，顧訪無猜憚之心，恩狎有可悅之色。亦有忠厚平端，懷術糾邪；[4]或敏才給對，飾巧亂實；[5]或借譽貞良，先時薦譽。[6]非直苟恣凶德，止於暴横而已。然真邪並行，情貌相越，[7]故能回惑昏幼，迷瞀視聽，蓋亦有其理焉。[8]詐利既滋，朋徒日廣，直臣抗議，必漏先言之閒，[9]至戚發憤，方啓專奪之隙，[10]斯忠賢所以智屈，社稷故其為墟。《易》曰：“履霜堅冰至。”云所從來久矣。今迹其所以，亦豈一朝一夕哉！[11]

【注】

〔1〕夏以末嬉，殷以妲己，周以褒姒。

〔2〕秦始皇，嬴姓也。

〔3〕商謂商略。

〔4〕謂呂強也。

〔5〕若良賀對順帝不舉人也。

〔6〕曹騰進邊韶、延固等也。

〔7〕越，違也。謂貌雖似忠而情實姦邪。

〔8〕瞀，亂也，音茂。

〔9〕謂蔡邕對詔，王甫、曹節竊觀之，乃宣布於外，而邕下獄也。

〔10〕謂竇武謀誅宦者，反為宦者所殺也。

〔11〕《易》曰：“非一朝一夕之故，其所由來者漸矣，由辨之不早辨也。”[四七]《易》曰：“履霜堅冰至。”蓋言慎也。[四八]言初履霜而堅冰至者，以喻物漸而至大也。

贊曰：任失無小，過用則違。況乃巷職，遠參天機。[1]舞文巧態，作惠作威。凶家害國，夫豈異歸！[2]

【注】

〔1〕《毛詩》曰：“寺人巷伯，作為此詩。”巷職即寺人之職也。

〔2〕《尚書》曰："臣無作威作福。臣有作威作福,其害于而家,凶于而國。"又曰:"為惡不同,同歸於亂。"

【校勘記】

〔一〕王之正內者五人　按:《刊誤》謂多一"者"字。

〔二〕寺人掌王之正內五人　按:《周禮‧天官職》云"寺人王之正內五人",無"掌"字。

〔三〕於周(禮)則為內宰　按:殿本《考證》引何焯說,謂《月令》呂不韋作,故鄭注云"於周則為內宰","禮"字不學者所增,《文選》注中尚無"禮"字。今據刪。

〔四〕然而有得焉　《校補》謂《文選》注引"得"作"德"。今按:得德古通作。

〔五〕宦官悉用閹人　按:《刊誤》謂"宦"字當作"內",謂省內官不用他士也。

〔六〕朝臣國議　按:《文選》"國"作"圖"。

〔七〕宮中(小)[之]門謂之闈　據《校補》改,與《爾雅》合。

〔八〕五服內親故也　按:汲本作"五服內之親故也",殿本作"五服內之親也",王先謙謂殿本是。

〔九〕荊楊之州　"楊"原譌"陽",逕改正。

〔一〇〕土木衣綺繡　按:《前書‧東方朔傳》"土木"作"木土"。

〔一一〕群英謂劉猛朱寓之屬　按:"寓"原譌"寓",逕據汲本、殿本改正。

〔一二〕鄭音士交反　按:汲本、殿本作"七交反"。

〔一三〕南(郡)[陽]棘陽縣有鄭鄉　《集解》引洪亮吉說,謂棘陽屬南陽,非南郡也。又《校補》引柳從辰說,謂今《說文》注本作"南陽",惟"棘"誤為"棗",段玉裁已訂之。今據改。

〔一四〕鄧太后以倫久宿衛　按:汲本、殿本"久"下有"在"字。

〔一五〕各讎校(漢)家法　《刊誤》謂諸儒各謂其師說為家法,後人不知，妄加一"漢"字。今據刪。

〔一六〕立平原王（德）〔翼〕　據殿本《考證》引何焯説改。

〔一七〕屯朔平門　按：《集解》引惠棟説，謂袁宏《紀》云"平朔門"。

〔一八〕又〔分〕與光　據汲本、殿本補。

〔一九〕西平昌（諸）縣屬平原郡　據殿本刪。按：王先謙謂殿本無"諸"字是。

〔二〇〕褒信山都並屬南陽郡也　按：《集解》引錢大昕説，謂案《郡國志》，褒信屬汝南，不屬南陽。

〔二一〕下雋縣〔屬〕長沙郡　《校補》謂案注"縣"下脱"屬"字。今據補。

〔二二〕五官〔中〕郎將　據殿本補。按：《刊誤》謂"五官"下少一"中"字。

〔二三〕而分程半　按：《校補》謂案文"程"下少一"國"字。

〔二四〕陽嘉中詔九卿舉武猛　按：《校補》引侯康説，謂陽嘉中無此詔，永和三年有之。《通鑑考異》謂此傳誤以永和為陽嘉，是也。

〔二五〕益州刺史种暠於斜谷關搜得其書　按："斜谷關"汲本、殿本作"斜谷間"，《魏志》裴注引《續漢書》作"函谷關"。

〔二六〕乃與少子疾避亂琅邪　按：殿本《考證》謂《魏志》嵩少子德。

〔二七〕（將軍）侍御史護喪　《刊誤》謂按超贈將軍爾，不可使將軍護喪，明衍二字。今據刪。按：張森楷《校勘記》謂《治要》無"將軍"二字。

〔二八〕輸作右校　按：張森楷《校勘記》謂案輸作者皆左校，此獨右校，待考。

〔二九〕京兆尹袁逢於旅舍閲參車三百餘兩　按：李慈銘謂《治要》"車"下有"重"字。

〔三〇〕其本魏郡人　按：《校補》引錢大昭説，謂"其"下疑脱"先"字。

〔三一〕增邑三千户　按：《校補》謂"邑"下蓋脱"至"字。此并前六百户合為三千户也，否則下文增邑四千六百户，并前不止七千六百户矣。

〔三二〕節等宦官祐薄　按：《集解》引周壽昌説，謂"祐薄"之"祐"，恐應作"祜"，蓋吕强原疏避安帝諱也。

〔三三〕陛下或其瑣才　汲本、殿本"或"作"惑"。按：或與惑通。

〔三四〕以爲所獻希之導引也　按："希"字無義，必有誤，《刊誤》謂當作"物"。

〔三五〕下邳徐衍　按：《集解》引惠棟説，謂袁宏《紀》"衍"作"演"。

〔三六〕汝陽李巡　按：《集解》引惠棟説，謂"汝陽"《經典序録》作"汝南"。

〔三七〕北海趙祐　按：《集解》引惠棟説，謂袁宏《紀》"祐"作"裕"。

〔三八〕黜爲關（中）〔内〕侯　按：殿本《考證》謂何焯校本"中"改"内"。今據改。

〔三九〕郎中中山張鈞　按：《集解》引惠棟説，謂袁宏《紀》"郎中"作"中郎將"，"鈞"作"均"。

〔四〇〕後中常侍封諝徐（奏）〔奉〕事獨發覺　按："徐奏"當依《皇甫嵩傳》作"徐奉"，《通鑑》亦作"徐奉"，各本皆未正，今改。

〔四一〕狄道諸郡　按：《集解》引錢大昕説，謂狄道非郡名，當云"隴西"。

〔四二〕故聚爲私臧復（臧）寄小黄門常侍錢各數千萬　據李慈銘説删。按：李云《治要》無下"臧"字，是也，當據删。

〔四三〕張常侍是我公　汲本、殿本"公"作"父"。按：《通鑑》作"公"。

〔四四〕形象兆見　按："形"原譌"刑"，逕據汲本、殿本改正。

〔四五〕三（世）〔代〕以嬖色取禍　據汲本改。

〔四六〕故少主憑謹舊之庸　按："主"原譌"王"，逕改正。

〔四七〕由辨之不早辨也　按：兩"辨"字原並譌"辯"，逕改正。

〔四八〕蓋言慎也　按："慎"原譌"順"，逕改正。

後漢書卷七十九上

儒林列傳第六十九上

　　昔王莽、更始之際，天下散亂，禮樂分崩，典文殘落。及光武中興，愛好經術，未及下車，而先訪儒雅，採求闕文，補綴漏逸。[1]先是四方學士多懷協圖書，〔一〕遁逃林藪。自是莫不抱負墳策，雲會京師，范升、陳元、鄭興、杜林、衛宏、劉昆、桓榮之徒，繼踵而集。於是立五經博士，各以家法教授，《易》有施、孟、梁丘、京氏，《尚書》歐陽、大小夏侯，《詩》齊、魯、韓，〔二〕《禮》大小戴，《春秋》嚴、顏，凡十四博士，太常差次總領焉。

【注】
〔1〕《禮記》曰："武王克殷反商，未及下車，而封黃帝之後於薊。"

　　建武五年，乃修起太學，稽式古典，籩豆干戚之容，備之於列，[1]服方領習矩步者，委它乎其中。[2]中元元年，初建三雍。明帝即位，親行其禮。天子始冠通天，[3]衣日月，[4]備法物之駕，[5]盛清道之儀，[6]坐明堂而朝群后，登靈臺以望雲物，[7]祖割辟雍之上，尊養三老五更。饗射禮畢，帝正坐自講，諸儒執經問難於前，冠帶縉紳之人，圜橋門而觀聽者蓋億萬計。[8]其後復為功臣子孫、四姓末屬別立校舍，搜選高能以受其業，自期門羽林之士，悉令通《孝經》章句，匈奴亦遣子入學。

濟濟乎，洋洋乎，盛於永平矣！

【注】

〔1〕籩豆，禮器也。竹謂之籩，木謂之豆。干，盾也。戚，鉞也。舞者所執。

〔2〕方領，直領也。委它，行貌也。委音於危反。它音以支反。

〔3〕徐廣《輿服雜注》曰："天子朝，冠通天冠，高九寸，黑介幘，金薄山，所常服也。"

〔4〕《續漢志》曰"乘輿備文日月星辰"也。

〔5〕胡廣《漢制度》曰"天子出，有大駕、法駕、小駕。大駕則公卿奉引，大將軍驂乘，太僕御，屬車八十一乘，備千乘萬騎。法駕，公不在鹵簿，唯河南尹、執金吾、洛陽令奉引，侍中驂乘，奉車郎御，屬車三十六乘。小駕，太僕奉駕，侍御史整車騎"也。

〔6〕《漢官儀》曰"清道以旄頭為前驅"也。

〔7〕雲物，解見《明紀》。

〔8〕《漢官儀》曰："辟雍四門外有水，以節觀者。"門外皆有橋，觀者水外，故云圜橋門也。圜，遶也。

建初中，大會諸儒於白虎觀，考詳同異，連月乃罷。肅宗親臨稱制，如石渠故事，[1]顧命史臣，著為通義。[2]又詔高才生受《古文尚書》、《毛詩》、《穀梁》、《左氏春秋》，雖不立學官，然皆擢高第為講郎，給事近署，所以網羅遺逸，博存衆家。孝和亦數幸東觀，覽閱書林。及鄧后稱制，學者頗懈。時樊準、徐防並陳敦學之宜，又言儒職多非其人，於是制詔公卿妙簡其選，三署郎能通經術者，皆得察舉。自安帝覽政，薄於蓺文，博士倚席不講，[3]朋徒相視怠散，學舍穨敝，鞠為園蔬，[4]牧兒蕘豎，[三]至於薪刈其下。順帝感翟酺之言，乃更脩黌宇，[5]凡所造構二百四十房，千八百五十室。試明經下第補弟子，增甲乙之科員各十人，除郡國耆儒皆補郎、舍人。本初元年，梁太后詔曰：

"大將軍下至六百石,悉遣子就學,每歲輒於鄉射月一饗會之,以此為常。"[6]自是遊學增盛,至三萬餘生。然章句漸疏,而多以浮華相尚,儒者之風蓋衰矣。黨人既誅,其高名善士多坐流廢,後遂至忿爭,更相言告,亦有私行金貨,定蘭臺柒書經字,以合其私文。熹平四年,靈帝乃詔諸儒正定五經,刊於石碑,為古文、篆、隸三體書法以相參檢,樹之學門,[7]使天下咸取則焉。

【注】

〔1〕石渠見《章紀》。

〔2〕即《白武通(議)[義]》是。[四]

〔3〕《禮記》曰:"凡侍坐於大司成者,遠近間三席。"又曰:"若非飲食之客則布席,席間函丈。"注云:"謂講問客也。"倚席言不施講坐也。

〔4〕《詩·小雅》曰:"鞠為茂草。"注云:"鞠,窮也。"

〔5〕《說文》曰:"黌,學也。"黌與橫同。

〔6〕《漢官儀》曰:"春三月,秋九月,習鄉射禮,禮生皆使太學學生。"

〔7〕古文謂孔子壁中書。篆書,秦始皇使程邈所作也。隸書亦程邈所獻也,主於徒隸,從簡易也。謝承《書》曰:"碑立太學門外,瓦屋覆之,四面欄障,開門於南,河南郡設吏卒視之。"楊龍驤《洛陽記》載朱超石與兄書云:"石經文都似碑,高一丈許,廣四尺,駢羅相接。"

初,光武遷還洛陽,其經牒祕書載之二千餘兩,自此以後,參倍於前。及董卓移都之際,吏民擾亂,自辟雍、東觀、蘭臺、石室、宣明、鴻都諸藏典策文章,競共剖散,其縑帛圖書,大則連為帷蓋,小乃制為縢囊。[1]及王允所收而西者,裁七十餘乘,道路艱遠,復弃其半矣。後長安之亂,一時焚蕩,莫不泯盡焉。

【注】

〔1〕縢亦縢也,音徒恒反。《說文》曰:"縢,囊也。"

東京學者猥衆，難以詳載，今但錄其能通經名家者，以為《儒林篇》。其自有列傳者，則不兼書。若師資所承，[1]宜標名為證者，乃著之云。

【注】
〔1〕《老子》曰："善人者，不善人之師也。不善人者，善人之資也。"故因曰師資。

《前書》云：田何傳《易》授丁寬，[1]丁寬授田王孫，王孫授沛人施讎、東海孟喜、琅邪梁丘賀，[2]由是《易》有施、孟、梁丘之學。又東郡京房受《易》於梁國焦延壽，[3]別為京氏學。又有東萊費直，[4]傳《易》，授琅邪王橫，為費氏學。[5]本以古字，號《古文易》。又沛人高相傳《易》，授子康及蘭陵毋將永，〔五〕為高氏學。[6]施、孟、梁丘、京氏四家皆立博士，費、高二家未得立。

【注】
〔1〕《前書》寬字子襄。
〔2〕《前書》讎字長卿，喜字長卿，賀字長翁。
〔3〕《前書》延壽名贛。
〔4〕《前書》直字長翁。
〔5〕《前書》"横"作"璜"，字平仲。
〔6〕毋將姓也，毋讀曰無。

劉昆〔六〕字桓公，陳留東昏人，[1]梁孝王之胤也。少習容禮。[2]平帝時，受《施氏易》於沛人戴賓。能彈雅琴，知清角之操。[3]

【注】
〔1〕東昏屬陳留郡，東緡屬山陽郡，諸本作"緡"者誤。

〔2〕容,儀也。《前書》魯徐生善為容,孝文時,以容為禮官大夫。

〔3〕劉向《別錄》曰:"雅琴之意,事皆出龍德《諸琴雜事》中。"《前書·蓺文志》曰:"《雅琴》,龍氏名德,趙氏名定。"《韓子》曰:"師曠對晉平公曰:'昔黃帝合鬼神,駕象車,交龍畢,方並轄,蚩尤居前,風伯進埽,雨師灑道,作為清角。今君德薄,不足以聽之。'"

王莽世,教授弟子恒五百餘人。每春秋饗射,常備列典儀,以素木瓠葉為俎豆,桑弧蒿矢,以射"菟首"。[1]每有行禮,縣宰輒率吏屬而觀之。王莽以昆多聚徒衆,私行大禮,有僭上心,乃繫昆及家屬於外黃獄。尋莽敗得免。既而天下大亂,昆避難河南負犢山中。[2]

【注】

〔1〕《詩·小雅·瓠葉》詩序曰:"刺幽王弃禮而不能行,故思古之人,不以微薄廢禮焉。"《詩》曰:"幡幡瓠葉,采之亨之。君子有酒,酌言嘗之。有菟斯首,炰之燔之。君子有酒,酌言獻之。"昆懼禮之廢,故引以瓠葉為俎實,射則歌"菟首"之詩而為節也。

〔2〕《郡國志》河南郡有負犢山。

建武五年,舉孝廉,不行,遂逃,教授於江陵。光武聞之,即除為江陵令。時縣連年火災,昆輒向火叩頭,多能降雨止風。徵拜議郎,稍遷侍中、弘農太守。

先是崤、黽驛道多虎灾,行旅不通。昆為政三年,仁化大行,虎皆負子度河。帝聞而異之。二十二年,徵代杜林為光祿勳。詔問昆曰:"前在江陵,反風滅火,後守弘農,虎北度河,行何德政而致是事?"昆對曰:"偶然耳。"左右皆笑其質訥。帝歎曰:"此乃長者之言也。"顧命書諸策。乃令入授皇太子及諸王小侯五十餘人。二十七年,拜騎都尉。三十年,以老乞骸骨,詔賜洛陽第舍,以千石禄終其身。中元二年卒。

子軼,字君文,傳昆業,門徒亦盛。永平中,為太子中庶子。建初中,稍遷宗正,卒官,遂世掌宗正焉。

洼丹字子玉,[1]南陽育陽人也。世傳《孟氏易》。王莽時,常避世教授,專志不仕,徒衆數百人。建武初,為博士,稍遷,十一年,為大鴻臚。作《易通論》七篇,世號《洼君通》。丹學義研深,《易》家宗之,稱為大儒。十七年,卒於官,年七十。

【注】
[1]《風俗通》"洼"音"圭"。

時中山觟陽鴻,字孟孫,[1]亦以《孟氏易》教授,有名稱,永平中為少府。

【注】
[1]姓觟陽,名鴻也。觟音胡瓦反。其字從"角"字,或作"鮭"。從"魚"者,音胡佳反。

任安字定祖,廣漢綿竹人也。少遊太學,受《孟氏易》,兼通數經。又從同郡楊厚學圖讖,究極其術。時人稱曰:"欲知仲桓問任安。"又曰:"居今行古任定祖。"學終,還家教授,諸生自遠而至。初仕州郡。後太尉再辟,除博士,公車徵,皆稱疾不就。州牧劉焉表薦之,時王塗隔塞,詔命竟不至。年七十九,建安七年,卒于家。

楊政字子行,京兆人也。少好學,從代郡范升受《梁丘易》,善說經書。京師為之語曰："說經鏗鏗楊子行。"教授數百人。

范升嘗為出婦所告，坐繫獄，政乃肉袒，以箭貫耳，抱升子潛伏道傍，候車駕，而持章叩頭大言曰："范升三娶，唯有一子，今適三歲，孤之可哀。"武騎虎賁懼驚乘輿，舉弓射之，猶不肯去；旄頭又以戟叉政，傷胸，政猶不退。哀泣辭請，有感帝心，詔曰："乞楊生師。"[1]即尺一出升。政由是顯名。

【注】
〔1〕乞讀曰（氣）[气]。[七]

為人嗜酒，不拘小節，果敢自矜，然篤於義。時帝壻梁松，皇后弟陰就，皆慕其聲名，而請與交友。政每共言論，常切磋懇至，不為屈撓。嘗詣楊虛侯馬武，武難見政，稱疾不為起。政入户，徑升牀排武，把臂責之曰："卿蒙國恩，備位藩輔，不思求賢以報殊寵，而驕天下英俊，此非養身之道也。今日動者刀入脅。"武諸子及左右皆大驚，以為見劫，操兵滿側，政顏色自若。會陰就至，責數武，令為交友。其剛果任情，皆如此也。建初中，官至左中郎將。

張興字君上，潁川鄢陵人也。習《梁丘易》以教授。建武中，舉孝廉為郎，謝病去，復歸聚徒。後辟司徒馮勤府，勤舉為孝廉，稍遷博士。永平初，遷侍中祭酒。十年，拜太子少傅。顯宗數訪問經術。既而聲稱著聞，弟子自遠至者，著錄且萬人，為梁丘家宗。[1]十四年，卒於官。

【注】
〔1〕著於籍錄。

子鮪，傳興業，位至張掖屬國都尉。

戴憑字次仲，汝南平輿人也。習《京氏易》。年十六，郡舉明經，徵試博士，拜郎中。

時詔公卿大會，群臣皆就席，憑獨立。光武問其意。憑對曰："博士說經皆不如臣，而坐居臣上，是以不得就席。"帝即召上殿，令與諸儒難說，憑多所解釋。帝善之，拜為侍中，數進見問得失。帝謂憑曰："侍中當匡補國政，勿有隱情。"憑對曰："陛下嚴。"帝曰："朕何用嚴？"憑曰："伏見前太尉西曹掾蔣遵，清亮忠孝，學通古今，陛下納膚受之訴，遂致禁錮，〔1〕世以是為嚴。"帝怒曰："汝南子欲復黨乎？"憑出，自繫廷尉，有詔勑出。後復引見，憑謝曰："臣無謇諤之節，而有狂瞽之言，不能以尸伏諫，〔2〕偷生苟活，誠慙聖朝。"帝即勑尚書解遵禁錮，拜憑虎賁中郎將，以侍中兼領之。

【注】
〔1〕《論語》孔子曰："膚受之訴。"注云："謂受人之訴辭，〔在〕皮膚之〔外〕，〔八〕不深知其情核也。"
〔2〕《韓詩外傳》曰："昔衛大夫史魚病且死，謂其子曰：'我數知蘧伯玉之賢而不能進，彌子瑕不肖而不能退，死不當居喪正堂，殯我於側室足矣。'衛君問其故，子以父言聞於君，君乃召蘧伯玉而貴之，彌子瑕退之，徙殯於正堂，成禮而後去。"

正旦朝賀，百僚畢會，帝令群臣能說經者更相難詰，義有不通，輒奪其席以益通者，憑遂重坐五十餘席。故京師為之語曰："解經不窮戴侍中。"在職十八年，卒於官，詔賜東園梓器，錢二十萬。

時南陽魏滿字叔牙，亦習《京氏易》，教授。永平中，至弘農太守。

孫期字仲彧,〔九〕濟陰成武人也。少為諸生，習《京氏易》、《古文尚書》。家貧，事母至孝，牧豕於大澤中，以奉養焉。遠人從其學者，皆執經壟畔以追之，里落化其仁讓。黃巾賊起，過期里陌，相約不犯孫先生舍。郡舉方正，遣吏齎羊酒請期，期驅豕入草不顧。司徒黃琬特辟，不行，終於家。

建武中，范升傳《孟氏易》，〔一〇〕以授楊政，〔一一〕而陳元、鄭衆皆傳《費氏易》，其後馬融亦為其傳。融授鄭玄，玄作《易注》，荀爽又作《易傳》，自是《費氏》興，而《京氏》遂衰。〔一二〕

《前書》云：濟南伏生[1]傳《尚書》，授濟南張生及千乘歐陽生，[2]歐陽生授同郡兒寬，寬授歐陽生之子，世世相傳，至曾孫歐陽高，[3]為《尚書》歐陽氏學；張生授夏侯都尉，[4]都尉授族子始昌，始昌傳族子勝，為大夏侯氏學；勝傳從兄子建，建別為小夏侯氏學：三家皆立博士。又魯人孔安國傳《古文尚書》授都尉朝，[5]朝授膠東庸譚，為《尚書》古文學，未得立。

【注】

[1] 名勝。

[2] 《前書》字和伯。

[3] 高字子陽。

[4] 都尉名。

[5] 姓都尉名朝。

歐陽歙字正思，〔一三〕樂安千乘人也。自歐陽生傳《伏生尚書》，至歙八世，皆為博士。

歙既傳業，而恭謙好禮讓。王莽時，為長社宰。[1]更始立，為原武令。世祖平河北，到原武，見歙在縣脩政，遷河南都尉，後行太守事。

世祖即位，始為河南尹，封被陽侯。[2]建武五年，坐事免官。明年，拜楊州牧，遷汝南太守。推用賢俊，政稱異迹。九年，更封夜侯。[3]

【注】
〔1〕長社，今許州縣也。
〔2〕被陽故城在今淄州高苑縣西南。
〔3〕夜，今萊州掖縣。

歙在郡，教授數百人，視事九歲，徵為大司徒。坐在汝南臧罪千餘萬發覺下獄。諸生守闕為歙求哀者千餘人，至有自髠剔者。平原禮震，[1]年十七，聞獄當斷，馳之京師，行到河內獲嘉縣，自繫，上書求代歙死。曰："伏見臣師大司徒歐陽歙，學為儒宗，八世博士，而以臧咎當伏重辜。歙門單子幼，未能傳學，身死之後，永為廢絕，上令陛下獲殺賢之譏，下使學者喪師資之益。乞殺臣身以代歙命。"書奏，而歙已死獄中。歙掾陳元上書追訟之，言甚切至，帝乃賜棺木，贈印綬，賻縑三千匹。

【注】
〔1〕謝承《書》曰："震字仲威。光武嘉其仁義，拜震郎中，後以公事左遷淮陽王廄長。"〔一四〕

子復嗣。復卒，無子，國除。
濟陰曹曾字伯山，從歙受《尚書》，門徒三千人，位至諫議大夫。子祉，河南尹，傳父業教授。
又陳留陳弇，字叔明，亦受《歐陽尚書》於司徒丁鴻，仕為蘄長。[1]

【注】
〔1〕《續漢書》曰："弇以《尚書》教授,躬自耕種,常有黃雀飛來,隨弇翱翔。"

牟長字君高,樂安臨濟人也。其先封牟,春秋之末,國滅,因氏焉。
長少習《歐陽尚書》,不仕王莽世。建武二年,大司空弘[1]特辟,拜博士,稍遷河內太守,坐墾田不實免。

【注】
〔1〕宋弘也。

長自為博士及在河內,諸生講學者常有千餘人,著錄前後萬人。著《尚書章句》,皆本之歐陽氏,俗號為《牟氏章句》。復徵為中散大夫,賜告一歲,卒於家。
子紆,又以隱居教授,門生千人。肅宗聞而徵之,欲以為博士,道物故。[1]

【注】
〔1〕在路死也。案:《魏臺訪[議]》[一五]問物故之義,高堂隆荅曰:"聞之先師,物,無也,故,事也。言死者無復所能於事也。"

宋登字叔陽,京兆長安人也。父由,為太尉。
登少傳《歐陽尚書》,教授數千人。為汝陰令,政為明能,號稱"神父"。遷趙相,入為尚書僕射。順帝以登明識禮樂,使持節臨太學,奏定典律,轉拜侍中。數上封事,抑退權臣,由是出為潁川太守。市無二價，道不拾遺。病免，卒于家，汝陰人配社祠之。

張馴[一六]字子儁，濟陰定陶人也。少遊太學，能誦《春秋左氏傳》。以《大夏侯尚書》教授。辟公府，舉高第，拜議郎。與蔡邕共奏定六經文字。擢拜侍中，典領祕書近署，甚見納異。多因便宜陳政得失，朝廷嘉之。遷丹陽太守，化有惠政。光和七年，徵拜尚書，遷大司農。初平中，卒於官。

尹敏字幼季，南陽堵陽人也。[1]少為諸生。初習《歐陽尚書》，後受《古文》，兼善《毛詩》、《穀梁》、《左氏春秋》。

【注】
〔1〕堵音者。

建武二年，上疏陳《洪範》消災之術。時世祖方草創天下，未遑其事，命敏待詔公車，拜郎中，辟大司空府。
帝以敏博通經記，令校圖讖，使蠲去崔發所為王莽著錄次比。[1]敏對曰："讖書非聖人所作，其中多近鄙別字，頗類世俗之辭，恐疑誤後生。"帝不納。敏因其闕文增之曰："君無口，為漢輔。"帝見而怪之，召敏問其故。敏對曰："臣見前人增損圖書，敢不自量，竊幸萬一。"帝深非之，雖竟不罪，而亦以此沈滯。

【注】
〔1〕《前書》王莽居攝三年，廣饒侯劉京、車騎將軍千人扈雲、太保屬臧鴻奏符命。京言齊郡新井，雲言巴郡石牛，鴻言扶風雍石，莽皆迎受。十一月甲子，莽上奏太后曰："巴郡石牛，雍石文，皆到未央宮之前殿，臣與太保安陽

侯舜等視。天風起塵冥，風止，得銅章帛圖於石前，文曰：'天告帝符，獻者封侯，承天命，用神説。'"騎都尉崔發等視説，其後莽封發爲説符侯。

與班彪親善，每相遇，輒日旰忘食，夜分不寐，[1]自以爲鍾期伯牙、莊周惠施之相得也。[2]

【注】
[1]旰，晚也。
[2]《説苑》曰，伯牙子鼓琴，其友鍾子期聽之，志在於山水，子期皆知之。子期死，伯牙屏琴絶絃，終身不復鼓琴。《莊子》曰，莊子送葬過惠子之墓，顧謂從者曰："郢人堊墁其鼻端若蠅翼，使匠石斵之，匠石運斤成風，聽而斵之，盡堊而鼻不傷，郢人立不失容。元君聞之，召匠石曰：'嘗爲寡人爲之。'匠石曰：'臣則嘗斵之。雖然，臣之質死久矣。自惠子之死，吾無以爲質矣，吾無與言之。'"堊墁，有泥墁之也。堊音於各反。墁音莫干反。蠅翼薄也。

後三遷長陵令。永平五年，詔書捕男子周慮。慮素有名稱，而善於敏，敏坐繫免官。及出，歎曰："瘖聾之徒，真世之有道者也，何謂察察而遇斯患乎？"十一年，除郎中，遷諫議大夫。卒於家。

周防字偉公，汝南汝陽人也。父揚，少孤微，常脩逆旅，[1]以供過客，而不受其報。

【注】
[1]杜預注《左傳》曰："逆旅，客舍也。"

防年十六，仕郡小吏。世祖巡狩汝南，召掾史試經，防尤能誦讀，拜為守丞。防以未冠,謁去。〔1〕師事徐州刺史蓋豫,受《古文尚書》。經明,舉孝廉,拜郎中。撰《尚書雜記》三十二篇,四十萬言。太尉張禹薦補博士,稍遷陳留太守,坐法免。年七十八,卒於家。

【注】
〔1〕《禮》男子二十而冠。自以年未成人,故請去。謁,請也。

子舉,自有傳。

孔僖字仲和,〔一七〕魯國魯人也。自安國以下,世傳《古文尚書》、《毛詩》。〔一八〕曾祖父子建,少遊長安,與崔篆友善。及篆仕王莽為建新大尹,〔1〕嘗勸子建仕。對曰:"吾有布衣之心,子有袞冕之志,各從所好,不亦善乎!道既乖矣,請從此辭。"遂歸,終於家。

【注】
〔1〕莽改千乘國曰建信,又改曰建新;郡守曰大尹。

僖與崔篆孫駰復相友善,同遊太學,習《春秋》。因讀吳王夫差時事,僖廢書歎曰:"若是,所謂畫龍不成反為狗者。"〔1〕〔一九〕駰曰:"然。昔孝武皇帝始為天子,年方十八,崇信聖道,師則先王,五六年閒,號勝文、景。〔2〕及後恣己,忘其前之為善。"〔3〕僖曰:"書傳若此多矣!"鄰房生梁郁儳和之曰:〔4〕"如此,武帝亦是狗邪?"僖、駰默然不對。郁怒恨之,陰上書告駰、僖誹謗先帝,刺譏當世。事下有司,駰詣吏受訊。僖以吏捕方至,恐誅,乃上書肅宗自訟曰:"臣之愚意,以為凡言誹謗者,謂實無此事而虛加誣之也。至如孝武皇帝,政之美惡,顯在漢史,坦如日月。是為直說書傳實事,非虛謗也。夫帝者為善,則天下之善咸歸焉;其不善,則天下之惡亦萃焉。斯皆有以致之,故不可以誅於人也。[5]且陛下即位以來，政教未過，而德澤有加，[6]天下所具也，[二〇]臣等獨何譏刺哉？假使所非實是，則固應悛改；儻其不當，亦宜含容，又何罪焉？陛下不推原大數，深自為計，徒肆私忿，以快其意。臣等受戮，死即死耳，顧天下之人，必回視易慮，以此事闚陛下心。自今以後，苟見不可之事，終莫復言者矣。臣之所以不愛其死，猶敢極言者，誠為陛下深惜此大業。陛下若不自惜，則臣何賴焉？齊桓公親揚其先君之惡，以唱管仲，[7]然後群臣得盡其心。今陛下乃欲以十世之武帝，遠諱實事，豈不與桓公異哉？臣恐有司卒然見構，銜恨蒙枉，不得自敘，使後世論者，擅以陛下有所方比，寧可復使子孫追掩之乎？謹詣闕伏待重誅。"帝始亦無罪僖等意，及書奏，立詔勿問，拜僖蘭臺令史。

【注】

〔1〕夫差伐越，敗之，越王句踐乃以甲兵五千人棲於會稽，使大夫種因吳太宰嚭而行成。吳王將許之，伍子胥諫曰："今不滅，後必悔之。"吳王不聽。後句踐滅吳。吳王曰："吾悔不用子胥之言！"遂自刎死。

〔2〕《前書》，武帝年十七即位。即位一年，議立明堂，安車蒲輪徵魯申公。六年，舉賢良。班固《贊》曰"以武帝之雄才大略，不改文、景之恭儉，以濟斯人，雖《詩》、《書》所稱，何以加茲"也。

〔3〕謂武帝末年好神仙祭祀之事，征伐四夷，連兵三十餘年，又信巫蠱，天下戶口減半，人相食，筭及舟車，官賣鹽鐵也。

〔4〕儳謂不與之言而傍對也。《禮記》曰："無儳言。"儳音仕鑒反。

〔5〕誅，責也。

〔6〕言政教未有過失也。

〔7〕《國語》曰，魯莊公束縛管仲以與齊桓公，公親迎於郊，而與之坐，問焉。曰："昔吾先君襄公，築臺以為高位，田狩畢弋，不聽國政，卑聖侮士，而唯女是崇，九妃六嬪，陳妾數百，食必粱肉，衣必文繡，戎士凍餒，是以國家不日引，不月長。恐宗廟不埽除，社稷不血食，敢問為此若何？"管子曰：

"昔者聖王之理天下，定人之居，成人之事，而慎用其六柄焉。四人者勿使雜處，雜處則其言哤，其事易"也。

元和二年春，帝東巡狩，還過魯，幸闕里，以太牢祠孔子及七十二弟子，〔1〕作六代之樂，〔2〕大會孔氏男子二十以上者六十三人，命儒者講《論［語］》。〔二一〕僖因自陳謝。帝曰："今日之會，寧於卿宗有光榮乎？"對曰："臣聞明王聖主，莫不尊師貴道。今陛下親屈萬乘，辱臨敝里，此乃崇禮先師，增輝聖德。至於光榮，非所敢承。"帝大笑曰："非聖者子孫，焉有斯言乎！"遂拜僖郎中，賜襃成侯損及孔氏男女錢帛，詔僖從還京師，使校書東觀。

【注】
〔1〕案《史記》達者七十二人。
〔2〕黃帝曰《雲門》，堯曰《咸池》，舜曰《大韶》，禹曰《大夏》，湯曰《大護》，周曰《大武》。

冬，拜臨晉令，崔駰以《家林》筮之，〔1〕謂為不吉，止僖曰："子盍辭乎？"僖曰："學不為人，仕不擇官，凶吉由己，而由卜乎？"在縣三年，卒官，遺令即葬。

【注】
〔1〕崔篆所作《易林》也。

二子長彥、季彥，並十餘歲。蒲坂令許君然勸令反魯。對曰："今載柩而歸，則違父令；舍墓而去，心所不忍。"遂留華陰。

長彥好章句學，季彥守其家業，門徒數百人。延光元年，河西大雨雹，大者如斗。安帝詔有道術之士極陳變眚，乃召季彥見於德陽殿，帝親問其故。對曰："此皆陰乘陽之徵也。今貴臣擅權，母后黨盛，陛下

宜脩聖德，慮此二者。"帝默然，左右皆惡之。舉孝廉，不就。三年，年四十七，終於家。〔二二〕

初，平帝時王莽秉政，乃封孔子後孔均為襃成侯，追諡孔子為襃成宣尼。〔二三〕及莽敗，失國。建武十三年，世祖復封均子志為襃成侯。〔二四〕志卒，子損嗣。永元四年，徙封襃亭侯。損卒，子曜嗣。曜卒，子完嗣。世世相傳，至獻帝初，國絕。〔1〕

【注】
〔1〕臣賢案：獻帝後至魏，封孔子二十一葉孫羨為崇聖侯。晉封二十三葉孫震為奉聖亭侯。後魏封二十七葉孫乘為崇聖大夫。太和十九年，孝文幸魯，親祠孔子廟，又改封二十八葉孫珍為崇聖侯。北齊改封三十一葉孫為恭聖侯，周武帝平齊，改封鄒國公，隋文帝仍舊封鄒國公，隋煬帝改封為紹聖侯。貞觀十一年，封夫子裔孫子德倫為襃聖侯，倫今見存。

楊倫字仲理，〔二五〕陳留東昏人也。少為諸生，師事司徒丁鴻，習《古文尚書》。為郡文學掾。更歷數將，志乖於時，以不能人閒事，遂去職，不復應州郡命。講授於大澤中，弟子至千餘人。元初中，郡禮請，三府並辟，公車徵，皆辭疾不就。

後特徵博士，為清河王傅。是歲，安帝崩，倫輒弃官奔喪，號泣闕下不絕聲。閻太后以其專擅去職，坐抵罪。

順帝即位，詔免倫刑，遂留行喪于恭陵。服闋，徵拜侍中。是時邵陵令任嘉在職貪穢，因遷武威太守，後有司奏嘉臧罪千萬，徵考廷尉，其所牽染將相大臣百有餘人。倫乃上書曰："臣聞《春秋》誅惡及本，本誅則惡消；振裘持領，領正則毛理。今任嘉所坐狼藉，未受辜戮，猥以垢身，改典大郡，自非案坐舉者，無以禁絕姦萌。往者湖陸令張疊、蕭令駟賢、徐州刺史劉福等，釁穢既章，咸伏其誅，而豺狼之吏至今不絕者，豈非本舉之主不加之罪乎？昔齊威之霸，殺姦臣五人，并及舉者，以弭謗讟。當斷不斷，《黃石》所戒。[1]夫聖王所以聽僮夫匹婦之言者，猶塵加嵩岱，霧集淮海，雖未有益，不為損也。惟陛下留神省察。"奏御，有司以倫言切直，辭不遜順，下之。尚書奏倫探知密事，激以求直。坐不敬，結鬼薪。[2]詔書以倫數進忠言，特原之，免歸田里。

【注】
〔1〕《黃石公三略》曰："當斷不斷，反受其亂。"
〔2〕結，正其罪也。鬼薪，取薪以給宗廟，三歲刑也。

陽嘉二年，徵拜太中大夫。大將軍梁商以為長史。諫諍不合，出補常山王傅，病不之官。詔書勅司隸催促發遣，倫乃留河內朝歌，以疾自上，曰："有留死一尺，無北行一寸。刎頸不易，九裂不恨。[1]匹夫所執，彊於三軍。[2]固敢有辭。"帝乃下詔曰："倫出幽升高，[3]寵以藩傅，稽留王命，擅止道路，託疾自從，苟肆狷志。"[4]遂徵詣廷尉，有詔原罪。

【注】
〔1〕裂，死也。《楚詞》曰"雖九死其猶未悔"也。
〔2〕《論語》曰："三軍可奪帥，匹夫不可奪志。"
〔3〕《詩》曰："出于幽谷，升于喬木。"
〔4〕狷，狂狷也，音絹。

倫前後三徵，皆以直諫不合。既歸，閉門講授，自絕人事。公車復徵，遂遁不行，卒於家。[1]

【注】
〔1〕遁，逃也。

中興，北海牟融習《大夏侯尚書》，東海王良習《小夏侯尚書》，沛國桓榮習《歐陽尚書》。榮世習相傳授，東京最盛。扶風杜林傳《古文尚書》，林同郡賈逵為之作訓，馬融作傳，鄭玄注解，由是《古文尚書》遂顯于世。

【校勘記】

〔一〕懷協圖書　汲本、殿本改"協"作"挾"。按：《方術傳》序"天下懷協道藝之士"，惠棟補注引孔平仲云，《後漢》"懷挾"字都作"懷協"。

〔二〕詩齊魯韓　按：汲本、殿本"韓"下衍"毛"字。

〔三〕牧兒蕘豎　按："豎"原譌"堅"，逕據汲本改正。

〔四〕即白武通（議）〔義〕　據汲本、殿本改。按：汲本、殿本作"白虎通義"，此避唐諱，改"虎"為"武"也。

〔五〕蘭陵毋將永　按："毋"原譌"母"，逕改正。注同。

〔六〕劉昆　按：《集解》引惠棟説，謂《論衡》"昆"作"琨"。

〔七〕乞讀曰（氣）〔气〕　據《集解》引惠棟説改。按：惠氏謂"氣"當作"气"。气，匄也。

〔八〕〔在〕皮膚之〔外〕　據《刊誤》補。按：《論語》何晏《集解》引馬融云"膚受之愬，皮膚外語，非其內實"。

〔九〕孫期字仲彧　按：《集解》引惠棟説，謂《經典序錄》"彧"作"奇"。

〔一〇〕范升傳孟氏易　按：《集解》引錢大昭説，謂《范升傳》云習《梁丘易》，又上疏云"臣與博士梁恭、山陽太守吕羌俱修《梁丘易》"，此傳亦云楊政從升受《梁丘易》，則此云"孟氏易"誤。

〔一一〕以授楊政　按："楊"原譌"揚"，逕改正。

〔一二〕而京氏遂衰　按：《集解》引何焯説，謂"京氏"上疑當有"孟氏"二字。

〔一三〕歐陽歙字正思　按："正"原譌"王"，逕據汲本改正。

〔一四〕按：此注原在"書奏而歙已死獄中"下，今據《集解》本移正。

〔一五〕魏臺訪〔議〕　按：《史記·匈奴傳》索隱、《藝文類聚·歲時部》、《初學記·歲時部》及《服食部》、《御覽·時序部》並引《魏臺訪議》，此脱"議"字，今補。

〔一六〕張馴　按：《集解》引惠棟説，謂"馴"一作"訓"，古文通。

〔一七〕孔僖字仲和　按：《集解》引惠棟説，謂《連叢子》作"子和"。

〔一八〕世傳古文尚書毛詩　按：《集解》引李良裘説，謂安國未聞受《毛詩》，"毛詩"疑"魯詩"之誤。

〔一九〕所謂畫龍不成反為狗者　按：《刊誤》謂"龍"字乃"虎"字之誤。《補注》引王懋説，謂唐避"虎"字，改"虎"為"龍"，非誤也。

〔二〇〕天下所具也　按：《集解》謂袁宏《紀》云"天下所共見也"。

〔二一〕命儒者講論〔語〕　按：《校補》引錢大昭説，謂閩本"論"下有"語"字。《校補》謂閩本是，各本皆脱一字。今據補。

〔二二〕年四十七終於家　按：《集解》引惠棟説，謂《連叢子》云年四十有九，延光三年十一月丁丑卒。

〔二三〕追諡孔子為褒成宣尼　按：《刊誤》謂案文此少一"公"字。

〔二四〕建武十三年世祖復封均子志為褒成侯　按：《集解》引洪亮吉説，謂案紀在十四年四月，注引《古今注》，云志時為密令。此云"十三年"，似誤。

〔二五〕楊倫字仲理　按：《集解》引洪頤煊説，謂《楊震傳》"震舉薦明經陳留楊倫等"。李注"字仲垣。謝承《書》薦楊仲垣等五人，各從家拜博士"。與此字仲理不同。又按："楊"原譌"揚"，逕改正。

後漢書卷七十九下

儒林列傳第六十九下

《前書》魯人申公受《詩》於浮丘伯,為作詁訓,是為《魯詩》;齊人轅固生亦傳《詩》,是為《齊詩》;燕人韓嬰亦傳《詩》,是為《韓詩》:三家皆立博士。趙人毛萇傳《詩》,是為《毛詩》,未得立。

高詡字季回,平原般人也。[1]曾祖父嘉,以《魯詩》授元帝,仕至上谷太守。父容,少傳嘉學,哀平閒為光祿大夫。

【注】
〔1〕般音卜滿反。

詡以父任為郎中,世傳《魯詩》。以信行清操知名。王莽篡位,父子稱盲,逃,不仕莽世。光武即位,大司空宋弘薦詡,徵為郎,除符離長。[1]去官,後徵為博士。建武十一年,拜大司農。在朝以方正稱。十三年,卒官,賜錢及冢田。

【注】
〔1〕符離,縣,故城在今徐州符離縣東也。

包咸字子良，會稽曲阿人也。[1]少為諸生，受業長安，師事博士右師細君，[2]習《魯詩》、《論語》。王莽末，去歸鄉里，於東海界為赤眉賊所得，遂見拘執。十餘日，咸晨夜誦經自若，賊異而遣之。因住東海，立精舍講授。光武即位，乃歸鄉里。太守黃讜署戶曹史，欲召咸入授其子。咸曰："禮有來學，而無往教。"[3]讜遂遣子師之。

【注】
〔1〕曲阿今潤州縣。
〔2〕姓右師。
〔3〕《禮記》曰"禮聞來學，不聞往教"也。

　　舉孝廉，除郎中。建武中，入授皇太子《論語》，又為其章句。拜諫議大夫、侍中、右中郎將。永平五年，遷大鴻臚。每進見，錫以几杖，入屏不趨，贊事不名。經傳有疑，輒遣小黃門就舍即問。
　　顯宗以咸有師傅恩，而素清苦，常特賞賜珍玩束帛，奉祿增於諸卿，咸皆散與諸生之貧者。病篤，帝親輦駕臨視。八年，年七十二，[一]卒於官。
　　子福，拜郎中，亦以《論語》入授和帝。

　　魏應字君伯，任城人也。少好學。建武初，詣博士受業，習《魯詩》。閉門誦習，不交僚黨，京師稱之。後歸為郡吏，舉明經，除濟陰王文學。以疾免官，教授山澤中，徒眾常數百人。永平初，為博士，再遷侍中。十三年，遷大鴻臚。十八年，拜光祿大夫。建初四年，拜五官中郎將，詔入授千乘王伉。
　　應經明行修，弟子自遠方至，著錄數千人。肅宗甚重之，數進見，論難於前，特受賞賜。時會京師諸儒於白虎觀，講論五經同異，使應專掌難問，侍中淳于恭奏之，帝親臨稱制，如石渠故事。明年，出為上黨太守，徵拜騎都尉，卒於官。

伏恭字叔齊，琅邪東武人，司徒湛之兄子也。湛弟黯，字稚文，以明《齊詩》，改定章句，作《解說》九篇，位至光祿勳，無子，以恭為後。

恭性孝，事所繼母甚謹，少傳黯學，以任為郎。建武四年，除劇令。視事十三年，以惠政公廉聞。青州舉為尤異，太常試經第一，拜博士，遷常山太守。敦脩學校，教授不輟，由是北州多為伏氏學。永平二年，代梁松為太僕。四年，帝臨辟雍，於行禮中拜恭為司空，儒者以為榮。

初，父黯章句繁多，恭乃省減浮辭，定為二十萬言。在位九年，以病乞骸骨罷，詔賜千石奉以終其身。十五年，行幸琅邪，引遇如三公儀。建初二年冬，肅宗行饗禮，以恭為三老。年九十，元和元年卒，賜葬顯節陵下。

子壽，官至東郡太守。

任末字叔本，蜀郡繁人也。[1]少習《齊詩》，遊京師，教授十餘年。友人董奉德於洛陽病亡，末乃躬推鹿車，載奉德喪致其墓所，由是知名。為郡功曹，辭以病免。後奔師喪，於道物故。臨命，勅兄子造曰："必致我尸於師門，使死而有知，魂靈不慙；如其無知，得土而已。"造從之。

【注】

[1] 繁，縣，故城在今益州新繁縣北。

景鸞字漢伯，廣漢梓潼人也。少隨師學經，涉七州之地。能理《齊詩》、《施氏易》，兼受《河》《洛》圖緯，作《易說》及《詩解》，文句兼取《河》《洛》，以類相從，名為《交集》。又撰《禮內外記》，號曰《禮略》。又抄風角雜書，列其占驗，作《興道》一篇。及作《月令章句》。凡所著述五十餘萬言。數上書陳救災變之術。州郡辟命不就。以壽終。

薛漢字公子，淮陽人也。世習《韓詩》，父子以章句著名。漢少傳父業，尤善說災異讖緯，教授常數百人。建武初，為博士，受詔校定圖讖。當世言《詩》者，推漢為長。永平中，為千乘太守，政有異迹。後坐楚事辭相連，下獄死。弟子犍為杜撫、會稽澹臺敬伯、鉅鹿韓伯高最知名。

杜撫字叔和，犍為武陽人也。〔二〕少有高才。受業於薛漢，定《韓詩章句》。後歸鄉里教授。沈靜樂道，舉動必以禮。弟子千餘人。後為驃騎將軍東平王蒼所辟，及蒼就國，掾史悉補王官屬，未滿歲，皆自劾歸。時撫為大夫，不忍去，蒼聞，賜車馬財物遣之。辟太尉府。建初中，為公車令，數月卒官。其所作《詩題約義通》，學者傳之，曰《杜君法》〔三〕云。

召馴〔四〕字伯春，九江壽春人也。曾祖信臣，元帝時為少府。[1]父建武中為卷令，[2]俶儻不拘小節。

【注】
〔1〕《前書》信臣字翁卿，為南陽太守，吏人親愛，號曰"召父"。

〔2〕卷，縣，屬滎陽郡。〔五〕卷音丘圓反。

馴少習《韓詩》，博通書傳，以志義聞，鄉里號之曰"德行恂恂召伯春"。累仕州郡，辟司徒府。建初元年，稍遷騎都尉，侍講肅宗。拜左中郎將，入授諸王。帝嘉其義學，恩寵甚崇。出拜陳留太守，賜刀劍錢物。元和二年，入為河南尹。章和二年，代任隗為光禄勳，〔六〕卒於官，賜冢塋陪園陵。

孫休，位至青州刺史。

楊仁字文義，巴郡閬中人也。建武中，詣師學習《韓詩》，數年歸，靜居教授。仕郡為功曹，舉孝廉，除郎。太常上仁經中博士，〔1〕仁自以年未五十，不應舊科，〔2〕上府讓選。

【注】
〔1〕上音時掌反，下同。
〔2〕《漢官儀》曰："博士限年五十以上。"

顯宗特詔補北宮衛士令，〔1〕引見，問當世政迹。仁對以寬和任賢，抑黜驕戚為先。又上便宜十二事，皆當世急務。帝嘉之，賜以縑錢。

【注】
〔1〕《漢官儀》曰："北宮衛士令一人，秩六百石。"

及帝崩，時諸馬貴盛，各爭欲入宮。仁被甲持戟，嚴勒門衛，莫敢輕進者。肅宗既立，諸馬共譖仁刻峻，帝知其忠，愈善之，拜什邡令。〔1〕寬惠為政，勸課掾史弟子，悉令就學。其有通明經術者，顯之右署，〔2〕或貢之朝，由是義學大興。墾田千餘頃。行兄喪去官。

【注】
〔1〕今益州什邡縣也，音十方。
〔2〕右署，上司。

後辟司徒桓虞府。掾有宋章者，貪奢不法，仁終不與交言同席，時人畏其節。後為閬中令，卒於官。

趙曄字長君，會稽山陰人也。少嘗為縣吏，奉檄迎督郵，曄恥於廝役，遂弃車馬去。到犍為資中，〔1〕詣杜撫受《韓詩》，究竟其術。積二十年，絕問不還，家為發喪制服。（曄）〔撫〕卒（業）乃歸。〔七〕州召補從事，不就。舉有道。卒于家。

【注】
〔1〕資中，縣名，今資州資陽縣。

曄著《吳越春秋》、《詩細歷神淵》。蔡邕至會稽，讀《詩細》而歎息，以為長於《論衡》。邕還京師，傳之，學者咸誦習焉。
時山陽張匡，字文通。亦習《韓詩》，作章句。後舉有道，博士徵，不就。卒於家。

衛宏字敬仲，〔八〕東海人也。少與河南鄭興俱好古學。初，九江謝曼卿善《毛詩》，乃為其訓。宏從曼卿受學，因作《毛詩序》，善得《風》《雅》之旨，于今傳於世。後從大司空杜林更受《古文尚書》，為作《訓旨》。時濟南徐巡師事宏，後從林受學，亦以儒顯，由是古學大興。光武以為議郎。
宏作《漢舊儀》四篇，以載西京雜事；又著賦、頌、誄七首，皆傳於世。

中興後，鄭衆、賈逵傳《毛詩》，後馬融作《毛詩傳》，鄭玄作《毛詩箋》。〔1〕

【注】
〔1〕箋，薦也，薦成毛義也。張華《博物志》曰："鄭注《毛詩》曰箋，不解此意。或云毛公嘗為北海相，玄是郡人，故以為敬云。"

《前書》魯高堂生，〔九〕漢興傳《禮》十七篇。後瑕丘蕭奮以授同郡后蒼〔一〇〕，蒼授梁人戴德及德兄子聖、沛人慶普。〔1〕於是德為《大戴禮》，聖為《小戴禮》，普為《慶氏禮》，三家皆立博士。孔安國所獻《禮》古經五十六篇及《周官經》六篇，前世傳其書，未有名家。中興已後，亦有大、小戴博士，雖相傳不絶，然未有顯於儒林者。建武中，曹充習慶氏學，傳其子襃，遂撰《漢禮》，事在《襃傳》。

【注】
〔1〕德字近君。〔一一〕聖字次君。普字孝公。

董鈞字文伯，犍為資中人也。習《慶氏禮》。事大鴻臚王臨。元始中，舉明經，遷廩犧令，〔1〕病去官。建武中，舉孝廉，辟司徒府。

【注】
〔1〕《前書》平帝元始五年，舉明經。《漢官儀》曰："廩犧令一人，秩六百石。"

鈞博通古今，數言政事。永平初，〔一二〕為博士。時草創五郊祭祀，〔1〕及宗廟禮樂，威儀章服，輒令鈞參議，多見從用，當世稱為通儒。

累遷五官中郎將，常教授門生百餘人。後坐事左轉騎都尉。年七十餘，卒於家。

【注】
〔1〕《續漢志》曰："永平中，以《禮儀識》及《月令》有五郊迎氣，因採元（和）[始]中故事，〔一三〕兆五郊于洛陽四方，中兆在未，壇皆三尺。"

中興，鄭衆傳《周官經》，後馬融作《周官傳》，授鄭玄，玄作《周官注》。玄本習《小戴禮》，後以古經校之，取其義長者，故為鄭氏學。玄又注小戴所傳《禮記》四十九篇，通為《三禮》焉。

《前書》齊胡母子都傳《公羊春秋》，授東平嬴公，嬴公授東海孟卿，孟卿授魯人眭孟，眭孟授東海嚴彭祖、魯人顏安樂。彭祖為《春秋》嚴氏學，安樂為《春秋》顏氏學，〔1〕又瑕丘江公傳《穀梁春秋》，三家皆立博士。梁太傅賈誼為《春秋左氏傳訓詁》，授趙人貫公。

【注】
〔1〕《前書》彭祖字公子。安樂字翁孫。安樂即眭孟姊子也。

丁恭字子然，山陽東緡人也。〔1〕習《公羊嚴氏春秋》。恭學義精明，教授常數百人，州郡請召不應。建武初，為諫議大夫、博士，封關內侯。十一年，遷少府。諸生自遠方至者，著錄數千人，當世稱為大儒。太常樓望、侍中承宮、長水校尉樊（儵）[鯈]等〔一四〕皆受業於恭。二十年，拜侍中祭酒、騎都尉，與侍中劉昆俱在光武左右，每事諮訪焉。卒於官。

【注】
〔1〕東緡,今兗州金鄉縣。

周澤字穉都,北海安丘人也。少習《公羊嚴氏春秋》,隱居教授,門徒常數百人。建武末,辟大司馬府,署議曹祭酒。數月,徵試博士。中元元年,遷黽池令。奉公剋己,矜恤孤羸,吏人歸愛之。永平五年,遷右中郎將。十年,拜太常。

澤果敢直言,數有據爭。後北地太守廖信[1]坐貪穢下獄,沒入財產,顯宗以信臧物班諸廉吏,唯澤及光祿勳孫堪、大司農常沖特蒙賜焉。是時京師翕然,在位者咸自勉勵。

【注】
〔1〕廖音力弔反。

堪字子穉,河南緱氏人也。明經學,有志操,清白貞正,愛士大夫,然一毫未嘗取於人,以節介氣勇自行。王莽末,兵革並起,宗族老弱在營保閒,堪常力戰陷敵,無所回避,數被創刃,宗族賴之,郡中咸服其義勇。

建武中,仕郡縣。公正廉絜,奉祿不及妻子,皆以供賓客。及為長吏,所在有迹,為吏人所敬仰。喜分明去就。嘗為縣令,謁府,趨步遲緩,門亭長譴堪御吏,堪便解印綬去,不之官。後復仕為左馮翊,坐遇下促急,[一五]司隸校尉舉奏免官。數月,徵為侍御史,再遷尚書令。永平十一年,拜光祿勳。

堪清廉,果於從政,數有直言,多見納用。十八年,以病乞身,為侍中騎都尉,卒於官。堪行類於澤,故京師號曰"二穉"。

十二年,以澤行司徒事,如真。[一六]澤性簡,忽威儀,頗失宰相之望。數月,復為太常。清絜循行,盡敬宗廟。常臥疾齋宮,其妻哀澤老病，闕問所苦。澤大怒，以妻干犯齋禁，遂收送詔獄謝罪。當世疑其詭激。時人為之語曰："生世不諧，作太常妻，一歲三百六十日，三百五十九日齋。"[1]十八年，拜侍中騎都尉。後數為三老五更。建初中致仕，卒於家。

【注】
〔1〕《漢官儀》此下云"一日不齋醉如泥"。

鍾興字次文，汝南汝陽人也。少從少府丁恭受《嚴氏春秋》。恭薦興學行高明，光武召見，問以經義，應對甚明。帝善之，拜郎中，稍遷左中郎將。詔令定《春秋》章句，去其復重，[1]以授皇太子。又使宗室諸侯從興受章句。封關內侯。興自以無功，不敢受爵。帝曰："生教訓太子及諸王侯，非大功邪？"興曰："臣師丁恭。"於是復封恭，而興遂固辭不受爵，卒於官。

【注】
〔1〕復音複。重音直容反。

甄宇字長文，北海安丘人也。清靜少欲。習《嚴氏春秋》，教授常數百人。建武中，為州從事，徵拜博士，[1]稍遷太子少傅，卒於官。

【注】
〔1〕《東觀記》曰："建武中每臘，詔書賜博士一羊。羊有大小肥瘦。時博士祭酒議欲殺羊分肉，又欲投鉤，宇復恥之。宇因先自取其最瘦者，由是不復有爭訟。後召會，問'瘦羊博士'所在，京師因以號之。"

傳業子普,〔一七〕普傳子承。承尤篤學,未嘗視家事,講授常數百人。諸儒以承三世傳業,莫不歸服之。建初中,舉孝廉,卒於梁相。子孫傳學不絕。

樓望字次子,陳留雍丘人也。少習《嚴氏春秋》。操節清白,有稱鄉閭。建武中,趙節王栩〔1〕聞其高名,遣使齎玉帛請以為師,望不受。後仕郡功曹。永平初,為侍中、越騎校尉,入講省内。十六年,遷大司農。十八年,代周澤為太常。建初五年,坐事左轉太中大夫,後為左中郎將。教授不倦,世稱儒宗,諸生著錄九千餘人。年八十,永元十二年,〔一八〕卒於官,門生會葬者數千人,儒家以為榮。

【注】
〔1〕光武叔父趙王良之子,謚曰節。

程曾字秀升,豫章南昌人也。受業長安,習《嚴氏春秋》,積十餘年,還家講授。會稽顧奉等數百人常居門下。著書百餘篇,皆五經通難,又作《孟子章句》。建初三年,舉孝廉,遷海西令,卒於官。

張玄字君夏,河内河陽人也。少習《顔氏春秋》,〔一九〕兼通數家法。建武初,舉明經,補弘農文學,遷陳倉縣丞。清淨無欲,專心經書,方其講問,乃不食終日。及有難者,輒為張數家之說,令擇從所安。諸儒皆伏其多通,著錄千餘人。
玄初為縣丞,嘗以職事對府,不知官曹處,吏白門下責之。時右扶風琅邪徐業,亦大儒也,聞玄諸生,試引見之,與語,大驚曰:"今日相遭,真解矇矣!"〔1〕遂請上堂,難問極日。

【注】
〔1〕遭，逢也。

後玄去官，舉孝廉，除為郎。會《顏氏》博士缺，玄試策第一，拜為博士。居數月，諸生上言玄兼說《嚴氏》、(宣)《[冥]氏》，〔二〇〕不宜專為《顏氏》博士。光武且令還署，未及遷而卒。

李育字元春，扶風漆人也。〔1〕少習《公羊春秋》。沈思專精，博覽書傳，知名太學，深為同郡班固所重。固奏記薦育於驃騎將軍東平王蒼，由是京師貴戚爭往交之。州郡請召，育到，輒辭病去。

【注】
〔1〕漆，縣，今豳州辛平縣。

常避地教授，門徒數百。頗涉獵古學。嘗讀《左氏傳》，雖樂文采，然謂不得聖人深意，以為前世陳元、范升之徒更相非折，〔1〕而多引圖讖，不據理體，於是作《難左氏義》四十一事。

【注】
〔1〕折，難也，音之舌反。

建初元年，衛尉馬廖舉育方正，為議郎。後拜博士。四年，詔與諸儒論五經於白虎觀，育以《公羊》義難賈逵，往返皆有理證，最為通儒。
再遷尚書令。及馬氏廢，〔1〕育坐為所舉免歸。歲餘復徵，再遷侍中，卒於官。

【注】
〔1〕建初八年，順陽侯馬廖子豫為步兵校尉，坐投書怨謗，豫免，廖歸國。見《馬援傳》。

何休字邵公，任城樊人也。[1]父豹，少府。休為人質朴訥口，而雅有心思，精研六經，世儒無及者。以列卿子詔拜郎中，非其好也，辭疾而去。不仕州郡。進退必以禮。

【注】
〔1〕樊，縣，故城在今兗州瑕丘縣西南。

太傅陳蕃辟之，與參政事。蕃敗，休坐廢錮，乃作《春秋公羊解詁》，[1]覃思不闚門，十有七年。又注訓《孝經》、《論語》、風角七分，皆經緯典謨，不與守文同說。又以《春秋》駁漢事六百餘條，妙得《公羊》本意。休善歷筭，與其師博士羊弼，追述李育意以難二傳，作《公羊墨守》、[2]《左氏膏肓》、《穀梁廢疾》。

【注】
〔1〕《博物志》曰："何休注《公羊》云'何氏學'，有不解者，或荅曰'休謙辭受學於師，乃宣此義不出於己'。"此言為允也。
〔2〕言《公羊》之義不可攻，如墨翟之守城也。

黨禁解，又辟司徒。群公表休道術深明，宜侍帷幄，倖臣不悅之，乃拜議郎，屢陳忠言。再遷諫議大夫，年五十四，光和五年卒。

服虔字子慎，初名重，又名祇，後改為虔，河南滎陽人也。少以清苦建志，入太學受業。有雅才，善著文論，作《春秋左氏傳解》，〔二一〕行之至今。又以《左傳》駮何休之所駮漢事六十條。舉孝廉，稍遷，中平末，拜九江太守。免，遭亂行客，病卒。所著賦、碑、誄、書記、《連珠》、《九憤》，凡十餘篇。

潁容〔二二〕字子嚴，陳國長平人也。〔1〕博學多通，善《春秋左氏》，師事太尉楊賜。郡舉孝廉，州辟，公車徵，皆不就。初平中，避亂荊州，聚徒千餘人。劉表以為武陵太守，不肯起。著《春秋左氏條例》五萬餘言，建安中卒。

【注】
〔1〕長平，縣，故城在今陳州西北。

謝該字文儀，南陽章陵人也。善明《春秋左氏》，為世名儒，門徒數百千人。建安中，河東人樂詳條《左氏》疑滯數十事以問，該皆為通解之，名為《謝氏釋》，行於世。〔1〕

【注】
〔1〕《魏略》曰："詳字文載，少好學，聞謝該善《左氏傳》，乃從南陽步涉詣許，從該問［疑］難諸要。〔二三〕今《左氏［樂氏］問》七十二事，詳所撰也。杜畿為太守，署詳文學祭酒。黃初中，徵拜博士。［時有博士］十餘人，學多褊［狹］，又不熟悉，唯詳五業並授。其或質難不解，詳無慍色，以杖畫地，牽譬引類，至忘寢食也。"

仕為公車司馬令，以父母老，託疾去官。欲歸鄉里，會荊州道斷，不得去。少府孔融上書薦之曰："臣聞高祖創業，韓、彭之將征討暴亂，陸賈、叔孫通進說《詩》、《書》。[1]光武中興，吳、耿佐命，范升、衛宏脩述舊業，故能文武並用，成長久之計。陛下聖德欽明，同符二祖，勞謙厄運，三年乃謹。[2]今尚父鷹揚，方叔翰飛，[3]王師電鷙，群凶破殄，始有櫜弓臥鼓之次，[4]宜得名儒，典綜禮紀。竊見故公車司馬令謝該，體曾、史之淑性，[5]兼商、偃之文學，[6]博通群蓺，周覽古今，物來有應，事至不惑，清白異行，敦悅道訓。求之遠近，少有疇匹。若乃巨骨出吳，[7]隼集陳庭，[8]黃能入寢，[9]亥有二首，[10]非夫洽聞者，莫識其端也。雋不疑定北闕之前，[11]夏侯勝辯常陰之驗，然後朝士益重儒術。[12]今該實卓然比跡前列，閒以父母老疾，弃官欲歸，道路險塞，無由自致。猥使良才抱樸而逃，踰越山河，沈淪荊楚，所謂往而不反者也。[13]後日當更饋樂以鉤由余，剋像以求傅說，豈不煩哉？[14]臣愚以為可推錄所在，召該令還。楚人止孫卿之去國，[15]漢朝追匡衡於平原，[16]尊儒貴學，惜失賢也。"書奏，詔即徵還，拜議郎。以壽終。

【注】

〔1〕陸賈為太中大夫，時時前說稱《詩》、《書》，著書十二篇，每奏一篇，高祖未嘗不稱善。叔孫通為高祖制禮儀。並見《前書》。

〔2〕《史記》："高宗諒闇，三年不言，言乃讙。"時靈帝崩後，獻帝居諒闇，初釋服也。

〔3〕尚父，太公也。《毛詩》曰："維師尚父，時惟鷹揚。"又曰："方叔涖止，其車三千。鴥彼飛隼，翰飛戾天。"注云："方叔，卿士，命為將也。涖，臨也。鴥，急疾之貌也。飛乃至天，喻士卒至勇，能深入攻敵。"

〔4〕《毛詩》曰："載櫜弓矢。"櫜所以盛弓。言今太平，櫜弓臥鼓，不用征伐，故須賢人也。

〔5〕曾參、史魚。

〔6〕卜商、言偃也。《論語》曰："文學則子游、子夏。"

〔7〕《史記》曰："吳伐越，墮會稽，得骨節專車。吳使使問仲尼：'骨何者最大？'仲尼曰：'禹致群神於會稽山，防風氏後至，禹殺而僇之，其節專

車,此為大也。'"

〔8〕《史記》曰:"有隼集于陳庭而死,楛矢貫之,石砮矢長尺有咫。陳湣公使問仲尼,仲尼曰:'隼來遠矣,此肅慎之矢也。昔武王克商,通道九夷百蠻,使各以其方賄來貢,於是肅慎貢楛矢石砮,長尺有咫。先王以分大姬,配虞胡公而封諸陳。'試求之故府,果得之。"

〔9〕《左傳》曰:"鄭子産聘于晉,晉侯有疾,韓宣子曰:'寡君寢疾,於今三月矣。今夢黃能入於寢門,其何厲鬼邪?'對曰:'昔堯殛鯀于羽山,其神化為黃能,以入羽泉,實為夏郊,三代祀之。晉為盟主,其或者未之祀也?'韓子祀夏郊,晉侯有閒。"

〔10〕《左傳》:"晉悼夫人食輿人之城杞者,絳縣人或年長矣,無子,而往與於食。有與疑年,使之年,曰:'臣小人也,不知紀年。臣生之歲,正月甲子朔,四百有四十五甲子矣。其季於今,三之一也。'吏走問諸朝。師曠曰:'魯叔仲惠伯會郤成子于承匡之歲也,七十三年矣。'史趙曰:'亥有二首六身,下二如身,是其日數也。'士文伯曰:'然則二萬六千六百有六旬也。'"杜注云:"'亥'字二畫在上,併三六為身,如筭之六也。"

〔11〕《前書》昭帝時,有男子成方遂詣北闕,自稱衛太子。丞相、御史、二千石至者,(立)〔並〕莫敢發言,〔二四〕京兆尹雋不疑後到,叱從吏收縛。或曰:"是非未可知?"不疑曰:"諸君何患於衛太子?昔蒯聵違命出奔,輒距而不納,《春秋》是之。衛太子得罪先帝,亡不即死,今來自詣,此罪人也。"遂送(下)詔獄。〔二五〕天子與大將軍霍光聞而嘉之,曰"公卿大臣當用經術,明於大義"也。

〔12〕《前書》曰,昌邑王嗣立,數出,勝當乘輿車前諫曰:"天久陰不雨,臣下有謀上者,陛下欲何之?"王怒,謂勝為妖言,縛以屬吏。吏白霍光。是時光與張子孺謀欲廢王,光讓子孺,以為泄,子孺實不泄,召問勝,對言"在《洪範》"。光、子孺以此益重儒術士。

〔13〕《韓詩外傳》曰:"山林之士為名,故往而不能反也。朝廷之士為祿,故入而不能出。"

〔14〕《史記》曰:"由余,其先晉人也,亡入戎,能晉言。〔戎王〕聞繆

公賢,[二六]故使由余觀秦。秦繆公示以宮室積聚。由余曰:'使鬼為之,則勞神矣;使人為之,亦苦人矣。'繆公退而問內史廖曰:'孤聞鄰國有聖人,敵國之憂也。今由余寡人之害,將柰何?'廖曰:'戎王處僻,未聞中國之聲,君試遺以女樂,以奪其志;為由余請,以疏其間;留而莫遣,以失其期。戎王怪之,必疑由余。君臣有間,乃可慮也。'乃令內史廖以女樂二八遺戎王,戎王受而說之。由余數諫不聽,繆公又數使人間要由余,由余遂去降秦。"

〔15〕劉向《孫卿子》後序所論孫卿事曰:"卿名況,趙人也。楚相春申君以為蘭陵令。或謂春申君曰:'湯以七十里,文王以百里。孫卿賢者,今與之百里地,楚其危乎!'春申君謝之。孫卿去之趙,後客或謂春申君曰:'伊尹去夏入殷,殷王而夏亡,管仲去魯入齊,魯弱而齊彊,故賢者所在,君尊國安。今孫卿天下賢人,所去之國其不安乎?'春申君使人聘孫卿,乃還,復為蘭陵令。"

〔16〕《前書》匡衡為平原文學,長安令楊興薦之於車騎將軍史高,曰:"衡材智有餘,經學絕倫,但以無階朝廷,故隨牒在遠方。將軍試召置幕府,[二七]貢之朝廷,必為國器。"高然其言,辟衡為議曹(吏)〔史〕,[二八]薦衡於帝,帝以為郎中。

建武中,鄭興、陳元傳春秋左氏學。時尚書令韓歆上疏,欲為《左氏》立博士,范升與歆爭之未決,陳元上書訟《左氏》,遂以魏郡李封為《左氏》博士。後群儒蔽固者數廷爭之。及封卒,光武重違衆議,而因不復補。

許慎字叔重,汝南召陵人也。性淳篤,少博學經籍,馬融常推敬之,時人為之語曰:"五經無雙許叔重。"為郡功曹,舉孝廉,再遷除洨長。卒于家。〔1〕

【注】
〔1〕洨音侯交反。

初，慎以五經傳説臧否不同，於是撰爲《五經異義》，又作《説文解字》十四篇，皆傳於世。

蔡玄字叔陵，汝南南頓人也。學通五經，門徒常千人，其著録者萬六千人。徵辟並不就。順帝特詔徵拜議郎，講論五經異同，甚合帝意。遷侍中，出爲弘農太守，卒官。

論曰：自光武中年以後，干戈稍戢，專事經學，自是其風世篤焉。其服儒衣，稱先王，〔1〕遊庠序，聚橫〔2〕塾者，蓋布之於邦域矣。若乃經生所處，不遠萬里之路，〔3〕精廬暫建，贏糧動有千百，〔4〕其耆名高義開門受徒者，編牒不下萬人，皆專相傳祖，莫或訛雜。至有分爭王庭，樹朋私里，繁其章條，穿求崖穴，以合一家之説。故楊雄曰："今之學者，非獨爲之華藻，又從而繡其鞶帨。"〔5〕夫書理無二，義歸有宗，而碩學之徒，莫之或徙，〔6〕故通人鄙其固焉，又雄所謂"譊譊之學，各習其師"也。〔7〕且觀成名高第，終能遠至者，蓋亦寡焉，而迂滯若是矣。然所談者仁義，所傳者聖法也。故人識君臣父子之綱，家知違邪歸正之路。

【注】
〔1〕儒服爲章甫之冠，縫掖之衣也。《禮記》曰："言必則古昔，稱先王。"
〔2〕"橫"又作"黌"。
〔3〕經生謂博士也。就之者不以萬里爲遠而至也。
〔4〕精廬，講讀之舍。贏，擔負也。
〔5〕楊雄《法言》之文也。喻學者文煩碎也。鞶，帶也，字或作"槃"。

《説文》曰:"幣,覆衣巾也。"音盤。帨,佩巾也,音税。

〔6〕無二,專一也。

〔7〕亦《法言》之文也。譊譊,諠也,音奴交反。

自桓、靈之閒,君道秕僻,〔1〕朝綱日陵,國隙屢啓,〔2〕自中智以下,靡不審其崩離;而權彊之臣,息其闚盜之謀,〔3〕豪俊之夫,屈於鄙生之議者,〔4〕人誦先王言也,下畏逆順埶也。〔5〕至如張溫、皇甫嵩之徒,功定天下之半,聲馳四海之表,俯仰顧眄,則天業可移,猶鞠躬昏主之下,狼狽折札之命,散成兵,就繩約,而無悔心。〔6〕曁乎剥橈自極,人神數盡,〔7〕然後群英乘其運,世德終其祚。〔8〕跡衰敝之所由致,而能多歷年所者,斯豈非學之效乎?〔9〕故先師垂典文,褒勵學者之功,篤矣切矣。不循《春秋》,至乃比於殺逆,其將有意乎!〔10〕

【注】

〔1〕秕,穀不成也。以喻政化之惡也。

〔2〕陵,陵遲也。

〔3〕謂閻忠勸皇甫嵩,令推亡漢而自立,嵩不從其言。

〔4〕謂董卓欲大起兵,鄭泰止之,卓從其言。

〔5〕言政化雖壞,而朝久不傾危者,以經籍道行,下人懼逆順之埶。

〔6〕昏主謂獻帝也。札,簡也。折簡而召,言不勞重命也。繩約猶拘制也。謂溫及嵩並被徵而就拘制也。

〔7〕《易·大過·卦》曰:"棟橈凶。"橈,折也。極,終也。言漢祚自終,人神之數盡。橈音女教反。

〔8〕群英謂袁術、曹操之屬。代德終其祚謂曹丕即位,廢獻帝為山陽公,自廢至薨十四年,以壽終。

〔9〕跡猶尋也。言由有儒學,故能長久也。

〔10〕《史記》曰"為人君父而不通《春秋》之義者,必蒙首惡之名。為人臣子[而]不通《春秋》之義者,〔二九〕必陷篡弒誅死之罪"也。

贊曰：斯文未陵，亦各有承。[1] 塗分流別，專門並興。精疏殊會，通閡相徵。千載不作，淵原誰澂？[2]

【注】

〔1〕《論語》曰："天之將喪斯文也。"言斯文未陵遲，故學者分門，各自承襲其家業也。

〔2〕說經者，各自是其一家，或精或疏，或通或閡，去聖既久，莫知是非。若千載一聖，不復作起，則泉原混濁，誰能澂之。

【校勘記】

〔一〕年七十二　按：汲本、殿本"二"作"一"。

〔二〕犍為武陽人也　《集解》引惠棟說，謂《華陽國志》作"資中人"。按：張森楷《校勘記》謂案下《趙長君傳》，言到犍為資中詣杜撫受《韓詩》，疑"資中"為是，"武陽"非也。

〔三〕杜君法　按：汲本、殿本並作"杜君注"。

〔四〕召馴　按：《集解》引惠棟說，謂《桓郁傳》作"召訓"，訓馴古文通。

〔五〕卷縣屬榮陽郡　按：《集解》引洪亮吉說，謂漢無榮陽郡，當屬河南。

〔六〕章和二年代任隗為光祿勳　按：《集解》引洪頤煊說，謂《章帝紀》章和元年光祿勳任隗為司空，則馴之代隗，當在章和元年。

〔七〕（曄）〔撫〕卒（業）乃歸　據殿本改。按：《集解》引惠棟說，謂《會稽典錄》云"撫卒，曄經營葬之，然後歸"。

〔八〕衛宏字敬仲　按：《集解》引惠棟說，謂"宏"《書斷》作"密"。鄭康成自序云"字次仲"。《書斷》亦云。

〔九〕魯高堂生　按：汲本、殿本此下有注"高堂生名隆"五字，殿本《考證》李良裘謂高堂隆乃三國時人，此注疑誤，《前書》注中亦不記其名。

〔一〇〕後瑕丘蕭奮以授同郡后蒼　按：沈家本謂按《前書》瑕丘蕭奮以

《禮》至淮陽太守,孟卿事蕭奮,以授后蒼,是奮授卿,卿授蒼,此云奮授蒼,誤。

〔一一〕德字近君　按:沈家本謂《前書》"近君"作"延君",《釋文敍錄》同。此作"近",形近而譌。

〔一二〕永平初　按:汲本、殿本"初"作"中"。

〔一三〕因採元(和)〔始〕中故事　據《集解》本改。

〔一四〕長水校尉樊(鯈)〔儵〕等　據殿本改。

〔一五〕坐遇下促急　按:汲本、殿本"遇"作"御"。

〔一六〕十二年以澤行司徒事　按:《通鑑》作"十四年"。《考異》謂澤傳云"十二年",按十二年不闕司徒,當是虞延免後,邢穆未至閒,澤行司徒事耳,故云數月。

〔一七〕傳業子普　按:《校補》引柳從辰説,謂《東觀記》"普"作"晉",《書鈔》引同。

〔一八〕永元十二年　按:汲本、殿本"二"作"三"。

〔一九〕少習顏氏春秋　按:原作"春秋顏氏",逕據汲本、殿本乙正。

〔二〇〕玄兼説嚴氏(宣)〔冥〕氏　按:《集解》引惠棟説,謂《前書》《春秋》有冥氏學,"宣氏"當作"冥氏"。今據改。

〔二一〕作春秋左氏傳解　按:《隋書·經籍志》"解"下有"誼"字。

〔二二〕穎容　按:"穎"原作"潁",逕據汲本改。

〔二三〕從該問〔疑〕難諸要　殿本《考證》謂何焯校本"問"字下添"疑"字,今據補。按:以下並據何焯校本,於"今左氏"今下補"樂氏"二字,"徵拜博士"下補"時有博士"四字,"學多褊"下補"狹"字。

〔二四〕(立)〔並〕莫敢發言　王念孫《漢書雜志》謂"立"當作"並",《漢紀·孝昭紀》作"並不敢言",是其證。王先謙《漢書補注》謂《通鑑》亦作"並"。今據改。

〔二五〕遂送(下)詔獄　據《刊誤》删。按:《漢書》無"下"字。

〔二六〕〔戎王〕聞繆公賢　據汲本、殿本補。

〔二七〕將軍試召置幕府　按:《校補》引柳從辰説,謂注引《前書》,據今本"試"作"誠"。

〔二八〕辟衡為議曹（吏）〔史〕　張森楷《校勘記》謂"吏"當依《前書·匡衡傳》作"史"，今據改。

〔二九〕為人臣子〔而〕不通春秋之義者　據汲本補。

後漢書卷八十上

文苑列傳第七十上

　　杜篤字季雅，京兆杜陵人也。高祖延年，宣帝時為御史大夫。[1]篤少博學，不修小節，不為鄉人所禮。居美陽，與美陽令遊，數從請託，不諧，頗相恨。令怒，收篤送京師。會大司馬吳漢薨，光武詔諸儒誄之，篤於獄中為誄，辭最高，帝美之，賜帛免刑。

【注】
〔1〕《前書》延年字幼公，周之子也，為御史大夫。延年居父官府，不敢當舊位，臥坐皆易其處也。

　　篤以關中表裏山河，先帝舊京，不宜改營洛邑，乃上奏《論都賦》曰：

　　　臣聞知而復知，是為重知。[1]臣所欲言，陛下已知，故略其梗概，[2]不敢具陳。昔殷庚去奢，行儉於亳，[3]成周之隆，乃即中洛。[4]遭時制都，不常厥邑。[5]賢聖之慮，蓋有優劣；霸王之姿，明知相絕。守國之埶，同歸異術：或弃去阻陀，務處平易；[6]或據山帶河，并吞六國；[7]或富貴思歸，不顧見襲；或掩空擊虛，自蜀漢出；[8]即日車駕，策由一卒；[9]〔一〕或知而不從，久都境塙。[10]臣不敢有所據。竊見司馬相如、楊子雲作辭賦以諷主上，臣誠慕之，伏作書一篇，名曰《論都》，謹并封奏如左。

【注】

〔1〕《韓詩外傳》曰："知者知其所知，乃為知矣。"

〔2〕梗概猶粗略也。

〔3〕《帝王紀》曰："般庚以耿在河北，迫近山川，自祖辛以來，奢淫不絕，般庚乃南度河，徙都於亳。人咨嗟相怨，不欲徙，乃作書三篇以告之。"

〔4〕周成王就土中都洛陽也。

〔5〕《尚書》曰："不常厥邑，于今五遷。"

〔6〕《淮南子》曰："武王克殷，欲築宮於五行之山。周公曰：'不可。夫五行之山，固塞險阻之地。使我德能覆之，則天下納其貢職者固矣；使我有暴亂之行，則天下之伐我難也。'"高誘注云："明周公恃德不恃險也。"

〔7〕謂秦也。

〔8〕韓生勸項羽都關中，羽曰："富貴不歸故鄉，如衣錦夜行。"乃歸都彭城，而高祖自蜀漢出襲擊之也。見《前書》。

〔9〕《前書》戍卒婁敬說高祖都關中，即日車駕西都長安。

〔10〕謂光武久都洛陽也。墝埆，薄地也。《前書》張良曰："洛陽田地薄，四面受敵。"墝音苦交反。埆音苦角反。

皇帝以建武十八年二月甲辰，升輿洛邑，巡于西岳。[1]推天時，順斗極，[2]排閶闔，入函谷，[3]觀阸於崤、黽，圖險於隴、蜀。[4]其三月丁酉，行至長安。經營宮室，傷愍舊京，即詔京兆，迺命扶風，齋肅致敬，告覲園陵。悽然有懷祖之思，[5]喟乎以思諸夏之隆。[6]遂天旋雲遊，造舟于渭，北汎涇流。[7]千乘方轂，萬騎駢羅，衍陳於岐、梁，東橫乎大河。[8]瘞后土，[9]禮邠郊。[10]其歲四月，反于洛都。明年，有詔復函谷關，作大駕宮、[11]六王邸、高車廄於長安，脩理東都城門，[12]橋涇、渭。往往繕離觀，東臨霸、滻，西望昆明，北登長平，[13]規龍首，撫未央，覛平樂，儀建

章。〔14〕

【注】

〔1〕《光武紀》曰："甲寅西巡狩。"

〔2〕楊雄《長楊賦》曰："順斗極，運天關。"極，北極星也，言順斗建及北極之星運轉而行也。〔二〕

〔3〕閶闔，天門也。函谷故關在今洛州新安縣也。

〔4〕圖猶規度也。

〔5〕懷，思也。

〔6〕喟，歎聲。

〔7〕《爾雅》曰："天子造舟。"造，並也。以舟相並而濟也。斻，舟度也，音胡郎反。《方言》："關而東或謂舟為斻。"《說文》"斻"字在方部，今流俗不解，遂與"杭"字相亂者，誤也。

〔8〕衍，布也。横，絕流度也。《楚辭》曰"横大江兮揚舲"也。

〔9〕瘞，埋也，謂埋牲幣也。《爾雅》曰："祭地曰瘞埋。"后土祠在今蒲州汾陰縣北也。

〔10〕甘泉祭天所也，在邠地之郊。

〔11〕大駕見《儒林傳》。大駕宮即天子行幸也。

〔12〕長安外城門，東面北頭第一門也。

〔13〕長平，坂名也，在池陽宫南也。

〔14〕龍首，山名，蕭何於其上作未央宫。撫，巡也。或云"撫"亦"模"，其字從"木"。覛，視也，音麥。平樂，觀名，建章，宫名，並在城西。謂光武規模而修理也。

是時山東翕然狐疑，意聖朝之西都，懼關門之反拒也。〔1〕客有為篤言："彼埳井之潢汙，固不容夫吞舟；〔2〕且洛邑之淳潛，曷足以居乎萬乘哉？〔3〕咸陽守國利器，不可久虛，以示姦萌。"〔4〕篤未甚然其言也，故因為述大漢之崇，〔5〕世據雍州之利，而今國家未暇之故，以喻客意。[6]曰：

【注】

〔1〕恐西都置關，所以拒外山東也。

〔2〕坎井喻小也。《莊子》曰："坎井之蛙。"潢汙，停水也。吞舟，大魚也。賈誼曰："彼尋常之汙瀆，豈容夫吞舟之魚。"

〔3〕楊雄《甘泉賦》曰："梁弱水之潭濚。"潭濚，小貌也。潭音天鼎反。濚音烏迴反。

〔4〕《老子》曰："國之利器，不可以示人。"

〔5〕崇，高盛也。

〔6〕喻，曉也。

昔在强秦，爰初開畔，[1]霸自岐、雍，國富人衍，卒以并兼，桀虐作亂。[2]天命有聖，託之大漢。大漢開基，高祖有勳，斬白蛇，屯黑雲，[3]聚五星於東井，提干將而呵暴秦。[4]蹈滄海，跨崑崙，[5]奮彗光，埽項軍，[6]遂濟人難，蕩滌於泗、沂。[7]劉敬建策，初都長安。[8]太宗承流，守之以文。[9]躬履節儉，側身行仁，食不二味，衣無異采，賑人以農桑，率下以約己，曼麗之容不悅於目，鄭衛之聲不過於耳，[10]佞邪之臣不列於朝，巧偽之物不鬻於市，[11]故能理升平而刑幾措。富衍於孝景，功傳於後嗣。[12]

【注】

〔1〕畔，疆界也。

〔2〕衍，饒也，音以戰反。桀虐，如桀之無道也。

〔3〕《前書》高祖斬大蛇，有一老嫗夜哭，曰："吾子，白帝子，今赤帝子斬之。"故曰白蛇。又吕后曰："季所居上常有雲氣。"

〔4〕高祖初至霸上，五星聚東井。干將，劍名也。高祖曰："吾提三尺劍取天下。"

〔5〕楊雄《長楊賦》曰："橫巨海，（乘）〔漂〕昆崙。"〔三〕此言蹈跨，喻遠大也。

〔6〕彗星者，所以除舊布新也，故曰埽。

〔7〕項羽都彭城。泗水、沂水近彭城地也。蕩滌謂誅之也。

〔8〕解見《班固傳》。

〔9〕太宗，文帝也。繼體之君，以文德守之。

〔10〕曼，美也。

〔11〕《禮記》曰"用器不中度，不鬻於市。布帛精麤不中數，廣狹不中量，不鬻於市。姦色亂正色，不鬻於市"也。

〔12〕《前書》景帝時，太倉之粟紅腐而不可食，都內之錢貫朽而不可校也。

是時孝武因其餘財府帑之蓄，始有鉤深圖遠之意，探冒頓之罪，〔1〕校平城之讎。〔2〕遂命票騎，〔3〕勤任衛青，〔4〕勇惟鷹揚，軍如流星，〔5〕深之匈奴，割裂王庭，〔6〕席卷漠北，叩勒祁連，〔7〕橫分單于，屠裂百蠻。〔8〕燒罽帳，〔9〕繫閼氏，〔10〕燔康居，灰珍奇，〔11〕椎鳴鏑，〔12〕釘鹿蠡，〔13〕馳阬岸，獲昆彌，〔14〕虜儌侲，〔15〕驅騾驢，馭宛馬，〔16〕鞭駃騠，〔17〕拓地萬里，威震八荒。肇置四郡，據守敦煌。〔18〕并域屬國，一郡領方。〔19〕立候隅北，建護西羌。〔20〕捶驅氐、羌，寘狼邛、莋。〔21〕東擽烏桓，蹂轔濊貊。〔22〕南羈鉤町，氷劍強越。〔23〕殘夷文身，海波沬血。〔24〕郡縣日南，漂槩朱崖。〔25〕部尉東南，兼有黃支。〔26〕連緩耳，瑣雕題，〔27〕摧天督，〔28〕牽象犀，椎蜯蛤，碎瑠璃，甲瑇瑁，戕觜觿。〔29〕於是同穴裘褐之域，〔30〕共川鼻飲之國，〔31〕莫不祖跪稽顙，失氣虜伏。〔32〕非夫大漢之盛，世藉廱土之饒，得御外理內之術，孰能致功若斯！故創業於高祖，嗣傳於孝惠，〔33〕德隆於太宗，財衍於孝景，威盛於聖武，政行於宣、元，侈極於成、哀，祚缺於孝平。傳世十一，歷載三百，德衰而復盈，道微而復章〔34〕，皆莫能遷於雝州，而背於咸陽。宮室寢廟，山陵相望，高顯弘麗，可思可榮，羲、農已來，無茲著明。

【注】
〔1〕《前書》冒頓殺其父頭曼單于，又為書使遺高后曰："孤僨之君，生於沮澤之中，長於平野牛馬之域，數至邊境，願遊中國。陛下獨立，孤僨獨居，兩主不樂，無以自娛，願以所有，易其所無。"

〔2〕校，報也。冒頓單于圍高祖於平城七日，故報之也。

〔3〕票騎將軍霍去病也。

〔4〕青為大將軍霍去病舅也。

〔5〕《毛詩》曰："時惟鷹揚。"注云："如鷹之飛揚也。"《長楊賦》曰："疾如奔星。"

〔6〕匈奴王庭也。《長楊賦》曰："遂獵乎王庭。"

〔7〕漠，沙漠也。祁連，匈奴中山名也。叩，擊也。勒謂銜勒也。

〔8〕百蠻，夷狄之總稱也。

〔9〕罽，毛布也。

〔10〕單于妻號也。

〔11〕康居，西域國也。居音渠。

〔12〕《前書》曰："冒頓作鳴鏑。"今之髇箭也。

〔13〕蠡音離。匈奴有左右鹿蠡王。《前書》作"谷蠡"。

〔14〕昆彌，西域國也。

〔15〕《方言》："偵，養馬人也。"《字書》偵音真。《字書》無"儌"字。諸家並音數侲為粟犢，西域國名也。傳讀如此，不知所出。今有肅特國，恐是也。

〔16〕大宛，國名，出汗血馬。

〔17〕駿馬也。駃音決。騠音啼。生七日而超其母也。

〔18〕四郡謂酒泉、武威、張掖、敦煌也。

〔19〕并西域，以屬國都尉主之，以敦煌一郡部領西方也。

〔20〕楊雄《解嘲》曰："西北一候。"孟康注云："敦煌玉門關候也。"

置護羌校尉,以主西羌。

〔21〕搥,擊也。寥狼猶攣擾也。氐、僰、邛、莋並西南夷號。

〔22〕《字書》"攠"亦"靡"字也,音摩。〔四〕《方言》云:"摩,滅也。"蹂,踐也。轔,轢也,音吝。濊貊,東夷號也。

〔23〕羈,係也。鉤町,西南夷也。水劔謂戈船將軍等下水誅南越也。鉤町音劬挺。

〔24〕《穀梁傳》曰:"越人被髮文身。"沫血,水沫如血。

〔25〕武帝元鼎六年,平南越,以為南海、蒼梧、鬱林、合浦、交阯、九真、日南、珠崖、儋耳九郡。漂槩謂摩近之也。《前書音義》曰:"珠崖言珠若崖也。"此作"朱",古字通。《茂陵書》曰:"珠崖郡都郎曋,去長安七千三百里。"曋音審。

〔26〕楊雄《解嘲》曰:"東南一尉。"孟康注云:"會稽東部都尉也。"《前書》曰"自都盧國船行可二月餘,有黃支國,俗與珠崖相類"也。

〔27〕緩耳,耳下垂,即儋耳也。《禮記》曰:"南方曰蠻,雕題交阯。"鄭玄注曰:"謂刻其身以丹青涅之也。"王逸注《楚詞》曰:"雕,畫也。題,額也。"

〔28〕即天竺國也。

〔29〕郭義恭《廣志》曰:"瑇瑁形似龜,出南海。"甲謂取其甲也。戕,殘也。觜觿,大龜,亦瑇瑁之屬。觜音子期反。觿音以規反。

〔30〕同穴,挹婁之屬也。衣裘褐,北狄也。

〔31〕《前書》賈捐之曰"駱越之俗,父子同川而浴,相習以鼻飲"也。

〔32〕稽,止也。《方言》曰:"顙,額顙也。"以額至地而稽止也。宋玉《高唐賦》曰:"虎豹豺犺,失氣恐喙。"言其恐懼如奴虜之伏也。

〔33〕高祖至平帝十一代。歷,涉也。合二百十四年,此言"三百"者,謂出二百年,涉三百年也。

〔34〕謂呂氏亂而文帝立,昌邑廢而宣帝中興也。

夫龐州本帝皇所以育業,[1]霸王所以衍功,戰士角難之場也。〔2〕《禹貢》所載,厥田惟上。〔3〕沃野千里,原隰彌望。保殖五穀,桑麻條暢。濱據南山,帶以涇、渭,號曰陸海,蠢生萬類。〔4〕梗枏檀柘,蔬果成實。畎瀆潤淤,水泉灌溉,〔5〕漸澤成川,粳稻陶遂。〔6〕厥土之膏,畝價一金。〔7〕田田相如,鐇钁株林。〔8〕火耕流種,功淺得深。〔9〕既有蓄積,陼塞四臨:西被隴、蜀,南通漢中,北據谷口,東阻嶔巖。〔10〕關函守嶢,山東道窮;〔11〕置列汧、隴,庵偃西戎;〔12〕拒守褒斜,嶺南不通;杜口絶津,朔方無從。〔13〕鴻、渭之流,徑入于河;大船萬艘,轉漕相過;東綜滄海,西綱流沙;朔南暨聲,諸夏是和。〔14〕城池百尺,陼塞要害。關梁之險,多所袊帶。〔15〕一卒舉礷,千夫沈滯;〔16〕一人奮戟,三軍沮敗。〔17〕地埶便利,介冑剽悍,可與守近,利以攻遠。〔18〕士卒易保,人不肉袒。〔19〕肇十有二,是為贍腴。〔20〕用霸則兼并,〔21〕先據則功殊;〔22〕修文則財衍,行武則士要;〔23〕為政則化上,篡逆則難誅;〔24〕進攻則百剋,退守則有餘:斯固帝王之淵囿,而守國之利器也。

【注】
〔1〕周始祖后稷封邰,公劉居豳,大王居岐,〔五〕文王居酆,武王居鎬,並在關中,故曰育業也。
〔2〕衍,廣也。秦都關中也。
〔3〕《尚書》:"廱州厥田上上。"
〔4〕濱,近也。《前書》東方朔曰"漢都涇、渭之南,此謂天下陸海之地"也。
〔5〕《説文》曰:"淤,澱滓也。"顧野王曰:"今水中泥草也。"
〔6〕薛君注《韓詩》曰:"陶,暢也。"《爾雅》曰:"遂,生也。"
〔7〕《前書》東方朔曰:"酆鎬之閒,號為土膏,其價畝一金。"一金,一斤金也。
〔8〕相如言地皆沃美相類也。《廣雅》曰:"鐇,(推)〔椎〕也。"〔六〕音甫袁反。《埤蒼》云:"鐇,鏟也。"謂以鏟钁去林木之株蘖也。

〔9〕以火燒所伐林株,引水溉之而布種也。

〔10〕谷口在今雲陽縣。《穀梁傳》秦襲鄭,蹇叔送其子而戒之曰:"汝必死於崤之巖唫之下。"嶔巖謂崤也。嶔音吟。

〔11〕函,函谷關也。嶢謂嶢山之關也,在藍田南,故武關之西。嶢音堯。

〔12〕壅音擁。

〔13〕杜塞谷口,絕黃河之津。

〔14〕《尚書》曰:"朔南暨聲教。"注云:"朔,北方也。"

〔15〕衿帶,衣服之要,故以喻之。

〔16〕礛,石也。《前書》:"匈奴乘隅下礛石。"音力對反。

〔17〕《淮南子》曰"狹路津關,大山石塞,龍蛇蟠,篕笠居,羊腸道,魚笱門,一人守險,千人弗敢過"也。

〔18〕剽,急疾也。悍,勇也。所據險要,故可守近;士卒勇疾,故可攻遠也。

〔19〕《左傳》鄭伯肉袒牽羊以降楚,言關中士卒易與保守不降下也。

〔20〕《尚書》曰"肇十有二州",謂雍、梁、荊、豫、徐、楊、青、兗、冀、幽、并、營也。雍州田第一,故曰贍腴。今流俗比地之良沃者為贍者也。〔七〕

〔21〕謂秦并六國也。

〔22〕高祖先入關,功為諸侯最也。

〔23〕修文德,則財產富衍。若用武,則士皆奮勵而要功也。

〔24〕地險固,故難誅也。

逮及亡新,時漢之衰,偷忍淵囿,篡器慢違,〔1〕徒以執便,莫能卒危。〔2〕假之十八,誅自京師。〔3〕天畀更始,不能引維,〔4〕慢藏招寇,復致赤眉。〔5〕海內雲擾,諸夏滅微;群龍並戰,未知是非。〔6〕于時聖帝,赫然申威。荷天人之符,兼不世之姿。〔7〕受命於皇上,獲助於靈祇。〔8〕立號高邑,寨旗四麾。〔9〕首策之臣,運籌出奇;〔10〕虓怒之旅,如虎如螭。[11]師之攸向，無不靡披。蓋夫燔魚剸蛇，莫之方斯。[12]大呼山東，響動流沙。要龍淵，首鏌鋣，[13]命騰太白，親發狼、弧。[14]南禽公孫，北背強胡，西平隴、冀，東據洛都。乃廓平帝宇，濟蒸人於塗炭，成兆庶之亹亹，遂興復乎大漢。[15]

【注】

〔1〕偷忍猶盜竊也。淵囿謂秦中也。

〔2〕卒音倉忽反。

〔3〕莽居攝篡位十八年，公賓就始斬之也。

〔4〕畀，與也。言更始不能持其綱維，故致敗亡。

〔5〕《易》曰："慢藏誨盜。"又曰："負且乘，致寇至。"言更始為赤眉所破也。

〔6〕《赤伏符》曰："四夷雲擾，龍鬭于野。"《易》曰："龍戰于野。"謂更始敗後，劉永、張步等重起，未知受命者為誰也。

〔7〕聖帝，光武也。天人符謂彊華自關中持赤伏符也。《前書》曰王吉上疏曰："欲化之主不代出。"言有時而出，難常遇也。

〔8〕皇上謂天也。《尚書》曰："惟皇上帝降衷於下人。"靈祇謂呼池[八]冰及白衣老父等也。

〔9〕搴，拔也。

〔10〕《前書》高祖曰："運籌帷幄之中，決勝千里之外，子房是也。"出奇謂陳平從高祖定天下，凡六出奇計，以比鄧禹、馮異、吳漢、耿弇等也。

〔11〕《詩》曰："闞如虓虎。"注云："虎之怒虓然也。"《史記》周武王誓衆曰："如虎如羆，如豺如螭。"杜預注《左傳》曰："螭，山神，獸形也。"虓音呼交反。

〔12〕《尚書》今文《太誓篇》曰："太子發升舟，中流，白魚入於王舟，王跪取出，以燎。群公咸曰'休哉'。"鄭玄注云："燔魚以祭，變禮也。"剸，割也，音之兗反，謂高祖斬蛇也。

〔13〕龍淵，劍，解見《韓稜傳》。《說文》："鏌鋣，大戟也。"音莫邪。

首謂建之於首也。《吳越春秋》有莫邪劍，義與此不同也。

〔14〕騰，馳也。太白，天之將軍。狼、弧，並星名也。《史記》曰："天苑東有大星曰天狼，下有四星曰弧。"宋均注《演孔圖》曰："狼為野將，用兵象也。"《合誠圖》曰："弧主司兵，兵弩象。"

〔15〕《爾雅》曰："亹亹，勉也。"《易》曰："成天下之亹亹。"

今天下新定，矢石之勤始瘳，[1]而主上方以邊垂為憂，忿葭萌之不柔，[2]未遑於論都而遺思廱州也。[3]方躬勞聖思，以率海內，屬撫名將，略地疆外，信威於征伐，展武乎荒裔。[4]若夫文身鼻飲緩耳之主，椎結左袵鐻鍝之君，[5]東南殊俗不羈之國，西北絕域難制之鄉，靡不重譯納貢，請為藩臣。上猶謙讓而不伐勤。[6]意以為獲無用之虜，不如安有益之民；略荒裔之地，不如保殖五穀之淵；[7]遠救於已亡，不若近而存存也。[8]今國家躬脩道德，吐惠含仁，湛恩沾洽，時風顯宣。[9]徒垂意於持平守實，務在愛育元元，苟有便於王政者，聖主納焉。何則？物罔挹而不損，道無隆而不移，陽盛則運，陰滿則虧，[10]故存不忘亡，安不諱危，雖有仁義，猶設城池也。[11]

【注】

〔1〕瘳，差也。

〔2〕楊子雲《長楊賦》曰："遐萌為之不安。"謂遠人也。案：篤此賦每取子雲《甘泉》、《長楊賦》事，意此"葭"即"遐"也。時蜀郡守將史歆及交阯徵側反，盧芳亡入匈奴，故云忿其不柔也。

〔3〕遺猶留也。

〔4〕信讀曰申。

〔5〕結音髻。《前書》："尉佗椎結箕踞。"注云："如今兵士椎頭髻也。"孔子曰："微管仲吾其被髮左袵矣。"鐻音渠呂反。《山海經》曰："神武羅穿耳以鐻。"郭璞注云："金銀器之名，未詳形制。"鍝音牛于反。《埤蒼》曰：

"鍋,鋸也。"案今夷狄好穿耳以垂金寶等,此並謂夷狄之君長也。

〔6〕《前書》司馬相如曰:"上猶謙讓而未俞也。"

〔7〕《左傳》曰:"吾將略地焉。"略,取也。

〔8〕《易》曰"成性存存"也。

〔9〕《前書》司馬相如《難蜀父老》曰:"湛恩汪濊。"湛音沈。《易通卦驗》曰"巽氣退則時風不至,萬物不成。冬至廣莫風至,立春條風至,春分明庶風至,立夏清明風至,夏至景風至,立秋涼風至,秋分閶闔風至,立冬不周風至"也。

〔10〕《淮南子》曰:"孔子觀桓公之廟,有器焉謂之宥坐。孔子曰:'善哉乎,得見此器!'顧曰:'弟子取水。'水至灌之,其中則正,其盈則覆。孔子造然革容曰:'善哉持盈者乎!'子貢在側,曰:'請問持盈?'曰:'挹而損之。'曰:'何謂挹而損之?'曰:'夫物盛而衰,樂極而悲;日中而移,月盈而虧。是故聰明睿智,守之以愚;多聞博辯,守之以儉;武力毅勇,守之以畏;富貴廣大,守之以陋;德施天下,守之以讓:此五者,先王所以守天下而弗失也。'"

〔11〕《易》曰"君子存不忘亡,安不忘危"也。

　　客以利器不可久虛,而國家亦不忘乎西都,何必去洛邑之渟瀯與?篤後仕郡文學掾,以目疾,二十餘年不闚京師。

　　篤之外高祖破羌將軍辛武賢,以武略稱。[1]篤常歎曰:"杜氏文明善政,而篤不任為吏;[2]辛氏秉義經武,而篤又怯於事。外內五世,至篤衰矣!"

【注】

〔1〕《前書》武賢,狄道人,為破羌將軍,以勇武稱,左將軍慶忌之父。

〔2〕謂杜周及延年並以文法著名也。

　　女弟適扶風馬氏。建初三年,車騎將軍馬防擊西羌,請篤為從事中郎，戰没於射姑山。

所著賦、誄、弔、書、讚、《七言》、《女誡》及雜文，凡十八篇。又著《明世論》十五篇。

子碩，豪俠，以貨殖聞。

王隆字文山，馮翊雲陽人也。王莽時，以父任為郎，後避難河西，為竇融左護軍。建武中，為新汲令。[1]能文章，所著詩、賦、銘、書凡二十六篇。

【注】
〔1〕新汲，縣，屬潁川郡，故城在今許州扶溝縣西也。

初，王莽末，沛國史岑子孝亦以文章顯，莽以為謁者，著頌、誄、《復神》、《說疾》凡四篇。[1]

【注】
〔1〕岑一字孝山，著《出師頌》。

夏恭字敬公，梁國蒙人也。習《韓詩》、《孟氏易》，講授門徒常千餘人。王莽末，盜賊從橫，攻没郡縣，恭以恩信為衆所附，擁兵固守，獨安全。光武即位，嘉其忠果，召拜郎中，再遷太山都尉。和集百姓，甚得其歡心。

恭善為文，著賦、頌、詩、《勵學》凡二十篇。年四十九卒官，諸儒共謚曰宣明君。

子牙，少習家業，著賦、頌、讚、誄凡四十篇。舉孝廉，早卒，鄉人號曰文德先生。

傅毅字武仲，扶風茂陵人也。少博學。永平中，於平陵習章句，因作《迪志詩》曰：

咨爾庶士，迨時斯勖。[1]日月逾邁，豈云旋復！[2]哀我經營，旅力靡及。[3]在茲弱冠，靡所庶立。[4]

【注】

[1]迨，及也。勖，勉也。
[2]《尚書》曰："日月逾邁。"逾，過。邁，行。言日月之過往，不可復還也。
[3]旅，陳也。言已欲經營仁義之道，然非陳力之所能及也。
[4]《禮記》曰年二十曰弱冠。言已在弱冠之歲，無所庶幾成立也。

於赫我祖，顯于殷國。[1]二迹阿衡，克光其則。[2]武丁興商，伊宗皇士。[3]爰作股肱，萬邦是紀。奕世載德，[九]迄我顯考。[4]保膺淑懿，纘脩其道。[5]漢之中葉，俊乂式序。秩彼殷宗，光此勳緒。[6]

【注】

[1]謂傅說也。
[2]阿，倚；衡，平也。言依倚之以取平也。謂伊尹也。高宗命傅說曰："爾尚明保[予]，[一〇]罔俾阿衡專美有商。"故曰二迹也。言傅說功比伊尹，而能光大其法則也。
[3]武丁，殷王高宗也。伊，惟；宗，尊也。《詩》曰："思皇多士。"皇，美也。言武丁所以能興殷者，惟尊皇美之士，謂傅說。
[4]《易》曰："德積載。"載，重也。
[5]纘，繼也。
[6]中葉謂宣帝中興。秩，序也。言漢代序殷高宗用傅說之事，光大其勳功，而用其緒胤也。謂傅介子以軍功封義陽侯；傅喜論議正直，為大司馬，封

高武侯；傅晏為孔鄉侯；傅商為汝昌侯；建武中傅俊為昆陽侯也。

伊余小子，穢陋麼逮。懼我世烈，自茲以墜。誰能革濁，清我濯溉？[1]誰能昭闇，啟我童昧？先人有訓，我訊我誥。訓我嘉務，誨我博學。爰率朋友，尋此舊則。契闊夙夜，庶不懈忒。[2]

【注】
[1]《毛詩》曰："誰能執熱，逝不以濯。"此言誰能革易我之濁，而以清泉洗濯我也？
[2]《詩》云："與子契闊。"契闊謂辛苦也。懈，惰也。忒，差也。

秩秩大猷，紀綱庶式。匪勤匪昭，匪壹匪測。[1]農夫不怠，越有黍稷，[2]誰能云作，考之居息？[3]二事敗業，多疾我力。[4]如彼遵衢，則罔所極。[5]二志靡成，聿勞我心。如彼兼聽，則溷於音。[6]

【注】
[1]《詩·大雅》曰："秩秩大猷，聖人謨之。"秩秩，美也。猷，道也。庶，眾也。式，法也。言美哉乎大道，可以綱紀眾法。若不勤勵，則不能昭明其道；不專一，則不能深測。
[2]《尚書》曰"若農服田力穡，乃亦有秋。惰農自安，乃其罔有黍稷"也。
[3]考，成也。言誰能有所作，而居息閒暇可能成者？言必須勤之也。
[4]二事謂事不專一也。[一]疾，害也。言為事不專，則多害其力也。
[5]遵，循也。如循長路，則不知所終極也。
[6]聿，辭也。溷，亂也。志不專一，徒煩勞於我心。兼聽眾聲則音亂。

於戲君子，無恒自逸。徂年如流，鮮茲暇日。[1]行邁屢稅，胡能有迄。[2]密勿朝夕,聿同始卒。[3]

【注】
[1]人當自勉脩德義,專志勤學,不可自放逸。年之過往如流,言其速也。少有閒暇之日也。
[2]行邁之人,屢稅駕停止,何能有所至也?言當自勗,不可中廢也。
[3](毛)《[韓]詩》曰:"密勿從事。"[一二]密勿,黽勉也。聿,循也。卒,終也。言朝夕黽勉,終始如一也。

毅以顯宗求賢不篤,士多隱處,故作《七激》以為諷。

建初中,肅宗博召文學之士,以毅為蘭臺令史,拜郎中,與班固、賈逵共典校書。毅追美孝明皇帝功德最盛,而廟頌未立,乃依《清廟》作《顯宗頌》十篇奏之,[1]由是文雅顯於朝廷。

【注】
[1]《清廟》,《詩·周頌》篇名,序文王之德也。

車騎將軍馬防,外戚尊重,請毅為軍司馬,待以師友之禮。及馬氏敗,免官歸。

永元元年,車騎將軍竇憲復請毅為主記室,崔駰為主簿。及憲遷大將軍,復以毅為司馬,班固為中護軍。憲府文章之盛,冠於當世。

毅早卒,著詩、賦、誄、頌、祝文、《七激》、連珠凡二十八篇。

黃香字文彊,江夏安陸人也。年九歲,失母,思慕憔悴,殆不免喪,[1]鄉人稱其至孝。年十二,太守劉護聞而召之,署門下孝子,甚見愛敬。香家貧,內無僕妾,躬執苦勤,盡心奉養。遂博學經典,[一三]究精道術,能文章,京師號曰"天下無雙江夏黃童"。

【注】
〔1〕免喪，終喪。

初除郎中，元和元年，肅宗詔香詣東觀，讀所未嘗見書。香後告休，及歸京師，時千乘王冠，[1]帝會中山邸，乃詔香殿下，顧謂諸王曰："此'天下無雙江夏黃童'者也。"左右莫不改觀。後召詣安福殿言政事，拜尚書郎，數陳得失，賞賚增加。常獨止宿臺上，晝夜不離省闥，帝聞善之。

【注】
〔1〕千乘貞王伉，章帝子也。冠謂二十加冠也。

永元四年，拜左丞，功滿當遷，和帝留，增秩。六年，累遷尚書令。後以為東郡太守，香上疏讓曰："臣江淮孤賤，愚矇小生，經學行能，無可篝錄。遭值太平，先人餘福，[1]得以弱冠特蒙徵用，連階累任，[一四]遂極臺閣。訖無纖介稱，報恩効死，誠不意悟，卒被非望，顯拜近郡，尊位千里。臣聞量能授官，則職無廢事；因勞施爵，則賢愚得宜。臣香小醜，少為諸生，典郡從政，固非所堪，誠恐矇頓，孤忝聖恩。又惟機密端首，至為尊要，[2]復非臣香所當久奉。承詔驚惶，不知所裁。臣香年在方剛，適可驅使。[3]願乞餘恩，留備宂官，賜以督責小職，任之宮臺煩事，以畢臣香螻蟻小志，誠瞑目至願，土灰極榮。"帝亦惜香幹用，久習舊事，復留為尚書令，增秩二千石，賜錢三十萬。是後遂管樞機，甚見親重，而香亦祇勤物務，憂公如家。

【注】
〔1〕謝承《書》：[一五]"香代為冠族，葉令況之子也。"
〔2〕謂尚書令。
〔3〕《論語》曰："及其壯也，血氣方剛。"言少壯也。

十二年，東平清河奏訞言卿仲遼等，所連及且千人。香科別據奏，全活甚衆。每郡國疑罪，輒務求輕科，愛惜人命，每存憂濟。又曉習邊事，均量軍政，皆得事宜。帝知其精勤，數加恩賞，疾病存問，賜醫藥。〔一六〕在位多所薦達，寵遇甚盛，議者譏其過倖。

延平元年，遷魏郡太守。郡舊有內外園田，常與人分種，收穀歲數千斛。香曰："《田令》'商者不農'，〔一七〕《王制》'仕者不耕'，〔1〕伐冰食祿之人，不與百姓爭利。"〔2〕乃悉以賦人，課令耕種。時被水年飢，乃分奉祿及所得賞賜班贍貧者，於是豐富之家各出義穀，助官稟貸，荒民獲全。後坐水潦事免，數月，卒於家。

【注】
〔1〕《王制》曰："上農夫食九人，下士視上農夫，祿足以代耕也。"
〔2〕伐冰解見《馮衍傳》。

所著賦、牋、奏、書、令凡五篇。子瓊，自有傳。

劉毅，北海敬王子也。初封平望侯，〔1〕永元中，坐事奪爵。毅少有文辯稱，元初元年，上《漢德論》并《憲論》十二篇。時劉珍、鄧耽、尹兌、馬融共上書稱其美，安帝嘉之，賜錢三萬，拜議郎。

【注】
〔1〕平望，縣，屬北海郡。

李尤字伯仁，廣漢雒人也。少以文章顯。和帝時，侍中賈逵薦尤有相如、楊雄之風，召詣東觀，受詔作賦，拜蘭臺令史。稍遷，安帝時為諫議大夫，受詔與謁者僕射劉珍等俱撰《漢記》。後帝廢太子為濟陰王，尤上書諫爭。順帝立，遷樂安相。年八十三卒。所著詩、賦、銘、誄、頌、《七歎》、《哀典》凡二十八篇。

尤同郡李勝，亦有文才，為東觀郎，著賦、誄、頌、論數十篇。

蘇順，字孝山，京兆霸陵人也。和安閒以才學見稱。好養生術，隱處求道。晚乃仕，拜郎中，卒於官。所著賦、論、誄、哀辭、雜文凡十六篇。

時三輔多士，扶風曹衆伯師亦有才學，著誄、書、論四篇。[1]

【注】

〔1〕《三輔決錄注》曰："衆與鄉里蘇孺文、竇伯向、馬季長並遊宦，唯衆不遇，以壽終于家。"

又有曹朔，不知何許人，作《漢頌》四篇。

劉珍字秋孫，[1] 一名寶，南陽蔡陽人也。少好學。永初中，為謁者僕射。鄧太后詔使與校書劉騊駼、馬融及五經博士，校定東觀五經、諸子傳記、百家藝術，整齊脫誤，是正文字。永寧元年，太后又詔珍與騊駼作建武已來名臣傳，遷侍中、越騎校尉。延光四年，拜宗正。明年，轉衛尉，卒官。著誄、頌、連珠凡七篇。又撰《釋名》三十篇，以辯萬物之稱號云。

【注】

〔1〕諸本時有作"秘孫"者，其人名珍，與"秘"義相扶，而作"秋"者多也。

葛龔字元甫，梁國寧陵人也。和帝時，以善文記知名。[1]性慷慨壯烈，勇力過人。安帝永初中，舉孝廉，為太官丞，上便宜四事，拜蕩陰令。[2]辟太尉府，病不就。州舉茂才，為臨汾令。居二縣，皆有稱績。著文、賦、碑、誄、書記凡十二篇[一八]。

【注】

[1]龔善為文奏。或有請龔奏以干人者，龔為作之，其人寫之，忘自載其名，因并寫龔名以進之。故時人為之語曰："作奏雖工，宜去葛龔。"事見《笑林》。

[2]蕩陰，縣名，今相州縣也。蕩音湯。

王逸字叔師，南郡宜城人也。元初中，舉上計吏，為校書郎。順帝時，為侍中。著《楚辭章句》行於世。其賦、誄、書、論及雜文凡二十一篇。又作《漢詩》百二十三篇。

子延壽，字文考，有儁才。少遊魯國，作《靈光殿賦》。後蔡邕亦造此賦，未成，及見延壽所為，甚奇之，遂輟翰而已。曾有異夢，意惡之，乃作《夢賦》以自厲。後溺水死，時年二十餘。[1]

【注】

[1]張華《博物志》曰："王子山與父叔師到泰山從鮑子真學筭，到魯賦靈光殿，歸度湘水溺死。"文考一字子山也。

崔琦字子瑋，涿郡安平人，濟北相瑗之宗也。少遊學京師，以文章博通稱。初舉孝廉，為郎。河南尹梁冀聞其才，請與交。冀行多不軌，[1]琦數引古今成敗以戒之，冀不能受。乃作《外戚箴》。其辭曰：

【注】

〔1〕軌,法也。

赫赫外戚,華寵煌煌。昔在帝舜,德隆英、皇。[1]周興三母,[2]有莘崇湯。[3]宣王晏起,姜后脫簪。[4]齊桓好樂,衛姬不音。[5]皆輔主以禮,扶君以仁,達才進善,以義濟身。

【注】

〔1〕帝舜妃娥皇、女英,帝堯之女,聰明貞仁。事舜於畎畝之中,事瞽叟謙讓恭儉,[一九]思盡婦道也。

〔2〕《列女傳》曰"太姜者,太王之妃,賢而有色。生太伯、仲廱、王季,化導三子,皆成賢德。太王有事,必諮謀焉。太姙者,王季之妃。端懿誠莊,唯德之行。及其有身,目不視惡色,耳不聽淫聲,而生文王。大姒者,文王之妃,號曰文母。思媚大姜、大姙,旦夕勤勞,以進婦道。文王理外,文母理內,生十男"也。

〔3〕《列女傳》曰"湯娶有莘氏女,德高而明,伊尹為之媵臣,佐湯致王,訓正後宮,嬪御有序,咸無嫉妒"也。

〔4〕《列女傳》曰:"周宣王嘗夜臥而晏起,姜后乃脫簪珥待罪於永巷,使其傅母通言王曰:'妾不才,妾之淫心見矣,至使君王失禮而晏朝,以見君王樂色而忘德也。敢請婢子之罪。'王乃勤於政,早朝晏罷,卒成中興焉。"

〔5〕《列女傳》曰:"齊桓公好淫樂,衛姬不聽鄭衛之音。"

爰暨末葉,漸已穨虧。貫魚不敍,九御差池。[1]晉國之難,禍起於麗。[2]惟家之索,牝雞之晨。[3]專權擅愛,顯己蔽人。陵長閒舊,圮剝至親。[4]並后匹嫡,[5]淫女斃陳。[6]匪賢是上,番為司徒。[7][二〇]荷爵負乘,采食名都。[8]詩人是刺,德用不慮。[9]暴辛惑婦,拒諫自孤。[10]蝮蛇其心,縱毒不辜。[11]諸父是殺,孕子是刳。天怒地忿,人謀鬼圖。甲子昧爽,身首分離。[12]初為天子,後為人螭。[13]

【注】

〔1〕《易》曰:"貫魚以宮人寵。"謂王者之御宮人,如貫魚之有次敘,不偏愛也。《禮》后夫人已下進御之法云:"凡天子進御之儀,從后而下,十五日徧。自下始,以象月之初生,漸進至盛,法陰道之義也。"其法,九嬪已下皆九九而御,則女御八十一人為九夕也,世婦二十七人為三夕,九嬪為一夕,夫人為一夕,凡十四夕,后當一夕。故曰十五日一徧也。

〔2〕獻公麗姬也。

〔3〕《尚書》曰:"牝雞無晨。牝雞之晨,惟家之索。"孔安國注云"索,盡也。雌代雄鳴則家盡,婦奪夫政則國亡"也。

〔4〕《左傳》曰:"少陵長,新閒舊。"言其亂政也。圮,毀也。

〔5〕《左傳》曰,辛伯諗周桓公曰:"並后匹嫡,亂之本也。"

〔6〕陳夏姬通於孔寧、儀行父,又通於靈公。夏姬之子徵舒弒靈公,楚伐陳,滅之。見《左傳》。

〔7〕《詩·小雅》也。番,幽王之后親黨也。幽王淫色,不尚賢德之人,寵其后親,而以番為司徒之官。

〔8〕《易》曰:"負且乘。"負也者,小人之事也。乘也者,君子之器也。以小人而乘君子之器,寇必至也。《毛詩》曰:"皇父孔聖,作都于向。"皇父,幽王后之親黨也。向,邑也。以向為皇父食采邑也。

〔9〕幠,大也,音呼。謂詩人刺番為司徒及皇父都向,用其后親黨,是以其德不大也。

〔10〕暴,虐也。紂字受德,名辛。以其暴虐,故曰暴辛。惑婦謂惑妲己也。紂智足以拒諫。祖伊諫紂,紂不從。自孤謂紂為獨夫也。

〔11〕《字書》蝠音福,即蝙蝠也。此當作"蝮",音芳福反。不辜謂葅梅伯,脯鬼侯之類也。

〔12〕王子比干,紂之諸父也,紂殺之。《尚書》曰,紂刳剔孕婦,為周武王所伐。甲子日,紂衣其寶衣赴火而死,武王乃斬以輕呂之劍也。

〔13〕《左傳》曰:"螭魅魍魎。"杜預注云:"螭,山神,獸形。"故以比紂之惡也。

非但耽色,母后尤然。不相率以禮,而競獎以權。先笑後號,卒以辱殘。〔1〕家國泯絕,宗廟燒燔。末嬉喪夏,〔2〕褒姒斃周,〔3〕妲己亡殷,趙靈沙丘。〔4〕戚姬人豕,呂宗以敗。〔5〕陳后作巫,卒死於外。〔6〕霍欲鴆子,身乃罹廢。〔7〕

【注】

〔1〕母后不能循用禮法,爭競相勸,以擅權柄也。《易》曰:"旅人先笑而後號咷。"言初雖恃權埶而笑,後競罹禍而號哭也。

〔2〕末喜,桀妃,有施氏女。美於色,薄於德,女子行丈夫心。桀嘗置末喜於膝上,聽用其言,昏亂失道。湯伐之,遂死於南巢。〔二一〕見《列女傳》。

〔3〕周幽王嬖褒姒,為犬戎所殺也。

〔4〕趙武靈王以長子章為太子,後得吳娃,愛之,生子何,乃廢章而立何。後自號主父,立何為王。吳娃死,何愛弛,主父憐章北面臣詘於其弟,欲分趙王章於代。計未決,主父及王遊於沙丘宮,公子章以其徒作亂,公子成與李兌自國起兵,公子章敗,往走主父,主父開之,成、兌因圍主父宮,章死。成、兌謀曰:"以章故圍主父,即解兵,吾屬夷矣。"乃遂圍主父,令宮人後出者夷。宮中人悉出,主父欲出不得,飢探雀鷇而食之,三月餘,死沙丘宮。見《史記》。

〔5〕解見《皇后紀》。

〔6〕孝武帝陳皇后以巫蠱廢。

〔7〕孝宣帝霍皇后,霍光之女,欲謀毒太子被廢也。

故曰:無謂我貴,天將爾摧;無恃常好,色有歇微;無怙常幸,愛有陵遲;無曰我能,天人爾違。患生不德,福有慎機。〔1〕日不常中,月盈有虧。履道者固,杖埶者危。微臣司戚,敢告在斯。

【注】

〔1〕無德而貴寵者，患害之所生也。《左傳》曰："無德而祿，殃也。"若慎其機事，則有福也。

琦以言不從，失意，復作《白鵠賦》以為風。[1]梁冀見之，呼琦問曰："百官外內，各有司存，天下云云，豈獨吾人之尤，君何激刺之過乎？"琦對曰："昔管仲相齊，樂聞譏諫之言；蕭何佐漢，乃設書過之吏。[二二]今將軍累世台輔，任齊伊、公，[2]而德政未聞，黎元塗炭，不能結納貞良，以救禍敗，反復欲鉗塞士口，杜蔽主聽，將使玄黃改色，馬鹿易形乎？"[3]冀無以對，因遣琦歸。

【注】

〔1〕風讀曰諷。

〔2〕伊尹、[周]公。[二三]

〔3〕《史記》趙高欲為亂，恐群臣不聽，乃先設驗，持鹿獻胡亥，曰"馬也"。胡亥笑曰："丞相誤邪？"問左右，或默，或言馬以阿順高。或言鹿，高因陰中諸言鹿者以法。後群臣畏高，高遂作亂也。

後除為臨濟長，不敢之職，解印綬去。冀遂令刺客陰求殺之。客見琦耕於陌上，懷書一卷，息輒偃而詠之。客哀其志，以實告琦，曰："將軍令吾要子，今見君賢者，情懷忍忍，[1]可亟自逃，吾亦於此亡矣。"琦得脫走，冀後竟捕殺之。

所著賦、頌、銘、誄、箴、弔、論、《九咨》、《七言》，[二四]凡十五篇。

【注】

〔1〕忍忍猶不忍也。

邊韶字孝先,陳留浚儀人也。以文章知名,教授數百人。韶口辯,曾晝日假臥,〔1〕弟子私嘲之曰:"邊孝先,腹便便。〔2〕嬾讀書,但欲眠。"韶潛聞之,應時對曰:"邊為姓,孝為字。腹便便,五經笥。但欲眠,思經事。寐與周公通夢,靜與孔子同意。師而可嘲,出何典記?"嘲者大慙。韶之才捷皆此類也。

【注】
〔1〕《左傳》:"趙盾坐而假寐。"杜注云:"不脫衣冠而睡也。"
〔2〕便音蒲堅反。

桓帝時,為臨潁侯相,徵拜太中大夫,著作東觀。再遷北地太守,入拜尚書令。後為陳相,卒官。著詩、頌、碑、銘、書、策凡十五篇。

【校勘記】
〔一〕即日車駕策由一卒　按:《校補》謂案文"即"上亦應有"或"字。高帝非自蜀漢出即都關中,則二語自另為一事也。
〔二〕言順斗建及北極之星運轉而行也　按:殿本作"言順斗建及斗極北星運轉而行也"。
〔三〕(乘)〔漂〕昆崙　據殿本改。按:《校補》謂殿本注"乘"作"漂",與《文選》合,《前書》作"票"。
〔四〕攩亦靡字也音摩　按:汲本作"攩亦摩字也,音靡"。殿本作"攩亦摩字,音摩"。
〔五〕大王居岐　按:"岐"原誤"歧",逕改正。
〔六〕鐇(推)〔椎〕也　據殿本改。
〔七〕今流俗比地之良沃者為贍者也　按:汲本、殿本"比"作"北",《刊誤》謂案文"北"當作"以",又衍一"者"字。
〔八〕呼池　按:汲本、殿本作"滹沱"。
〔九〕奕世載德　按:"奕"原譌"弈",逕改正。

〔一〇〕爾尚明保〔予〕　據殿本、《集解》本補。

〔一一〕二事謂事不專一也　按："二事"之"事"原譌"十"，逕改正。

〔一二〕(毛)〔韓〕詩曰密勿從事　據殿本改。

〔一三〕遂博學經典　按：《校補》謂此句上當有脱文，蓋盡心奉養下必接敍其父事，奉養乃有所屬，亦必有所藉，乃得博學經典也。

〔一四〕連階累任　按："階"原譌"偕"，逕據汲本、殿本改正。

〔一五〕謝承書　按："承"原譌"丞"，逕據汲本改正。

〔一六〕賜醫藥　按："醫"原作"毉"，逕據汲本、殿本改。

〔一七〕田令商者不農　按：錢大昭謂"田"字疑誤，或是"甲"字。《校補》謂錢所見甚是。《前書敍傳》述《景紀》云"匪怠匪荒，務在農桑，著于甲令，民用寧康"。顔注"甲令即《景紀》令甲也"。

〔一八〕凡十二篇　按：汲本作"二十篇"。

〔一九〕事瞽叟謙讓恭儉　按：汲本、殿本"儉"作"敬"。

〔二〇〕番為司徒　按："為"依《詩》當作"唯"。

〔二一〕湯伐之遂死於南巢　按：殿本作"湯遂放桀於南巢"。

〔二二〕乃設書過之吏　按：《刊誤》謂"吏"當作"史"。

〔二三〕伊尹〔周〕公　《校補》謂"公"上明脱一"周"字，張森楷《校勘記》則謂"公"字下脱一"旦"字。今依《校補》補"周"字。

〔二四〕七言　按：《集解》引王補説，謂《御覽》、《初學記》、《藝文類聚》引崔琦《七蠲》凡六處，即《文選》劉峻《辨命論》、曹植《王仲宣誄》、王康琚《反招隱詩》注，皆引作"七蠲"，獨傳作"七言"，殆言蠲音近而訛與？當從蠲為是。

後漢書卷八十下

文苑列傳第七十下

　　張升字彥真，陳留尉氏人，富平侯放之孫也。[1][一]升少好學，多關覽，而任情不羈。[2]其意相合者，則傾身交結，不問窮賤；如乖其志好者，雖王公大人，終不屈從。[3]常歎曰："死生有命，富貴在天。其有知我，雖胡越可親；苟不相識，從物何益？"[4]

【注】
〔1〕放，湯六代孫也。
〔2〕關，涉也。不羈謂超絶等倫，不可羈束也。鄒陽上書曰："使不羈之士與牛驥同皁。"
〔3〕杜預注《左傳》曰"大人謂在位者"也。
〔4〕《前書》鄒陽上書曰"意合則胡越為兄弟"也。

　　仕郡為綱紀，以能出守外黃令。吏有受賕者，即論殺之。或譏升守領一時，何足趨明威戮乎？[1]對曰："昔仲尼暫相，誅齊之侏儒，手足異門而出，[二]故能威震強國，反其侵地。[2]君子仕不為己，職思其憂，[3]豈以久近而異其度哉？"遇黨錮去官，後竟見誅，年四十九。

【注】

〔1〕趨,急也,讀曰促。

〔2〕侏儒,短人,能為俳優也。《穀梁傳》曰:"魯定公與齊侯會于頰谷,兩君就壇,〔三〕齊人鼓譟而起,欲以執魯君。孔子歷階而上,不盡一等。曰:'兩君合好,夷狄之人何為來?'齊侯逡巡而謝曰:'寡人之過也。'罷會,齊人使優施舞於魯君之幕下。孔子曰:'笑國君者罪當死!'使司馬行法焉,首足異門而出。齊人乃歸魯鄆、讙、龜陰之田。"

〔3〕《詩·唐風》曰:"無以太康,職思其憂。"職,主也。君子之居位,當思盡忠,不為己身。

著賦、誄、頌、碑、書,凡六十篇。

趙壹字元叔,漢陽西縣人也。體貌魁梧,〔1〕身長九尺,美須豪眉,望之甚偉。而恃才倨傲,為鄉黨所擯,乃作《解擯》。〔2〕後屢抵罪,幾至死,友人救得免。壹乃貽書謝恩曰:

【注】

〔1〕魁梧,壯大之貌。

〔2〕擯,斥也。

昔原大夫贖桑下絕氣,傳稱其仁;〔1〕秦越人還虢太子結脈,世著其神。〔2〕設曩之二人不遭仁遇神,則結絕之氣竭矣。然而精脯出乎車軨,〔3〕鍼石運乎手爪。〔4〕今所賴者,非直車軨之精脯,手爪之鍼石也。乃收之於斗極,還之於司命,〔5〕使乾皮復含血,枯骨復被肉,允所謂遭仁遇神,真所宜傳而著之。余畏禁,不敢班班顯言,〔6〕竊為《窮鳥賦》一篇。其辭曰:

【注】

〔1〕原大夫謂趙衰之子盾，謚曰宣。《呂氏春秋》曰："趙宣孟將之絳，見骫桑之下有臥餓人，宣孟與脯二朐，拜受之，不敢食，問其故，曰：'臣有母，持以遺之。'宣孟更賜之脯二束，遂去。"贖即續也。骫，古委字也。

〔2〕扁鵲姓秦，名越人。過虢，虢太子死。扁鵲曰："臣能生之。若太子病，所謂尸蹷也。"乃使弟子子陽厲鍼砥石，以取三陽五會。有閒，太子蘇。見《史記》。

〔3〕《説文》："軨，車輻閒橫木。"

〔4〕古者以砭石為鍼。凡鍼之法，右手象天，左手法地，彈而怒之，搔而下之，此運手爪也。砭音必廉反。

〔5〕《禮記》曰："祭司命。"鄭玄注云："文昌中星。"

〔6〕班班，明貌。

　　有一窮鳥，戢翼原野。罼網加上，機穽在下，〔1〕前見蒼隼，後見驅者，〔四〕繳彈張右，〔2〕羿子彀左，〔3〕〔五〕飛丸激矢，交集于我。思飛不得，欲鳴不可，舉頭畏觸，搖足恐墮。內獨怖急，乍冰乍火。幸賴大賢，我矜我憐，昔濟我南，今振我西。〔4〕鳥也雖頑，猶識密恩，內以書心，外用告天。天乎祚賢，歸賢永年，且公且侯，子子孫孫。

【注】

〔1〕《禮記》曰："羅網畢翳。"鄭玄注云："小而柄長謂之罼。"〔六〕機，捕獸機檻也。穽，穿地陷獸。

〔2〕繳，以縷係箭而射者也。

〔3〕羿子謂羿也。《淮南子》曰："堯時十日並出，命羿仰射十日，中其九鳥，皆死，墮其羽翼。"彀，引弓也。

〔4〕西，協韻音先。

又作《刺世疾邪賦》，以舒其怨憤。曰：

伊五帝之不同禮，三王亦又不同樂，數極自然變化，非是故相反駁。[1]德政不能救世溷亂，賞罰豈足懲時清濁？春秋時禍敗之始，戰國愈復增其荼毒。[2]秦、漢無以相踰越，乃更加其怨酷。寧計生民之命，唯利己而自足。

【注】

[1]《禮記》曰："五帝殊時，不相沿樂，三王異代，不相襲禮。樂極則憂，禮粗則偏矣。"

[2]《尚書》曰："罹其凶害，不忍荼毒。"孔注云："荼毒，苦也。"

于茲迄今，情偽萬方。佞諂日熾，剛克消亡。舐痔結駟，正色徒行。[1]嫗㜗名埶，撫拍豪強。[2]偃蹇反俗，立致咎殃。[3]捷懾逐物，日富月昌。[4]渾然同惑，孰溫孰涼。邪夫顯進，直士幽藏。

【注】

[1]《莊子》曰："宋有曹商者，為宋王使秦，秦王悅之，益車百乘。見莊子，莊子曰：'秦王有病，召醫舐痔者，得車五乘，子豈舐痔邪？何得車之多乎？'"

[2]嫗㜗猶傴僂也。嫗音衣宇反。㜗音丘矩反。撫拍，相親狎也。

[3]偃蹇，驕傲也。

[4]捷，疾也。懾，懼也。急懼逐物，則致富昌。

原斯瘼之攸興，實執政之匪賢。女謁掩其視聽兮，近習秉其威權。所好則鑽皮出其毛羽，所惡則洗垢求其瘢痕。雖欲竭誠而盡忠，路絕嶮而靡緣。九重既不可啟，又群吠之狺狺。[1]安危亡於旦夕，肆嗜慾於目前。奚異涉海之失柂，積薪而待燃。[2]榮納由於閃揄，孰知辨其蚩妍。[3]故法禁屈撓於埶族，恩澤不逮於單門。寧飢寒於堯舜之荒歲兮，不飽暖於當今之豐年。乘理雖死而非亡，違義雖生而匪存。

【注】

〔1〕《楚辭》曰："豈不思夫君兮？君之門以九重。猛犬狺狺以迎吠，關梁閉而不通。"狺音銀。

〔2〕枺可以正船也，音徒我反。《前書》賈誼曰："措火積薪之下而寢其上，火未及燃而謂之安。當今之埶，何以異此？"

〔3〕閃揄，傾佞之貌也。行傾佞者則享榮寵而見納用。揄音輸。

有秦客者，乃為詩曰：河清不可俟，人命不可延。[1]順風激靡草，富貴者稱賢。文籍雖滿腹，不如一囊錢。伊優北堂上，抗髒倚門邊。[2]

【注】

〔1〕《左傳》曰："俟河之清，人壽幾何？"言人壽促，河清遲也。

〔2〕伊優，屈曲佞媚之貌。抗髒，高亢婞直之貌也。佞媚者見親，故昇堂；婞直者見弃，故倚門。髒音葬。

魯生聞此辭，繫而作歌曰：[1]執家多所宜，欬唾自成珠。被褐懷金玉，蘭蕙化為芻。[2]賢者雖獨悟，所困在群愚。且各守爾分，勿復空馳驅。哀哉復哀哉，此是命矣夫！

【注】

〔1〕秦客、魯生，皆寓言也。

〔2〕《老子》曰："被褐懷玉。"言處卑賤而懷德義也。《楚辭》曰"蘭芷變而不芳，荃蕙化而為茅"也。

光和元年，舉郡上計到京師。是時司徒袁逢受計，[七]計吏數百人皆拜伏庭中，莫敢仰視，壹獨長揖而已。逢望而異之，令左右往讓之，曰："下郡計（史）[吏]而揖三公，[八]何也？"對曰："昔酈食其長揖漢王，今揖三公，何遽怪哉？"[1]逢則斂衽下堂，執其手，延置上坐，因問西方事，大悅，顧謂坐中曰："此人漢陽趙元叔也。朝臣莫有過之者，吾請為諸君分坐。"[2]坐者皆屬觀。既出，往造河南尹羊陟，不得見。壹以公卿中非陟無足以託名者，乃日往到門，陟自強許通，[3]尚臥未起，壹逕入上堂，遂前臨之，曰："竊伏西州，承高風舊矣，[4]乃今方遇而忽然，[5]奈何命也！"因舉聲哭，門下驚，皆奔入滿側。陟知其非常人，乃起，延與語，大奇之。謂曰："子出矣。"陟明旦大從車騎奉謁造壹。[6]時諸計吏多盛飾車馬帷幕，而壹獨柴車草屏，[7]露宿其傍，延陟前坐於車下，左右莫不歎愕。陟遂與言談，至熏夕，極歡而去，執其手曰："良璞不剖，必有泣血以相明者矣！"[8]陟乃與袁逢共稱薦之。名動京師，士大夫想望其風采。

【注】

〔1〕《前書》酈食其初見高祖，長揖不拜，因說高祖，高祖引之上坐。《左傳》曰："豈不遽止。"杜預注曰："遽，畏懼。"

〔2〕分坐，別坐也。

〔3〕陟意未許通壹，以壹數至門，故自勉強許通之。

〔4〕《前書》雋不疑見暴勝之曰："竊伏海濱，承暴公子舊矣。"舊，久也。

〔5〕謂死也。

〔6〕奉謁，通名也。

〔7〕《韓詩外傳》曰，周子高對齊景公："臣賴君之賜，疏食惡肉可得而食，駑馬柴車可得而乘。"柴車，弊惡之車也。

〔8〕《琴操》曰："卞和得玉璞，以獻楚懷王。使樂正子占之，言非玉。以其欺謾，斬其一足。懷王死，子平王立，和復抱其璞而獻之。平王復以為欺，

斬其一足。平王死，和復獻，恐復見斷，乃抱其玉而哭荆山之中，晝夜不止，涕盡繼之以血。"

及西還，道經弘農，過候太守皇甫規，門者不即通，壹遂遁去。門吏懼，以白之。規聞壹名大驚，乃追書謝曰："蹉跌不面，企德懷風，虛心委質，為日久矣。側聞仁者愍其區區，冀承清誨，以釋遙悚。今旦外白有一尉兩計吏，不道屈尊門下，〔1〕更啓乃知已去。如印綬可投，夜豈待旦。惟君明叡，平其夙心。寧當慢傲，加於所天。〔2〕事在悖惑，不足具責。儻可原察，追脩前好，則何福如之！謹遣主簿奉書。下筆氣結，汗流竟趾。"壹報曰："君學成師範，縉紳歸慕，仰高希驥，歷年滋多。〔3〕旋轅兼道，渴於言侍，沐浴晨興，昧旦守門，實望仁兄，〔九〕昭其懸遲。〔4〕以貴下賤，握髮垂接，〔5〕高可敷翫墳典，起發聖意，下則抗論當世，消弭時災。豈悟君子，自生怠倦，失恂恂善誘之德，同亡國驕惰之志！〔6〕蓋見機而作，不俟終日，〔7〕是以夙退自引，畏使君勞。〔8〕昔人或歷說而不遇，或思士而無從，皆歸之於天，不尤於物。〔9〕今壹自譴而已，豈敢有猜！仁君忽一匹夫，於德何損？而遠辱手筆，追路相尋，誠足愧也。壹之區區，曷云量己，其嗟可去，謝也可食，〔10〕誠則頑薄，實識其趣。但關節疢動，膝灸（塊）〔壞〕潰，〔11〕〔一〇〕請俟它日，乃奉其情。輒誦來貺，永以自慰。"遂去不顧。

【注】

〔1〕尊謂壹也，敬之故號為尊。

〔2〕平，恕也。尊敬壹，故謂為所天。

〔3〕《詩》曰："高山仰止，景行行止。"《法言》曰："希驥之馬，亦驥之乘；希顏之人，亦顏之徒。"希，慕也。

〔4〕懸心遲仰之。

〔5〕《易》曰："以貴下賤，大得人也。"《史記》曰："周公一沐三握髮，以接天下之士。"

〔6〕《論語》曰:"夫子恂恂然善誘人。"恂恂,恭順貌。
〔7〕《易·繫辭》曰:"君子見機而作,不俟終日。"
〔8〕《詩》曰:"大夫夙退,無使君勞。"蓋斷章以取義。
〔9〕歷說謂孔丘也。《論語》孔子曰:"不怨天,不尤人,下學而上達,知我者其天乎!"馬融注云:"孔子不用於時,而不怨天;人不知己,亦不尤人也。"思士謂孟軻也。孟軻欲見魯平公,臧倉譖之。〔一〕孟軻曰:"余之不遇魯侯,天也,臧氏之子焉能令余不遇哉?"見《孟子》。
〔10〕曷,何也。言區區之心,不量己而至君門。《禮記》曰:"齊大飢,黔敖為食於路以待餓者,有蒙袂戢屨貿貿而來。曰:'嗟來食。'曰:'余唯不食嗟來之食,以至於斯。'從而謝之,不食而死。仲尼曰:'其嗟也可去,其謝也可食。'"
〔11〕人有四關十二節。

州郡爭致禮命,十辟公府,並不就,終於家。初袁逢使善相者相壹,云"仕不過郡吏",竟如其言。
著賦、頌、箴、誄、書、論及雜文十六篇。

劉梁字曼山,一名岑,〔一二〕東平寧陽人也。[1]梁宗室子孫,而少孤貧,賣書於市以自資。

【注】
〔1〕寧陽,縣,故城在今兗州龔丘縣南。

常疾世多利交,以邪曲相黨,乃著《破群論》。時之覽者,以為"仲尼作《春秋》,亂臣知懼,[1]今此論之作,俗士豈不愧心"。其文不存。

【注】
〔1〕《孟子》曰"孔子成《春秋》,亂臣賊子懼"也。

又著《辯和同之論》。其辭曰:
　　夫事有違而得道,有順而失義,有愛而為害,有惡而為美。其故何乎?蓋明智之所得,闇偽之所失也。是以君子之於事也,無適無莫,必考之以義焉。[1]

【注】
〔1〕《論語》曰:"君子之於天下也,無適也,無莫也,義之與比。"

　　得由和興,失由同起,故以可濟否謂之和,好惡不殊謂之同。《春秋傳》曰:"和如羹焉,酸苦以劑其味,[1]君子食之以平其心。同如水焉,若以水濟水,誰能食之?琴瑟之專一,誰能聽之?"[2]是以君子之行,周而不比,和而不同,[3]以救過為正,以匡惡為忠。經曰:"將順其美,匡救其惡,則上下和睦能相親也。"

【注】
〔1〕《左傳》"劑"作"齊"。《爾雅》曰:"劑,剪齊也。"音子隨反。今人相傳劑音在計反。
〔2〕《左傳》晏子對齊景公辭也。
〔3〕忠信為周,阿黨為比。

　　昔楚恭王有疾,召其大夫曰:"不穀不德,少主社稷。[1]失先君之緒,覆楚國之師,[2]不穀之罪也。若以宗廟之靈,得保首領以歿,請為靈若厲。"大夫許諸。[3]及其卒也,子囊曰:"不然。[4]夫事君者,從其善,不從其過。赫赫楚國,而君臨之,撫正南海,訓及諸夏,其寵大矣。[5]有是寵也,而知其過,可不謂恭乎!"

大夫從之。[6]此違而得道者也。及靈王驕淫，暴虐無度，芊尹申亥[一三]從王之欲，以殯於乾溪，殉之二女。此順而失義者也。[7]鄢陵之役，晉楚對戰，陽穀獻酒，子反以斃。此愛而害之者也。[8]臧武仲曰："孟孫之惡我，藥石也；季孫之愛我，美疢也。疢毒滋厚，石猶生我。"此惡而為美者也。[9]孔子曰："智之難也！有臧武仲之智，而不容於魯國。抑有由也，作不順而施不恕也。"[10]蓋善其知義，譏其違道也。

【注】

〔1〕楚恭王名審。《左傳》楚王曰："生十年而喪先君。"故云少主社稷。

〔2〕緒，業也。謂鄢陵之戰，為晉所敗。

〔3〕《謚法》："亂而不損曰靈，殺戮不辜曰厲。"《左傳》曰："'大夫擇焉。'莫對，及五命，乃許之。"諸，之也。

〔4〕子囊，楚令尹，名（也）[午]。[一四]

〔5〕寵，榮也。

〔6〕《謚法》："既過能改曰恭。"案：此《楚語》之文。

〔7〕《國語》楚靈王子圍[一五]為章華之臺，伍舉對曰："君為此臺，國人罷焉，財用盡焉，年穀敗焉，數年乃成。"《左傳》芊尹申亥，申無宇之子也。乾溪之役，申亥曰："吾父再干王命，王不誅，惠孰大焉。"乃求王，遇諸棘闈，以王歸。王縊，申亥以其二女殉而葬之也。

〔8〕《淮南子》云，楚恭王與晉人戰於鄢陵，戰酣，恭王傷。司馬子反渴而求飲，豎陽穀奉酒而進之。子反之為人也，嗜酒，而甘之，不能絕於口，遂醉而臥。恭王欲復戰，使人召子反，子反辭以疾。王駕而往之，入幄中而聞酒臭，恭王大怒，斬子反以為戮。

〔9〕武仲，臧孫紇也。《左傳》孟孫死，臧孫入哭甚哀，多涕。出，其御曰："孟孫之惡子也而哀如是，季孫若死，其若之何？"臧孫曰："季孫之愛我，疾疢也，孟孫之惡我，藥石也。美疢不如惡石。夫石猶生我，疢之美，其毒滋多。"言石能除己疾也。

〔10〕季武子無適子，公彌長，悼子少，武子愛悼子，欲立之。訪於申豐，曰："不可。"訪於臧紇，曰："飲我酒，吾為子立之。"季氏飲大夫酒，臧紇為客，既獻，臧孫命北面重席，新罇絜之，召悼子降逆之，大夫皆起，悼子乃立。季氏以公彌為馬正。其後公彌立，孟孫羯與共構臧紇於季氏，臧紇奔齊。齊侯將與臧紇田，臧孫聞之，見齊侯，與之言伐晉。對曰："多則多矣，抑君似鼠。鼠晝伏夜動，不穴於寢廟，畏人故也。今君聞晉之亂而後作焉，寧將事之，非鼠如何？"乃不與田。注曰"紇知齊侯將敗，不欲受其邑，故以比鼠，欲使怒而止"也。見《左傳》。

夫知而違之，偽也；不知而失之，闇也。闇與偽焉，其患一也。患之所在，非徒在智之不及，又在及而違之者矣。故曰"智及之仁不能守之，雖得之，必失之"也。〔1〕《夏書》曰："念茲在茲，庶事恕施。"忠智之謂矣。〔2〕

【注】
〔1〕《論語》之文。
〔2〕茲，此也。念此事也，在此身也。言行事當常念如在己身也。庶，眾也。言眾事恕己而施行，斯可謂忠而有智矣。

故君子之行，動則思義，不為利回，不為義疚，〔1〕進退周旋，唯道是務。苟失其道，則兄弟不阿；苟得其義，雖仇讎不廢。故解狐蒙祁奚之薦，二叔被周公之害，〔2〕勃鞮以逆文為成，〔3〕傅瑕以順屬為敗，〔4〕管蘇以憎忤取進，申侯以愛從見退，考之以義也。〔5〕故曰："不在逆順，以義為斷；不在憎愛，以道為貴。"《禮記》曰："愛而知其惡，憎而知其善。"考義之謂也。

【注】
〔1〕《左傳》曰："君子動則思禮，行則思義，不為利回，不為義疚。"杜

預注云:"回,邪也。疢,病也。"

〔2〕《左傳》曰,晉祁奚請老,晉侯問嗣焉,稱解狐,其讎也。

〔3〕勃鞮,晉寺人,名披。《左傳》晉獻公使寺人披伐公子重耳於蒲,〔一六〕披斬其袪。及文公歸國,呂甥、郤芮將焚公宮而殺文公,寺人披以呂、郤之難告之。言初雖逆文公,後竟成之也。

〔4〕《左傳》言鄭厲公為祭仲所逐,後侵鄭及大陵,獲鄭大夫傅瑕。傅瑕曰:"苟舍我,吾請納子。"厲公與之盟而赦之。傅瑕殺鄭子而納厲公,〔厲公〕遂殺傅瑕也。〔一七〕

〔5〕《新序》曰:"楚恭王有疾,告諸大夫曰:'管蘇犯我以義,違我以禮,與處不安,不見不思,然而有得焉。吾死之後,爵之於朝。申侯伯順吾所欲,行吾所樂,與處則安,不見則思,然未嘗有得焉。必速遣之。'"

桓帝時,舉孝廉,除北新城長。〔1〕告縣人曰:"昔文翁在蜀,道著巴漢,〔2〕庚桑瑣隸,風移碨磊。〔3〕吾雖小宰,猶有社稷,〔4〕苟赴期會,理文墨,豈本志乎!"乃更大作講舍,延聚生徒數百人,朝夕自往勸誡,身執經卷,試策殿最,儒化大行。此邑至後猶稱其教焉。

【注】

〔1〕北新城屬涿縣。

〔2〕《前書》文翁為蜀郡太守,興起學校,比於〔齊〕、魯(衛)也。〔一八〕

〔3〕瑣,碎也。《莊子》曰:"老聃之(後)〔役〕有庚桑楚者,〔一九〕偏得老聃之道,以北居碨磊之山,居三年,碨壘大穰。碨壘之人相與言曰:'庚桑子之始來,吾洒然異之;今吾日計之不足,歲計之有餘,庶幾其聖人乎!'"碨音猥。磊音盧罪反。

〔4〕《論語》曰:"子路將使子羔為費宰,曰:'有民人焉,有社稷焉。'"

特召入拜尚書郎,累遷。後為野王令,未行。光和中,病卒。

孫楨,亦以文才知名。[1]

【注】
[1]《魏志》楨字公幹,為司空軍謀祭酒,五官郎將文學,與徐幹、陳琳、阮瑀、應瑒俱以文章知名,轉為平原侯庶子。

邊讓字文禮,陳留浚儀人也。少辯博,能屬文。作《章華賦》,雖多淫麗之辭,而終之以正,亦如相如之諷也。[1]其辭曰:

【注】
[1]章華臺,解見《馮衍傳》。楊雄曰:"詞人之賦麗以淫。"司馬相如作《上林賦》"發倉廩以救貧窮,補不足,恤鰥寡,存孤獨,出德號,省刑罰",此為諷也。

楚靈王既遊雲夢之澤,息於荊臺之上。前方淮之水,左洞庭之波,[1]右顧彭蠡之隩,南眺巫山之阿。[2]延目廣望,騁觀終日。顧謂左史倚相曰:"盛哉斯樂,可以遺老而忘死也!"[3]於是遂作章華之臺,築乾谿之室,[4]窮木土之技,單珍府之實,舉國營之,數年乃成。[5]設長夜之淫宴,作北里之新聲。[6]於是伍舉知夫陳、蔡之將生謀也。[7]乃作斯賦以諷之:

【注】
[1]洞庭湖在今岳州西南。
[2]《說苑》曰:"楚昭王欲之荊臺遊,司馬子綦進諫曰:'荊臺之遊,左洞庭之波,右彭蠡之水,南望獵山,下臨方淮,其地使人遺老而忘死也。王不可遊也。'"巫山在夔州巫山縣東。
[3]《說苑》,此並司馬子綦諫昭王之言。

〔4〕《史記》曰,靈王次於乾谿,樂乾谿不能去。

〔5〕技,巧也。單,盡也。《國語》楚靈王為章華之臺,與伍舉升焉。曰:"臺美夫!"對曰:"國君安人以為樂,今君為此臺也,國人罷焉,財用盡焉,年穀敗焉,百姓煩焉,軍國苦之,數年乃成。"

〔6〕《史記》曰,紂為酒池肉林,使男女倮而相逐其閒,為長夜之飲。使師涓作新聲,北里之舞,靡靡之樂也。

〔7〕陳蔡二國,先為楚所滅也。

胄高陽之苗胤兮,承聖祖之洪澤。〔1〕建列藩於南楚兮,等威靈於二伯。〔2〕超有商之大彭兮,越隆周之兩虢兮。〔3〕達皇佐之高勳兮,馳仁聲之顯赫。〔4〕〔二〇〕惠風春施,神武電斷,華夏肅清,五服攸亂。〔5〕旦垂精於萬機兮,夕回輦於門館。設長夜之歡飲兮,展中情之嬿婉。〔6〕竭四海之妙珍兮,盡生人之秘玩。

【注】

〔1〕胄,胤也。高陽,帝顓頊也。《帝系》曰:"顓頊娶於滕隍氏女而生老童,是為楚先。"《楚詞》曰:"帝高陽之苗裔兮。"

〔2〕老童之後鬻熊,事周文王,早卒。至孫熊繹,周成王時封於楚。其後子孫隆盛,與齊、晉〔爭〕強。〔二一〕二伯,齊桓、晉文也。

〔3〕《國語》曰:"商伯大彭、豕韋。"《左傳》曰"虢仲、虢叔,王季之穆"也。

〔4〕皇佐謂鬻熊佐文王也。《左傳》曰:"楚自克庸以來,〔二二〕其君無日不討國人而訓之,于人生之不易,禍至之無日,戒懼之不可以怠。"此馳仁聲也。

〔5〕謂靈王承先世仁惠之風,如春普施。神武威稜,如電雷之斷決也。五服,甸、侯、綏、要、荒也。亂,理也。

〔6〕嬿,安也。婉,美也。婉,協韻音於願反。

爾乃攜窈窕,從好仇,[1]徑肉林,登糟丘,[2]蘭肴山竦,椒酒淵流。[3]激玄醴於清池兮,靡微風而行舟。登瑤臺以回望兮,冀彌日而消憂。[4]於是招宓妃,命湘娥,[5]齊倡列,鄭女羅。[6]揚《激楚》之清宮兮,展新聲而長歌。[7]繁手超於北里,妙舞麗於《陽阿》。[8]金石類聚,絲竹群分。被輕袿,曳華文,[9]羅衣飄飄,組綺繽紛。[10]縱輕軀以迅赴,若孤鵠之失群;[二三]振華袂以逶迤,若遊龍之登雲。於是歡嬿既洽,長夜向半,琴瑟易調,繁手改彈,清聲發而響激,微音逝而流散。振弱支而紆繞兮,若綠蘩之垂幹,忽飄飄以輕逝兮,[二四]似鸞飛於天漢。舞無常態,鼓無定節,尋聲響應,修短靡跌。[11]長袖奮而生風,清氣激而繞結。[12]爾乃妍媚遞進,巧弄相加,俯仰異容,忽兮神化。[13]體迅輕鴻,榮曜春華,進如浮雲,退如激波。雖復柳惠,能不咨嗟![14]於是天河既回,淫樂未終,[二五]清籥發徵,《激楚》揚風。[15]於是音氣發於絲竹兮,飛響軼於雲中。比目應節而雙躍兮,[16]孤雌感聲而鳴雄。[17]美繁手之輕妙兮,嘉新聲之彌隆。於是眾變已盡,群樂既考。[18]歸乎生風之廣夏兮,脩黃軒之要道。[19]攜西子之弱腕兮,援毛嬪之素肘。[20]形便娟以嬋媛兮,若流風之靡草。[21]美儀操之姣麗兮,忽遺生而忘老。

【注】

〔1〕窈窕,幽閒也。仇,匹也。《毛詩》曰:"窈窕淑女,君子好仇。"

〔2〕《史記》紂作糟丘酒池,懸肉以為林也。

〔3〕蘭肴,芳若蘭也。椒酒,置椒酒中也。《楚詞》曰:"蕙肴兮蘭籍,桂酒兮椒漿。"

〔4〕彌,終也。《楚辭》曰:"望瑤臺而偃蹇。"

〔5〕宓妃,洛水之神女也。湘娥,堯之二女娥皇、女英,湘水之神也。

〔6〕《楚辭》曰:"二八齊容起鄭舞。"

〔7〕《激楚》,曲名也。《淮南子》曰:"《激楚》結風。"

〔8〕《左傳》曰："繁手淫聲，慆堙心耳，〔二六〕乃忘和平。"《陽阿》，解見《馬融傳》。

〔9〕《方言》曰："袿謂之裾。"《釋名》曰："婦人上服謂之袿。"

〔10〕組，綬也。綺，綾也。

〔11〕跌，蹉也。

〔12〕歌聲激發，縈繞纏結。

〔13〕化，協韻音花。

〔14〕柳下惠，展季也。《家語》曰："柳下惠嫗不逮門之女，國人不稱其亂，言其貞也。"

〔15〕籥如笛，六孔。

〔16〕比目魚一名鰈，一名王餘，不比不行，今江東呼為板魚。《韓詩外傳》曰："伯牙鼓琴，游魚出聽。"〔二七〕

〔17〕枚乘《七發》曰："暮則羈雌迷鳥宿焉。"羈雌，孤雌也。

〔18〕考，成也。

〔19〕黃帝軒轅氏得房中之術於玄女，握固吸氣，還精補腦，可以長生。《說苑》〔二八〕雍門周說孟嘗君曰："廣夏邃房下，羅帷來清風。"

〔20〕西子，西施也。《越絕書》曰："越王句踐得採薪二女西施、鄭旦，以獻吳王。"毛嬙，毛嬙也。《莊子》曰："毛嬙麗姬，人之美者。"

〔21〕《淮南子》曰："今舞者便娟若秋葯被風。"葯，白芷也。

爾乃清夜晨，妙技單，收尊俎，徹鼓盤。〔1〕惘焉若醒，撫劍而歎。〔2〕慮理國之須才，悟稼穡之艱難。美呂尚之佐周，善管仲之輔桓。將超世而作理，焉沈湎於此歡！於是罷女樂，墮瑶臺。思夏禹之卑宮，慕有虞之土階。〔3〕舉英奇於仄陋，拔髦秀於蓬萊。君明哲以知人，官隨任而處能。〔5〕百揆時敍，庶績咸熙。諸侯慕義，不召同期。〔6〕繼高陽之絕軌，崇成、莊之洪基。〔7〕雖齊桓之一匡，豈足方於大持？〔8〕爾乃育之以仁，臨之以明。致虔報於鬼神，盡肅恭乎上京。〔9〕馳淳化於黎元，永歷世而太平。

【注】

〔1〕張衡《七盤賦》曰"歷七盤而屣躡"也。

〔2〕酲,酒病也。

〔3〕《墨子》曰:"虞舜土階三尺,茅茨不剪。"

〔4〕蓬蒿草萊之閒也。《爾雅》曰:"髦,俊也。"

〔5〕能,協韻音乃來反。

〔6〕《尚書》武王伐紂,八百諸侯不期而至。

〔7〕《史記》楚成王布德施惠,結舊好於諸侯,使人獻於天子。莊王,成王孫也。納伍舉、蘇縱之諫,罷淫樂,聽國政,所誅數百人,所進數百人,國人大悦。

〔8〕《穀梁傳》曰:"齊桓公為陽穀之會,一匡天下。"匡,正也。

〔9〕言楚尊事周室。

大將軍何進聞讓才名,欲辟命之,恐不至,詭以軍事徵召。既到,署令史,〔1〕進以禮見之。讓善占(謝)[射],〔二九〕能辭對,時賓客滿堂,莫不羡其風。府掾孔融、王朗並修刺候焉。〔2〕

【注】

〔1〕《續漢志》曰:"大將軍下有令史及御史屬三十一人。"

〔2〕朗字景興,《魏志》有傳。

議郎蔡邕深敬之,以為讓宜處高任,乃薦於何進曰:"伏惟幕府初開,博選清英,華髮舊德,並為元龜。〔1〕雖振鷺之集西雍,濟濟之在周庭,無以或加。〔2〕竊見令史陳留邊讓,天授逸才,聰明賢智。髫齔夙孤,不盡家訓。〔3〕〔三〇〕及就學廬,便受大典。初涉諸經,見本知義,授者不能對其問,章句不能逮其意。〔三一〕心通性達,口辯辭長。非禮不動,非法不言。若處狐疑之論,定嫌審之分,經典交至,檢括參合,眾夫寂焉,莫之能奪也。使讓生在唐、虞,則元、凱之次,運值仲尼,則顏、冉之亞,豈徒俗之凡偶近器而已者哉!〔三二〕階級名位,亦宜超然。若復隨輩而進,〔三三〕非所以章瓌偉之高價,昭知人之絕明也。傳曰:'函牛之鼎以亨雞,多汁則淡而不可食,少汁則熬而不可熟。'〔4〕此言大器之於小用,固有所不宜也。邕竊悁邑,〔5〕怪此寶鼎未受犧牛大羹之和,久在煎熬爋割之閒。願明將軍迴謀垂慮,裁加少納,〔三四〕貢之機密,展之力用。〔6〕若以年齒為嫌,則顏回不得貫德行之首,子奇終無理阿之功。〔7〕苟堪其事,古今一也。"

【注】

〔1〕華髮,白首也。元龜所以知吉凶。《尚書》曰:"格人元龜。"

〔2〕《韓詩》曰:"振鷺于飛,于彼西雍。"薛君《章句》曰:"鷺,絜白之鳥也。西雍,文王(之)〔辟〕雍也。〔三五〕言文王之時,辟雍學士皆絜白之人也。"又曰:"濟濟多士,文王以寧。"

〔3〕髫,翦髮為髫也。齓,毀齒也。

〔4〕《莊子》曰:"函牛之鼎沸,蟻不得措一足焉。"《吕氏春秋》曰,白圭對魏王曰"市丘之鼎以亨雞,多洎之則淡不可食,少洎之則焦而不熟"也。函,容也。洎,汁也。

〔5〕悁邑,憂憤也。

〔6〕展,陳也。

〔7〕《說苑》曰:"子奇年十八為阿宰,有善績。"

讓後以高才擢進,屢遷,出為九江太守,不以為能也。

初平中,王室大亂,讓去官還家。恃才氣,不屈曹操,多輕侮之言。建安中,其鄉人有搆讓於操,操告郡就殺之。文多遺失。

酈炎字文勝,范陽人,酈食其之後也。炎有文才,解音律,言論給捷,多服其能理。〔1〕靈帝時,州郡辟命,皆不就。有志氣,作詩二篇曰：

【注】
〔1〕給，敏也。

　　大道夷且長，窘路狹且促。脩翼無（與）[卑]栖，〔三六〕遠趾不步局。〔1〕舒吾陵霄羽，奮此千里足。超邁絶塵驅，倏忽誰能逐。賢愚豈常類，稟性在清濁。富貴有人籍，貧賤無天録。〔2〕通塞苟由己，志士不相卜。〔3〕陳平敦里社，〔4〕韓信釣河曲。〔5〕終居天下宰，食此萬鍾禄。〔6〕德音流千載，功名重山岳。

【注】
〔1〕窘，迫也。
〔2〕富貴者為人所載於典籍也，貧賤者不載於天録。天録謂若蕭、曹見名於圖書。
〔3〕言通塞苟若由己，則志士不須相卜也。故蔡澤謂唐舉曰："富貴吾自取之，所不知者壽也。"
〔4〕陳平為里社宰，分肉均。里中曰："善哉陳孺子之為宰也！"曰："使平宰天下亦猶是。"見《前書》。
〔5〕韓信家貧無行，不得為吏，釣於淮陰城下。河者，水之總名也。
〔6〕大斛四斗曰鍾。

　　靈芝生河洲，動搖因洪波。蘭榮一何晚，嚴霜瘁其柯。哀哉二芳草，不植太山阿。文質道所貴，遭時用有嘉。絳、灌臨衡宰，謂誼崇浮華。賢才抑不用，遠投荊南沙。〔1〕抱玉乘龍驥，不逢樂與和。〔2〕安得孔仲尼，為世陳四科！〔3〕

【注】
〔1〕賈誼欲革漢土德，改定律令，絳侯周勃及灌嬰共毀之，文帝以誼為長沙太傅。見《前書》。
〔2〕伯樂、卞和。
〔3〕謂德行、政事、文學、言語也。

炎後風病慌忽。性至孝，遭母憂，病甚發動。妻始產而驚死，妻家訟之，收繫獄。炎病不能理對，熹平六年，遂死獄中，時年二十八。尚書盧植為之誄讚，以昭其懿德。

侯瑾字子瑜，敦煌人也。少孤貧，依宗人居。性篤學，恒傭作為資，暮還輒爇柴以讀書。〔1〕常以禮自牧，〔2〕獨處一房，如對嚴賓焉。州郡累召，公車有道徵，並稱疾不到。作《矯世論》以譏切當時。而徙入山中，覃思著述。〔3〕以莫知於世，故作《應賓難》以自寄。又案《漢記》撰中興以後行事，為《皇德傳》三十篇，行於世。餘所作雜文數十篇，多亡失。(西)河[西]人敬其才〔三七〕而不敢名之，皆稱為侯君云。

【注】
〔1〕爇，古"然"字。
〔2〕《易》曰："卑以自牧。"牧，養也。
〔3〕覃，靜也。

高彪字義方，吳郡無錫人也。〔1〕家本單寒，至彪為諸生，遊太學。有雅才而訥於言。嘗從馬融欲訪大義，融疾不獲見，乃覆刺遺融書曰："承服風問，從來有年，〔2〕故不待介者而謁大君子之門，冀一見龍光，以敍腹心之願。〔3〕不圖遭疾，幽閉莫啓。昔周公旦父文兄武，九命作伯，以尹華夏,猶揮沐吐餐,垂接白屋,〔4〕故周道以隆,天下歸德。公今養痾傲士,故其宜也。"融省書憋,追謝還之,彪逝而不顧。

【注】

〔1〕無錫,今常州縣。

〔2〕風問,風猷令問。

〔3〕《毛詩》曰:"既見君子,為龍為光。"龍,寵也。

〔4〕白屋,匹夫也。

後郡舉孝廉,試經第一,除郎中,校書東觀,數奏賦、頌、奇文,因事諷諫,靈帝異之。

時京兆第五永為督軍御史,使督幽州,百官大會,祖餞於長樂觀。〔三八〕議郎蔡邕等皆賦詩,彪乃獨作箴曰:"文武將墜,乃俾俊臣。〔1〕整我皇綱,董此不虔。〔2〕古之君子,即戎忘身。〔3〕明其果毅,尚其桓桓。〔4〕呂尚七十,氣冠三軍,詩人作歌,如鷹如鸇。〔5〕天有太一,五將三門;〔6〕地有九變,丘陵山川;〔7〕人有計策,六奇五間:〔8〕總茲三事,謀則咨詢。〔9〕無曰己能,務在求賢,淮陰之勇,廣野是尊。〔10〕周公大聖,石碏純臣,以威克愛,以義滅親。勿謂時險,不正其身。〔11〕勿謂無人,莫識己真。忘富遺貴,福祿乃存。枉道依合,復無所觀。〔12〕先公高節,越可永遵。佩藏斯戒,以屬終身。"邕等甚美其文,以為莫尚也。

【注】

〔1〕俾,使也。

〔2〕董,正也。

〔3〕《易》曰:"不利即戎。"司馬穰苴曰:"將受命之日忘其家,援枹鼓即忘其身。"〔三九〕

〔4〕《左傳》曰:"殺敵為果,致果為毅。"《尚書》曰:"勖哉夫子,尚桓桓。"桓桓,武貌。

〔5〕太公年七十遇文王。《毛詩》曰："惟師尚父，時惟鷹揚。"

〔6〕《太一式》："凡舉事皆欲發三門，順五將。"發三門者，開門、休門、生門。五將者，天目、文昌等。

〔7〕《孫子·九變篇》曰："用兵有散地，有輕地，有爭地，有交地，有衢地，有重地，有汜地，〔四〇〕有圍地，有死地。諸侯自戰其地，為散地。入人之地而不深，為輕地。我得則利，彼得亦利者，為爭地。我可以往，彼可以來，為交地。諸侯之地三屬，先至而得衆，為衢地。入人地深，倍城邑多，為重地。行山林，阻沮澤，難行之道，為汜地。所由入者隘，所從歸者少，彼寡可以擊吾衆者，為圍地。疾戰則存，不疾戰則亡，為死地。通九變之利，知用兵矣。"

〔8〕陳平凡六出奇策。《孫子》曰："用間有五，有因間，有內間，有反間，有死間，有生間。五間俱起，莫知其道，是謂神紀，人君之寶也。因間者，因其鄉人而用之也。內間者，因其官人而用之也。反間者，因其敵間而用之也。死間者，為誑事於外，令吾間知之而得於敵者也。生間者，反報者也。"

〔9〕總天、地、人之事而詢謀於衆。

〔10〕臣賢案：《前書》韓信破趙，得廣武君李左車，解其縛而師事之。而此作"廣野"。案廣野君酈食其，無韓信師事處，蓋誤也。

〔11〕周公誅管、蔡，石碏殺其子厚也。剋，勝也。《前書》孫寶曰："周公上聖，邵公大賢。"《尚書》曰："威克厥愛，允濟。"《左傳》曰："石碏純臣也。大義滅親，其是之謂乎！"

〔12〕曲道以合時者，不足觀也。

後遷（內）〔外〕黃令，〔四一〕帝勑同僚臨送，祖於上東門，〔1〕詔東觀畫彪像以勸學者。彪到官，有德政，上書薦縣人申徒蟠等。病卒於官，文章多亡。

【注】

〔1〕洛陽城東面北頭門。

子岱,亦知名。

張超字子並,河閒鄭人也,〔1〕留侯良之後也。有文才。靈帝時,從車騎將軍朱儁征黃巾,為別部司馬。著賦、頌、碑文、薦、檄、牋、書、謁文、嘲,凡十九篇。超又善於草書,妙絕時人,〔四二〕世共傳之。

【注】
〔1〕今瀛州鄭縣。

禰衡字正平,平原般人也。〔1〕少有才辯,而尚氣剛傲,好矯時慢物。興平中,避難荊州。建安初,來遊許下。始達潁川,乃陰懷一刺,既而無所之適,至於刺字漫滅。是時許都新建,賢士大夫四方來集。或問衡曰:"盍從陳長文、司馬伯達乎?"〔2〕對曰:"吾焉能從屠沽兒耶!"又問:"荀文若、趙稚長云何?"〔3〕衡曰:"文若可借面弔喪,稚長可使監廚請客。"〔4〕唯善魯國孔融及弘農楊脩。常稱曰:"大兒孔文舉,小兒楊德祖。餘子碌碌,莫足數也。"融亦深愛其才。

【注】
〔1〕般,縣,故城在今德州平昌縣東。般音卜滿反。〔四三〕
〔2〕陳群字長文。司馬朗字伯達,河內溫人。
〔3〕趙為盪寇將軍,見《魏志》。
〔4〕《典略》曰:"衡見荀儀容但有貌耳,故可弔喪。趙有腹大,〔四四〕健噉肉,故可監廚也。"

衡始弱冠,而融年四十,遂與為交友。上疏薦之曰:"臣聞洪水橫流,帝思俾乂,〔1〕旁求四方,以招賢俊。〔2〕昔孝武繼統,〔四五〕將弘祖業，疇咨熙載，群士響臻。[3]陛下叡聖，纂承基緒，遭遇厄運，勞謙日昃。[4]惟岳降神，異人並出。[5]竊見處士平原禰衡，年二十四，字正平，淑質貞亮，英才卓礫。[四六]初涉藝文，升堂覩奧，目所一見，輒誦於口，耳所瞥聞，[四七]不忘於心。性與道合，思若有神。[6]弘羊潛計，安世默識，以衡準之，誠不足怪。[7]忠果正直，志懷霜雪，見善若驚，疾惡若讎。[8]任座抗行，史魚厲節，殆無以過也。[9]鷙鳥累伯，[四八]不如一鶚。[10]使衡立朝，必有可觀。飛辯騁辭，溢氣坌涌，解疑釋結，臨敵有餘。昔賈誼求試屬國，詭係單于；[11]終軍欲以長纓，牽致勁越。[12]弱冠慷慨，前世美之。近日路粹、嚴象，亦用異才擢拜臺郎，衡宜與為比。如得龍躍天衢，振翼雲漢，揚聲紫微，垂光虹蜺，足以昭近署之多士，增四門之穆穆。[13]鈞天廣樂，必有奇麗之觀；[14]帝室皇居，必蓄非常之寶。若衡等輩，不可多得。《激楚》、《楊阿》，[四九]至妙之容，臺牧者之所貪；[15][五〇]飛兔、騕褭，絕足奔放，良、樂之所急。[16]臣等區區，敢不以聞。"

【注】

〔1〕《孟子》曰："堯時洪水橫流，氾濫於天下。"《尚書》帝曰："咨，湯湯洪水方割，有能俾乂。"俾，使也。乂，理也。

〔2〕《尚書》曰："旁求天下。"

〔3〕《尚書》帝堯曰："疇咨若時登庸。"又曰："有能奮庸熙帝之載。"疇，誰也。熙，廣也。載，事也。

〔4〕《易》曰："勞謙君子有終吉。"《尚書》敍文王德曰："自朝至于日中昃，不遑[暇]食。"[五一]言不敢懈怠也。

〔5〕《毛詩》曰："惟岳降神，生甫及申。"《公孫弘傳贊》曰："異人並出。"

〔6〕《淮南子》曰："所謂真人者，性合於道也。"

〔7〕《前書》曰："桑弘羊，雒陽賈人子，以心計，年十三為侍中。"又曰："張安世字子孺，為郎。上行幸河東，嘗亡書三篋，詔問莫能知，唯安世識

之,具作其事。後購求得書,以相校,無所遺失。"

〔8〕《國語》楚藍尹亹謂子西曰:"夫闔廬,聞一善言若驚,得一士若賞。"

〔9〕《呂氏春秋》魏文侯飲,問諸大夫曰:"寡人何如主也?"任座曰:"君不肖君也。克中山,不以封君之弟,而以封君之子,是以知君不肖君也。"《論語》孔子曰"直哉史魚,邦有道如矢,邦無道如矢"也。

〔10〕鄒陽上書之言也。鶚,大鵰也。

〔11〕《前書》賈誼曰:"何不試以臣為屬國之官,以主匈奴。行臣之計,請必繫單于之頸而制其命。"

〔12〕《前書》終軍曰"願受長纓,必羈南越王而致之闕下"也。

〔13〕《尚書》曰:"賓於四門,四門穆穆。"

〔14〕《史記》曰,趙簡子疾,五日不知人,大夫皆懼。醫扁鵲曰:"血脈理也。昔秦穆公如此,七日寤,寤而曰:'我之帝所甚樂。'今主君之疾與之同,不出三日必閒,閒必有言也。"居二日,果寤,語大夫曰"我之帝所甚樂,與百神遊於鈞天,廣樂九奏,其聲動心"也。

〔15〕諸本並作"臺牧",未詳其義。《融集》作"掌伎"。〔五二〕

〔16〕《呂氏春秋》曰:"飛兔、騕褭,古駿馬也。"高誘注曰:"日行萬里。"王良、伯樂,善御人也。

融既愛衡才,數稱述於曹操。操欲見之,而衡素相輕疾,自稱狂病,不肯往,而數有恣言。操懷忿,而以其才名,不欲殺之。聞衡善擊鼓,乃召為鼓史,因大會賓客,閱試音節。諸史過者,皆令脫其故衣,更著岑牟單絞之服。[1]次至衡,衡方為《漁陽》參撾,蹀躞而前,[2]容態有異,聲節悲壯,聽者莫不慷慨。衡進至操前而止,吏訶之曰:"鼓史何不改裝,而輕敢進乎?"衡曰:"諾。"於是先解衵衣,[3]次釋餘服,裸身而立,徐取岑牟、單絞而著之,畢,復參撾而去,顏色不怍。[4]操笑曰:"本欲辱衡,衡反辱孤。"

【注】

〔1〕《文士傳》曰:"魏太祖欲辱衡,乃令人錄用為鼓史。後至八月朝普天閲試鼓節,〔五三〕作三重閣,列坐賓客,以帛絹制作衣,一岑牟,一單絞及小㡓。"《通史志》曰:"岑牟,鼓角士胄也。"鄭玄注《禮記》曰:"絞,蒼黄之色也。"

〔2〕《文士傳》曰:"衡擊鼓作《漁陽》參撾,蹋地來前,躡駆足脚,容態不常,鼓聲甚悲,易衣畢,復擊鼓參撾而去。至今有《漁陽》參撾,自衡始也。"臣賢案:撾及檛並擊鼓杖也。參撾是擊鼓之法,而王僧孺詩云:"散度《廣陵》音,參寫《漁陽》曲。"而於其詩自音云:"參音七紺反。"後諸文人多同用之。據此詩意,則參曲奏之名,則檛字入於下句,全不成文。下云"復參檛而去",足知"參檛"二字當相連而讀。參字音為去聲,不知何所憑也。參七甘反。

〔3〕杜預注《左傳》曰:"袒,近身衣也。"音女一反。

〔4〕怍,羞也。

孔融退而數之曰:"正平大雅,固當爾邪?"〔1〕因宣操區區之意。衡許往。融復見操,說衡狂疾,今求得自謝。操喜,勅門者有客便通,待之極晏。衡乃著布單衣、疎巾,手持三尺梲杖,〔2〕坐大營門,以杖捶地大罵。吏白:外有狂生,坐於營門,言語悖逆,請收案罪。操怒,謂融曰:"禰衡豎子,孤殺之猶雀鼠耳。顧此人素有虛名,遠近將謂孤不能容之,今送與劉表,視當何如。"於是遣人騎送之。臨發,衆人為之祖道,先供設於城南,乃更相戒曰:"禰衡勃虐無禮,今因其後到,咸當以不起折之也。"及衡至,衆人莫肯興,衡坐而大號。衆問其故,衡曰:"坐者為冢,臥者為屍,屍冢之間,能不悲乎!"

【注】

〔1〕雅,正也。言大雅君子不當爾。

〔2〕《説文》曰:"梲,大杖也。"音佗結反。

劉表及荊州士大夫先服其才名，甚賓禮之，文章言議，非衡不定。表嘗與諸文人共草章奏，並極其才思。時衡出，還見之，開省未周，因毀以抵地。[1]表憮然為駭。[2]衡乃從求筆札，須臾立成，辭義可觀。表大悅，益重之。

【注】
[1] 抵，擲也。
[2] 憮然，怪之也，音撫。

後復侮慢於表，表恥不能容，以江夏太守黃祖性急，故送衡與之，祖亦善待焉。衡為作書記，輕重疎密，各得體宜。祖持其手曰：「處士，此正得祖意，如祖腹中之所欲言也。」

祖長子射[1]為章陵太守，尤善於衡。嘗與衡俱遊，共讀蔡邕所作碑文，射愛其辭，還恨不繕寫。衡曰：「吾雖一覽，猶能識之，[2]唯其中石缺二字為不明耳。」因書出之，射馳使寫碑還校，如衡所書，莫不歎伏。射時大會賓客，人有獻鸚鵡者，射舉巵於衡曰：「願先生賦之，以娛嘉賓。」衡（覽）〔攬〕筆而作，[五四]文無加點，辭采甚麗。

【注】
[1] 射音亦。
[2] 識，記也，音志。

後黃祖在蒙衝船上，[1]大會賓客，而衡言不遜順，祖慚，乃訶之，衡更熟視曰：「死公！云等道？」[2]祖大怒，令五百將出，[3]欲加箠，衡方大罵，祖恚，遂令殺之。祖主簿素疾衡，即時殺焉。射徒跣來救，不及。祖亦悔之，乃厚加棺斂。衡時年二十六，其文章多亡云。

【注】
〔1〕《釋名》曰："外狹而長曰蒙衝，以衝突敵船。"
〔2〕死公，罵言也。等道，猶今言何勿語也。
〔3〕五百猶今之問事也。解見《宦者傳》。

贊曰：情志既動，篇辭為貴。[1]抽心呈貌，非彫非蔚。[2]殊狀共體，同聲異氣。言觀麗則，永監淫費。[3]

【注】
〔1〕《毛詩序》云："情發於中而形於言。《詩》者志之所之，故情志動而篇辭作，斯文章之為貴。"
〔2〕彫，斲也。《易》曰："君子豹變，其文蔚。"
〔3〕楊雄曰：[五五]"詩人之賦麗以則，辭人之賦麗以淫。"《禮記》曰："不辭費。"

【校勘記】
〔一〕富平侯放之孫也　按：《集解》引洪亮吉説，謂案《升傳》，升以黨錮事誅，年四十九，以升生年計之，放卒已一百三十餘年，范言升放之孫，未識何據。又引李廣芸説，謂"孫"上疑有脱字。
〔二〕手足異門而出　殿本"手"作"首"。王先謙謂"手"字誤，當依注作"首"。今按：《史記·孔子世家》云"手足異處"，與《穀梁傳》異。
〔三〕兩君就壇　汲本、殿本此下有"兩相相揖"四字。今按：注引經傳多删節，此或後人據《穀梁傳》補也。
〔四〕後見驅者　按：《集解》引惠棟説，謂"見"集作"逼"。
〔五〕羿子彀左　按：《集解》引惠棟説，謂"羿子"集作"羿弓"。
〔六〕小而柄長謂之畢　按："畢"原譌"罩"，逕改正。
〔七〕是時司徒袁逢受計　按：《集解》引洪頤煊説，謂《靈帝紀》光和元年二月，光禄勳袁滂為司徒，二年三月，司徒袁滂免，元年受計者非袁逢也。

〔八〕下郡計（史）〔吏〕而揖三公　據汲本、殿本改。

〔九〕實望仁兄　按：《刊誤》謂"兄"當作"君"。《兩漢》未嘗相呼為"仁兄"，下文亦有"仁君"。

〔一〇〕膝炙（塊）〔壞〕潰　據汲本改。按："炙"原譌"炙"，逕改正。

〔一一〕臧倉譖之　按："倉"原譌"蒼"，逕據汲本、殿本改正。

〔一二〕一名岑　按：《集解》引何焯說，謂《魏志》注中作"一名恭"。

〔一三〕芊尹申亥　汲本"芊"作"芊"，注同。按：《校補》引柳從辰說，謂此字《左傳》注疏本作"芊"，郝在田《金壺字攷》云"芊音千，芊尹，複姓也"。案芊、芊、芋三字形近易譌，以音求形，作"芊"為是。至郝氏作"芊"，以芊尹為複姓，則汲本之從千，可知亦別有所據，自不妨兩存之。

〔一四〕子囊楚令尹名（也）〔午〕　據殿本改。

〔一五〕楚靈王子圍　按：《刊誤》謂案文多一"子"字。

〔一六〕伐公子重耳於蒲　按："蒲"原譌"蒱"，逕據汲本、殿本改正。

〔一七〕傅瑕殺鄭子而納厲公〔厲公〕遂殺傅瑕也　王先謙謂"遂"上當更有"厲公"二字。今據補。

〔一八〕比於〔齊〕魯（衞）也　按：《集解》引惠棟說，謂依《前書》"魯衞"當作"齊魯"。今據改。

〔一九〕老聃之（後）〔役〕有庚桑楚者　據汲本改。

〔二〇〕馳仁聲之顯赫　按：《集解》引《王補》說，謂《文選》曹植《贈丁儀王粲詩注》"馳"作"飛"。

〔二一〕與齊晉〔爭〕強　據《刊誤》補。

〔二二〕楚自克庸以來　按："庸"原譌"廣"，逕改正。

〔二三〕若孤鵠之失群　按：《集解》引王補說，謂《文選·洛神賦》注"孤"作"離"。

〔二四〕忽飄飄以輕逝兮　按：《集解》引王補說，謂《文選》陸機《日出東南隅行》注"飄飄"作"飄然"。

〔二五〕淫樂未終　按：《集解》引王補說，謂《文選》謝惠連《詠牛女詩》注"淫"作"歡"。

〔二六〕慆堙心耳　按："慆"原譌"悋"，逕改正。

〔二七〕游魚出聽　按："游"原譌"淫"，逕改正。

〔二八〕説苑　按："苑"原譌"宛"，逕改正。

〔二九〕讓善占（謝）〔射〕　據殿本改。

〔三〇〕不盡家訓　按：《集解》引惠棟説，謂"盡"邕集作"墮"。

〔三一〕章句不能逮其意　按：《集解》引惠棟説，謂"逮"邕集作"遂"。

〔三二〕豈徒俗之凡偶近器而已者哉　按：刊誤謂案文多一"者"字。

〔三三〕若復隨輩而進　按：《集解》引惠棟説，謂邕集云"若復從此郡選舉"云云。

〔三四〕願明將軍回謀垂慮裁加少納　按：《集解》引惠棟説，謂邕集云"願明將軍回謀守慮，思垂采納"。又引蘇輿説，謂"裁加少納"疑當作"少加裁納"。

〔三五〕文王（之）〔辟〕雍也　據殿本改。

〔三六〕脩翼無（與）〔卑〕栖　據汲本、殿本改。

〔三七〕（西）河〔西〕人敬其才　《集解》引陳景雲説，謂"西河"當作"河西"。瑾敦煌人，河西四郡之一也。今據改。

〔三八〕祖餞於長樂觀　按：《集解》引惠棟説，謂"長樂"當作"平樂"。

〔三九〕援枹鼓即忘其身　按："枹"原譌"抱"，逕改正。

〔四〇〕有汜地　按：《刊誤》謂案孫子"汜"當作"圮"。

〔四一〕後遷（内）〔外〕黄令　按：《集解》引錢大昕説，謂"内黄"當作"外黄"，惠棟説同，今據改。按：《御覽》一七九引亦作"外黄"。

〔四二〕妙絶時人　按："時"原譌"府"，逕據汲本、殿本改正。

〔四三〕般音卜滿反　按："卜"原譌"十"，逕改正。

〔四四〕趙有腹大　《刊誤》謂"腹大"舊作"腹尺"。按：《魏志·荀彧傳》裴注引《典略》作"腹尺"。

〔四五〕昔孝武繼統　按：《校補》謂《文選》"孝武"作"世宗"，此皆章懷避改。

〔四六〕英才卓礫　按：《文選》"礫"作"躒"，《校補》謂作"躒"是。

〔四七〕耳所瞥聞　按：《文選》"瞥"作"暫"，《校補》謂作"暫"是。

〔四八〕鷖鳥累伯　汲本"伯"作"百"。按：古伯百通用。

〔四九〕激楚楊阿　汲本、殿本"楊"作"揚"，《文選》作"陽"。按：作"陽"是。

〔五〇〕臺牧者之所貪　按：《集解》引錢大昕說，謂《文選》載此表作"掌技"。

〔五一〕不遑［暇］食　據汲本、殿本補。

〔五二〕融集作掌伎　"掌伎"汲本作"掌牧"，殿本作"堂牧"。按：皆"掌伎"之譌。

〔五三〕後至八月朝普天閲試皷節　按：《校補》謂"朝普天"語不明。《魏志》注引《文士傳》作"後至八月朝大宴賓客並會"，疑即"朝會大宴"四字之譌脱。

〔五四〕衡（覽）［攬］筆而作　據汲本改。

〔五五〕楊雄曰　按："楊"原作"揚"，逕據汲本、殿本改。

後漢書卷八十一

獨行列傳第七十一

　　孔子曰："與其不得中庸，必也狂狷乎！"〔1〕又云："狂者進取，狷者有所不為也。"〔2〕此蓋失於周全之道，而取諸偏至之端者也。然則有所不為，亦將有所必為者矣；既云進取，亦將有所不取者矣。如此，性尚分流，為否異適矣。〔3〕

【注】

〔1〕庸，常也。〔一〕中和可常行之道，謂之中庸。言若不得中庸之人與之居，必也須得狂狷之人。

〔2〕此是錄《論語》者，因夫子之言而釋狂狷之人也。

〔3〕人之好尚不同，或為或否，各有所適。

　　中世偏行一介之夫，能成名立方者，蓋亦衆也。或志剛金石，而剋扞於彊禦。〔1〕或意嚴冬霜，而甘心於小諒。〔2〕亦有結朋協好，幽明共心；〔3〕蹈義陵險，死生等節。〔4〕雖事非通圓，良其風軌有足懷者。而情迹殊雜，難為條品；片辭特趣，不足區別。揩之則事或有遺，〔5〕載之則貫序無統。以其名體雖殊，而操行俱絕，故總為《獨行篇》焉。庶備諸闕文，紀志漏脱云爾。

【注】

〔1〕謂劉茂、衛福也。

〔2〕戴就、陸續也。

〔3〕范式、張劭也。

〔4〕繆肜、李善也。

〔5〕措,置也。

譙玄字君黃,巴郡閬中人也。少好學,能説《易》、《春秋》。仕於州郡。成帝永始二年,有日食之災,乃詔舉敦樸遜讓有行義者各一人。州舉玄,詣公車,對策高第,拜議郎。

帝始作期門,數為微行。〔1〕立趙飛燕為皇后,后專寵懷忌,皇(太)子多橫夭。〔二〕玄上書諫曰:"臣聞王者承天,繼宗統極,保業延祚,莫急胤嗣,故《易》有幹蠱之義,《詩》詠眾多之福。〔2〕今陛下聖嗣未立,天下屬望,而不惟社稷之計,專念微行之事,愛幸用於所惑,曲意留於非正。竊聞後宮皇子産而不育。〔3〕臣聞之怛然,痛心傷剝,竊懷憂國,不忘須臾。夫警衛不脩,則患生非常。忽有醉酒狂夫,分爭道路,既無尊嚴之儀,豈識上下之別。此為胡狄起於轂下,而賊亂發於左右也。願陛下念天下之至重,愛金玉之身,均九女之施,〔4〕存無窮之福,天下幸甚。"

【注】

〔1〕《前書》武帝微行,常與侍中、常侍、武騎及待詔北地良家子能騎射者期諸殿門,故有期門之號,自此始也。成帝微行亦然,故言始也。

〔2〕《易》曰:"幹父之蠱。"注云:"蠱,事也。"《毛詩》曰:"螽斯,后妃之德也。后妃不妒忌,則子孫眾多也。"其詩曰:"螽斯羽,詵詵兮,宜爾子孫,振振兮。"

〔3〕《前書》成帝宮人曹偉能及許美人皆生子,趙昭儀皆令殺之。

〔4〕九女，解見《崔琦傳》。

時數有災異，玄輒陳其變。既不省納，故久稽郎官。後遷太常丞，以弟服去職。

平帝元始元年，日食，又詔公卿舉敦朴直言。大鴻臚左咸舉玄詣公車對策，復拜議郎，遷中散大夫。〔三〕四年，選明達政事能班化風俗者八人。時並舉玄，為繡衣使者，〔1〕持節，與太僕（任）[王]惲等分行天下〔四〕，觀覽風俗，所至專行誅賞。事未及終，而王莽居攝，玄於是縱使者車，〔2〕變易姓名，閒竄歸家，〔3〕因以隱遁。

【注】
〔1〕《前書》御史大夫領繡衣直指，出討姦猾，理大獄。武帝所制，不常置。
〔2〕縱，捨也。
〔3〕閒，私也。

後公孫述僭號於蜀，連聘不詣。述乃遣使者備禮徵之；若玄不肯起，（使陽）[便賜]以毒藥。〔五〕太守乃自齎璽書至玄廬，曰：「君高節已著，朝廷垂意，誠不宜復辭，自招凶禍。」玄仰天歎曰：「唐堯大聖，許由恥仕；周武至德，伯夷守餓。彼獨何人，我亦何人。保志全高，死亦奚恨！」遂受毒藥。玄子瑛泣血叩頭於太守曰：「方今國家東有嚴敵，兵師四出，國用軍資或不常充足，願奉家錢千萬，以贖父死。」太守為請，述聽許之。玄遂隱藏田野，終述之世。

時兵戈累年，莫能脩尚學業，玄獨訓諸子勤習經書。建武十一年卒。明年，天下平定，玄弟慶以狀詣闕自陳。光武美之，策詔本郡祠以中牢，勑所在還玄家錢。

時亦有犍為費貽，不肯仕述，〔六〕乃漆身為厲，陽狂以避之，退藏山藪十餘年。述破後，仕至合浦太守。

瑛善説《易》，以授顯宗，為北宮衞士令。[1]

【注】
〔1〕《漢官儀》曰："北宮衞士令一人，秩六百石。"

李業字巨游，廣漢梓潼人也。少有志操，介特。習《魯詩》，師博士許晃。元始中，舉明經，除為郎。[1]

【注】
〔1〕元始，平帝年也。

會王莽居攝，業以病去官，杜門不應州郡之命。太守劉咸強召之，業乃載病詣門。咸怒，出教曰："賢者不避害，譬猶（穀）[縠]弩射市，薄命者先死。聞業名稱，故欲與之為治，而反託疾乎？"令詣獄養病，欲殺之。客有説咸曰："趙殺鳴犢，孔子臨河而逝。[1]未聞求賢而脅以牢獄者也。"咸乃出之，因舉方正。王莽以業為酒士，[2]病不之官，遂隱藏山谷，絕匿名迹，終莽之世。

【注】
〔1〕《史記》曰"孔子既不得用於衞，將西見趙簡子。至於河而聞竇鳴犢、舜華之死也，臨河而歎曰：'美哉河水，洋洋乎！丘之不濟，命也夫！'子貢進曰：'敢問何謂也？'孔子曰：'竇鳴犢，舜華，晉國之賢大夫也。趙簡子未得志之時，須此兩人而後從政。丘聞之也，刳胎殺夭則麒麟不至，竭澤而漁則蛟龍不合陰陽，覆巢毀卵則鳳凰不翔。何則？君子諱傷其類。夫鳥獸之於不義也，尚知避之，而況乎丘哉！'乃還"也。
〔2〕王莽時官酤酒，故置酒士也。

及公孫述僭號，素聞業賢，徵之，欲以為博士，業固疾不起。數年，述羞不致之，乃使大鴻臚尹融持毒酒奉詔命以劫業：若起，則受公侯之位；不起，賜之以藥。融譬旨曰："方今天下分崩，孰知是非，而以區區之身，試於不測之淵乎！朝廷貪慕名德，曠官缺位，于今七年，四時珍御，不以忘君。宜上奉知己，下為子孫，身名俱全，不亦優乎！今數年不起，猜疑寇心，〔七〕凶禍立加，非計之得者也。"業乃歎曰："危國不入，亂國不居。〔1〕親於其身為不善者，義所不從。君子見危授命，〔2〕何乃誘以高位重餌哉？"融見業辭志不屈，復曰："宜呼室家計之。"業曰："丈夫斷之於心久矣，何妻子之為？"遂飲毒而死。述聞業死，大驚，又恥有殺賢之名，乃遣使弔祠，賻贈百匹。業子翚逃辭不受。

【注】

〔1〕《論語》孔子曰："危邦不入，亂邦不居。天下有道則見，無道則隱。"

〔2〕《論語》曰："親於其身為不善者，君子不入。"又曰："君子見危授命，見得思義。"

蜀平，光武下詔表其閭，《益部紀》載其高節，圖畫形象。

初，平帝時，蜀郡王皓為美陽令，王嘉為郎。王莽篡位，並棄官西歸。及公孫述稱帝，遣使徵皓、嘉，恐不至，遂先繫其妻子。使者謂嘉曰："速裝，妻子可全。"對曰："犬馬猶識主，況於人乎！"王皓先自刎，以首付使者。述怒，遂誅皓家屬。王嘉聞而歎曰："後之哉！"乃對使者伏劍而死。

是時犍為任永（君）〔及〕業同郡馮信，〔八〕並好學博古。公孫述連徵命，待以高位，皆託青盲以避世難。永妻淫於前，匿情無言；見子入井，忍而不救。信侍婢亦對信姦通。及聞述誅，皆盥洗更視曰："世適平，目即清。"淫者自殺。光武聞而徵之，並會病卒。

劉茂字子衞，太原晉陽人也。少孤，獨侍母居。家貧，以筋力致養，孝行著於鄉里。及長，能習《禮經》，教授常數百人。哀帝時，察孝廉，再遷五原屬國候，遭母憂去官。服竟後為沮陽令。[1]會王莽篡位，茂弃官，避世弘農山中教授。

【注】
[1]沮陽，縣，屬上谷郡，故城在今嬀州東。沮音阻。

建武二年，歸，為郡門下掾。時赤眉二十餘萬衆攻郡縣，殺長吏及府掾史。茂負太守孫福踰牆藏空穴中，得免。其暮，俱奔盂縣。[1]晝則逃隱，夜求糧食。積百餘日，賊去，乃得歸府。明年，詔書求天下義士。福言茂曰：「臣前為赤眉所攻，吏民壞亂，奔走趣山，臣為賊所圍，命如絲髮，賴茂負臣踰城，出保盂縣。茂與弟觸冒兵刃，緣山負食，臣及妻子得度死命，節義尤高。宜蒙表擢，以厲義士。」詔書即徵茂拜議郎，遷宗正丞。[2]後拜侍中，卒官。

【注】
[1]今并州盂縣也。
[2]《續漢書》宗正丞一人，比千石也。

（元初）［延平］中，鮮卑數百餘騎寇漁陽，[九]太守張顯率吏士追出塞，遙望虜營烟火，急趣之。兵馬掾嚴授慮有伏兵，苦諫止，不聽。顯慼令進，授不獲已，前戰，伏兵發，授身被十創，歿於陣。顯拔刃追散兵，不能制，虜射中顯，主簿衞福、功曹徐咸遽（起）［赴］之，[一〇]顯遂墮馬，福以身擁蔽，虜并殺之。朝廷愍授等節，詔書襃歎，厚加賞賜，各除子一人為郎中。

永初二年，劇賊畢豪等入平原界，縣令劉雄將吏士乘船追之。至厭次河，[1]與賊合戰。雄敗，執雄，以矛刺之。時小吏所輔[2][一一]前叩頭求哀，願以身代雄。豪等縱雄而刺輔，貫心洞背即死。東郡太守捕得豪等，具以狀上。詔書追傷之，賜錢二十萬，除父奉為郎中。

【注】
〔1〕厭次縣之河也。
〔2〕所，姓也。《風俗通》曰："宋大夫華所事之後也。漢有所忠，為諫大夫。"

溫序字次房，太原祁人也。仕州從事。建武二年，騎都尉弓里戍[1]將兵平定北州，到太原，歷訪英俊大人，問以策謀。戍見序奇之，上疏薦焉。於是徵為侍御史，遷武陵都尉，病免官。

【注】
〔1〕弓里，姓也。[一二]

六年，拜謁者，遷護羌校尉。[一三]序行部至襄武，為隗囂別將苟宇所拘劫。宇謂序曰："子若與我并威同力，天下可圖也。"序曰："受國重任，分當效死，義不貪生苟背恩德。"宇等復曉譬之。序素有氣力，大怒，叱宇等曰："虜何敢迫脅漢將！"因以節櫑殺數人。賊眾爭欲殺之。宇止之曰："此義士死節，可賜以劍。"序受劍，銜鬚於口，顧左右曰："既為賊所迫殺，無令鬚汙土。"遂伏劍而死。

序主簿韓遵、從事王忠持屍歸斂。光武聞而憐之，命忠送喪到洛陽，賜城傍為冢地，賵穀千斛、縑五百匹，除三子為郎中。長子壽，服竟為鄒平侯相。夢序告之曰："久客思鄉里。"壽即弃官，上書乞骸骨歸葬。帝許之，乃反舊塋焉。[1]

【注】
〔1〕序墓在今并州祁縣西北。

彭脩字子陽,會稽毗陵人也。〔1〕年十五時,父為郡吏,得休,〔2〕與脩俱歸,道為盜所劫,脩困迫,乃拔佩刀前持盜帥曰:"父辱子死,卿不顧死邪?"盜相謂曰:"此童子義士也,不宜逼之。"遂辭謝而去。鄉黨稱其名。

【注】
〔1〕毗陵,今常州晉陵縣也。《吳地記》曰:"本名延陵,吳王諸樊封季札。漢改曰毗陵。"
〔2〕休,假也。

後仕郡為功曹。時西部都尉宰晁行太守事,〔1〕以微過收吳縣獄吏,將殺之,主簿鍾離意爭諫甚切,晁怒,使收縛意,欲案之,掾(吏)〔史〕莫敢諫。〔一四〕脩排閤直入,拜於庭,曰:"明府發雷霆於主簿,請聞其過。"晁曰:"受教三日,初不奉行,廢命不忠,豈非過邪?"脩因拜曰:"昔任座面折文侯,〔2〕朱雲攀毀欄檻,〔3〕自非賢君,焉得忠臣?今慶明府為賢君,主簿為忠臣。"晁遂原意罰,貰獄吏罪。

【注】
〔1〕應劭《漢官》曰:"都尉,秦官也。本名郡尉。掌佐太守典其武職,秩比二千石。孝景時更名都尉。"
〔2〕解見《文苑·禰衡傳》。
〔3〕《前書》成帝時,朱雲上書,請以尚方斬馬劍斬張禹。上欲殺之,雲攀折殿檻。《西京雜記》云:"攀折玉檻。"

後州辟從事。時賊張子林等數百人作亂，郡言州，請脩守吳令。脩與太守俱出討賊，賊望見車馬，競交射之，飛矢雨集。脩障扞太守，而為流矢所中死，太守得全。賊素聞其恩信，即殺弩中脩者，餘悉降散。言曰："自為彭君故降，不為太守服也。"

索盧放字君陽，[1]東郡人也。以《尚書》教授千餘人。初署郡門下掾。更始時，使者督行郡國，太守有事，當就斬刑。放前言曰："今天下所以苦毒王氏，歸心皇漢者，實以聖政寬仁故也。而傳車所過，未聞恩澤。太守受誅，誠不敢言，但恐天下惶懼，各生疑變。夫使功者不如使過，[2]願以身代太守之命。"遂前就斬。使者義而赦之，由是顯名。

【注】
〔1〕索盧，姓也。
〔2〕若秦穆赦孟明而用之，霸西戎。

建武六年，徵為洛陽令，政有能名。以病乞身，徙諫議大夫，數納忠言，後以疾去。
建武末，復徵不起，光武使人輿之，見於南宮雲臺，賜穀二千斛，遣歸，除子為太子中庶子。卒於家。[1]

【注】
〔1〕《續漢書》曰："太子中庶子，秩六百石。"

周嘉字惠文，汝南安城人也。高祖父燕，宣帝時為郡決曹掾。太守欲枉殺人，燕諫不聽，遂殺囚而黜燕。燕家守闕稱冤，詔遣覆考，燕見太守曰："願謹定文書，皆著燕名，府君但言時病而已。"出謂掾史曰：

"諸君被問,悉當以罪推燕。如有一言及於府君,燕手劍相刃。"使[者]乃收燕繫獄。〔一五〕屢被掠楚,辭無屈橈。當下蠶室,乃歎曰:"我平王之後,正公玄孫,〔1〕豈可以刀鋸之餘下見先君?"遂不食而死。燕有五子,皆至刺史、太守。

【注】
〔1〕謝承《書》曰"燕字少卿,其先出自周平王之後。漢興,紹嗣封為正公,食采於汝墳"也。

嘉仕郡為主簿。王莽末,群賊入汝陽城,嘉從太守何敞討賊,敞為流矢所中,郡兵奔北,賊圍繞數十重,白刃交集,嘉乃擁敞,以身扞之。因呵賊曰:"卿曹皆人隸也。為賊既逆,豈有還害其君者邪?嘉請以死贖君命。"因仰天號泣。群賊於是兩兩相視,曰:"此義士也!"給其車馬,遣送之。

後太守寇恂舉為孝廉,拜尚書侍郎。光武引見,問以遭難之事。嘉對曰:"太守被傷,命懸寇手,臣實駑怯,不能死難。"帝曰:"此長者也。"詔嘉尚公主,嘉稱病篤,不肯當。

稍遷零陵太守,視事七年,卒,零陵頌其遺愛,吏民為立祠焉。

嘉從弟暢,字伯持,性仁慈,為河南尹。永初二年,夏旱,久禱無應,暢因收葬洛城傍客死骸骨凡萬餘人,應時澍雨,歲乃豐稔。位至光祿勳。

范式字巨卿,山陽金鄉人也,一名氾。〔一六〕少遊太學,為諸生,與汝南張劭為友。劭字元伯。二人並告歸鄉里。式謂元伯曰:"後二年當還,將過拜尊親,見孺子焉。"〔1〕乃共剋期日。後期方至,元伯具以白母,請設饌以候之。母曰:"二年之別,千里結言,爾何相信之審邪?"對曰:"巨卿信士,必不乖違。"母曰:"若然,當為爾醖酒。"至其日,巨卿果到,升堂拜飲,〔一七〕盡歡而別。

【注】
〔1〕見其子也。孺子,稚子也。

式仕為郡功曹。後元伯寢疾篤,同郡郅君章、殷子徵晨夜省視之。元伯臨盡,歎曰:"恨不見吾死友!"子徵曰:"吾與君章盡心於子,是非死友,復欲誰求?"元伯曰:"若二子者,吾生友耳。山陽范巨卿,所謂死友也。"尋而卒。式忽夢見元伯玄冕垂纓屣履而呼曰:"巨卿,吾以某日死,當以爾時葬,永歸黃泉。子未我忘,豈能相及?"式怳然覺寤,悲歎泣下,具告太守,請往奔喪。太守雖心不信而重違其情,許之。式便服朋友之服,〔1〕投其葬日,馳往赴之。式未及到,而喪已發引,既至壙,將窆,〔2〕而柩不肯進。其母撫之曰:"元伯,豈有望邪?"遂停柩移時,乃見有素車白馬,號哭而來。其母望之曰:"是必范巨卿也。"巨卿既至,叩喪言曰:"行矣元伯!死生路異,永從此辭。"會葬者千人,咸為揮涕。式因執紼而引,柩於是乃前。式遂留止冢次,為脩墳樹,然後乃去。

【注】
〔1〕《儀禮·喪服記》曰:"朋友在他國,袒免,歸則已。"注云:"謂無親者為之主喪服。"又曰:"朋友麻。"注云:"朋友雖無親,有同道之恩,相為服緦之絰帶。"
〔2〕窆,下棺也。

後到京師,受業太學。時諸生長沙陳平子亦同在學,與式未相見,而平子被病將亡,謂其妻曰:"吾聞山陽范巨卿,烈士也,可以託死。吾歿後,但以屍埋巨卿戶前。"乃裂素為書,以遺巨卿。既終,妻從其言。時式出行適還,省書見瘞,愴然感之,向墳揖哭,以為死友。乃營護平子妻兒，身自送喪於臨湘。未至四五里，乃委素書於柩上，哭別而去。其兄弟聞之，尋求不復見。長沙上計掾史到京師，上書表式行狀，三府並辟，不應。

舉州茂才，四遷荊州刺史。友人南陽孔嵩，家貧親老，乃變名姓，傭為新野縣阿里街卒。[1]式行部到新野，而縣選嵩為導騎迎式。[2]式見而識之，呼嵩，把臂謂曰：「子非孔仲山邪？」對之歎息，語及平生。曰：「昔與子俱曳長裾，遊（集）[息]帝學，[一八]吾蒙國恩，致位牧伯，而子懷道隱身，處於卒伍，不亦惜乎！」嵩曰：「侯嬴長守於賤業，[3]晨門肆志於抱關。[4]子欲居九夷，不患其陋。[5]貧者士之宜，豈為鄙哉！」式勑縣代嵩，嵩以為先傭未竟，不肯去。

【注】

〔1〕阿里，里名也。

〔2〕導引之騎。

〔3〕《史記》曰，侯嬴年七十，家貧，為大梁夷門卒。魏公子聞之，往請，欲厚遺之，不肯受，曰：「臣脩身潔行數十年，終不以監門困故受公子財。」

〔4〕解見《張晧傳》也。

〔5〕《論語》曰：「孔子欲居九夷。或曰：『陋，如之何？』子曰：『君子居之，何陋之有。』」

嵩在阿里，正身厲行，街中子弟皆服其訓化。遂辟公府。之京師，道宿下亭，盜共竊其馬，尋問知其嵩也，乃相責讓曰：「孔仲山善士，豈宜侵盜乎！」於是送馬謝之。嵩官至南海太守。

式後遷廬江太守，有威名，卒於官。

李善字次孫，南陽淯陽人，本同縣李元蒼頭也。[一九]建武中疫疾，元家相繼死沒，唯孤兒續始生數旬，而貲財千萬，諸奴婢私共計議，欲謀殺續，分其財產。善深傷李氏而力不能制，乃潛負續逃去，隱山陽瑕丘界中，親自哺養，乳為生湩，[1]推燥居溼，備嘗艱勤。續雖在孩抱，奉之不異長君，有事輒長跪請白，然後行之。閭里感其行，皆相率脩義。續年十歲，善與歸本縣，脩理舊業。告奴婢於長吏，悉收殺之。時鍾離意為瑕丘令，上書薦善行狀。光武詔拜善及續並為太子舍人。

【注】
[1]湩，乳汁也。音竹用反。

善，顯宗時辟公府，以能理劇，再遷日南太守。從京師之官，道經消陽，過李元冢。未至一里，乃脫朝服，持鉏去草。及拜墓，哭泣甚悲，身自炊爨，執鼎俎以脩祭祀。垂泣曰：「君夫人，善在此。」盡哀，數日乃去。到官，以愛惠為政，懷來異俗。遷九江太守，未至，道病卒。

續至河閒相。

王忳字少林，[1]廣漢新都人也。忳嘗詣京師，於空舍中見一書生疾困，愍而視之。書生謂忳曰：「我當到洛陽，而被病，命在須臾，署下有金十斤，願以相贈，死後乞藏骸骨。」未及問姓名而絕。忳即鬻金一斤，營其殯葬，餘金悉置棺下，人無知者。後歸數年，縣署忳大度亭長。初到之日，有馬馳入亭中而止。其日，大風飄一繡被，復墮忳前，即言之於縣，縣以歸忳。忳後乘馬到雒縣，馬遂奔走，牽忳入它舍。[二〇]主人見之喜曰：「今禽盜矣。」問忳所由得馬，忳具說其狀，并及繡被。主人悵然良久，乃曰：「被隨旋風與馬俱亡，卿何陰德而致此二物？」忳自念有葬書生事，因說之，并道書生形貌及埋金處。主人大驚號曰：「是我子也。姓金名彥。前往京師，不知所在，何意卿乃葬之。大恩久不報，天以此章卿德耳。」忳悉以被馬還之，彥父不取，又厚遺忳，忳辭讓而去。時彥父為州從事，因告新都令，假忳休，[二一]自與俱迎彥喪，餘金俱存。忳由是顯名。

【注】
〔1〕忳音純。

仕郡功曹，州治中從事。舉茂才，除郿令。到官，至斄亭。[1]亭長曰：＂亭有鬼，數殺過客，不可宿也。＂忳曰：＂仁勝凶邪，德除不祥，何鬼之避！＂即入亭止宿。夜中聞有女子稱冤之聲。忳呪曰：＂有何枉狀，可前求理乎？＂女子曰：＂無衣，不敢進。＂忳便投衣與之。女子乃前訴曰：＂妾夫為涪令，之官過宿此亭，亭長無狀，賊殺妾家十餘口，[二二]埋在樓下，悉取財貨。＂忳問亭長姓名。女子曰：＂即今門下游徼者也。＂忳曰：＂汝何故數殺過客？＂對曰：＂妾不得白日自訴，每夜陳冤，客輒眠不見應，不勝感恚，故殺之。＂忳曰：＂當為汝理此冤，勿復殺良善也。＂因解衣於地，忽然不見。明旦召游徼詰問，具服罪，即收繫，及同謀十餘人悉伏辜，遣吏送其喪歸鄉里，於是亭遂清安。

【注】
〔1〕斄音台。

張武者，吳郡由拳人也。[1]父業，郡門下掾，送太守妻子還鄉里，至河內亭，盜夜劫之，業與賊戰死，遂亡［失］屍［骸］。[二三]武時年幼，不及識父。後之太學受業，每節，常持父遺劍，至亡處祭酹，［泣］而還。[二四]太守第五倫嘉其行，舉孝廉。遭母喪過毀，傷父魂靈不返，因哀慟絶命。

【注】
〔1〕由拳，縣，故城在今蘇州嘉興縣南。

陸續字智初，會稽吳人也。世為族姓。祖父閎，字子春，建武中為尚書令。美姿貌，喜著越布單衣，光武見而好之，自是常勑會稽郡獻越布。

續幼孤，仕郡戶曹史。時歲荒民飢，〔二五〕太守尹興使續於都亭賦民饘粥。續悉簡閱其民，訊以名氏。事畢，興問所食幾何？續因口說六百餘人，皆分別姓字，〔二六〕無有差謬。興異之，刺史行部，見續，辟為別駕從事。以病去，還為郡門下掾。

是時楚王英謀反，陰疏天下善士，及楚事覺，顯宗得其錄，有尹興名，乃徵興詣廷尉獄。續與主簿梁宏、功曹史駟勳及掾史五百餘人詣洛陽詔獄就考，諸吏不堪痛楚，死者大半，唯續、宏、勳掠考五毒，肌肉消爛，終無異辭。續母遠至京師，覘候消息，獄事特急，〔二七〕無緣與續相聞，母但作饋食，付門卒以進之。續雖見考苦毒，而辭色慷慨，未嘗易容，唯對食悲泣，不能自勝。使者怪而問其故。續曰："母來不得相見，故泣耳。"使者大怒，以為門卒通傳意氣，〔二八〕召將案之。續曰："因食餉羹，識母所自調和，故知來耳，非人告也。"使者問："何以知母所作乎？"續曰："母嘗截肉未嘗不方，〔二九〕斷蔥以寸為度，是以知之。"使者問諸謁舍，〔1〕續母果來，於是陰嘉之，上書說續行狀。帝即赦興等事，〔三〇〕還鄉里，禁錮終身。續以老病卒。

【注】
〔1〕謁舍（所）謂〔所〕停主人之舍也。〔三一〕

長子稠，廣陵太守，有理名。中子逢，樂安太守。少子褒，力行好學，不慕榮名，連徵不就。褒子康，已見前傳。

戴封字平仲，濟北剛人也。[1]年十五，詣太學，師事鄀令東海申君。申君卒，送喪到東海，道當經其家。父母以封當還，豫為娶妻。封暫過拜親，不宿而去。還京師卒業。時同學石敬平溫病卒，封養視殯斂，以所齎糧市小棺，送喪到家。家更斂，見敬平行時書物皆在棺中，乃大異之。封後遇賊，財物悉被略奪，唯餘縑七匹，賊不知處，封乃追以與之，曰："知諸君乏，故送相遺。"賊驚曰："此賢人也。"盡還其器物。

【注】
[1]剛，縣，故城在今兗州龔丘縣東北。

後舉孝廉，光祿主事，遭伯父喪去官。詔書求賢良方正直言之士，有至行能消災伏異者，公卿郡守各舉一人。郡及大司農俱舉封。公車徵，陛見，對策第一，擢拜議郎。遷西華令。時汝、潁有蝗災，獨不入西華界。時督郵行縣，蝗忽大至，督郵其日即去，蝗亦頓除，一境奇之。其年大旱，封禱請無獲，乃積薪坐其上以自焚。火起而大雨暴至，於是遠近歎服。

遷中山相。時諸縣囚四百餘人，辭狀已定，當行刑。封哀之，皆遣歸家，與剋期日，皆無違者。詔書策美焉。

永元十二年，徵拜太常，[三二]卒官。

李充字大遜，陳留人也。家貧，兄弟六人同食遞衣。[三三]妻竊謂充曰："今貧居如此，難以久安，妾有私財，願思分異。"充偽酬之曰："如欲別居，當醞酒具會，請呼鄉里內外，共議其事。"婦從充置酒謙客。充於坐中前跪白母曰："此婦無狀，而教充離間母兄，罪合遣斥。"便呵叱其婦，逐令出門，婦銜涕而去。坐中驚肅，因遂罷散。充後遭母喪，行服墓次，人有盜其墓樹者，充手自殺之。服闋，立精舍講授。

太守魯平〔三四〕請署功曹，不就。平怒，乃援充以捐溝中，因譎署縣都亭長。不得已，起親職役。後和帝公車徵，不行。延平中，詔公卿、中二千石各舉隱士大儒，務取高行，以勸後進，特徵充為博士。時魯平亦為博士，每與集會，常歎服焉。

充遷侍中。大將軍鄧騭貴戚傾時，無所下借，〔1〕以充高節，每卑敬之。嘗置酒請充，賓客滿堂，酒酣，騭跪曰："幸託椒房，位列上將，幕府初開，欲辟天下奇偉，以匡不逮，惟諸君博求其器。"充乃為陳海內隱居懷道之士，頗有不合。騭欲絕其說，以肉啗之。充抵肉於地，曰："說士猶甘於肉！"遂出，徑去。騭甚望之。同坐汝南張孟舉〔三五〕往讓充曰："一日聞足下與鄧將軍說士未究，〔2〕激刺面折，不由中和，出言之責，非所以光祚子孫者也。"充曰："大丈夫居世，貴行其意，何能遠為子孫計哉！"由是見非於貴戚。

【注】
〔1〕下音假。借音子夜反。
〔2〕一日猶昨日也。

遷左中郎將，年八十八，為國三老。〔三六〕安帝常特進見，賜以几杖。卒於家。

繆肜字豫公，汝南召陵人也。少孤，兄弟四人，皆同財業。及各娶妻，諸婦遂求分異，又數有鬭爭之言。肜深懷憤歎，乃掩戶自撾曰："繆肜，汝脩身謹行，學聖人之法，將以齊整風俗，柰何不能正其家乎！"弟及諸婦聞之，悉叩頭謝罪，遂更為敦睦之行。

仕縣為主簿。時縣令被章見考，吏皆畏懼自誣，而肜獨證據其事，掠考苦毒，至乃體生蟲蛆，因復傳換五獄，踰涉四年，令卒以自免。

太守隴西梁湛召為決曹史。安帝初，湛病卒官，肜送喪還隴西。始葬，會西羌反叛，湛妻子悉避亂它郡，肜獨留不去，為起墳冢，乃潛穿井旁以為窟室，晝則隱竄，夜則負土，及賊平而墳已立。其妻子意肜已死，還見大驚。關西咸稱傳之，共給車馬衣資，肜不受而歸鄉里。

辟公府，舉尤異，遷中牟令。縣近京師，多權豪，肜到，誅諸姦吏及託名貴戚賓客者百有餘人，威名遂行。卒於官。

陳重字景公，豫章宜春人也。[1]少與同郡雷義為友，俱學《魯詩》、《顏氏春秋》。太守張雲舉重孝廉，重以讓義，前後十餘通記，[2]雲不聽。義明年舉孝廉，重與俱在郎署。

【注】
〔1〕宜春，今袁州縣。
〔2〕記，書也。

有同署郎負息錢數十萬，責主日至，詭求無已，[1]重乃密以錢代還。郎後覺知而厚辭謝之。重曰："非我之為，將有同姓名者。"終不言惠。又同舍郎有告歸寧者，誤持隣舍郎絝以去。主疑重所取，重不自申說，而市絝以償之。後寧喪者歸，以絝還主，其事乃顯。

【注】
〔1〕《說文》曰："詭，責也。"

重後與義俱拜尚書郎，義代同時人受罪，以此黜退，重見義去，亦以病免。
後舉茂才，除細陽令。政有異化，舉尤異，當遷為會稽太守，遭姊憂去官。後為司徒所辟，拜侍御史，卒。

雷義字仲公,〔三七〕豫章鄱陽人也。〔1〕初為郡功曹,(皆)〔嘗〕擢舉善人,〔三八〕不伐其功。義嘗濟人死罪,〔三九〕罪者後以金二斤謝之,義不受,金主伺義不在,默投金於承塵上。後葺理屋宇,乃得之,金主已死,無所復還,義乃以付縣曹。

【注】
〔1〕鄱陽,縣,城在今饒州鄱陽縣東。

後舉孝廉,拜尚書侍郎,有同時郎坐事當居刑作,義默自表取其罪,以此論司寇。同臺郎覺之,委位自上,乞贖義罪。順帝詔皆除刑。
義歸,舉茂才,讓於陳重,刺史不聽,義遂陽狂被髮走,不應命。鄉里為之語曰:"膠漆自謂堅,不如雷與陳。"三府同時俱辟二人。義遂為守灌謁者。〔1〕使持節督郡國行風俗,太守令長坐者凡七十人。旋拜侍御史,除南頓令,卒官。

【注】
〔1〕《漢官儀》曰:"謁者三十五人,以郎中秩滿歲稱給事,未滿歲稱灌謁者。"胡廣云:"明章二帝服勤園陵,謁者灌桓,〔四〇〕後遂稱云。"馬融以為"灌者,習所職也。"應奉云:"如胡公之言,則吉凶異制。馬云'灌,習也',字又非也。〔四一〕高祖承秦,灌嬰服事七年,號大謁者,後人掌之,以姓灌章,豈其然乎?"

子授,官至蒼梧太守。

范冉字史雲,〔1〕陳留外黃人也。少為縣小吏,年十八,奉檄迎督郵,冉恥之,乃遁去。到南陽,受業於樊英。又遊三輔,就馬融通經,歷年乃還。

【注】
〔1〕"冉"或作"丹"。

冉好違時絶俗,為激詭之行。常慕梁伯鸞、閔仲叔之為人。與漢中李固、河內王奂親善,而鄙賈偉節、郭林宗焉。[1]奂後為考城令,境接外黄,屢遣書請冉,冉不至。及奂遷漢陽太守,將行,冉乃與弟協步齎麥酒,於道側設壇以待之。冉見奂車徒駱驛,遂不自聞,惟與弟共辯論於路。奂識其聲,即下車與相揖對。奂曰:"行路倉卒,非陳[契]闊之所,[四二]可共到前亭宿息,以敍分隔。"冉曰:"子前在考城,思欲相從,以賤質自絶豪友耳。今子遠適千里,會面無期,故輕行相候,以展訣別。如其相追,將有慕貴之譏矣。"便起告違,拂衣而去。奂瞻望弗及,冉長逝不顧。

【注】
〔1〕謝承《書》曰:"奂字子昌,河內武德人。明五經,負笈追業,常賃灌園,恥交勢利。為考城令,遷漢陽太守,徵拜議郎,卒。"

桓帝時,以冉為萊蕪長,[1]遭母憂,不到官。後辟太尉府,以狷急不能從俗,常佩韋於朝。[2]議者欲以為侍御史,因遁身逃命於梁沛之閒,徒行敝服,賣卜於市。

【注】
〔1〕萊蕪,縣,屬泰山郡,故城在今淄川縣東南。
〔2〕《史記》曰,西門豹性急,佩韋以自緩。

遭黨人禁錮,遂推鹿車,載妻子,捃拾自資,[1]或寓息客廬,或依宿樹蔭。如此十餘年,乃結草室而居焉。所止單陋,有時糧粒盡,窮居自若,言貌無改,閭里歌之曰:"甑中生塵范史雲,釜中生魚范萊蕪。"

【注】
〔1〕袁山松《書》曰:"冉去官,嘗使兒捃麥,得五斛。隣人尹臺遺之一斛,囑兒莫道。冉後知,即令并送六斛,言麥已雜矣,遂誓不敢受。"

及黨禁解,為三府所辟,乃應司空命。是時西羌反叛,黃巾作難,制諸府掾屬不得妄有去就。[1]冉首自劾退,詔書特原不理罪。又辟太尉府,以疾不行。

【注】
〔1〕制,制書也。

中平二年,年七十四,卒於家。臨命遺令勑其子曰:"吾生於昏闇之世,值乎淫侈之俗,生不得匡世濟時,死何忍自同於世!氣絕便斂,斂以時服,衣足蔽形,棺足周身,斂畢便穿,穿畢便埋。其明堂之奠,[1]干飯寒水,[四三]飲食之物,勿有所下。墳封高下,令足自隱。[2]知我心者李子堅、王子炳也。[3]今皆不在,制之在爾,勿令鄉人宗親有所加也。"於是三府各遣令史奔弔。大將軍何進移書陳留太守,累行論謚,僉曰宜為貞節先生。[4]會葬者二千餘人,刺史郡守各為立碑表墓焉。

【注】
〔1〕《禮》送死者衣曰明衣,器曰明器。鄭玄注云:"明者,神明之也。"此言明堂,亦神明之堂,謂壙中也。
〔2〕《前書》劉向曰:"延陵季子葬子,其高可隱。"《音義》云:"謂人立可隱肘也。"隱音於靳反。
〔3〕李子堅,李固也。

〔4〕《謚法》"清白守節曰貞,好廉自剋曰節"也。

戴就字景成,會稽上虞人也。仕郡倉曹掾,楊州刺史歐陽參奏太守成公浮臧罪,遣部從事薛安案倉庫簿領,收就於錢唐縣獄。幽囚考掠,五毒參至。[1]就慷慨直辭,色不變容。又燒鋘斧,使就挾於肘腋。就語獄卒:"可熟燒斧,勿令冷。"每上彭考,[2]因止飯食不肯下,肉焦毀墮地者,掇而食之。[3]主者窮竭酷慘,無復餘方,乃臥就覆船下,以馬通薰之。[4]一夜二日,皆謂已死,發船視之,就方張眼大罵曰:"何不益火,而使滅絕!"又復燒地,以大鍼刺指爪中,使以把土,爪悉墮落。主者以狀白安,安呼見就,謂曰:"太守罪穢狼藉,受命考實,君何故以骨肉拒扞邪?"就據地苔言:"太守剖符大臣,當以死報國。卿雖銜命,固宜申斷冤毒,柰何誣枉忠良,強相掠理,令臣謗其君,子證其父!薛安庸騃,忸行無義,[5]就考死之日,當白之於天,與群鬼殺汝於亭中。如蒙生全,當手刃相裂!"安深奇其壯節,即解械,更與美談,表其言辭,解釋郡事。徵浮還京師,免歸鄉里。

【注】

〔1〕鋘從"吳"。《毛詩》云:"不吳不敖。"何承天《纂文》曰:"釪,今之鋘也。"張揖《字詁》云:"釪,刃也。"鋘音華。案《說文》、《字林》、《三蒼》並無"鋘"字。

〔2〕彭即(旁)〔篣〕也。[四四]

〔3〕掇,拾也,丁活反。

〔4〕《本草經》曰:"馬通,馬矢也。"

〔5〕忸,伏也,猶言慣習。騃音吾楷反。

太守劉寵舉就孝廉,光祿主事,病卒。[1]

【注】
〔1〕《風俗通》曰："光祿奉肸上就為主事。"

趙苞字威豪，甘陵東武城人。[1]從兄忠，為中常侍，苞深恥其門族有宦官名埶，不與忠交通。

【注】
〔1〕今貝州武城縣。

初仕州郡，舉孝廉，再遷廣陵令。視事三年，政教清明，郡表其狀，遷遼西太守。抗厲威嚴，名振邊俗。以到官明年，遣使迎母及妻子，垂當到郡，道經柳城，[1]值鮮卑萬餘人入塞寇鈔，苞母及妻子遂為所劫質，載以擊郡。苞率步騎二萬，與賊對陣。賊出母以示苞，苞悲號謂母曰："為子無狀，欲以微祿奉養朝夕，不圖為母作禍。昔為母子，今為王臣，義不得顧私恩，毀忠節，唯當萬死，無以塞罪。"母遙謂曰："威豪，人各有命，何得相顧，以虧忠義！昔王陵母對漢使伏劍，以固其志，爾其勉之。"苞即時進戰，賊悉摧破，其母妻皆為所害。苞殯斂母畢，自上歸葬。靈帝遣策弔慰，封鄃侯。[2]

【注】
〔1〕柳城，縣，屬遼西郡，故城在今營州南。
〔2〕鄃，今貝州縣也，音式榆反。

苞葬訖，謂鄉人曰："食祿而避難，非忠也；殺母以全義，非孝也。如是，有何面目立於天下！"遂歐血而死。

向栩字甫興,〔四五〕河內朝歌人,向長之後也。[1]少為書生,性卓詭不倫。恒讀《老子》,狀如學道。又似狂生,好被髮,著絳綃頭。[2]常於竈北坐板牀上,如是積久,板乃有膝踝足指之處。不好語言而喜長嘯。賓客從就,輒伏而不視。有弟子,名為"顏淵"、"子貢"、"季路"、"冉有"之輩。或騎驢入市,乞匃於人。或悉要諸乞兒俱歸止宿,為設酒食。時人莫能測之。郡禮請辟,舉孝廉、賢良方正、有道,公府辟,皆不到。又與彭城姜肱、京兆韋著並徵,栩不應。

【注】
〔1〕《高士傳》向長,"向"字作"尚"也。
〔2〕《說文》:"綃,生絲也,從糸肖聲。"音消。案:此字當作"幧",音此消反,其字從"巾"。古詩云:"少年見羅敷,脫巾著幧頭。"鄭玄注《儀禮》云:"如今著幓頭,自項中而前,交額上,却繞髻也。"

後特徵,到,拜趙相。及之官,時人謂其必當脫素從儉,[1]而栩更乘鮮車,御良馬,世疑其始偽。及到官,略不視文書,舍中生蒿萊。

【注】
〔1〕脫易簡素。

徵拜侍中,每朝廷大事,侃然正色,百官憚之。會張角作亂,栩上便宜,頗譏刺左右,不欲國家興兵,但遣將於河上北向讀《孝經》,賊自當消滅。中常侍張讓讒栩不欲令國家命將出師,疑與角同心,欲為內應。收送黃門北寺獄,殺之。

諒輔字漢儒,廣漢新都人也。仕郡為五官掾。[1]時夏大旱,太守自出祈禱山川,連日而無所降。輔乃自暴庭中,慷慨呪曰:"輔為股肱,不能進諫納忠，薦賢退惡，和調陰陽，承順天意，至令天地否隔，萬物焦枯，百姓喁喁，無所訴告，咎盡在輔。今郡太守改服責己，為民祈福，精誠懇到，未有感徹。輔今敢自祈請，若至[日]中不雨，[四六]乞以身塞無狀。"於是積薪柴聚茭茅以自環，[2]搆火其傍，將自焚焉。未及日中時，而天雲晦合，須臾澍雨，一郡沾潤。世以此稱其至誠。

【注】
〔1〕《百官志》曰："每州皆置諸曹掾史。有功曹史，主選署功勞。有五官掾，署功曹及諸曹事。"
〔2〕茭，乾草也。

劉翊字子相，潁川潁陰人也。家世豐產，常能周施而不有其惠。曾行於汝南界中，有陳國張季禮遠赴師喪，遇寒冰車毀，頓滯道路。翊見而謂曰："君慎終赴義，行宜速達。"即下車與之，不告姓名，自策馬而去。季禮意其子相也，後故到潁陰，還所假乘。翊閉門辭行，不與相見。

常守志臥疾，不屈聘命。河南种拂臨郡，引為功曹，[四七]翊以拂名公之子，[1]乃為起焉。拂以其擇時而仕，甚敬任之。陽翟黃綱恃程夫人權力，求占山澤以自營植。拂召翊問曰："程氏貴盛，在帝左右，不聽則恐見怨，與之則奪民利，為之奈何？"翊曰："名山大澤不以封，蓋為民也。[2]明府聽之，則被佞倖之名矣。若以此獲禍，貴子申甫，則自以不孤也。"[3]拂從翊言，遂不與之。乃舉翊為孝廉，不就。

【注】
〔1〕拂，暠之子也。
〔2〕《禮記》曰："名山大澤不以封。"
〔3〕申甫，拂之子。

後黃巾賊起，郡縣飢荒，翊救給乏絕，資其食者數百人。鄉族貧者，死亡則為具殯葬，嫠獨則助營妻娶。[1]

【注】
[1]寡婦為嫠，無夫曰獨。[四八]

獻帝遷都西京，翊舉上計掾。是時寇賊興起，道路隔絕，使驛稀有達者。翊夜行晝伏，乃到長安。詔書嘉其忠勤，特拜議郎，遷陳留太守。翊散所握珍玩，唯餘車馬，自載東歸。出關數百里，見士大夫病亡道次，翊以馬易棺，脫衣斂之。又逢知故困餒於路，不忍委去，因殺所駕牛，以救其乏。眾人止之，翊曰："視沒不救，非志士也。"遂俱餓死。

王烈字彥方，[1]太原人也。少師事陳寔，以義行稱。鄉里有盜牛者，主得之，盜請罪曰："刑戮是甘，乞不使王彥方知也。"烈聞而使人謝之，遺布一端。或問其故，烈曰："盜懼吾聞其過，是有恥惡之心。既懷恥惡，必能改善，故以此激之。"後有老父遺劍於路，行道一人見而守之，至暮，老父還，尋得劍，怪而問其姓名，以事告烈。烈使推求，乃先盜牛者也。諸有爭訟曲直，將質之於烈，或至塗而反，或望廬而還。其以德感人若此。

【注】
[1]《魏志》烈字彥考。

察孝廉，三府並辟，皆不就。遭黃巾、董卓之亂，乃避地遼東，夷人尊奉之。太守公孫度接以昆弟之禮，[1]訪酬政事。欲以為長史，烈乃為商賈自穢，得免。曹操聞烈高名，遣徵不至。建安二十四年，終於遼東，年七十八。

【注】
〔1〕《魏志》曰："公孫度字（叔）［升］濟，〔四九〕本遼東襄平人。度父延，避吏居玄菟，任為郡吏。時玄菟太守公孫（域）［琙］〔五〇〕子豹，年十八，早死，度少時名豹，又與（域）［琙］子同年，（域）［琙］見親哀之，遣就師學，為娶妻。後舉有道，除尚書郎，遼東太守。"

贊曰：乘方不貳，臨義罔惑。〔1〕惟此剛絜，果行育德。〔2〕

【注】
〔1〕貳，差也。言獨行之人，乘履方正，不差二也。
〔2〕《易·蒙卦·象》曰"君子以果行育德"也。

【校勘記】
〔一〕庸常也　按："常"原譌"當"，逕據汲本、殿本改正。
〔二〕皇（太）子多橫夭。《集解》引何焯說，謂案文當作"皇子"，衍"太"字。今據刪。
〔三〕遷中散大夫　按：《集解》引惠棟說，謂《華陽國志》作"太中大夫"。
〔四〕持節與太僕（任）［王］惲等分行天下　《前書·平帝紀》、《恩澤侯表》、《王莽傳》並作"王惲"，今據改。按：沈家本謂"王惲"作"任惲"，乃傳寫之譌。
〔五〕（使陽）［便賜］以毒藥　據汲本、殿本改。
〔六〕時亦有犍為費貽不肯仕述　按：《刊誤》謂案文"亦"字乃合在"不"字上。
〔七〕猜疑寇心　按：《集解》引沈欽韓說，謂袁《紀》作"阻疑衆心"。
〔八〕犍為任永（君）［及］業同郡馮信　殿本"君"作"及"，《校補》謂作"及"非。今按：永字君業，范《書》名與字常並舉，故《校補》云然。然下云"同郡馮信"，信字季誠，何不與"任永君業"同例，作"馮信季誠"？且馮信廣漢鄭人，與李業同郡，足證"君"當作"及"，《校補》説非也。今據殿本改。

〔九〕（元初）〔延平〕中鮮卑數百餘騎寇漁陽　《集解》引錢大昭説，謂"元初"應依《鮮卑傳》作"延平"。又引錢大昕説，謂本紀此事亦載於延平元年。今按：下文稱"永初二年"，永初在延平後、元初前，則二錢之説是，今據改。

〔一〇〕功曹徐咸遽（起）〔赴〕之　據殿本改。

〔一一〕小吏所輔　按：何焯謂"小吏"疑當作"小史"。

〔一二〕弓里姓也　按："里"原譌"理"，逕據汲本、殿本改正。

〔一三〕遷護羌校尉　按：《通鑑》止作"校尉"。《考異》謂檢《西羌傳》，建武九年方置護羌校尉，牛邯為之，邯卒即省，溫序無緣作"護羌"，今但云"校尉"。

〔一四〕掾（吏）〔史〕莫敢諫　據汲本、殿本改。

〔一五〕使〔者〕乃收燕繫獄　《刊誤》謂"使"下少一"者"字。今據補。

〔一六〕一名汜　按："汜"原譌"汜"，逕據殿本、《集解》本改正。

〔一七〕升堂拜飲　按：《御覽》四三〇引作"升堂拜母"。

〔一八〕遊（集）〔息〕帝學　殿本"集"作"息"。《集解》引惠棟説，謂《禮·學記》"息焉遊焉"，當作"息"。今據改。

〔一九〕本同縣李元蒼頭也　按：李慈銘謂案日本新出《琱玉集》引《孝子傳》，"李元"作"李文"。

〔二〇〕牽忤入它舍　按：《集解》引惠棟説，謂《華陽國志》"它舍"作"宅舍"。

〔二一〕假忤休　按：殿本"休"下有"息"字。

〔二二〕賊殺妾家十餘口　汲本無"賊"字，殿本"賊"作"枉"。按：《集解》引惠棟説，謂《華陽國志》云"大小二十口"。

〔二三〕遂亡〔失〕屍〔骸〕　據汲本、殿本補。

〔二四〕至亡處祭酹〔泣〕而還　據殿本補。

〔二五〕時歲荒民飢　按：汲本、殿本"飢"下有"困"字。

〔二六〕皆分別姓字　按："姓字"汲本作"姓氏"，殿本作"姓名"。

〔二七〕獄事特急　殿本"特"作"持"。按：作"持"義較長。

〔二八〕以為門卒通傳意氣　按：殿本"門卒"作"獄門吏卒"。

〔二九〕母嘗截肉未嘗不方　《刊誤》謂案文上"嘗"字當作"常"。今按：上"嘗"字當衍。

〔三〇〕帝即赦興等事　按：王先謙謂"事"字下疑奪文。

〔三一〕謁舍（所）謂〔所〕停主人之舍也　《集解》王先謙謂"所謂"當作"謂所"。今據改。

〔三二〕永元十二年徵拜太常　按：《集解》引惠棟說，謂《水經注》云"十三年"。

〔三三〕兄弟六人同食遞衣　按：《御覽》四八四、五一五、五二一引，並作"同衣遞食"。

〔三四〕太守魯平　《集解》引惠棟說，謂平，魯恭弟，本傳作"丕"。按：沈家本謂下云延平中，特徵充為博士，時魯平亦為博士。據《魯丕傳》，延平中丕不在朝，安得與李充同為博士，恐此傳魯平別是一人。

〔三五〕張孟舉　按：《集解》引惠棟說，謂袁宏《紀》云"侍中張孟"。

〔三六〕年八十八為國三老　按：汲本作"年八十八以為國三老"，殿本作"年八十以為國三老"。《校補》謂據袁《紀》載充卒年亦無八十八，則下"八"字或衍。

〔三七〕雷義字仲公　按：張燧《讀史舉正》謂"仲公"《文選·廣絕交論》注引作"仲預"。又按：《御覽》四二〇引作"仲翁"。

〔三八〕（皆）〔嘗〕擢舉善人　據汲本、殿本改。

〔三九〕義嘗濟人死罪　按：《校補》謂案文"義"當作"又"，疑"又"譌"乂"，"乂"復譌"義"。

〔四〇〕謁者灌桓　按："桓"汲本作"曰"。《校補》謂"灌曰""灌桓"

皆無義可詮，且應奉謂吉凶異制，疑本作"灌神"，墓祭非吉祭，朝夕上食，不灌也。

〔四一〕字又非也　按：汲本、殿本"又"作"義"。

〔四二〕非陳〔契〕闊之所　據汲本、殿本補。

〔四三〕干飯寒水　按：《御覽》五五四引"干"作"盂"。

〔四四〕彭即（旁）〔筹〕也　據汲本改。

〔四五〕向栩字甫興　按：《御覽》六一〇引"甫興"作"輔興"。

〔四六〕若至〔日〕中不雨　據殿本補。

〔四七〕引為功曹　按：《集解》引惠棟説，謂"功曹"謝承《書》作"主簿"。

〔四八〕無夫曰獨　按：《集解》引周壽昌説，謂"夫"當作"妻"。《校補》謂"夫"當作"子"。

〔四九〕公孫度字（叔）〔升〕濟　據《集解》引惠棟説改，與《魏志》合。

〔五〇〕公孫（域）〔域〕　據《集解》引惠棟説改，與《魏志》合。

後漢書卷八十二上

方術列傳第七十二上

　　仲尼稱《易》有君子之道四焉，曰"卜筮者尚其占"。[1]占也者，先王所以定禍福，決嫌疑，幽贊於神明，遂知來物者也。[2]若夫陰陽推步之學，往往見於墳記矣。[3]然神經怪牒，玉策金繩，關扃於明靈之府，封縢於瑤壇之上者，靡得而闚也。至乃《河》、《洛》之文，龜龍之圖，[4]箕子之術，[5]師曠之書，[6]緯候之部，[7]鈐決之符，[8]皆所以探抽冥賾，參驗人區，時有可聞者焉。[9]其流又有風角、遁甲、七政、元氣、六日七分、逢占、日者、挺專、須臾、孤虛之術，[10]及望雲省氣，推處祥妖，時亦有以效於事也。[11]而斯道隱遠，玄奧難原，故聖人不語怪神，罕言性命。[12]或開末而抑其端，[13]或曲辭以章其義，[14]所謂"民可使由之，不可使知之"。[15]

【注】

　〔1〕《易·繫辭》曰："以言者尚其辭，以動者尚其變，以制器者尚其象，以卜筮者尚其占。"

　〔2〕《易·說卦》曰："聖人之作《易》也，幽贊於神明而生蓍。"《繫辭》曰："無有遠近幽深，遂知來物。"

　〔3〕《左傳》曰："履端於始，舉正於中，歸餘於終。"《尚書》曰"歷象日月星辰"也。

〔4〕《尚書中候》曰："堯沈璧於洛,玄龜負書,背中赤文朱字,〔一〕止壇。舜禮壇于河畔,沈璧,禮畢,至于下昃,黃龍負卷舒圖,出水壇畔。"

〔5〕箕子説《洪範》五行陰陽之術也。

〔6〕占災異之書也。今書《七志》有《師曠》六篇。

〔7〕緯,七經緯也。候,《尚書中候》也。

〔8〕兵法有《玉鈐篇》及《玄女六韜要决》,曰："太公對武王曰:'主將有陰符,有大勝得敵之符,符長一尺;有破軍禽敵之符,符長九寸;有降城得邑之符,符長八寸;有却敵執遠之符,符長七寸;有交兵驚中堅守之符,符長六寸;有請粮食益兵之符,符長五寸;有敗軍亡將之符,符長四寸;有失亡吏卒之符,符長三寸。諸奉使行符稽留,若符事聞,聞符所告者皆誅。'"

〔9〕《小爾雅》曰:"賾,深也。區,域也。"

〔10〕風角、六日七分,解並見《郎顗傳》。遁甲,推六甲之陰而隱遁也,今書《七志》有《遁甲經》。七政,日、月、五星之政也。元氣者,謂開闢陰陽之書也。《河圖》曰:"元氣闓陽為天。"《前書》班固曰:"東方朔之逢占、覆射。"《音義》云:"逢人所問而占之也。"日者,卜筮掌日之術也,《史記》司馬季主為日者。挺專,折竹卜也。《楚辭》曰:"索瓊茅以筳專。"注云:"筳,八段竹也。楚人名結草折竹曰專。"挺音大寧反。須臾,陰陽吉凶立成之法也。今書《七志》有武王《須臾》一卷。孤虛者,孤謂六甲之孤辰,若甲子旬中,戌亥無干,是為孤也,對孤為虛。《前書·藝文志》有《風后孤虛》二十卷。

〔11〕望雲,解見《明帝紀》。省氣者,觀城郭人畜氣以占之也。

〔12〕《論語》曰:"子不語怪力亂神。"又曰:"子罕言利與命與仁。"

〔13〕《論語》曰:"孔子有疾,子路請禱。子曰:'丘之禱久矣。'"鄭玄注云:"明素恭肅於鬼神,且順子路之言也。"

〔14〕《易》曰"探賾索隱,鈎深致遠,定天下之吉凶,成天下之亹亹者,莫善於蓍龜"也。

〔15〕《論語》孔子之言也。鄭玄注云:"由,從也。言王者設教,務使人從之,若皆知其本末,則愚者或輕而不行。"

漢自武帝頗好方術，天下懷協道蓺之士，莫不負策抵掌，順風而屆焉。[1]後王莽矯用符命，及光武尤信讖言，士之赴趣時宜者，皆騁馳穿鑿，爭談之也。故王梁、孫咸名應圖籙，越登槐鼎之任，[2]鄭興、賈逵以附同稱顯，桓譚、尹敏以乖忤淪敗，[3]自是習為內學，尚奇文，貴異數，不乏於時矣。[4]是以通儒碩生，忿其姦妄不經，奏議慷慨，以為宜見藏擯。[5]子長亦云：「觀陰陽之書，使人拘而多忌。」蓋為此也。[6]

【注】
〔1〕《前書》武帝時（李）少翁、[二]欒大等並以方術見。少翁拜文成將軍，欒大拜五利將軍，貴震天下，而海上燕、齊之士，莫不搤腕而自言有禁方矣。抵，側擊也。
〔2〕光武以《赤伏符》文拜梁為大司空，又以讖文拜孫咸為大司馬，見《景丹傳》。
〔3〕各見本傳。
〔4〕內學謂圖讖之書也。其事祕密，故稱內。
〔5〕謂桓譚、賈逵、張衡之流也。各見本傳。
〔6〕司馬遷字子長，其父太史公《論六家之要》曰：「觀陰陽之術，太詳而眾忌，使人拘而多畏。」見《史記》也。

夫物之所偏，未能無蔽，雖云大道，其硋或同。[1]若乃《詩》之失愚，《書》之失誣，然則數術之失，至於詭俗乎？如令溫柔敦厚而不愚，斯深於《詩》者也；疏通知遠而不誣，斯深於《書》者也；[2]極數知變而不詭俗，斯深於數術者也。[3]故曰：「苟非其人，道不虛行。」[4]意者多迷其統，取遣頗偏，甚有雖流宕過誕亦失也。[5][三]

【注】
〔1〕硋音五愛反。
〔2〕《禮記》曰：「其為人也，溫柔敦厚，《詩》教也；疏通知遠，《書》教

也。《詩》之失愚,《書》之失誣。"鄭玄注"《詩》敦厚,近愚;《書》知遠,近誣"也。

〔3〕《易》曰:"極數知來之謂占。"又曰:"知變化之道者,其知神之所為乎?"

〔4〕《易·繫辭》之文也。

〔5〕取遣謂信與不信也。陰陽之術,或信或不信,各有所執,故偏頗也。以為甚有者雖流宕失中,過稱虛誕者,亦為失也。

中世張衡為陰陽之宗,郎顗咎徵最密,餘亦班班名家焉。[1]其徒亦有雅才偉德,未必體極藝能。今蓋糾其推變尤長,可以弘補時事,因合表之云。[2]

【注】
〔1〕謂襄楷、蔡邕、楊厚等也。
〔2〕表,顯也。

任文公,巴郡閬中人也。[1]父文孫,[四]明曉天官風角祕要。文公少修父術,州辟從事。哀帝時,有言越巂太守欲反,刺史大懼,遣文公等五從事檢行郡界,潛伺虛實。共止傳舍,時暴風卒至,文公遽趣白諸從事促去,[五]當有逆變來害人者,因起駕速驅。諸從事四未能自發,郡果使兵殺之,文公獨得免。

【注】
〔1〕閬中,今隆州縣。

後為治中從事。時天大旱,白刺史曰:"五月一日,當有大水,其變已至,不可防救,宜令吏人豫為其備。"刺史不聽,文公獨儲大船,百姓或聞，頗有為防者。到其日旱烈，文公急命促載，使白刺史，刺史笑之。日將中，天北雲起，須臾大雨，至晡時，湔水涌起十餘丈，[1]突壞廬舍，所害數千人。文公遂以占術馳名。辟司空掾。平帝即位，稱疾歸家。

【注】
〔1〕酈元《水經注》云"湔水出綿道玉壘山"，[六]在今益州。湔音子延反。

王莽篡後，文公推數，[1]知當大亂，乃課家人負物百斤，環舍趨走，日數十，[七]時人莫知其故。後兵寇並起，其逃亡者少能自脫，惟文公大小負糧捷步，[2]悉得完免。遂奔子公山，十餘年不被兵革。

【注】
〔1〕推曆運之數也。
〔2〕捷，健也。

公孫述時，蜀武擔石折。[1]文公曰："噫！西州智士死，我乃當之。"自是常會聚子孫，設酒食。後三月果卒。故益部為之語曰："任文公，智無雙。"

【注】
〔1〕武擔，山，在今益州成都縣北百二十步。楊雄《蜀王本紀》云："武都丈夫化為女子，顏色美絕，蓋山精也。蜀王納以為妃，無幾物故，乃發卒之武都擔土，葬於成都郭中，號曰武擔。以石作鏡一枚表其墓。"《華陽國志》曰："王哀念之，遣五丁之武都擔土為妃作冢，蓋地數畝，高七丈。其石俗今名為石笋。"

郭憲字子橫，汝南宋人也。[1]少師事東海王仲子。時王莽為大司馬，召仲子，仲子欲往。憲諫曰：“禮有來學，無有往教之義。[2]今君賤道畏貴，竊所不取。”仲子曰：“王公至重，不敢違之。”憲曰：“今正臨講業，且當託事。”仲子從之，日晏乃往。莽問：“君來何遲？”仲子具以憲言對，莽陰奇之。及後篡位，拜憲郎中，賜以衣服。憲受衣焚之，逃于東海之濱。莽深忿憲，討逐不知所在。

【注】
〔1〕《續漢志》汝南郡有宋公國，周名鄶丘，漢改為新鄶，章帝建初四年，徙宋公於此。
〔2〕《禮記》曰："禮聞來學，不聞往教。"

光武即位，求天下有道之人，乃徵憲拜博士。再遷，建武七年，代張堪為光祿勳。從駕南郊。憲在位，忽回向東北，[八]含酒三潠，[1]執法奏為不敬。[2]詔問其故。憲對曰："齊國失火，故以此厭之。"後齊果上火災，與郊同日。

【注】
〔1〕《埤蒼》曰："潠，噴也。"音巽。
〔2〕執法，糺劾之官也。

八年，車駕西征隗囂，憲諫曰："天下初定，車駕未可以動。"憲乃當車拔佩刀以斷車靷。[1]帝不從，遂上隴。其後潁川兵起，乃回駕而還。帝歎曰："恨不用子橫之言。"

【注】
〔1〕靷在馬胸，音胤。

時匈奴數犯塞，帝患之，乃召百僚廷議。憲以為天下疲敝，不宜動衆。諫爭不合，乃伏地稱眩瞀，不復言。[1]帝令兩郎扶下殿，憲亦不拜。帝曰："常聞'關東觥觥郭子橫'，竟不虛也。"[2]憲遂以病辭退，卒於家。

【注】
〔1〕瞀，亂也。
〔2〕觥觥，剛直之貌，音古橫反。

　　許楊[九]字偉君，汝南平輿人也。少好術數。王莽輔政，召為郎，稍遷酒泉都尉。及莽篡位，楊乃變姓名為巫醫，逃匿它界。莽敗，方還鄉里。
　　汝南舊有鴻郤陂，[1]成帝時，丞相翟方進奏毀敗之。建武中，太守鄧晨欲修復其功，聞楊曉水脈，召與議之。楊曰："昔成帝用方進之言，[2]尋而自夢上天，天帝怒曰：'何故敗我濯龍淵？'是後民失其利，多致飢困。時有謠歌曰：'敗我陂者翟子威，飴我大豆，亨我芋魁。[3]反乎覆，陂當復。'[一〇]昔大禹決江疏河以利天下，明府今興立廢業，富國安民，童謠之言，將有徵於此。誠願以死效力。"晨大悅，因署楊為都水掾，使典其事。楊因高下形執，起塘四百餘里，數年乃立。[4]百姓得其便，累歲大稔。

【注】
〔1〕陂在今豫州汝陽縣東。
〔2〕《前書》翟方進奏壞鴻郤陂。
〔3〕方進字子威。芋魁，芋根也。《前書》"飴"作"飯"，"亨"作"羹"。
〔4〕塘，堤堰水也。

初，豪右大姓因緣陂役，競欲辜較在所，楊一無聽，遂共譖楊受取賕賂。晨遂收楊下獄，而械輒自解。獄吏恐，遽白晨。晨驚曰："果濫矣。太守聞忠信可以感靈，今其效乎！"即夜出楊，遣歸。時天大陰晦，道中若有火光照之，時人異焉。後以病卒。晨於都（官）[宮]〔一〕為楊起廟，圖畫形像，百姓思其功績，皆祭祀之。

高獲字敬公，〔一二〕汝南新息人也。為人尼首方面。[1]少遊學京師，與光武有舊。師事司徒歐陽歙。歙下獄當斷，獲冠鐵冠，帶鈇鑕，詣闕請歙。帝雖不赦，而引見之。謂曰："敬公，朕欲用子為吏，宜改常性。"獲對曰："臣受性於父母，不可改之於陛下。"出便辭去。

【注】
〔1〕尼首，首象尼丘山，中下四方高也。

三公爭辟不應。後太守鮑昱請獲，既至門，令主簿就迎，主簿（曰）但使騎吏迎之，〔一三〕獲聞之，即去。昱遣追請獲，獲顧曰："府君但為主簿所欺，不足與談。"遂不留。時郡境大旱。獲素善天文，曉遁甲，能役使鬼神。昱自往問何以致雨，獲曰："急罷三部督郵，[1]明府當自北出，到三十里亭，雨可致也。"昱從之，果得大雨。每行縣，輒軾其間。[2]獲遂遠遁江南，卒於石城。[3]石城人思之，共為立祠。

【注】
〔1〕《續漢書》曰："監屬縣有三部，每部督郵書掾一人。"
〔2〕軾，所以禮之。《禮記》曰"軾視馬尾"也。
〔3〕石城在今蘇州西南。

王喬者，河東人也。顯宗世，為葉令。喬有神術，每月朔望，常自縣詣臺朝。帝怪其來數，而不見車騎，密令太史伺望之。言其臨至，輒有雙鳧從東南飛來。於是候鳧至，舉羅張之，但得一隻舄焉。乃詔尚方診視，[1]則四年中所賜尚書官屬履也。每當朝時，葉門下鼓不擊自鳴，聞於京師。後天下玉棺於堂前，吏人推排，終不搖動。喬曰："天帝獨召我邪？"乃沐浴服飾寢其中，蓋便立覆。宿昔葬於城東，土自成墳。其夕，縣中牛皆流汗喘乏，而人無知者。百姓乃為立廟，號葉君祠。牧守每班錄，皆先謁拜之。[2]吏人祈禱，無不如應。若有違犯，亦立能為祟。帝乃迎取其鼓，置都亭下，略無復聲焉。或云此即古仙人王子喬也。[3]

【注】
〔1〕《說文》曰，診亦視也。音真吝反。
〔2〕王喬墓在今葉縣東。
〔3〕劉向《列仙傳》曰："王子喬，周靈王太子晉也。好吹笙，作鳳鳴。遊伊洛閒，道士浮丘公接上嵩山。(二)[三]十餘年後，[一四]來於山上，告桓良曰：'告我家，七月七日待我緱氏山頭。'果乘白鶴駐山巔，望之不得到，舉手謝時人而去。"

　　謝夷吾字堯卿，會稽山陰人也。少為郡吏，學風角占候。太守第五倫擢為督郵。時烏程長有臧釁，倫使收案其罪。夷吾到縣，無所驗，但望閤伏哭而還。一縣驚怪，不知所為。及還，白倫曰："竊以占候，知長當死。近三十日，遠不過六十日，遊魂假息，非刑所加，故不收之。"倫聽其言，至月餘，果有驛馬齎長印綬，上言暴卒。倫以此益禮信之。[1]

【注】

〔1〕謝承《書》曰"倫甚崇其道德,轉署主簿,使子從受《春秋》,夷吾待之如師弟子之禮。時或遊戲,不肯讀書,便白倫行罰,遂成其業"也。

舉孝廉,為壽張令,〔1〕稍遷荆州刺史,〔2〕遷鉅鹿太守。所在愛育人物,有善績。及倫作司徒,令班固為文薦夷吾曰:"臣聞堯登稷、契,政隆太平;〔一五〕舜用皋陶,政致雍熙。殷、周雖有高宗、昌、發之君,猶賴傅説、吕望之策,故能克崇其業,允協大中。〔3〕竊見鉅鹿太守會稽謝夷吾,出自東州,厥土塗泥,而英姿挺特,奇偉秀出。才兼四科,行包九德,〔4〕仁足濟時,知周萬物。加以少膺儒雅,韜含六籍,推考星度,綜校圖録,探賾聖祕,觀變歷徵,占天知地,與神合契,據其道德,以經王務。昔為陪隸,與臣從事,奮忠毅之操,躬史魚之節,董臣嚴綱,勖臣懦弱,〔5〕得以免戾,寔賴厥勳。及其應選作宰,惠敷百里,降福彌異,流化若神,爰牧荆州,威行邦國。奉法作政,有周、召之風;居儉履約,紹公儀之操。〔6〕尋功簡能,為外臺之表;聽聲察實,為九伯之冠。〔7〕遷守鉅鹿,政合時雍。德量績謀,有伊、吕、管、晏之任;闡弘道奧,同史蘇、京房之倫。〔8〕雖密勿在公,而身出心隱,不殉名以求譽,不馳騖以要寵,念存遜遁,演志箕山。方之古賢,實有倫序;採之於今,超焉絶俗。誠社稷之元龜,大漢之棟甍。〔9〕宜當拔擢,使登鼎司,上令三辰順軌於歷象,下使五品咸訓于嘉時,〔10〕必致休徵克昌之慶,非徒循法奉職而已。臣以頑駑,器非其疇,〔11〕尸禄負乘,夕惕若厲。〔12〕願乞骸骨,更授夷吾,上以光七曜之明,下以厭率土之望,庶令微臣塞咎免悔。"

【注】

〔1〕謝承《書》曰:"縣人女子張雨,早喪父母,年五十,不肯嫁,留養孤弟二人,教其學問,各得通經。雨皆為娉娶,皆成善士。夷吾薦於州府,使各選舉,表復雨門户。永平十五年,蝗發泰山,流徙郡國,荐食五穀,過壽張

界，飛逝不集。"

〔2〕謝承《書》曰："夷吾雅性明遠，能決斷罪疑。行部始到南陽縣，遇孝章皇帝巡狩，駕幸魯陽，有詔勑荊州刺史入傳錄見囚徒，誡長吏'勿廢舊儀，朕將覽焉'。上臨西廂南面，夷吾處東廂，分帷隔中央。夷吾所決正一縣三百餘事，事與上合。而朝廷歎息曰：'諸州刺史盡如此者，朕不憂天下。'常以勵群臣。"

〔3〕《尚書·洪範》曰："皇建其有極。"孔安國注云："皇，大；極，中也。"

〔4〕四科，見《文苑傳》。《尚書》皋繇陳九德，曰"寬而栗，愿而恭，亂而敬，柔而立，擾而毅，直而溫，簡而廉，剛而塞，強而義"也。

〔5〕董，督也。勖，勵也。

〔6〕《史記》公儀休相魯，拔園葵，去織婦，不與人爭利。

〔7〕《左傳》曰："五侯九伯。"杜預注云："九州之伯也。"

〔8〕《左傳》史蘇，晉太史，善筮者。京房字君明，善陰陽占候，見《前書》。

〔9〕《尚書》曰："格人元龜，罔敢知吉。"元，大也。甍亦棟也。

〔10〕五品，五常之教也，謂父義，母慈，兄友，弟恭，子孝也。訓，順也。

〔11〕疇，類也。

〔12〕《易》曰："負且乘，致寇至。"又曰："夕惕若厲。"言君子終日乾乾，至于夕，猶怵惕戒懼，若危厲。

後以行春乘柴車，從兩吏，[1]冀州刺史上其儀序失中，有損國典，左轉下邳令。豫剋死日，如期果卒。勑其子曰："漢末當亂，必有發掘露骸之禍。"使懸棺下葬，墓不起墳。[2]

【注】
〔1〕柴車，賤車也。

〔2〕墓謂塋域。墳謂築土。

時博士勃海郭鳳亦好圖讖，善說災異，吉凶占應。先自知死期，豫令弟子市棺斂具，至其日而終。〔1〕

【注】
〔1〕棺音古亂反。

楊由字哀侯，〔一六〕蜀郡成都人也。少習《易》，并七政、元氣、風雲占候。為郡文學掾。時有大雀夜集於庫樓上，太守廉范以問由。由對曰：「此占郡內當有小兵，然不為害。」後二十餘日，廣柔縣蠻夷反，殺傷長吏，〔1〕郡發庫兵擊之。又有風吹削哺，〔2〕太守以問由。由對曰：「方當有薦木實者，其色黃赤。」頃之，五官掾獻橘數包。

【注】
〔1〕廣柔縣屬蜀郡，故城在今茂州汶川縣西。
〔2〕「哺」當作「柿」，〔一七〕音孚廢反。《顏氏家訓》曰：「削則札也。《左傳》曰『削而投之』是也。史家假借為『肝肺』字，今俗或作『脯』，或作為『反哺』之『哺』，學士因云『是屏障之名』，非也。《風角書》曰『庶人之風揚塵轉削』，若是屏障，何由可轉。」

由嘗從人飲，勑御者曰：「酒若三行，便宜嚴駕。」既而趣去。後主人舍有鬭相殺者，人請問何以知之。由曰：「向社中木上有鳩鬬，此兵賊之象也。」其言多驗。著書十餘篇，名曰《其平》。終于家。

李南字孝山，丹陽句容人也。〔1〕少篤學，明於風角。和帝永元中，太守馬稜坐盜賊事被徵，當詣廷尉，吏民不寧，南特通謁賀。稜意有恨，謂曰："太守不德，今當即罪，而君反相賀邪？"南曰："且有善風，明日中時應有吉問，故來稱慶。"旦日，稜延望景晏，以爲無徵；至晡，乃有驛使齎詔書原停稜事。南問其遲留之狀。使者曰："向度宛陵浦里忼，[2] 馬蹎足，是以不得速。"[3] 稜乃服焉。後舉有道，辟公府，病不行，終於家。

【注】
〔1〕句容，今潤州縣也。近句曲山有所容，因名焉。
〔2〕宛陵，縣，屬丹陽郡。忼，以舟濟水也。
〔3〕蹎，屈損也。

南女亦曉家術，爲由拳縣人妻。晨詣爨室，卒有暴風，婦便上堂從姑求歸，辭其二親。姑不許，乃跪而泣曰："家世傳術，疾風卒起，先吹竈突及井，此禍爲婦女主爨者，妾將亡之應。"因著其亡日。乃聽還家，如期病卒。

李郃字孟節，漢中南鄭人也。父頡，以儒學稱，官至博士。郃襲父業，遊太學，通五經。善《河》、《洛》風星，外質朴，人莫之識。縣召署幕門候吏。
和帝即位，分遣使者，皆微服單行，各至州縣，觀採風謠。使者二人當到益部，投郃候舍。時夏夕露坐，郃因仰觀，問曰："二君發京師時，寧知朝廷遣二使邪？"二人默然，驚相視曰："不聞也。"問何以知之。郃指星示云："有二使星向益州分野，故知之耳。"[1]

【注】
〔1〕《前書》觜觿、參，益州之分野也。

後三年，其使者一人拜漢中太守，郃猶為吏，太守奇其隱德，召署戶曹史。時大將軍竇憲納妻，天下郡國皆有禮慶，郡亦遣使。郃進諫曰："竇將軍椒房之親，不修禮德，而專權驕恣，危亡之禍可翹足而待，願明府一心王室，勿與交通。"太守固遣之，郃不能止，請求自行，許之。郃遂所在留遲，以觀其變。行至扶風，而憲就國自殺，支黨悉伏其誅，凡交通憲者，皆為免官，唯漢中太守不豫焉。

郃歲中舉孝廉，五遷尚書令，又拜太常。元初四年，代袁敞為司空，數陳得失，有忠臣節。在位四年，坐請託事免。

安帝崩，北鄉侯立，復為司徒。及北鄉侯病，郃陰與少府河南陶範、步兵校尉趙直謀立順帝，會孫程等事先成，故郃功不顯。明年，坐吏民疾病，仍有災異，賜策免。將作大匠翟酺上郃"潛圖大計，以安社稷"，於是錄陰謀之功，封郃涉都侯，辭讓不受。年八十餘，卒於家。門人上黨馮胄獨制服，心喪三年，時人異之。[1]

【注】
[1]《家語》曰"仲尼既葬，弟子皆家于墓，行心喪之禮。三年喪畢，或去或留"也。

胄字世威，奉世之後也。[1]常慕周伯況、閔仲叔之為人，隱處山澤，不應徵辟。

【注】
[1]奉代字子明，[一八]宣帝時為前將軍，見《前書》也。

郃子固，已見前傳。弟子歷，字季子。清白有節，博學善交，與鄭玄、陳紀等相結。為新城長，政貴無為。亦好方術。時天下旱，縣界特雨。官至奉車都尉。

段翳字元章,廣漢新都人也。習《易經》,明風角。時有就其學者,雖未至,必豫知其姓名。嘗告守津吏曰:"某日當有諸生二人,荷擔問翳舍處者,幸為告之。"後竟如其言。又有一生來學,積年,自謂略究要術,辭歸鄉里。翳為合膏藥,并以簡書封於筒中,告生曰:"有急發視之。"生到葭萌,與吏爭度,津吏檛破從者頭。生開筒得書,言到葭萌,與吏鬭頭破者,以此膏裹之。生用其言,創者即愈。生歎服,乃還卒業。翳遂隱居竄跡,終于家。

廖扶字文起,[1]汝南平輿人也。習《韓詩》、《歐陽尚書》,教授常數百人。父為北地太守,永初中,坐羌沒郡下獄死。扶感父以法喪身,憚為吏。及服終而歎曰:"老子有言:'名與身孰親?'吾豈為名乎!"遂絕志世外。專精經典,尤明天文、讖緯、風角、推步之術。州郡公府辟召皆不應。就問災異,亦無所對。

【注】
[1]廖,音力弔反,又音力救反。

扶逆知歲荒,乃聚穀數千斛,悉用給宗族姻親,又斂葬遭疫死亡不能自收者。常居先人冢側,未曾入城市。太守謁焕,[1]先為諸生,從扶學,後臨郡,未到,先遣吏脩門人之禮,又欲擢扶子弟,固不肯,當時人因號為北郭先生。年八十,終于家。

【注】
[1]謁姓也。

二子,孟舉、偉舉,並知名。

折像字伯式，廣漢雒人也。其先張江者，封折侯，〔一九〕曾孫國為鬱林太守，徙廣漢，因封氏焉。國生像。

　　國有貲財二億，家僮八百人。像幼有仁心，不殺昆蟲，不折萌牙。能通《京氏易》，好黃老言。及國卒，感多藏厚亡之義，〔1〕乃散金帛資產，周施親疎。或諫像曰："君三男兩女，孫息盈前，當增益產業，何為坐自殫竭乎？"像曰："昔鬭子文有言：'我乃逃禍，非避富也。'〔2〕吾門户殖財日久，盈滿之咎，道家所忌。〔3〕今世將衰，子又不才。不仁而富，謂之不幸。〔4〕牆隙而高，其崩必疾也。"智者聞之咸服焉。

【注】
〔1〕《老子》曰"多藏必厚亡"也。
〔2〕《國語》曰："楚成王每出子文之祿，必逃，王止而後復。人謂子文曰：'人生求富而子逃之，何也？'子文曰：'夫從政者，以庇人也。人多曠者，而我取富，是勤人以自封也，死無日矣。我逃死，不逃富。'"
〔3〕《老子》曰："持而盈之，不如其已。金玉滿堂，莫之能守。"
〔4〕《左傳》曰："善人富謂之賞，〔二〇〕淫人富謂之殃。"

　　自知亡日，召賓客九族飲食辭訣，忽然而終。時年八十四。家無餘資，諸子衰劣如其言云。

　　樊英字季齊，〔二一〕南陽魯陽人也。少受業三輔，習《京氏易》，兼明五經。又善風角、星筭，《河》、《洛》七緯，推步災異。〔1〕隱於壺山之陽，〔2〕受業者四方而至。州郡前後禮請不應；公卿舉賢良方正、有道，皆不行。

【注】
〔1〕七緯者，《易》緯《稽覽圖》、《乾鑿度》、《坤靈圖》、《通卦驗》、《是

類謀》、《辨終備》也；《書》緯《璇機鈐》、《考靈耀》、《刑德放》、《帝命驗》、《運期授》也；詩緯《推度災》、《記歷樞》、《含神務》也；《禮》緯《含文嘉》、《稽命徵》、《斗威儀》也；《樂》緯《動聲儀》、《稽耀嘉》、《汁圖徵》也；《孝經》緯《援神契》、《鉤命決》也；《春秋》緯《演孔圖》、《元命包》、《文耀鉤》、《運斗樞》、《感精符》、《合誠圖》、《考異郵》、《保乾圖》、《漢含孳》、《佑助期》、《握誠圖》、《潛潭巴》、《説題辭》也。

〔2〕山在今鄧州新城縣北，即張衡《南都賦》云"天封大狐"是也。

嘗有暴風從西方起，英謂學者曰："成都市火甚盛。"因含水西向漱之，乃令記其日時。客後有從蜀都來，云"是日大火，有黑雲卒從東起，須臾大雨，火遂得滅"。於是天下稱其術蓺。

安帝初，徵為博士。至建光元年，復詔公車賜策書，徵英及同郡孔喬，〔1〕李昺、〔2〕北海郎宗、〔3〕陳留楊倫、〔4〕東平王輔六人，〔5〕唯郎宗、楊倫到洛陽，英等四人並不至。

【注】

〔1〕謝承《書》曰"喬字子松，宛人也，學《古文尚書》、《春秋左氏傳》。常幽居修志，鋭意典籍，至乃歷年身不出門，鄉里莫得瞻見。公車徵不行，卒於家"也。

〔2〕謝承《書》曰"昺字子然，鄭人也，篤行好學，不羨榮禄。習《魯詩》、《京氏易》。室家相待如賓。州郡前後禮請不應。舉茂才，除召陵令，不到官。公車徵不行，卒"也。

〔3〕謝承《書》曰："宗字仲綏，安丘人也，善《京氏易》、風角、星筭，推步吉凶。常負笈荷擔賣卜給食，瘠服閒行，人莫得知。安帝詔公車徵，策文曰：'郎宗、李昺、孔喬等前比徵命，未肯降意。恐主者玩弄，禮意不備，使難進易退之人龍潛不屈其身。各致嘉禮，遣詣公車，將以補察國政，輔朕之不逮。'青州被詔書，遣宗詣公車，對策陳災異，而為諸儒之表。拜議郎，除吳令。到官一月，時卒暴風，宗占以為京師有大火，定火發時，果如宗言。諸公

聞之,表上,博士徵。宗恥以占事就徵,文書未到,夜懸印綬置廳上遁去,終於家。子顗,自有傳。"

〔4〕見《儒林傳》。

〔5〕謝承《書》曰:"輔字公助,平陸人也。學《公羊傳》、《援神契》。常隱居野廬,以道自娛。辟公府,舉有道,對策拜郎中。陳災異,甄吉凶有驗,拜議郎,以病遜。安帝公車徵,不行,卒於家。"

永建二年,順帝策書備禮,玄纁徵之,復固辭疾篤。乃詔切責郡縣,駕載上道。英不得已,到京,稱病不肯起。乃強輿入殿,猶不以禮屈。帝怒,謂英曰:"朕能生君,能殺君;能貴君,能賤君;能富君,能貧君。君何以慢朕命?"英曰:"臣受命於天。生盡其命,天也;死不得其命,亦天也。陛下焉能生臣,焉能殺臣!臣見暴君如見仇讎,立其朝猶不肯,可得而貴乎?雖在布衣之列,環堵之中,〔1〕晏然自得,不易萬乘之尊,又可得而賤乎?〔2〕陛下焉能貴臣,焉能賤臣!臣非禮之祿,雖萬鍾不受;若申其志,雖簞食不厭也。陛下焉能富臣,焉能貧臣!"帝不能屈,而敬其名,使出就太醫養疾,月致羊酒。

【注】

〔1〕環堵,面一堵也。《莊子》曰"原憲居環堵之中"也。

〔2〕簞,笥也。《論語》曰,顏回在陋巷之中,一簞食,一瓢飲。

至四年三月,天子乃為英設壇席,令公車令導,尚書奉引,賜几杖,待以師傅之禮,延問得失。英不敢辭,拜五官中郎將。數月,英稱疾篤,詔以為光祿大夫,賜告歸。令在所送穀千斛,常以八月致牛一頭,酒三斛;如有不幸,祠以中牢。英辭位不受,有詔譬旨勿聽。

英初被詔命,僉以為必不降志,及後應對,又無奇謨深策,談者以為失望。〔1〕初,河南張楷與英俱徵,既而謂英曰:"天下有二道,出與處也。吾前以子之出,能輔是君也,濟斯人也。而子始以不訾之身,怒萬乘之主；及其享受爵祿，又不聞匡救之術，進退無所據矣。"

【注】
〔1〕謝承《書》曰"南郡王逸素與英善，因與其書，多引古譬喻，勸使就聘。英順逸議，談者失望"也。

英既善術，朝廷每有災異，詔輒下問變復之效，所言多驗。〔1〕

【注】
〔1〕變災異復於常也。

初，英著《易章句》，世名樊氏學，以圖緯教授。潁川陳寔少從英學。嘗有疾，妻遣婢拜問，英下牀答拜。寔怪而問之。英曰："妻，齊也，共奉祭祀，禮無不答。"〔1〕其恭謹若是。年七十餘，卒於家。

【注】
〔1〕《禮記》曰："凡非弔喪非見國君，無不答拜。"

孫陵，靈帝時以諂事宦人為司徒。〔二〕
陳郡邰巡學傳英業，官至侍中。

論曰：漢世之所謂名士者，其風流可知矣。雖弛張趣舍，時有未純，於刻情修容，依倚道蓺，以就其聲價，非所能通物方，弘時務也。〔1〕及徵樊英、楊厚，朝廷若待神明，至竟無它異。英名最高，毀最甚。李固、朱穆等以為處士純盜虛名，無益於用，故其所以然也。然而後進希之以成名，世主禮之以得衆，原其無用亦所以為用，則其有用或歸於無用矣。何以言之？夫煥乎文章，時或乖用；本乎禮樂，適末或疎。〔2〕及其陶搢紳，藻心性，使由之而不知者，豈非道逸用表，乖之數跡乎？[3]而或者忽不踐之地，賒無用之功，[4]至乃詆譟遠術，賤斥國華，[5]以為力詐可以救淪敝，文律足以致寧平，智盡於猜察，道足於法令，雖濟萬世，其將與夷狄同也。[6]孟軻有言曰："以夏變夷，不聞變夷於夏。"況有未濟者乎！

【注】

[1]《易》曰："方以類聚，物以群分。"

[2]文章雖美，時敝則不用也。禮樂誠貴，代末則廢。

[3]言文章禮樂，其道邈遠，出於常用之表，不可以數跡求也。

[4]《莊子》曰："惠子謂莊子曰：'子言無用。'莊子曰：'知無用而始可與言用矣。夫地非不廣且大也，人之所用容足耳。然則側足而墊之，致黃泉，人尚有用乎？'惠子曰：'無用。'莊子曰：'然則無用之為用也亦明矣。'"墊猶掘也。

[5]遠術謂禮樂，國華謂懷道隱逸之士也。

[6]《前書·大人賦》曰："雖濟萬代，不足以喜。"

【校勘記】

〔一〕背中赤文朱字　按：《集解》引惠棟說，謂案《中候握河紀》作"背甲赤文成字"。

〔二〕（李）少翁　《校補》謂案《前書·郊祀志》拜文成將軍者齊人少翁，史不言何姓，"李"字衍。今據刪。按：殿本作"李少君"，誤。

〔三〕甚有雖流宕過誕亦失　按：《刊誤》謂案此不成文理，注亦不明，蓋非范本真。

〔四〕父文孫　《集解》引惠棟說，謂案《華陽國志》，文公為文孫弟。今按：父名"文孫"，子不當名"文公"，必有誤。

〔五〕文公遽趣白諸從事促去　按：汲本、殿本"趣"作"起"。

〔六〕湔水出綿道玉壘山　按：王先謙謂"綿道"當作"綿虒道"。

〔七〕曰數十　按：《刊誤》謂舊本有一"到"字，不合刊去。

〔八〕忽回向東北　按：殿本"回"作"面"。

〔九〕許楊　按：《校補》引柳從辰説，謂《御覽》七十二引謝承《書》及本書，"楊"均作"陽"。

〔一〇〕反乎覆陂當復　按：殿本《考證》王會汾謂案《前書·翟方進傳》，此下有"誰云者兩黃鵠"六字。

〔一一〕晨於都（官）〔宮〕為楊起廟　據汲本、殿本改。

〔一二〕高獲字敬公　按：《集解》引汪文臺説，謂《御覽》十一引謝承《書》作"周獲"。

〔一三〕主簿（曰）但使騎吏迎之　據《刊誤》删。

〔一四〕（二）〔三〕十餘年後　據殿本改。按：《御覽》三九、六六二引，並作"三十餘年"。

〔一五〕政隆太平　按：下云"政致雍熙"，《刊誤》謂案文勢不當駢用兩"政"字，蓋本是"治"，避唐諱作"化"，後人不知，誤改為"政"。

〔一六〕楊由字哀侯　按：古人名與字相應，"哀"疑"衷"之譌。

〔一七〕哺當作柿　"柿"原作"枾"，逕據殿本、《集解》本改。按：《校補》謂木枾之"枾"本從朮，果柿之"柿"本從市，俗作"枾"，從朩，今皆譌作"柿"，從市，俗遂皆寫從朩，辯之不勝辯矣。

〔一八〕奉代字子明　按：汲本、殿本"代"作"世"，此避唐諱，未回改也。

〔一九〕其先張江者封折侯　按：《集解》引惠棟説，謂《華陽國志》云江為武威太守，封南陽折侯，因氏焉。案南陽有析縣，前漢屬宏農，酈元音持益反，顏籀音先歷反，字從木，不從手。

〔二〇〕善人富謂之幸　《集解》引惠棟説，謂《左傳》"幸"作"賞"。今按：賞與殃韻，作"幸"非也。

〔二一〕樊英字季齊　按：《集解》引惠棟説，謂"季齊"一作"季高"，見《抱朴子》。

〔二二〕孫陵靈帝時以諂事宦人為司徒　按：《集解》引錢大昭説，謂案《靈帝紀》，陵為太尉，非司徒。

後漢書卷八十二下

方術列傳第七十二下

　　唐檀字子產，豫章南昌人也。少遊太學，習《京氏易》、《韓詩》、《顏氏春秋》，尤好災異星占。後還鄉里，教授常百餘人。

　　元初七年，郡界有芝草生，太守劉祗欲上言之，以問檀。檀對曰："方今外戚豪盛，陽道微弱，斯豈嘉瑞乎？"祗乃止。永寧元年，南昌有婦人生四子，祗復問檀變異之應。檀以為京師當有兵氣，其禍發於蕭牆。〔1〕至延光四年，中黃門孫程揚兵殿省，〔2〕誅皇后兄車騎將軍閻顯等，立濟陰王為天子，果如所占。

【注】

〔1〕《論語》孔子曰："吾恐季孫之憂，不在顓臾而在蕭牆之內。"蕭，肅也。謂屏牆也。言人臣至屏，無不肅敬。

〔2〕揚，舉也。

　　永建五年，舉孝廉，除郎中。是時白虹貫日，檀因上便宜三事，陳其咎徵。書奏，弃官去。著書二十八篇，名為《唐子》。卒於家。

　　公沙穆字文乂，北海膠東人也。家貧賤。自為兒童不好戲弄，長習

《韓詩》、《公羊春秋》，尤銳思《河》、《洛》推步之術。居建成山中，依林阻為室，獨宿無侶。時暴風震雷，有聲於外呼穆者三，穆不與語。有頃，呼者自牖而入，音狀甚怪，穆誦經自若，終亦無它妖異，時人奇之。後遂隱居東萊山，學者自遠而至。

有富人王仲，致產千金。謂穆曰："方今之世，以貨自通，吾奉百萬與子為資，何如？"對曰："來意厚矣。夫富貴在天，得之有命，以貨求位，吾不忍也。"[1]

【注】

[1] 謝承《書》曰"穆嘗養豬，豬有病，使人賣之於市。語之（言）[云]〔一〕'如售，當告買者言病，賤取其直；不可言無病，欺人取貴價'也。賣豬者到市即售，亦不言病，其直過價。穆怪之，問其故。齎半直追以還買豬人。告語（言）[云]'豬實病，欲賤賣，不圖賣者人相欺，〔二〕乃取貴直。'買者言賣買私約，亦復辭錢不取。穆終不受錢而去"也。

後舉孝廉，以高第為主事，遷繒相。[1]時繒侯劉敞，東海恭王之後也，所為多不法，廢嫡立庶，傲很放恣。穆到官，謁曰："臣始除之日，京師咸謂臣曰'繒有惡侯'，以弔小相。明侯何因得此醜聲之甚也？幸承先人之支體，傳茅土之重，不戰戰兢兢，而違越法度，故朝廷使臣為輔。願改往修來，自求多福。"乃上沒敞所侵官民田地，廢其庶子，還立嫡嗣。其蒼頭兒客犯法，皆收考之。因苦辭諫敞。敞涕泣為謝，多從其所規。

【注】

[1] 繒，縣，屬琅邪郡，故城在今沂州承縣東北也。

遷弘農令。縣界有螟蟲食稼，百姓惶懼。穆乃設壇謝曰："百姓有過，罪穆之由，請以身禱。"於是暴雨，既霽而螟蟲自銷，百姓稱曰神明。永壽元年，霖雨大水，三輔以東莫不湮沒。穆明曉占候，乃豫告令百姓徙居高地，故弘農人獨得免害。

遷遼東屬國都尉，善得吏人歡心。年六十六卒官。六子皆知名。〔1〕〔三〕

【注】

〔1〕謝承《書》曰"穆子孚，字允慈。亦為善士，舉孝廉，尚書侍郎，召陵令，上谷太守"也。

許曼者，汝南平輿人也。祖父峻，字季山，善卜占之術，多有顯驗，時人方之前世京房。自云少嘗篤病，三年不愈，乃謁太山請命，〔1〕行遇道士張巨君，授以方術。所著《易林》，至今行於世。

【注】

〔1〕太山主人生死，故詣請命也。

曼少傳峻學。桓帝時，隴西太守馮緄始拜郡，開綬笥，有兩赤蛇分南北走。緄令曼筮之。卦成，曼曰："三歲之後，君當為邊將，官有東名，當東北行三千里。復五年，更為大將軍，南征。"延熹元年，緄出為遼東太守，討鮮卑，至五年，復拜車騎將軍，擊武陵蠻賊，皆如占。其餘多此類云。

趙彥者，琅邪人也。少有術學。延熹三年，琅邪賊勞丙與太山賊叔孫無忌殺都尉，攻没琅邪屬縣，殘害吏民。朝廷以南陽宗資為討寇中郎將，杖鉞將兵，督州郡合討無忌。彥為陳《孤虛》之法，以賊屯在莒，莒有五陽之地，〔1〕宜發五陽郡兵，〔2〕從孤擊虛以討之。資具以狀上，詔書遣五陽兵到。彥推遁甲,教以時進兵,一戰破賊,燔燒屯塢,徐兗二州一時平夷。

【注】
〔1〕謂城陽、南武陽、開陽、陽都、安陽,並近莒。
〔2〕郡名有"陽",謂山陽、廣陽、漢陽、南陽、丹陽郡之類也。

樊志張者,漢中南鄭人也。博學多通,隱身不仕。嘗遊隴西,時破羌將軍段熲出征西羌,請見志張。其夕,熲軍為羌所圍數重,因留軍中,三日不得去。夜謂熲曰:"東南角無復羌,宜乘虛引出,住百里,還師攻之,可以全勝。"熲從之,果以破賊。於是以狀表聞。又說其人既有梓慎、焦、董之識,〔1〕宜翼聖朝,咨詢奇異。於是有詔特徵,會病終。

【注】
〔1〕焦延壽,董仲舒。

單颺字武宣,山陽湖陸人也。以孤特清苦自立,善明天官、筭術。舉孝廉,稍遷太史令,侍中。出為漢中太守,公事免。後拜尚書,卒於官。

初,熹平末,黃龍見譙,光祿大夫橋玄問颺:"此何祥也?"颺曰:"其國當有王者興。不及五十年,龍當復見,此其應也。"魏郡人殷登密記之。至建安二十五年春,黃龍復見譙,其冬,魏受禪。

韓說字叔儒,會稽山陰人也。博通五經,尤善圖緯之學。舉孝廉。

與議郎蔡邕友善。數陳災眚，及奏賦、頌、連珠。稍遷侍中。光和元年十月，說言於靈帝，云其晦日必食，乞百官嚴裝。帝從之，果如所言。中平二年二月，又上封事，剋期宮中有災。至日南宮大火。遷說江夏太守，公事免。年七十，卒於家。

董扶字茂安，廣漢綿竹人也。少遊太學，與鄉人任安齊名，俱事同郡楊厚，〔四〕學圖讖。還家講授，弟子自遠而至。前後宰府十辟，公車三徵，再舉賢良方正、博士、有道，皆稱疾不就。

靈帝時，大將軍何進薦扶，徵拜侍中，甚見器重。扶私謂太常劉焉曰："京師將亂，益州分野有天子氣。"焉信之，遂求出為益州牧，扶亦為蜀郡屬國都尉，相與入蜀。去後一歲，帝崩，天下大亂，乃去官還家。年八十二卒。

後劉備稱天子於蜀，皆如扶言。蜀丞相諸葛亮問廣漢秦宓，〔五〕董扶及任安所長。宓曰"董扶襃秋毫之善，貶纖介之惡。任安記人之善，忘人之過"云。〔1〕

【注】

〔1〕《蜀志》曰："宓字子勑，廣漢綿竹人也。少有才學，州郡辟命，稱疾不往。或謂宓曰：'足下欲自比巢、許、四皓，何故揚文藻，見璆穎乎？'宓荅曰：'僕文不能盡言，言不能盡意，何文藻之有揚乎？虎生而文炳，鳳生而五色，豈以采自飾畫哉，性自然也。'先主既定益州，廣漢太守夏纂請宓為師友祭酒，領五官掾，稱曰仲父。宓稱疾，臥在第舍，尋拜左中郎將、長水校尉。吳使張温大敬服宓之文辯，遷大司農而卒。"

郭玉者，廣漢雒人也。〔六〕初，有老父不知何出，常漁釣於涪水，因號涪翁。乞食人閒，見有疾者，時下針石，輒應時而效，乃著《針經》、

《診脉法》傳於世。[1]弟子程高尋求積年，翁乃授之。高亦隱跡不仕。玉少師事高，學方診六微之技，陰陽隱側之術。和帝時，為太醫丞，多有效應。帝奇之，仍試令嬖臣美手腕者與女子雜處帷中，使玉各診一手，問所疾苦。玉曰："左陽右陰，[七]脉有男女，狀若異人。臣疑其故。"帝歎息稱善。

【注】
〔1〕診，候也，音直忍反。

玉仁愛不矜，雖貧賤廝養，必盡其心力，而醫療貴人，時或不愈。帝乃令貴人羸服變處，一針即差。召玉詰問其狀。對曰："醫之為言意也。腠理至微，[1]隨氣用巧，針石之閒，毫芒即乖。神存於心手之際，可得解而不可得言也。夫貴者處尊高以臨臣，臣懷怖懾以承之。其為療也，有四難焉：自用意而不任臣，一難也；將身不謹，二難也；骨節不彊，不能使藥，三難也；好逸惡勞，四難也。針有分寸，時有破漏，[2]重以恐懼之心，加以裁慎之志，臣意且猶不盡，何有於病哉！此其所為不愈也。"帝善其對。年老卒官。

【注】
〔1〕腠理，皮膚之閒也。《韓子》曰，扁鵲見晉桓侯，曰"君有病，在腠理"也。
〔2〕分寸，淺深之度。破漏，日有衝破者也。

華佗字元化，[1]沛國譙人也，一名旉。[2]遊學徐土，兼通數經。曉養性之術，年且百歲而猶有壯容，時人以為仙。沛相陳珪舉孝廉，太尉黃琬辟，皆不就。

【注】
〔1〕佗音徒何反。
〔2〕音孚。

　　精於方藥,處齊不過數種,[1]心識分銖,不假稱量。針灸不過數處。[八]若疾發結於內,針藥所不能及者,乃令先以酒服麻沸散,既醉無所覺,因刳破腹背,抽割積聚。若在腸胃,則斷截湔洗,除去疾穢,既而縫合,傅以神膏,四五日創愈,一月之閒皆平復。[2]

【注】
〔1〕齊音才計反。
〔2〕《佗別傳》曰"人有見山陽太守廣陵劉景宗,說數見華佗,見其療病平脉之候,其驗若神。琅邪劉勳為河內太守,有女年幾二十,左脚膝裏上有瘡,癢而不痛。創發數十日愈,愈已復發,如此七八年。迎佗使視,佗曰:'易療之。當得稻糠色犬一頭,好馬二匹。'以繩繫犬頸,使走馬牽犬。馬極輒易,計馬走犬三十餘里,犬不能行,復令步人拖曳,計向五十餘里。乃以藥飲女,女即安臥不知人。因取犬斷腹近後脚之前,所斷之處,向創口令去三二寸,停之須臾,有若蛇者從創中出,便以鐵錐橫貫蛇頭,蛇在皮中搖動良久,須臾不動,牽出,長三尺所,純是蛇,但有眼處而無童子,又逆鱗耳。以膏散著創中,七日愈。又有人苦頭眩,頭不得舉,目不得視,積年。佗使悉解衣倒懸,令頭去地一二寸,濡布拭身體,令周帀,候視諸脉,盡出五色。佗令弟子數人以鈹刀決脉五色血盡,視赤血出乃下,以膏摩,被覆,汗出周帀,飲以亭歷犬血散,立愈。又有婦人長病經年,世謂寒熱注病者也。冬十一月中,佗令坐石槽中,(且)[旦]用寒水汲灌,[九]云當滿百。始七八灌,戰欲死,灌者懼,欲止,佗令滿數。至將八十灌,熱氣乃蒸出,囂囂高二三尺。滿百灌,佗乃然火溫牀,厚覆良久,汗洽出著粉,汗燥便愈。又有人病腹中半切痛,十餘日中,須眉墮落。佗曰:'是脾半腐,可刳腹養療也。'佗便飲藥令臥,破腹視,脾半腐壞。刮去惡肉,以膏傅創,飲之藥,百日平復"也。

佗嘗行道，見有病咽塞者，[1]因語之曰："向來道隅有賣餅人，萍齏甚酸，[2][一〇]可取三升飲之，病自當去。"即如佗言，立吐一蛇，乃懸於車而候佗。時佗小兒戲於門中，逆見，自相謂曰："客車邊有物，必是逢我翁也。"及客進，顧視壁北，懸蛇以十數，乃知其奇。[3]

【注】

[1]咽，喉也。

[2]《詩·義疏》曰："蘋，澹水上浮萍（者）。麤大[者]謂之蘋，[一]小者為萍。季春始生，可糝蒸為茹，又可苦酒淹就酒也。"《魏志》及《本草》並作"蒜齏"也。

[3]《魏志》曰"故甘陵相夫人有身六月，腹痛不安。佗視脈，曰：'胎已死。'使人手摸知所在，在左則男，在右則女。云'在左'。於是為湯下之，果下男形，即愈。縣吏尹代苦四支煩，口中乾，不欲聞人聲，小便不利。佗曰：'試作熱食，得汗即愈，不汗後三日死。'即作熱食，而不汗出。佗曰：'藏氣已絕於內，當啼泣而絕。'果如佗言。府吏倪尋、李延共止，俱頭痛身熱，所苦正同。佗曰：'尋當下之，延當發汗。'或難其異。佗曰：'尋外實，延內實，故療之宜殊。'即各與藥，明旦並起"者也。

又有一郡守篤病久，佗以為盛怒則差。乃多受其貨而不加功。無何弃去，又留書罵之。太守果大怒，令人追殺佗，不及，因瞋恚，吐黑血數升而愈。

又有疾者，詣佗求療，佗曰："君病根深，應當剖破腹。[一二]然君壽亦不過十年，病不能相殺也。"病者不堪其苦，必欲除之，佗遂下療，應時愈，十年竟死。

廣陵太守陳登忽患匈中煩懣，面赤，不食。佗脈之，曰："府君胃中有蟲，欲成內疽，腥物所為也。"即作湯二升，再服，須臾，吐出三升許蟲，頭赤而動，半身猶是生魚膾，所苦便愈。佗曰："此病後三朞當發，遇良醫可救。"登至期疾動，時佗不在，遂死。

曹操聞而召佗，常在左右。操積苦頭風眩，佗針，隨手而差。

有李將軍者，妻病，呼佗視脉。佗曰："傷身而胎不去。"將軍言聞實傷身，胎已去矣。佗曰："案脉，胎未去也。"將軍以為不然。妻稍差，百餘日復動，更呼佗。佗曰："脉理如前，是兩胎。先生者去，血多，故後兒不得出也。胎既已死，血脉不復歸，必燥著母脊。"乃為下針，并令進湯。婦因欲産而不通。佗曰："死胎枯燥，執不自生。"使人探之，果得死胎，人形可識，但其色已黑。佗之絶技，皆此類也。[1]

【注】
[1]《佗別傳》曰"有人病脚躄不能行，佗切脉，便使解衣，點背數十處，相去一寸或五寸，從邪不相當，言灸此各七壯，灸創愈即行也。後灸愈，灸處夾脊一寸上下，行端直均調如引繩"也。

為人性惡，難得意，且恥以醫見業，又去家思歸，乃就操求還取方，因託妻疾，數期不反。操累書呼之，又勑郡縣發遣，佗恃能厭事，猶不肯至。操大怒，使人廉之，[1]知妻詐疾，乃收付獄訊，考驗首服。荀彧請曰："佗方術實工，人命所懸，宜加全宥。"操不從，竟殺之。佗臨死，出一卷書與獄吏，曰："此可以活人。"吏畏法不敢受，佗不強與，[一三]索火燒之。

【注】
[1]廉，察也。

初，軍吏李成苦欬，晝夜不寐。佗以為腸癰，與散兩錢服之，即吐二升膿血，於此漸愈。乃戒之曰："後十八歲，疾當發動，若不得此藥，不可差也。"復分散與之。後五六歲，有里人如成先病，請藥甚急，成愍而與之，乃故往譙更從佗求，適值見收，意不忍言。後十八年，成病發，無藥而死。

廣陵吳普、彭城樊阿皆從佗學。普依準佗療，〔一四〕多所全濟。

佗語普曰："人體欲得勞動，但不當使極耳。動搖則穀氣得銷，血脉流通，病不得生，譬猶户樞，終不朽也。是以古之仙者為導引之事，熊經鴟顧，〔1〕引挽腰體，動諸關節，以求難老。吾有一術，名五禽之戲：一曰虎，二曰鹿，三曰熊，四曰猨，五曰鳥。〔2〕亦以除疾，兼利蹄足，以當導引。體有不快，起作一禽之戲，怡而汗出，因以著粉，身體輕便而欲食。"普施行之，年九十餘，耳目聰明，齒牙完堅。

【注】

〔1〕熊經，若熊之攀枝自懸也。鴟顧，身不動而迴顧也。《莊子》曰："吐故納新，熊經鳥申，此導引之士，養形之人也。"

〔2〕《佗別傳》曰："吳普從佗學，微得其方。魏明帝呼之，使為禽戲，普以年老，手足不能相及，粗以其法語諸醫。普今年將九十，耳不聾，目不冥，牙齒完堅，飲食無損。"

阿善針術。凡醫咸言背及匈藏之間不可妄針，針之不可過四分，而阿針背入一二寸，巨闕匈藏乃五六寸，而病皆瘳。阿從佗求方可服食益於人者，佗授以漆葉青黏散：〔1〕漆葉屑一斗，〔一五〕青黏十四兩，以是為率。言久服，去三蟲，利五藏，輕體，使人頭不白。阿從其言，壽百餘歲。漆葉處所而有。青黏生於豐、沛、彭城及朝歌間。

【注】

〔1〕《佗別傳》曰："青黏者，一名地節，一名黃芝，主理五藏，益精氣，本出於迷入山者，見仙人服之，以告佗。佗以為佳，語阿，阿又秘之。近者人見阿之壽，而氣力強盛，怪之，遂責所服食，因醉亂，誤道之。法一施，人多服者，皆有大驗。"本《字書》無"黏"字，相傳音女廉反，然今人無識此者，甚可恨惜。

漢世異術之士甚衆，雖云不經，而亦有不可誣，故簡其美者列于傳末：

冷壽光、唐虞、魯女生三人者，皆與華佗同時。壽光年可百五六十歲，行容成公御婦人法，〔1〕常屈頸鵁息，〔2〕須髮盡白，而色理如三四十時，死於江陵。唐虞道赤眉、張步家居里落，若與相及，死於鄉里不其縣。魯女生數説顯宗時事，甚明了，議者疑其時人也。董卓亂後，莫知所在。〔3〕

【注】
〔1〕《列仙傳》曰："容成公者，能善補導之事，取精於玄牝。其要谷神不死，守生養氣者也。髮白復黑，齒落復生。"御婦人之術，謂握固不瀉，還精補腦也。
〔2〕鵁音居妖反。《毛詩》曰："有集唯鵁。"毛萇注曰："鵁，雉也。"《山海經》曰："女几之山多白鵁。"郭璞曰："似雉長尾，走且鳴也。"
〔3〕《漢武内傳》曰"魯女生，長樂人。初餌胡麻及朮，絕穀八十餘年，日少壯，色如桃花，日能行三百里，走及麞鹿。傳世見之，云三百餘年。後采藥嵩高山，見一女人，曰：'我三天太上侍官也。'以五岳真形〔圖〕與之，〔一六〕并告其施行。女生道成，一旦與知友故人別，云入華山。去後五十年，先相識者逢女生華山廟前，乘白鹿，從玉女三十人，并令謝其鄉里親故人"也。

徐登者，閩中人也。〔1〕本女子，化為丈夫。善為巫術。又趙炳，〔一七〕字公阿，東陽人，能為越方。〔2〕時遭兵亂，疾疫大起，二人遇於烏傷溪水之上，〔3〕遂結言約，共以其術療病。各相謂曰："今既同志，且可各試所能。"登乃禁溪水，水為不流，炳復次禁枯樹，樹即生荑，〔4〕二人相視而笑，共行其道焉。

【注】
〔1〕閩中地，今泉州也。
〔2〕東陽，今婺州也。《抱朴子》曰："道士趙炳，以氣禁人，人不能起。禁虎，虎伏地，低頭閉目，便可執縛。以大釘釘柱，入尺許，以氣吹之，釘即躍出射去，如弩箭之發。"《異苑》云："趙侯以盆盛水，吹氣作禁，魚龍立見。"越方，善禁呪也。
〔3〕酈元注《水經》曰："吳寧溪出吳寧縣，經烏傷，謂之烏傷溪。"在今婺州義烏縣東也。
〔4〕《易》曰："枯楊生荑。"王弼注云："荑者，楊之秀也。"

登年長，炳師事之。貴尚清儉，禮神唯以東流水為酌，削桑皮為脯。但行禁架，所療皆除。〔1〕

【注】
〔1〕禁架即禁術也。

後登物故，炳東入章安，〔1〕百姓未之知也。炳乃故升茅屋，梧鼎而爨，〔一八〕主人見之驚懼，〔2〕炳笑不應，既而爨孰，屋無損異。又嘗臨水求度，船人不和之，〔3〕炳乃張蓋坐其中，長嘯呼風，亂流而濟。於是百姓神服，從者如歸。章安令惡其惑衆，收殺之。人為立祠室於永康，至今蚊蚋不能入也。〔4〕

【注】
〔1〕縣名，屬會稽郡。本名回浦，光武改為章安。故城在今台州臨海縣東南。
〔2〕梧，支也。懅，忙也。
〔3〕和猶許也。俗本作"知"者誤也。
〔4〕炳故祠在今婺州永康縣東，俗呼為趙侯祠，至今蚊蚋不入祠所。江南

猶傳趙侯禁法以療疾云。

費長房者,汝南人也。曾為市掾。市中有老翁賣藥,懸一壺於肆頭,及市罷,輒跳入壺中。市人莫之見,唯長房於樓上覩之,異焉,因往再拜奉酒脯。翁知長房之意其神也,謂之曰:"子明日可更來。"長房旦日復詣翁,翁乃與俱入壺中。唯見玉堂嚴麗,旨酒甘肴盈衍其中,共飲畢而出。翁約不聽與人言之。後乃就樓上候長房曰:"我神仙之人,以過見責,今事畢當去,子寧能相隨乎?樓下有少酒,與卿為別。"長房使人取之,不能勝,又令十人扛之,猶不舉。[1]翁聞,笑而下樓,以一指提之而上。視器如一升許,而二人飲之終日不盡。

【注】
〔1〕《說文》曰:"兩人對舉為扛。"音江。

長房遂欲求道,而顧家人為憂。[1]翁乃斷一青竹,度與長房身齊,使懸之舍後。家人見之,即長房形也,以為縊死,大小驚號,遂殯葬之。長房立其傍,而莫之見也。於是遂隨從入深山,踐荊棘於群虎之中。留使獨處,長房不恐。又臥於空室,以朽索懸萬斤石於心上,衆蛇競來齧索且斷,長房亦不移。翁還,撫之曰:"子可教也。"復使食糞,糞中有三蟲,臭穢特甚,長房意惡之。翁曰:"子幾得道,恨於此不成,如何!"

【注】
〔1〕顧,念也。

長房辭歸,翁與一竹杖,曰:"騎此任所之,則自至矣。既至,可以杖投葛陂中也。"[1]又為作一符,曰:"以此主地上鬼神。"長房乘杖,須臾來歸,自謂去家適經旬日,而已十餘年矣。即以杖投陂,顧視則龍也。家人謂其久死,不信之。長房曰:"往日所葬,但竹杖耳。"乃發冢剖棺,杖猶存焉。遂能醫療衆病,鞭笞百鬼,及驅使社公。或在它坐,獨自恚怒,人問其故,曰:"吾責鬼魅之犯法者耳。"

【注】
〔1〕陂在今豫州新蔡縣西北。

　　汝南歲歲常有魅,偽作太守章服,詣府門椎鼓者,郡中患之。時魅適來,而逢長房謁府君,惶懼不得退,便前解衣冠,叩頭乞活。長房呵之云:"便於中庭正汝故形!"即成老鼈,大如車輪,頸長一丈。長房復令就太守服罪,付其一札,以勅葛陂君。魅叩頭流涕,持札植於陂邊,以頸繞之而死。
　　後東海君來見葛陂君,因淫其夫人,於是長房劾繫之三年,而東海大旱。長房至海上,見其人請雨,乃謂之曰:"東海君有罪,吾前繫於葛陂,今方出之使作雨也。"於是雨立注。
　　長房曾與人共行,見一書生黃巾被裘,無鞍騎馬,下而叩頭。長房曰:"還它馬,赦汝死罪。"人問其故,長房曰:"此狸也,盜社公馬耳。"又嘗坐客,而使至宛市鮓,〔一九〕須臾還,乃飯。或一日之閒,人見其在千里之外者數處焉。
　　後失其符,為衆鬼所殺。

　　薊子訓者,不知所由來也。建安中,客在濟陰宛句。〔1〕有神異之道。嘗抱鄰家嬰兒,故失手墮地而死,其父母驚號怨痛,不可忍聞,而子訓唯謝以過誤,終無它説,遂埋藏之。後月餘,子訓乃抱兒歸焉。父母大恐,曰:"死生異路,雖思我兒,乞不用復見也。"兒識父母,軒渠笑悦,欲往就之,母不覺攬取,乃實兒也。雖大喜慶,心猶有疑,乃竊發視死兒，但見衣被，方乃信焉。於是子訓流名京師，士大夫皆承風向慕之。

【注】
〔1〕今曹州縣。句音劬。

後乃駕驢車，與諸生俱詣許下。道過滎陽，止主人舍，而所駕之驢忽然卒僵，蛆蟲流出，主遽白之。子訓曰："乃爾乎？"方安坐飯，食畢，徐出以杖扣之，驢應聲奮起，行步如初，即復進道。其追逐觀者常有千數。既到京師，公卿以下候之者，坐上恒數百人，皆為設酒脯，終日不匱。

後因遁去，遂不知所止。初去之日，唯見白雲騰起，從旦至暮，如是數十處。時有百歲翁，自說童兒時見子訓賣藥於會稽市，顏色不異於今。後人復於長安東霸城見之，與一老公共摩挲銅人，[1]相謂曰："適見鑄此，已近五百歲矣。"[2]顧視見人而去，猶駕昔所乘驢車也。見者呼之曰："薊先生小住。"並行應之，[3]視若遲徐，而走馬不及，於是而絕。

【注】
〔1〕酈元《水經注》曰，魏文帝黃初元年，[二〇]徙長安金狄，重不可致，因留霸城南。
〔2〕《史記》秦始皇二十六年，於咸陽鑄金人十二，重各千斤，至此四百二十餘年。
〔3〕並猶且也，音蒲朗反。

劉根者，潁川人也。隱居嵩山中。諸好事者自遠而至，就根學道，太守史祈以根為妖妄，乃收執詣郡，數之曰："汝有何術，而誣惑百姓？若果有神，可顯一驗事。不爾，立死矣。"根曰："實無它異，頗能令人見鬼耳。"祈曰："促召之，使太守目覩，爾乃為明。"根於是左顧而嘯，有頃，祈之亡父祖近親數十人，皆反縛在前，向根叩頭曰："小兒無狀，分當萬坐。"顧而吒祈曰："汝為子孫，不能有益先人，而反累辱亡靈！可叩頭為吾陳謝。"祈驚懼悲哀，頓首流血，請自甘罪坐。根嘿而不應，忽然俱去，不知在所。

左慈字元放，廬江人也。少有神道。嘗在司空曹操坐，操從容顧眾賓曰："今日高會，珍羞略備，所少吳松江鱸魚耳。"[1]放於下坐[二一]應曰："此可得也。"因求銅盤貯水，以竹竿餌釣於盤中，[二二]須臾引一鱸魚出。操大拊掌笑，[二三]會者皆驚。操曰："一魚不周坐席，可更得乎？"放乃更餌鈎沈之，須臾復引出，皆長三尺餘，[二四]生鮮可愛。操使目前鱠之，周浹會者。操又謂曰："既已得魚，恨無蜀中生薑耳。"放曰："亦可得也。"操恐其近即所取，因曰："吾前遣人到蜀買錦，可過勑使者，增市二端。"語頃，即得薑還，并獲操使報命。後操使蜀反，[二五]驗問增錦之狀及時日早晚，若符契焉。

【注】
[1]松江在今蘇州東南，首受太湖。《神仙傳》云："松江出好鱸魚，味異它處。"

後操出近郊，士大夫從者百許人，慈乃為齋酒一升，脯一斤，手自斟酌，百官莫不醉飽。操怪之，使尋其故，行視諸鑪，悉亡其酒脯矣。[1]操懷不喜，[2]因坐上收，欲殺之，慈乃卻入壁中，霍然不知所在。或見於市者，又捕之，而市人皆變形與慈同，莫知誰是。後人逢慈於陽城山頭，因復逐之，遂入走羊群。[二六]操知不可得，乃令就羊中告之曰："不復相殺，本試君術耳。"忽有一老羝屈前兩膝，人立而言曰："遽如

許。"〔3〕即競往赴之,而群羊數百皆變為羝,並屈前膝人立,云"遽如許",遂莫知所取焉。〔4〕

【注】
〔1〕鑪,酒肆也。
〔2〕喜音許吏反。
〔3〕言何遽如許為事。
〔4〕魏文帝《典論》論郄儉等事曰"潁川郄儉能辟穀,餌伏苓,甘陵甘始名善行氣,老有少容,廬江左慈知補導之術,並為軍吏。初,儉至之所,伏苓價暴貴數倍。議郎安平李覃學其辟穀,食伏苓,飲寒水,水寒中泄利,殆至殞命。後始來,衆人無不鴟視狼顧,呼吸吐納。軍祭酒弘農董芬為之過差,氣閉不通,良久乃蘇。左慈到,又競受其補導之術。至寺人嚴峻往從問受,奄豎真無事於斯術也。人之逐聲,乃至於是"也。

計子勳者,不知何郡縣人,皆謂數百歲,行來於人閒。一旦忽言日中當死,主人與之葛衣,子勳服而正寢,至日中果死。

上成公者,(宓)〔密〕縣人也。〔二七〕其初行久而不還,後歸,語其家云:"我已得仙。"因辭家而去。家人見其舉步稍高,良久乃沒云。陳寔、韓韶同見其事。

解奴辜、張貂者,亦不知是何郡國人也。皆能隱淪,出入不由門戶。奴辜能變易物形,以誑幻人。
又河南有麴聖卿,善為丹書符劾,厭殺鬼神而使命之。
又有編盲意,亦與鬼物交通。〔1〕

【注】
〔1〕編，姓也。盲意，名。

初，章帝時有壽光侯者，〔1〕〔二八〕能劾百鬼衆魅，令自縛見形。其鄉人有婦為魅所病，侯為劾之，得大蛇數丈，死於門外。又有神樹，人止者輒死，鳥過者必墜，侯復劾之，樹盛夏枯落，見大蛇長七八丈，懸死其閒。帝聞而徵之。乃試問之："吾殿下夜半後，常有數人絳衣被髮，持火相隨，豈能劾之乎？"侯曰："此小怪，易銷耳。"帝偽使三人為之，侯劾三人，登時仆地無氣。帝大驚曰："非魅也，朕相試耳。"解之而蘇。

【注】
〔1〕壽，姓也。《風俗通》曰："壽於姚，吳大夫。"

甘始、東郭延年、〔1〕封君達三人者，皆方士也。率能行容成御婦人術，或飲小便，或自倒懸，愛嗇精氣，不極視大言。甘始、元放、延年皆為操所錄，問其術而行之。〔2〕君達號"青牛師"。〔3〕凡此數人，皆百餘歲及二百歲也。

【注】
〔1〕《漢武內傳》曰："延年字公游。"
〔2〕曹植《辯道論》曰："甘始者，老而有少容，自諸術士咸共歸之。然始辭繁寡實，頗切怪言。余嘗辟左右獨與之言，問其所行。溫顏以誘之，美辭以導之。始語余：'吾本師姓韓字雅。〔二九〕嘗與師於南海作金，前後數四，投數萬斤金於海。'又言：'諸梁時，西域胡來獻香罽署帶割玉刀，時悔不取也。'又言：'車師之西國，兒生劈背出脾，欲其食少而怒行也。'又言：'取鯉魚五寸一雙，令其一著藥投沸膏中，有藥奮尾鼓鰓，遊行沈浮，有若處淵，其一者

已孰而可噉。'余時問言:'寧可試不?'言:'是藥去此踰萬里,當出塞,始不自行不能得也。'言不盡於此,頗難悉載,故粗舉其巨怪者。始若遭秦始皇、漢武帝,則復徐市、欒大之徒也。"

〔3〕《漢武帝內傳》曰:"封君達,隴西人。初服黃連五十餘年,入鳥舉山,服水銀百餘年,還鄉里,如二十者。常乘青牛,故號'青牛道士'。聞有病死者,識與不識,便以要閒竹管中藥與服,或下針,應手皆愈。不以姓名語人。聞魯女生得《五岳圖》,連年請求,女生未見授。〔三〇〕并告節度。二百餘歲乃入玄丘山去。"

　　王真、郝孟節者,皆上黨人也。王真年且百歲,視之面有光澤,似未五十者。自云:"周流登五岳名山,悉能行胎息胎食之方,噉舌下泉咽之,不絕房室。"〔1〕孟節能含棗核,不食可至五年十年。又能結氣不息,身不動搖,狀若死人,可至百日半年。亦有室家。為人質謹不妄言,似士君子。曹操使領諸方士焉。

【注】

〔1〕《漢武內傳》曰:"王真字叔經,上黨人。習閉氣而吞之,名曰'胎息';習噉舌下泉而咽之,名曰'胎食'。真行之,斷穀二百餘日,肉色光美,力並數人。"《抱朴子》曰:"胎息者,能不以鼻口噓噏,如在胎之中。"噉音朔。

　　北海王和平,性好道術,自以當仙。濟南孫邕少事之,從至京師。會和平病歿,邕因葬之東陶。有書百餘卷,藥數囊,悉以送之。後弟子夏榮言其尸解,邕乃恨不取其寶書仙藥焉。〔1〕

【注】
〔1〕尸解者，言將登仙，假託為尸以解化也。

贊曰：幽賾罕徵，明數難校。不探精遠，曷感靈效？如或遷訛，實乖玄奧。

【校勘記】
〔一〕語之（言）[云]　據《校補》說改。下"告語（言）[云]"同。
〔二〕不圖賣者人相欺　《刊誤》謂案文多一"人"字。今按：上文言"買豬人"，則此當云"賣豬人"，疑"者"本作"豬"，版刻譌脫犭旁耳。
〔三〕六子皆知名　按：《集解》引沈欽韓說，謂"六"當作"五"，《群輔錄》云穆之五子，並有令名，京師號曰"公沙五龍，天下無雙"。
〔四〕俱事同郡楊厚　按："楊"原譌"揚"，逕改正。
〔五〕諸葛亮問廣漢秦密　按：《集解》引錢大昕說，謂《蜀志》"密"作"宓"。宓字子勑，當取謹宓之宓，世俗借用堂密字。
〔六〕郭玉者廣漢雒人也　按：《集解》引惠棟說，謂《華陽國志》云新都人。
〔七〕左陽右陰　按：汲本、殿本作"左陰右陽"。
〔八〕針灸不過數處　按："灸"原譌"炙"，逕據《集解》本改正。
〔九〕（且）[旦]用寒水汲灌　《刊誤》謂案文"且"當作"旦"。按：《魏志·華佗傳》注引作"平旦用寒水汲灌"，劉說是，今據改正。
〔一〇〕萍齏甚酸　按："齏"原作"薑"，依注文改。
〔一一〕蘋澹水上浮萍（者）麤大[者]謂之蘋　據汲本改。
〔一二〕應當剖破腹　按：汲本"應"作"因"。
〔一三〕佗不強與　按：殿本作"佗亦不強"，與《魏志》同。
〔一四〕普依準佗療　按：《刊誤》謂"療"下當有一"病"字。
〔一五〕漆葉屑一斗　按：《集解》引錢大昕說，謂"斗"當依《魏志》作"升"，漢隸斗字與升字相似，故易混耳。

〔一六〕以五岳真形［圖］與之　據《集解》引惠棟説補。

〔一七〕趙炳　《集解》引惠棟説，謂《搜神記》及《水經注》皆作"趙昞"。按：炳昞同字。

〔一八〕梧鼎而爨　按：《集解》引惠棟説，謂《水經注》"梧鼎"作"支鼎"。

〔一九〕而使至宛市鮓　《刊誤》謂"使"當作"往"。今按："使"字疑衍。

〔二〇〕魏文帝黄初元年　按：殿本《考證》謂《三國志》注作"明帝景初元年"。《集解》引惠棟説，謂案《搜神記》，乃正始中事也。

〔二一〕放於下坐　按：《刊誤》謂"放"當作"慈"，下同。

〔二二〕以竹竿餌釣於盤中　按：《刊誤》謂案文多一"竹"字。

〔二三〕操大拊掌笑　按：《刊誤》謂案文當作"拊掌大笑"。

〔二四〕皆長三尺餘　按：《校補》引柳從辰説，謂"三尺"疑"三寸"之誤。松江四腮鱸魚長者不盈五寸，李時珍《本草》亦云長數寸，安得皆長三尺餘乎？銅盆注水而引出三尺餘大魚，於説亦窒。

〔二五〕後操使蜀反　按：《刊誤》謂案文"使"下少一"自"字。

〔二六〕遂入走羊群　按：《刊誤》謂"入走"當作"走入"。

〔二七〕（宓）［密］縣人也　據《刊誤》改。

〔二八〕有壽光侯者　按：《集解》引錢大昕説，謂壽光國名，光武封更始子鯉為壽光侯，又北海王普初封壽光侯是也。此侯失其姓名，故舉其爵，下云"侯為劾之"，"侯復劾之"，可證注以壽為姓之誤。

〔二九〕吾本師姓韓字雅　按：《集解》引錢大昕説，謂裴松之注《魏志》引《辯道論》云"姓韓字世雄"。

〔三〇〕連年請求女生未見授　《刊誤》謂案文當云"連年請於女生，求見授"。《補校》謂"女生"二字連下為文，但"未"字譌耳，或即"末"字也。今按：錢熙祚校本《漢武內傳》附錄邵載之《續談助》鈔《內傳》"未"作"後"。

後漢書卷八十三

逸民列傳第七十三

　　《易》稱"《遯》之時義大矣哉"。又曰："不事王侯，高尚其事。"是以堯稱則天，不屈潁陽之高；〔1〕武盡美矣，終全孤竹之絜。〔2〕自茲以降，風流彌繁，長往之軌未殊，而感致之數匪一。或隱居以求其志，或回避以全其道，〔3〕或靜己以鎮其躁，〔4〕或去危以圖其安，〔5〕或垢俗以動其槩，〔6〕或疵物以激其清。〔7〕然觀其甘心畎畝之中，憔悴江海之上，〔8〕豈必親魚鳥樂林草哉，亦云性分所至而已。〔9〕〔一〕故蒙恥之賓，屢黜不去其國；〔10〕蹈海之節，千乘莫移其情。〔11〕適使矯易去就，則不能相為矣。〔12〕彼雖硜硜有類沽名者，〔13〕然而蟬蛻囂埃之中，自致寰區之外，異夫飾智巧以逐浮利者乎！荀卿有言曰，"志意脩則驕富貴，道義重則輕王公"也。〔14〕

【注】
　〔1〕潁陽謂巢、許也。
　〔2〕孤竹謂夷、齊也。
　〔3〕《論語》孔子曰："隱居以求其志，行義以達其道。"求志謂長沮、桀溺，全道若薛方詭對王莽也。
　〔4〕謂逢萌之類也。
　〔5〕四皓之類也。

〔6〕謂申徒狄、鮑焦之流也。

〔7〕梁鴻、嚴光之流。

〔8〕《莊子》曰:"舜以天下讓北人無擇。無擇曰:'異哉,后之為人也!居於畎畝之中而遊堯之門,不若是而已。'"又曰:"就藪澤,處閑曠,此江海之士,避代之人,閑暇者之所好也。"

〔9〕分音符問反。

〔10〕《列女傳》曰:"柳下惠死,其妻誄之曰:'蒙恥救人,德彌大兮。雖遇三黜,終不敝兮。'"

〔11〕《史記》曰,魯連謂新垣衍曰:"秦即為帝,則魯連蹈東海死耳。"魯連下聊城,田單爵之,魯連逃隱於海上也。

〔12〕人各有所尚,不能改其志。孔子聞長沮、桀溺之言,乃告子路曰:"天下有道,丘不與易也。"

〔13〕《論語》曰:"孔子擊磬於衛,有荷蕢而過孔氏之門者。曰:'有心哉!擊磬乎?'既而曰:'鄙哉!硜硜乎,莫己知也。'"又"子貢曰:'有美玉於斯,韞櫝而藏諸?求善價而沽諸?'孔子曰:'沽之哉!沽之哉!我待價者也。'"沽謂衒賣也。

〔14〕《荀卿子》之文也。

漢室中微,王莽篡位,士之蘊藉義憤甚矣。是時裂冠毀冕,相攜持而去之者,蓋不可勝數。〔1〕楊雄曰:"鴻飛冥冥,弋者何篡焉。"〔二〕言其違患之遠也。〔2〕光武側席幽人,求之若不及,〔3〕旌帛蒲車之所徵賁,相望於巖中矣。〔4〕若薛方、逢萌聘而不肯至,〔5〕嚴光、周黨、王霸至而不能屈。群方咸遂,志士懷仁,斯固所謂"舉逸民天下歸心"者乎!〔6〕肅宗亦禮鄭均而徵高鳳,以成其節。自後帝德稍衰,邪孽當朝,處子耿介,羞與卿相等列,至乃抗憤而不顧,多失其中行焉。蓋錄其絕塵不反,〔7〕〔三〕同夫作者,列之此篇。〔8〕

【注】

〔1〕《左傳》曰:"王使詹桓伯辭於晉曰:'伯父若裂冠毀冕,拔本塞原。'"《毛詩序》曰:"百姓莫不相攜持而去之。"

〔2〕"篡"字諸本或作"慕",《法言》作"篡"。宋衷曰:"篡,取也。鴻高飛冥冥薄天,雖有弋人,何施巧而取也。喻賢者隱處,不離暴亂之害也。"然今人謂以計數取物為篡,篡亦取也。

〔3〕《國語》曰:"越王夫人去笄側席而坐。"韋昭注云:"側猶特也。禮,憂者側席而坐。"《前書·公孫弘贊》曰:"上方欲用文武,求之如弗及。"

〔4〕《毛詩序》曰:"《干旄》,美好善也。"其詩曰:"孑孑干旄,在浚之城。"《易·賁卦》六五曰:"賁于丘園,束帛戔戔。"蒲車,以蒲裹輪,取其安也。《前書》武帝以蒲車徵魯申公也。

〔5〕《前書》薛方字子容。

〔6〕《論語》文也。

〔7〕《莊子》曰:"顏回問於仲尼曰:'夫子步亦步,夫子趨亦趨,夫子馳亦馳,夫子奔(轍)〔軼〕絕塵,〔四〕則回瞠若乎後矣。'"司馬彪注云:"言不可及也。"《韓詩外傳》曰:"山林之士,往而不能反。"

〔8〕《論語》曰:"賢者避代,其次避地,其次避色,其次避言。子曰:'作者七人矣。'"

野王二老者,不知何許人也。初,光武貳於更始,會關中擾亂,遣前將軍鄧禹西征,送之於道。既反,因於野王獵,路見二老者即禽。[1]光武問曰:"禽何向?"並舉手西指,言"此中多虎,臣每即禽,虎亦即臣,大王勿往也"。光武曰:"苟有其備,虎亦何患。"父曰:"何大王之謬邪!昔湯即桀於鳴條,而大城於亳;[2]武王亦即紂於牧野,而大城於郟鄏。[3]彼二王者,其備非不深也。是以即人者,人亦即之,雖有其備,庸可忽乎!"光武悟其旨,顧左右曰:"此隱者也。"將用之,辭而去,莫知所在。

【注】

〔1〕即,就也。《易》曰"即鹿無虞"也。

〔2〕《帝王紀》曰:"案《孟子》,桀卒於鳴條,[五]乃在東夷之地。或言陳留平丘今有鳴條亭也。唯(是)[孔]安國注《尚書》云,[六]鳴條在安邑西。考三説之驗,孔為近之。"

〔3〕杜預注《左傳》曰:"今河南也。河南縣西有郟鄏陌。"

向長字子平,[1]河内朝歌人也。隱居不仕,性尚中和,好通《老》、《易》。貧無資食,好事者更饋焉,受之取足而反其餘。王莽大司空王邑辟之,連年乃至,欲薦之於莽,固辭乃止。潛隱於家。讀《易》至損、益卦,喟然歎曰:"吾已知富不如貧,貴不如賤,但未知死何如生耳。"[2]建武中,男女娶嫁既畢,勅斷家事勿相關,當如我死也。於是遂肆意,與同好北海禽慶[3]俱遊五嶽名山,竟不知所終。

【注】

〔1〕《高士傳》"向"字作"尚。"

〔2〕《易·損卦》曰:"二簋可用享。損益盈虛,與時偕行。"《益卦》曰"損上益下,人説無疆"也。

〔3〕《前書》慶字子夏。

逢萌字子康,[七]北海都昌人也。家貧,給事縣為亭長。時尉行過亭,萌候迎拜謁,既而擲楯歎曰:[1]"大丈夫安能為人役哉!"遂去之長安學,通《春秋經》。時王莽殺其子宇,[2]萌謂友人曰:"三綱絶矣![3]不去,禍將及人。"[八]即解冠挂東都城門,[4][九]歸,將家屬浮海,客於遼東。

【注】
〔1〕亭長主捕盜賊,故執楯也。
〔2〕《前書》莽隔絕平帝外家衛氏,宇恐帝大後見怨,以為莽不可諫而好鬼神,即夜持血灑莽第門。吏發覺之,莽執宇送獄,飲藥而死。
〔3〕謂君臣、夫婦、父子。
〔4〕《漢宮殿名》:"東都門今名青門也。"《前書音義》曰:"長安東郭城北頭第一門。"

萌素明陰陽,知莽將敗,有頃,乃首戴瓦盎,〔1〕哭於市曰:"新乎新乎!"〔2〕因遂潛藏。

【注】
〔1〕盎,盆也。
〔2〕王莽為新都侯,及篡,號新室,故哭之。

及光武即位,乃之琅邪勞山,〔1〕養志脩道,人皆化其德。

【注】
〔1〕在今萊州即墨縣東南,有大勞、小勞山。

北海太守素聞其高,遣吏奉謁致禮,萌不荅。太守懷恨而使捕之。吏叩頭曰:"子康大賢,天下共聞,所在之處,人敬如父,往必不獲,祇自毀辱。"太守怒,收之繫獄,更發它吏。行至勞山,人果相率以兵弩捍禦,吏被傷流血,奔而還。後詔書徵萌,託以老耄,迷路東西,語使者云:"朝廷所以徵我者,以其有益於政,尚不知方面所在,安能濟時乎?"即便駕歸。連徵不起,以壽終。
初,萌與同郡徐房、平原李子雲、王君公相友善,並曉陰陽,懷德穢行。房與子雲養徒各千人,君公遭亂獨不去,儈牛自隱。〔1〕時人謂之

論曰:〔一〇〕"避世牆東王君公。"〔2〕

【注】
〔1〕儈謂平會兩家賣買之價。
〔2〕嵇康《高士傳》曰"君公明《易》,為郎。數言事不用,乃自汙與官婢通,免歸。詐狂儈牛,口無二價"也。

周黨字伯況,太原廣武人也。家產千金。少孤,為宗人所養,而遇之不以理,及長,又不還其財。黨詣鄉縣訟,主乃歸之。既而散與宗族,悉免遣奴婢,遂至長安遊學。

初,鄉佐嘗眾中辱黨,黨久懷之。〔1〕後讀《春秋》,聞復讎之義,〔2〕便輟講而還,與鄉佐相聞,期剋鬬日。既交刃,而黨為鄉佐所傷,困頓。鄉佐服其義,輿歸養之,數日方蘇,既悟而去。自此敕身脩志,州里稱其高。

【注】
〔1〕《續漢志》鄉佐主收賦稅者。
〔2〕《春秋經》書"紀侯大去其國"。《公羊傳》曰:"大去者何?滅也。孰滅之?齊滅之。曷為不言齊滅之?為襄公諱也。齊襄公九世祖哀公亨於周,紀侯譖之也,故襄公讎於紀。九世猶可復讎乎?雖百世可也。"

及王莽竊位,託疾杜門。自後賊暴從橫,殘滅郡縣,唯至廣武,過城不入。

建武中,徵為議郎,以病去職,遂將妻子居黽池。復被徵,不得已,乃著短布單衣,穀皮綃頭,待見尚書。〔1〕〔一一〕及光武引見,黨伏而不謁,自陳願守所志,帝乃許焉。

【注】
〔1〕以穀樹皮為綃頭也。綃頭,解見《向栩傳》。黨服此〔詣〕尚書,以待見也。〔一二〕

博士范升奏毀黨曰:"臣聞堯不須許由、巢父,而建號天下;周不待伯夷、叔齊,而王道以成。伏見太原周黨、東海王良、山陽王成等,蒙受厚恩,使者三聘,乃肯就車。及陛見帝廷,黨不以禮屈,伏而不謁,偃蹇驕悍,同時俱逝。黨等文不能演義,武不能死君,釣采華名,庶幾三公之位。臣願與坐雲臺之下,考試圖國之道。不如臣言,伏虛妄之罪。而敢私竊虛名,誇上求高,皆大不敬。"書奏,天子以示公卿。詔曰:"自古明王聖主必有不賓之士。伯夷、叔齊不食周粟,太原周黨不受朕祿,亦各有志焉。其賜帛四十匹。"黨遂隱居黽池,著書上下篇而終。邑人賢而祠之。

初,黨與同郡譚賢伯升、鴈門殷謨君長,俱守節不仕王莽世。建武中,徵並不到。

王霸字儒仲,〔一三〕太原廣武人也。少有清節。及王莽篡位,棄冠帶,絕交宦。建武中,徵到尚書,拜稱名,不稱臣。有司問其故。霸曰:"天子有所不臣,諸侯有所不友。"〔1〕司徒侯霸讓位於霸。閻陽毀之曰:"太原俗黨,儒仲頗有其風。"遂止。〔2〕以病歸。隱居守志,茅屋蓬戶。連徵不至,以壽終。

【注】
〔1〕《禮記》曰:"儒有上不臣天子,下不事諸侯。"
〔2〕皇甫謐《高士傳》曰"故梁令閻陽"也。《前書》曰:"太原多晉公族子孫,以詐力相傾,矜夸功名,報仇過直。漢興,號為難化,常擇嚴猛將,或任殺伐為威。父兄被誅,子弟怨憤,至告訐刺史、二千石。"

嚴光字子陵,一名遵,會稽餘姚人也。少有高名,與光武同遊學。及光武即位,乃變名姓,隱身不見。帝思其賢,乃令以物色訪之。[1]後齊國上言:"有一男子,披羊裘釣澤中。"帝疑其光,乃備安車玄纁,遣使聘之。三反而後至。舍於北軍,給牀褥,太官朝夕進膳。

【注】
〔1〕以其形貌求之。

司徒侯霸與光素舊,遣使奉書。[1]使人因謂光曰:"公聞先生至,區區欲即詣造,迫於典司,是以不獲。願因日暮,自屈語言。"光不荅,乃投札與之,口授曰:"君房足下:位至鼎足,甚善。懷仁輔義天下悅,阿諛順旨要領絶。"霸得書,封奏之。帝笑曰:"狂奴故態也。"車駕即日幸其館。光臥不起,帝即其臥所,撫光腹曰:"咄咄子陵,不可相助為理邪?"〔一四〕光又眠不應,良久,乃張目熟視,曰:"昔唐堯著德,巢父洗耳。士故有志,何至相迫乎!"帝曰:"子陵,我竟不能下汝邪?"於是升輿歎息而去。

【注】
〔1〕皇甫謐《高士傳》曰:"霸使西曹屬侯子道奉書,光不起,於牀上箕踞抱膝發書讀訖,問子道曰:'君房素癡,今為三公,寧小差否?'子道曰:'位已鼎足,不癡也。'光曰:'遣卿來何言?'子道傳霸言。光曰:'卿言不癡,是非癡語也?天子徵我三乃來。人主尚不見,當見人臣乎?'子道求報。光曰:'我手不能書。'乃口授之。使者嫌少,可更足。光曰:'買菜乎?求益也?'"

復引光入,論道舊故,相對累日。帝從容問光曰:"朕何如昔時?"對曰:"陛下差增於往。"因共偃臥,光以足加帝腹上。明日,太史奏客星犯御坐甚急。帝笑曰:"朕故人嚴子陵共臥耳。"

除為諫議大夫,不屈,乃耕於富春山,[1]後人名其釣處為嚴陵瀨焉。[2]建武十七年,復特徵,不至。年八十,終於家。帝傷惜之,詔下郡縣賜錢百萬、穀千斛。

【注】
[1]今杭州富陽縣也。本漢富春縣,避晉簡文帝鄭太后諱,改曰富陽。
[2]顧野王《輿地志》曰"七里瀨在東陽江下,與嚴陵瀨相接,有嚴山。桐廬縣南有嚴子陵漁釣處,今山邊有石,上平,可坐十人,臨水,名為嚴陵釣壇"也。

井丹字大春,扶風郿人也。少受業太學,通五經,善談論,故京師為之語曰:"五經紛綸井大春。"[1]性清高,未嘗脩刺候人。

【注】
[1]紛綸猶浩博也。

建武末,沛王輔等五王居北宮,皆好賓客,更遣請丹,不能致。信陽侯陰就,光烈皇后弟也,以外戚貴盛,乃詭說五王,求錢千萬,約能致丹,而別使人要劫之。丹不得已,既至,就故為設麥飯蔥葉之食,[一五]丹推去之,曰:"以君侯能供甘旨,故來相過,何其薄乎?"更置盛饌,乃食。及就起,左右進輦。丹笑曰:"吾聞桀駕人車,豈此邪?"[1]坐中皆失色。就不得已而令去輦。自是隱閉不關人事,以壽終。

【注】
[1]《帝王紀》曰:"桀以人駕車。"

梁鴻字伯鸞,〔一六〕扶風平陵人也。父讓,〔一七〕王莽時為城門校尉,封脩遠伯,使奉少昊後,寓於北地而卒。[1]鴻時尚幼,以遭亂世,因卷席而葬。

【注】
[1]《前書》莽改允吾為脩遠。少昊,金天氏之號,次黃帝者。北地,今寧州也。

後受業太學,家貧而尚節介,博覽無不通,而不為章句。學畢,乃牧豕於上林苑中。曾誤遺火延及它舍,鴻乃尋訪燒者,問所去失,[1]悉以豕償之。其主猶以為少。鴻曰:"無它財,願以身居作。"主人許之。因為執勤,不懈朝夕。鄰家耆老見鴻非恒人,乃共責讓主人,而稱鴻長者。於是始敬異焉,悉還其豕。鴻不受而去,歸鄉里。

【注】
[1]去,亡也。

勢家慕其高節,多欲女之,[1]鴻並絕不娶。同縣孟氏有女,〔一八〕狀肥醜而黑,力舉石臼,擇對不嫁,至年三十。父母問其故。女曰:"欲得賢如梁伯鸞者。"鴻聞而娉之。女求作布衣、麻屨,織作筐緝績之具。及嫁,始以裝飾入門。七日而鴻不荅。妻乃跪牀下請曰:"竊聞夫子高義,簡斥數婦,[2]妾亦偃蹇數夫矣。今而見擇,敢不請罪。"鴻曰:"吾欲裘褐之人,可與俱隱深山者爾。今乃衣綺縞,傅粉墨,豈鴻所願哉?"妻曰:"以觀夫子之志耳。妾自有隱居之服。"乃更為椎髻,著布衣,操作而前。鴻大喜曰:"此真梁鴻妻也。能奉我矣!"字之曰德曜,[名]孟光。〔一九〕

【注】

〔1〕以女妻人曰女，音尼慮反。

〔2〕斥，遠也。

居有頃，妻曰："常聞夫子欲隱居避患，今何為默默？無乃欲低頭就之乎？"鴻曰："諾。"乃共入霸陵山中，以耕織為業，詠《詩》、《書》，彈琴以自娛。仰慕前世高士，而為四皓以來二十四人作頌。

因東出關，過京師，作《五噫之歌》曰："陟彼北芒兮，噫！顧覽帝京兮，噫！宮室崔嵬兮，噫！人之劬勞兮，噫！遼遼未央兮，噫！"肅宗聞而非之，求鴻不得。乃易姓運期，名燿，字侯光，與妻子居齊魯之間。

有頃，又去適吳。將行，作詩曰："逝舊邦兮遐征，將遙集兮東南。心惙怛兮傷悴，志菲菲兮升降。[1]欲乘策兮縱邁，疾吾俗兮作讒。競舉枉兮措直，咸先佞兮唌唌。[2]（聊）固靡憖兮獨建，冀異州兮尚賢。[3]聊逍遙兮遨嬉，纘仲尼兮周流。儻雲覩兮我悦，遂舍車兮即浮。[4]過季札兮延陵，求魯連兮海隅。雖不察兮光貌，幸神靈兮與休。[5]惟季春兮華阜，麥含含兮方秀。[二〇]哀茂時兮逾邁，愍芳香兮日臭。[6]悼吾心兮不獲，長委結兮焉究！[7]口囂囂兮余訕，嗟恇恇兮誰留？"[8]

【注】

〔1〕《爾雅》注："惙怛，憂也。菲菲，高下不定也。"惙音丁劣反。降音下江反。《詩》曰："我心則降。"

〔2〕《論語》曰："舉直措諸枉則人服，舉枉措諸直則人不服。"唌音延，讒言捷急之皃。

〔3〕建，立也。言己無憖於獨立，所以適吳者，冀異州之人貴尚賢德。

〔4〕舍其車而就舟船。

〔5〕光貌，光儀也。言雖不察見季札及魯連，然冀幸其神靈與之同美也。

〔6〕茂，盛也。臭，敗也。

〔7〕委結,懷恨也。究,窮也。
〔8〕訕,謗也。鄭玄注《禮記》曰:"怔怔,恐也。"

遂至吳,依大家皋伯通,居廡下,[1]為人賃舂。每歸,妻為具食,不敢於鴻前仰視,舉案齊眉。伯通察而異之,曰:"彼傭能使其妻敬之如此,非凡人也。"乃方舍之於家。鴻潛閉著書十餘篇。疾且困,告主人曰:"昔延陵季子葬子於嬴博之間,不歸鄉里,慎勿令我子持喪歸去。"及卒,伯通等為求葬地於吳要離冢傍。咸曰:"要離烈士,而伯鸞清高,可令相近。"[2]葬畢,妻子歸扶風。

【注】
〔1〕《說文》曰:"廡,堂下周屋也。"《釋名》:"大屋曰廡。"
〔2〕要離,刺吳王僚子慶忌者,冢在今蘇州吳縣西。伯鸞墓在其北。

初,鴻友人京兆高恢,少好《老子》,隱於華陰山中。及鴻東遊思恢,作詩曰:"鳥嚶嚶兮友之期,[1]念高子兮僕懷思,想念恢兮爰集茲。"二人遂不復相見。恢亦高抗,終身不仕。[2]

【注】
〔1〕《毛詩》曰:"伐木丁丁,鳥鳴嚶嚶。出自幽谷,遷于喬木。嚶其鳴矣,求其友聲。"
〔2〕《高士傳》曰:"恢字伯通。"

高鳳字文通,南陽葉人也。少為書生,家以農畝為業,而專精誦讀,晝夜不息。妻嘗之田,曝麥於庭,令鳳護雞。時天暴雨,而鳳持竿誦經,不覺潦水流麥。妻還怪問,鳳方悟之。其後遂為名儒,乃教授業於西唐山中。[1]〔二一〕

【注】

〔1〕山在今唐州湖陽縣西北。酈元注《水經》云，即高鳳所隱之西唐山也。

鄰里有爭財者，持兵而鬭，鳳往解之，不已，乃脫巾叩頭，固請曰："仁義遜讓，柰何弃之！"於是爭者懷感，投兵謝罪。

鳳年老，執志不倦，名聲著聞。太守連召請，恐不得免，自言本巫家，不應為吏，又詐與寡嫂訟田，遂不仕。建初中，將作大匠任隗舉鳳直言，到公車，託病逃歸。推其財產，悉與孤兄子。隱身漁釣，終於家。

論曰：先大夫宣侯[1]嘗以講道餘隙，寓乎逸士之篇。至《高文通傳》，輟而有感，以為隱者也，因著其行事而論之曰："古者隱逸，其風尚矣。潁陽洗耳，恥聞禪讓；[2]孤竹長飢，羞食周粟。[3]或高棲以違行，或疾物以矯情，雖軌迹異區，其去就一也。若伊人者，志陵青雲之上，身晦泥汙之下，心名且猶不顯，況怨累之為哉！與夫委體淵沙，鳴弦揆日者，不其遠乎！"[4]

【注】

〔1〕沈約《宋書》曰："范泰字伯倫。祖汪。父甯，宋高祖受命，拜金紫光禄大夫，加散騎常侍，領國子祭酒，多所陳諫。泰博覽篇籍，好為文章，愛獎後生，孜孜無倦。薨謚宣侯。"即曄之父也。

〔2〕許由隱於潁陽，聞堯欲禪，乃臨潁而洗耳。

〔3〕伯夷、叔齊，孤竹君之子，不食周粟。

〔4〕委體泉沙謂屈原懷沙礫而自沈也。鳴弦揆日謂嵇康臨刑顧日景而彈琴也。論者以事迹相明，故引康為喻。

臺佟字孝威,[1]魏郡鄴人也。隱於武安山,[2]鑿穴為居,采藥自業。[二]建初中,州辟不就。刺史行部,乃使從事致謁。佟載病往謝。刺史乃執贄見佟曰:[3]"孝威居身如是,甚苦,如何?"佟曰:"佟幸得保終性命,存神養和。如明使君奉宣詔書,夕惕庶事,反不苦邪?"遂去,隱逸,終不見。

【注】
〔1〕佟音大冬反。
〔2〕武安縣之山也。
〔3〕嵇康《高士傳》曰:"刺史執棗栗之贄往。"

　　韓康字伯休,一名恬休,京兆霸陵人。家世著姓。常采藥名山,賣於長安市,口不二價,三十餘年。時有女子從康買藥,康守價不移。女子怒曰:"公是韓伯休那?[1]乃不二價乎?"康歎曰:"我本欲避名,今小女子皆知有我,何用藥為?"乃遯入霸陵山中。博士公車連徵不至。桓帝乃備玄纁之禮,以安車聘之。使者奉詔造康,康不得已,乃許諾。辭安車,自乘柴車,冒晨先使者發。至亭,亭長以韓徵君當過,方發人牛脩道橋。及見康柴車幅巾,以為田叟也,使奪其牛。康即釋駕與之。有頃,使者至,奪牛翁乃徵君也。使者欲奏殺亭長。康曰:"此自老子與之,亭長何罪!"乃止。康因[中]道逃遯,[二]以壽終。

【注】
〔1〕那,語餘聲也,音乃賀反。

　　矯慎字仲彥,[1]扶風茂陵人也。少好黃老,隱遯山谷,因穴為室,仰慕松、喬導引之術。與馬融、蘇章鄉里並時,融以才博顯名,章以廉直稱，然皆推先於慎。

【注】

〔1〕《風俗通》曰："晉大夫矯父之後也。"

汝南吳蒼甚重之，因遺書以觀其志曰："仲彥足下：勤處隱約，雖乘雲行泥，棲宿不同，每有西風，何嘗不歎！[1]蓋聞黃老之言，乘虛入冥，藏身遠遯，亦有理國養人，施於為政。[2]至如登山絕迹，神不著其證，人不覩其驗。吾欲先生從其可者，於意何如？昔伊尹不懷道以待堯舜之君。[3]方今明明，四海開闢，巢許無為箕山，夷齊悔入首陽。足下審能騎龍弄鳳，翔嬉雲間者，[4]亦非狐兔燕雀所敢謀也。"慎不荅。年七十餘，竟不肯娶。後忽歸家，自言死日，及期果卒。後人有見慎於敦煌者，故前世異之，或云神僊焉。

【注】

〔1〕汝南在扶風之東。

〔2〕《老子》曰："致虛極，守靜篤。"又曰："窈兮冥兮，其中有精。"又曰："理大國若亨小鮮。"又曰"非所以愛人治國"也。

〔3〕《孟子》曰，湯使人以幣聘伊尹。伊尹曰："我何以湯之幣〔聘〕為哉？"[二四]既而幡然改曰："與我（豈若）處畎畝之中，[二五]由是以樂堯舜之道，吾豈若使是君為堯舜之君〔哉〕？[二六]豈若使是人為堯舜之人哉？"

〔4〕《列僊傳》曰："簫史，秦繆公時。善吹簫，公女弄玉好之，以妻之，遂教弄玉作鳳鳴。居數十年，吹鳳皇聲，鳳來止其屋。為作鳳臺，夫婦止（在）〔其〕上。[二七]一旦皆隨鳳皇飛去。"又曰"陶安公，六安冶師。數行火，火一旦散上，紫色衝天。須臾赤雀止冶上，曰：'安公，安公，冶與天通。七月七日，迎汝以赤龍。'至時，安公騎之而去"也。

慎同郡馬瑤，隱於汧山，以《兔罝》為事。[1]所居俗化，百姓美之，號馬牧先生焉。

【注】
〔1〕罝，兔網也。《毛詩序》曰："《兔罝》，后妃之化也。《關雎》之化行，則莫不好德，賢人眾多。"故（慎）〔瑤〕以為事焉。〔二八〕

戴良字叔鸞，汝南慎陽人也。曾祖父遵，字子高，平帝時，為侍御史。王莽篡位，稱病歸鄉里。家富，好給施，尚俠氣，食客常三四百人。時人為之語曰："關東大豪戴子高。"
良少誕節，母憙驢鳴，〔1〕良常學之以娛樂焉。及母卒，兄伯鸞居廬啜粥，非禮不行，良獨食肉飲酒，哀至乃哭，而二人俱有毀容。或問良曰："子之居喪，禮乎？"良曰："然。禮所以制情佚也，情苟不佚，何禮之論！夫食旨不甘，故致毀容之實。若味不存口，食之可也。"論者不能奪之。

【注】
〔1〕憙音虛記反。

良才既高達，而論議尚奇，多駭流俗。同郡謝季孝問曰："子自視天下孰可為比？"良曰："我若仲尼長東魯，大禹出西羌，〔1〕獨步天下，誰與為偶！"

【注】
〔1〕《帝王紀》曰："夏禹生於石紐，長於西羌，西夷之人也。"

舉孝廉，不就。再辟司空府，彌年不到，州郡迫之，乃遯辭詣府，〔1〕悉將妻子，既行在道，因逃入江夏山中。優遊不仕，以壽終。

【注】
〔1〕遯,遜也。

　　初,良五女並賢,每有求姻,輒便許嫁,疎裳布被,〔二九〕竹笥木屐以遣之。五女能遵其訓,皆有隱者之風焉。

　　法真字高卿,〔1〕扶風郿人,南郡太守雄之子也。好學而無常家,博通内外圖典,為關西大儒。弟子自遠方至者,陳留范冉等數百人。

【注】
〔1〕高一作喬。

　　性恬靜寡欲,不交人閒事。太守請見之,真乃幅巾詣謁。太守曰:"昔魯哀公雖為不肖,而仲尼稱臣。太守虛薄,欲以功曹相屈,光贊本朝,何如?"真曰:"以明府見待有禮,故敢自同賓末。若欲吏之,真將在北山之北,南山之南矣。"太守懼然,不敢復言。〔1〕

【注】
〔1〕懼音紀具反。

　　辟公府,舉賢良,皆不就。同郡田弱〔三〇〕薦真曰:"處士法真,體兼四業,〔1〕學窮典奧,幽居恬泊,樂以忘憂,將蹈老氏之高蹤,不為玄纁屈也。臣願聖朝就加衮職,〔2〕必能唱《清廟》之歌,致來儀之鳳矣。"〔3〕會順帝西巡,弱又薦之。帝虛心欲致,前後四徵。真曰:"吾既不能遯形遠世,豈飲洗耳之水哉?"遂深自隱絶,終不降屈。友人郭正稱之曰:"法真名可得聞,身難得而見,逃名而名我隨,避名而名我追,可謂百世之師者矣!"乃共刊石頌之,號曰玄德先生。年八十九,中平五年,以壽終。

【注】
〔1〕謂《詩》、《書》、《禮》、《樂》也。
〔2〕《毛詩》曰:"袞職有闕。"謂三公也。
〔3〕《詩·清廟》曰:"於穆清廟,肅雍顯相,濟濟多士,秉文之德。"《尚書》曰:"《簫韶》九成,鳳皇來儀。"

漢陰老父〔三一〕者,不知何許人也。桓帝延熹中,幸竟陵,過雲夢,臨沔水,百姓莫不觀者,有老父獨耕不輟。尚書郎南陽張溫異之,使問曰:"人皆來觀,老父獨不輟,何也?"老父笑而不對。溫下道百步,自與言。老父曰:"我野人耳,不達斯語。請問天下亂而立天子邪?理而立天子邪?立天子以父天下邪?役天下以奉天子邪?昔聖王宰世,茅茨采椽,而萬人以寧。〔1〕今子之君,勞人自縱,逸遊無忌。吾為子羞之,子何忍欲人觀之乎!"〔三二〕溫大慙。問其姓名,不告而去。

【注】
〔1〕《韓子》曰:"堯舜采椽不刮,茅茨不剪。"

陳留老父者,不知何許人也。桓帝世,黨錮事起,守外黃令陳留張升去官歸鄉里,道逢友人,共班草而言。〔1〕升曰:"吾聞趙殺鳴犢,仲尼臨河而反;覆巢竭淵,龍鳳逝而不至。〔2〕今宦豎日亂,陷害忠良,賢人君子其去朝乎?夫德之不建,人之無援,〔3〕將性命之不免,奈何?"因相抱而泣。老父趨而過之,植其杖,太息言曰:"吁!二大夫何泣之悲也?〔三三〕夫龍不隱鱗,鳳不藏羽,網羅高縣,去將安所?雖泣何及乎!"〔4〕二人欲與之語,不顧而去,莫知所終。

【注】

〔1〕班,布也。

〔2〕解在《獨行傳》。

〔3〕《左傳》曰,臧文仲聞六與蓼滅,曰:"皋陶廷堅不祀忽諸。德之不建,人之無援,哀哉!"

〔4〕《毛詩》曰:"啜其泣矣,何嗟及矣。"言雖泣而無所及也。

龐公者,南郡襄陽人也。居峴山之南,〔1〕未嘗入城府。夫妻相敬如賓。荊州刺史劉表數延請,不能屈,乃就候之。謂曰:"夫保全一身,孰若保全天下乎?"龐公笑曰:"鴻鵠巢於高林之上,暮而得所栖;黿鼉穴於深淵之下,夕而得所宿。夫趣舍行止,亦人之巢穴也。且各得其栖宿而已,天下非所保也。"因釋耕於壟上,而妻子耘於前。表指而問曰:"先生苦居畎畝而不肯官禄,〔三四〕後世何以遺子孫乎?"〔2〕龐公曰:"世人皆遺之以危,今獨遺之以安,雖所遺不同,未為無所遺也。"表歎息而去。後遂攜其妻子登鹿門山,因采藥不反。〔3〕

【注】

〔1〕峴山在今襄陽縣東。《襄陽記》曰:"諸葛孔明每至德公家,獨拜牀下,德公初不令止。司馬德操嘗詣德公,值其渡沔上先人墓,德操徑入其堂,呼德公妻子,使速作黍,徐元直向云當來就我與德公談。其妻子皆羅拜於堂下,奔走共設。須臾德公還,直入相就,不知何者是客也。德操年小德公十歲,兄事之,呼作龐公,故俗人遂謂龐公是德公名,非也。"

〔2〕《襄陽記》曰:"德公子字山人,亦有令名,娶諸葛孔明姊,為魏黃門吏部郎。子涣,晉太康中為牂柯太守。"

〔3〕《襄陽記》曰:"鹿門山舊名蘇嶺山,建武中,襄陽侯習郁立神祠於山,刻二石鹿,夾神道口,俗因謂之鹿門廟,遂以廟名山也。"

贊曰：江海冥滅，山林長往。遠性風疎，逸情雲上。道就虛全，事違塵枉。[1]

【注】
[1]違，遠也。

【校勘記】
[一]亦云性分所至而已　按：《文選》"性分"作"介性"。
[二]弋者何篡焉　按：《校補》謂《文選》"者"作"人"。案袁本、茶陵本仍作"者"，見《文選考異》。
[三]蓋録其絶塵不反　按：《文選》"反"作"及"。
[四]夫子奔（轍）[軼]絶塵　據汲本改。
[五]桀卒於鳴條　按：《校補》謂"桀"當作"舜"。注引書專辯鳴條地所在，不妨及舜事，此淺人妄改耳。
[六]唯（是）[孔]安國注尚書云　據汲本、殿本改。
[七]逢萌字子康　舊目"逢"作"逄"，汲本同。《刊誤》謂案萌北海人，則當是"逢"，非"逄"也。今按：逢，薄江切，姓，出北海，見《廣韻》。又按：萌字汲本、殿本皆作"子慶"，此作"子康"，乃避清河孝王諱改。《東觀記》同。
[八]不去禍將及人　按：《校補》謂上言"不去"，則下不合言"及人"，"人"當作"我"，否則衍字。
[九]即解冠挂東都城門　按：《校補》謂言掛冠，則是萌時已拜官矣，傳疑有脱誤。
[一〇]時人謂之論曰　《刊誤》謂"謂"當作"為"，"論"當作"語"。王先謙謂為謂古通，不須改，"論"亦不勞改作"語"。今按：《御覽》一八七引作"時人語曰"。
[一一]乃著短布單衣穀皮絅頭待見尚書　按：《集解》引惠棟説，謂"尚書"二字衍文，范因舊史失删耳。《東觀記》云"建武中徵，黨著短布單衣穀皮

慚頭待見。尚書欲令更服,黨曰:'本以是微之,安可復更。'遂以見"也。

〔一二〕黨服此〔詣〕尚書以待見也　據《刊誤》補。

〔一三〕王霸字儒仲　按:《校補》引柳從辰説,謂今聚珍本《東觀記》及《御覽》五百一引本書"儒"作"孺"。惟《唐書·宰相世系表》仍作"儒"。

〔一四〕不可相助為理邪　按:《集解》引惠棟説,謂《御覽》引作"何不出相助為治邪"。

〔一五〕麥飯葱葉之食　按:"飯"原譌"飲",逕據汲本、殿本改正。又按:《集解》引惠棟説,謂《御覽》引"葉"作"菜"。

〔一六〕梁鴻字伯鸞　按:《集解》引沈欽韓説,謂《列女傳》"伯鸞"作"伯淳"。

〔一七〕父讓　按:《集解》引惠棟説,謂《王莽傳》"讓"作"護",《趙咨傳》注亦作"護",護讓字相似,疑傳寫譌也。

〔一八〕同縣孟氏有女　按:《校補》引柳從辰説,謂《東觀記》亦作孟氏女,獨袁《紀》作"趙氏有女"。

〔一九〕字之曰德曜〔名〕孟光　惠棟《補注》引田藝衡説,謂多一"孟"字。張森楷《校勘記》謂本傳作孟氏女,復名"孟光",則"孟孟光"矣,非詞也,據此可見孟光確姓趙氏。今按:《御覽》五百二及袁《紀》均無"名"字,不成文理,疑本作"字之曰德曜,名光",後人習見"孟光"字,妄改"名"字為"孟"字耳　今據汲本、殿本補一"名"字,而録田、張兩家説備考。

〔二〇〕麥含含兮方秀　按:《東觀記》作"麥含金兮方秀",《類聚》卷三引《東觀記》同。

〔二一〕乃教授業於西唐山中　按:《刊誤》謂"教授業"不成文理,明衍一"業"字,若存"業",則可去"教"字。

〔二二〕采藥自業　汲本、殿本"業"作"給"。按:《御覽》五百一、《元龜》八百九並作"業"。

〔二三〕康因〔中〕道逃遯　《御覽》五百一"因"下有"中"字,惠棟謂當從《御覽》增。今據補。

〔二四〕我何以湯之幣〔聘〕為哉　據汲本、殿本補。

〔二五〕與我（豈若）處畎畝之中　據汲本、殿本刪。

〔二六〕吾豈若使是君為堯舜之君〔哉〕　據汲本、殿本補。

〔二七〕夫婦止（在）〔其〕上　據汲本、殿本改。

〔二八〕故（慎）〔瑶〕以為事焉　據殿本、《集解》本改。

〔二九〕疎裳布被　按：何焯校本"疎"改"練"。

〔三〇〕同郡田弱　汲本、殿本"弱"作"羽"，下同。按：《集解》引惠棟説，謂《通鑑》作"田弱"。

〔三一〕漢陰老父　《集解》引惠棟説，謂《御覽》作"漢濱"。按：本書舊目亦作"漢濱"。

〔三二〕子何忍欲人觀之乎　按：《御覽》五百二引作"又何忍與人觀之乎"。

〔三三〕二大夫何泣之悲也　汲本"大"作"丈"。按：《御覽》五百一引作"丈"，《元龜》八百九卷作"大"。

〔三四〕先生苦居畎畝而不肯官禄　按：《刊誤》謂"苦"上當補一"良"字。

後漢書卷八十四

列女傳第七十四

　　《詩》、《書》之言女德尚矣。[1]若夫賢妃助國君之政,哲婦隆家人之道,高士弘清淳之風,貞女亮明白之節,則其徽美未殊也,而世典咸漏焉。故自中興以後,綜其成事,述為《列女篇》。如馬、鄧、梁后別見前紀,梁嫕、[一]李姬各附家傳,[2]若斯之類,並不兼書。餘但授次才行尤高秀者,不必專在一操而已。

【注】

〔1〕《詩》謂"《關雎》,后妃之德也"。《書》稱"釐降二女于媯汭,嬪于虞"。尚,遠也。

〔2〕嫕,梁竦女。李姬,李固女也。

　　勃海鮑宣妻者,桓氏之女也,字少君。宣嘗就少君父學,父奇其清苦,故以女妻之,裝送資賄甚盛。宣不悅,謂妻曰:"少君生富驕,習美飾,而吾實貧賤,不敢當禮。"妻曰:"大人以先生脩德守約,故使賤妾侍執巾櫛。既奉承君子,唯命是從。"宣笑曰:"能如是,是吾志也。"妻乃悉歸侍御服飾,更著短布裳,與宣共挽鹿車歸鄉里。拜姑禮畢,提甕出汲。脩行婦道,鄉邦稱之。

宣，哀帝時官至司隸校尉。子永，中興初為魯郡太守。永子昱從容問少君曰："太夫人寧復識挽鹿車時不？"對曰："先姑有言：[1]'存不忘亡，安不忘危。'[2]吾焉敢忘乎！"永、昱已見前傳。

【注】
〔1〕《爾雅》曰："舅姑在則曰君舅、君姑，沒則曰先舅、先姑。"
〔2〕《易·繫辭》之言也。

太原王霸妻者，不知何氏之女也。霸少立高節，光武時，連徵不仕。霸已見《逸人傳》。妻亦美志行。初，霸與同郡令狐子伯為友，後子伯為楚相，而其子為郡功曹。子伯乃令子奉書於霸，車馬服從，雍容如也。霸子時方耕於野，聞賓至，投耒而歸，[1]見令狐子，沮怍不能仰視。[2]霸目之，有愧容，客去而久臥不起。妻怪問其故，始不肯告，妻請罪，而後言曰："吾與子伯素不相若，向見其子容服甚光，舉措有適，而我兒曹蓬髮歷齒，未知禮則，[3]見客而有慙色。父子恩深，不覺自失耳。"妻曰："君少修清節，不顧榮祿。今子伯之貴孰與君之高？奈何忘宿志而慚兒女子乎！"霸屈起而笑曰：[4]"有是哉！"遂共終身隱遁。

【注】
〔1〕鄭玄注《禮記》云："耒，耜之上曲者也。《說文》曰：'耒，手耕曲木。'"
〔2〕沮，喪也。怍，慙也。
〔3〕曹，輩也。
〔4〕屈音渠勿反。

廣漢姜詩妻者，同郡龐盛之女也。詩事母至孝，妻奉順尤篤。母好飲江水,水去舍六七里,妻常泝流而汲。後值風,不時得還,母渴,詩責而遣之。妻乃寄止鄰舍,晝夜紡績,市珍羞,使鄰母以意自遺其姑。如是者久之,姑怪問鄰母,鄰母具對。姑感慙呼還,恩養愈謹。其子後因遠汲溺死,妻恐姑哀傷,不敢言,而託以行學不在。姑嗜魚鱠,又不能獨食,夫婦常力作供鱠,呼鄰母共之。舍側忽有涌泉,味如江水,每旦輒出雙鯉魚,常以供二母之膳。赤眉散賊經詩里,[二]弛兵而過,曰:"驚大孝必觸鬼神。"時歲荒,賊乃遺詩米肉,受而埋之,比落蒙其安全。[1]

【注】
〔1〕比,近也。落,藩也。

永平三年,察孝廉,顯宗詔曰:"大孝入朝,凡諸舉者一聽平之。"由是皆拜郎中。詩尋除江陽令,卒于官。所居治,鄉人為立祀。

沛郡周郁妻者,同郡趙孝之女也,字阿。少習儀訓,閑於婦道,而郁驕淫輕躁,多行無禮。郁父偉謂阿曰:"新婦賢者女,當以道匡夫。郁之不改,新婦過也。"阿拜而受命,退謂左右曰:"我無樊衛二姬之行,[1]故君以責我。我言而不用,君必謂我不奉教令,則罪在我矣。若言而見用,是為子違父而從婦,則罪在彼矣。生如此,亦何聊哉!"乃自殺。莫不傷之。

【注】
〔1〕《列女傳》曰,楚莊王好田獵,樊姬故不食鮮禽以諫王。齊桓公好音樂,衛姬不聽五音以諫公。並解具《文苑傳》也。

扶風曹世叔妻者,同郡班彪之女也,名昭,字惠班,一名姬。[三]博學高才。世叔早卒，有節行法度。兄固著《漢書》，其八表及《天文志》未及竟而卒，和帝詔昭就東觀臧書閣踵而成之。[1]帝數召入宮，令皇后諸貴人師事焉，號曰大家。每有貢獻異物，輒詔大家作賦頌。及鄧太后臨朝，與聞政事。以出入之勤，特封子成關內侯，官至齊相。時《漢書》始出，多未能通者，同郡馬融伏於閣下，從昭受讀，後又詔融兄續繼昭成之。[2]

【注】
〔1〕踵，繼也。
〔2〕融兄名續，見《馬援傳》。

永初中，太后兄大將軍鄧騭以母憂，上書乞身，太后不欲許，以問昭。昭因上疏曰："伏惟皇太后陛下，躬盛德之美，隆唐虞之政，闢四門而開四聰，采狂夫之瞽言，納芻蕘之謀慮。[1]妾昭得以愚朽，身當盛明，敢不披露肝膽，以効萬一。妾聞謙讓之風，德莫大焉，故典墳述美，神祇降福。[2]昔夷齊去國，天下服其廉高；[3]太伯違邠，孔子稱為三讓。[4]所以光昭令德，揚名于後者也。《論語》曰：'能以禮讓為國，於從政乎何有。'[5]由是言之，推讓之誠，其致遠矣。今四舅深執忠孝，引身自退，[6]而以方垂未靜，拒而不許；如後有毫毛加於今日，[7]誠恐推讓之名不可再得。緣見逮及，故敢昧死竭其愚情。自知言不足采，以示蟲螘之赤心。"太后從而許之。於是騭等各還里第焉。

【注】
〔1〕《前書》曰："狂夫之言，明主擇焉。"《詩》曰："先人有言，詢于芻蕘。"
〔2〕《易》曰："謙尊而光。"又曰："鬼神害盈而福謙。"《左傳》曰："謙讓者，德之基也。"
〔3〕《孟子》曰："聞伯夷之風者，貪夫廉，懦夫有立志。"

〔4〕周太王有疾，太伯欲讓季歷，託採藥於吳。時已居周，此言邠者，蓋本其始而言之也。

〔5〕《論語》孔子之言也。何有言若無有。

〔6〕四舅謂駕、悝、弘、閶也。

〔7〕謂有纖微之過，則推讓之美失也。

作《女誡》七篇，有助內訓。其辭曰：

鄙人愚暗，受性不敏，蒙先君之餘寵，賴母師之典訓。〔1〕年十有四，執箕箒於曹氏，〔2〕于今四十餘載矣。戰戰兢兢，常懼黜辱，以增父母之羞，以益中外之累。〔3〕夙夜劬心，勤不告勞，而今而後，乃知免耳。吾性疏頑，教道無素，〔4〕恒恐子穀負辱清朝。〔5〕聖恩橫加，猥賜金紫，〔6〕實非鄙人庶幾所望也。男能自謀矣，吾不復以為憂也。但傷諸女方當適人，而不漸訓誨，不聞婦禮，懼失容它門，取恥宗族。吾今疾在沈滯，性命無常，念汝曹如此，每用惆悵。間作《女誡》七章，願諸女各寫一通，庶有補益，裨助汝身。去矣，其勖勉之！〔7〕

【注】

〔1〕母，傅母也。師，女師也。《左傳》曰："宋伯姬卒，待姆也。"《毛詩》曰："言告師氏，言告言歸。"

〔2〕《前書》呂公謂高祖曰："臣有息女，願為箕箒妾。"言執箕箒主賤役，以事舅姑。

〔3〕中，內也。

〔4〕素，先也。

〔5〕《三輔決錄》曰："齊相子穀，頗隨時俗。"注云："曹成，壽之子也。司徒掾察孝廉，為長垣長。母為太后師，徵拜中散大夫。"子穀即成之字也。

〔6〕《漢官儀》曰"二千石金印紫綬"也。

〔7〕去矣猶言從今已往。

卑弱第一：古者生女三日，臥之牀下，弄之瓦塼，而齋告焉。〔1〕臥之牀下，明其卑弱，主下人也。弄之瓦塼，明其習勞，主執勤也。齋告先君，明當主繼祭祀也。〔2〕三者蓋女人之常道，禮法之典教矣。謙讓恭敬，先人後己，有善莫名，〔3〕有惡莫辭，忍辱含垢，常若畏懼，是謂卑弱下人也。晚寢早作，勿憚夙夜，〔4〕執務私事，不辭劇易，〔5〕所作必成，手迹整理，是謂執勤也。正色端操，以事夫主，清靜自守，無好戲笑，絜齊酒食，以供祖宗，〔6〕是謂繼祭祀也。三者苟備，而患名稱之不聞，黜辱之在身，未之見也。三者苟失之，何名稱之可聞，黜辱之可遠哉！

【注】

〔1〕《詩·小雅》曰："乃生女子，載寢之地，載弄之瓦。"毛萇注云："瓦，紡塼也。"箋云："臥之於地，卑之也。紡塼，習其所有事也。"

〔2〕《毛詩》傳曰："《采蘋》，大夫妻能循法度也。能循法度，則可以承先祖供祭祀矣。""于以采蘋，南澗之濱。于以采藻，于彼行潦。于以盛之，惟筐及筥。于以湘之，惟錡及釜。于以（大）〔奠〕之，宗室牖（户）〔下〕。〔四〕誰其尸之？有齊季女。"

〔3〕不自名己之善也。

〔4〕作，起也。

〔5〕劇猶難也。

〔6〕絜，清也，謂食也。《左傳》曰"絜粢豐盛"也。

夫婦第二：夫婦之道，參配陰陽，通達神明，信天地之弘義，人倫之大節也。是以《禮》貴男女之際，《詩》著《關雎》之義。〔1〕由斯言之，不可不重也。夫不賢，則無以御婦；婦不賢，則無以事夫。夫不御婦，則威儀廢缺；婦不事夫，則義理墮闕。〔2〕方斯二事，〔五〕其用一也。察今之君子，徒知妻婦之不可不御，威儀之不可不整，故訓其男，檢以書傳，殊不知夫主之不可不事，禮義之不可不存也。但教男而不教女，不亦蔽於彼此之數乎！《禮》，八歲始教之書，十五而至於學矣。〔3〕獨不可依此以為則哉！

【注】

〔1〕《禮記》曰："昏禮者，將合二姓之好，上以事宗廟，而下以繼後世也，故君子重之。"《詩·關雎》，樂得賢女，〔六〕以配君子也。

〔2〕墮音許規反。墮，廢也。

〔3〕《禮記》曰："八歲入小學。"

敬慎第三：陰陽殊性，男女異行。陽以剛為德，陰以柔為用，男以彊為貴，女以弱為美。故鄙諺有云："生男如狼，猶恐其尪；生女如鼠，猶恐其虎。"然則修身莫若敬，避彊莫若順。故曰敬順之道，婦人之大禮也。夫敬非它，持久之謂也。夫順非它，寬裕之謂也。持久者，知止足也。寬裕者，尚恭下也。夫婦之好，終身不離。房室周旋，遂生媟黷。媟黷既生，語言過矣。語言既過，縱恣必作。縱恣既作，則侮夫之心生矣。此由於不知止足者也。夫事有曲直，言有是非。直者不能不爭，曲者不能不訟。訟爭既施，則有忿怒之事矣。此由於不尚恭下者也。侮夫不節，譴呵從之；忿怒不止，楚撻從之。夫為夫婦者，義以和親，恩以好合，楚撻既行，何義之存？譴呵既宣，何恩之有？恩義俱廢，夫婦離矣。

婦行第四：女有四行，一曰婦德，二曰婦言，三曰婦容，四曰婦功。〔1〕夫云婦德，不必才明絕異也；婦言，不必辯口利辭也；婦容，不必顏色美麗也；婦功，不必工巧過人也。清閑貞靜，守節整齊，行己有恥，動靜有法，是謂婦德。擇辭而說，不道惡語，時然後言，不厭於人，是謂婦言。盥浣塵穢，服飾鮮絜，沐浴以時，身不垢辱，是謂婦容。專心紡績，不好戲笑，絜齊酒食，以奉賓客，是謂婦功。此四者,女人之大德,而不可乏之者也。然為之甚易,唯在存心耳。古人有言:"仁遠乎哉?我欲仁,而仁斯至矣。"〔2〕此之謂也。

【注】
〔1〕《禮記》文也。
〔2〕《論語》孔子之言也。

　　專心第五:《禮》,夫有再娶之義,〔1〕婦無二適之文,故曰夫者天也。〔2〕天固不可逃,夫固不可離也。行違神祇,天則罰之;禮義有愆,夫則薄之。故《女憲》曰:"得意一人,是謂永畢;失意一人,是謂永訖。"由斯言之,夫不可不求其心。然所求者,亦非謂佞媚苟親也,固莫若專心正色。禮義居絜,耳無塗聽,〔七〕目無邪視,出無冶容,入無廢飾,無聚會群輩,無看視門戶,此則謂專心正色矣。若夫動靜輕脫,視聽陝輸,〔3〕〔八〕入則亂髮壞形,出則窈窕作態,〔4〕說所不當道,觀所不當視,此謂不能專心正色矣。

【注】
〔1〕《儀禮》曰:"父在為母,何以朞?至尊在,不敢伸也。父必三年而後娶,達子志也。"
〔2〕《儀禮》曰:"夫者,妻之天也。婦人不二斬者,猶曰不二天也。"
〔3〕陝輸,不定貌也。
〔4〕窈窕,妖冶之貌也。

　　曲從第六:夫得意一人,是謂永畢;失意一人,是謂永訖。欲人定志專心之言也。舅姑之心,豈當可失哉?物有以恩自離者,亦有以義自破者也。夫雖云愛,舅姑云非,此所謂以義自破者也。然則舅姑之心奈何?固莫尚於曲從矣。姑云不爾而是,固宜從令;〔1〕

姑云爾而非，猶宜順命。勿得違戾是非，爭分曲直。此則所謂曲從矣。故《女憲》曰："婦如影響，焉不可賞。"〔2〕

【注】
〔1〕不爾猶不然也。
〔2〕影響言順從也。

和叔妹第七：婦人之得意於夫主，由舅姑之愛己也；舅姑之愛己，由叔妹之譽己也。由此言之，我臧否譽毀，一由叔妹，叔妹之心，復不可失也。皆莫知叔妹之不可失，而不能和之以求親，其蔽也哉！自非聖人，鮮能無過。故顏子貴於能改，仲尼嘉其不貳，〔1〕而況婦人者也！雖以賢女之行，聰哲之性，其能備乎！是故室人和則謗掩，外內離則惡揚。此必然之埶也。《易》曰："二人同心，其利斷金。同心之言，其臭如蘭。"此之謂也。〔2〕夫嫂妹者，體敵而尊，恩疏而義親。若淑媛謙順之人，〔3〕則能依義以篤好，崇恩以結援，使徽美顯章，而瑕過隱塞，舅姑矜善，而夫主嘉美，聲譽曜于邑鄰，休光延於父母。若夫憃愚之人，於嫂則託名以自高，於妹則因寵以驕盈。驕盈既施，何和之有！恩義既乖，何譽之臻！是以美隱而過宣，姑忿而夫慍，毀譽布於中外，恥辱集于厥身，進增父母之羞，退益君子之累。〔4〕斯乃榮辱之本，而顯否之基也。可不慎哉！然則求叔妹之心，固莫尚於謙順矣。謙則德之柄，〔5〕順則婦之行。凡斯二者，足以和矣。《詩》云："在彼無惡，在此無射。"其斯之謂也。〔6〕

【注】
〔1〕《論語》孔子曰："顏回不貳過。"《易》曰"顏氏之子，其殆庶幾乎！有不善未嘗不知，知之未嘗復行也。"
〔2〕金，物之堅者。若二人同心，則其利可以斷之。二人既同心，其芳馨

如蘭也。古人通謂氣為臭也。

〔3〕淑,善也。美女曰媛也。

〔4〕君子謂夫也。《詩》曰:"未見君子,憂心忡忡。"

〔5〕《易·繫辭》之文也。

〔6〕《韓詩·周頌》之言也。射,厭也。射音亦。《毛詩》"射"作"斁"也。

馬融善之,令妻女習焉。

昭女妹曹豐生,〔1〕亦有才惠,為書以難之,辭有可觀。

【注】

〔1〕昭壻之妹也。

昭年七十餘卒,皇太后素服舉哀,使者監護喪事。所著賦、頌、銘、誄、問、注、哀辭、書、論、上疏、遺令,凡十六篇。子婦丁氏為撰集之,又作《大家讚》焉。

河南樂羊子之妻者,不知何氏之女也。羊子嘗行路,得遺金一餅,還以與妻。妻曰:"妾聞志士不飲盜泉之水,〔1〕廉者不受嗟來之食,〔2〕況拾遺求利,以污其行乎!"羊子大慙,乃捐金於野,而遠尋師學。一年來歸,妻跪問其故。羊子曰:"久行懷思,無它異也。"妻乃引刀趨機而言曰:"此織生自蠶繭,成於機杼,一(絲)[糸]而累,〔九〕以至於寸,累寸不已,遂成丈匹。今若斷斯織也,則捐失成功,稽廢時月。夫子積學,當日知其所亡,〔3〕以就懿德。若中道而歸,何異斷斯織乎?"羊子感其言,復還終業,遂七年不反。妻常躬勤養姑,又遠饋羊子。

【注】

〔1〕《論語・撰考讖》曰：“水名盜泉，仲尼不漱。”

〔2〕解見《文苑傳》也。

〔3〕《論語》孔子曰：“君子日知其所亡，月無忘其所能。”亡，無也。

嘗有它舍雞謬入園中，姑盜殺而食之，妻對雞不餐而泣。姑怪問其故。妻曰："自傷居貧，使食有它肉。"姑竟棄之。

後盜欲有犯妻者，乃先劫其姑。妻聞，操刀而出。盜人曰："釋汝刀從我者可全，不從我者，則殺汝姑。"妻仰天而歎，舉刀刎頸而死。盜亦不殺其姑。太守聞之，即捕殺賊盜，而賜妻縑帛，以禮葬之，號曰"貞義"。

漢中程文矩妻者，[一〇]同郡李法之姊也，字穆姜。有二男，而前妻四子。文矩為安眾令，喪於官。四子以母非所生，憎毀日積，而穆姜慈愛溫仁，撫字益隆，衣食資供皆兼倍所生。或謂母曰：[1]"四子不孝甚矣，何不別居以遠之？"對曰："吾方以義相導，使其自遷善也。"及前妻長子興遇疾困篤，母惻隱自然，親調藥膳，恩情篤密。興疾久乃瘳，於是呼三弟謂曰："繼母慈仁，出自天受。[一一]吾兄弟不識恩養，禽獸其心。雖母道益隆，我曹過惡亦已深矣！"遂將三弟詣南鄭獄，陳母之德，狀己之過，乞就刑辟。縣言之於郡，郡守表異其母，蠲除家徭，遣散四子，許以脩革，自後訓導愈明，並為良士。

【注】

〔1〕安眾，縣，屬南陽郡。

穆姜年八十餘卒。臨終勅諸子曰："吾弟伯度，智達士也。所論薄葬，其義至矣。又臨亡遺令，賢聖法也。[1]令汝曹遵承，勿與俗同，增吾之累。"諸子奉行焉。

【注】
〔1〕《前書》孝文帝、楊王孫、龔勝臨亡,並有遺令。

孝女曹娥者,會稽上虞人也。父盱,能絃歌,為巫祝。漢安二年五月五日,於縣江泝濤(迎)婆娑[迎]神,〔一二〕溺死,不得屍骸。娥年十四,乃沿江號哭,晝夜不絕聲,旬有七日,遂投江而死。〔1〕至元嘉元年,縣長度尚改葬娥於江南道傍,為立碑焉。〔2〕

【注】
〔1〕娥投衣於水,祝曰:"父屍所在衣當沈。"〔一三〕衣隨流至一處而沈,娥遂隨衣而沒。"衣"字或作"瓜"。〔一四〕見項原《列女傳》也。
〔2〕《會稽典錄》曰:"上虞長度尚弟子邯鄲淳,字子禮。時甫弱冠,而有異才。尚先使魏朗作《曹娥碑》,文成未出,會朗見尚,尚與之飲宴,而子禮方至督酒。尚問朗碑文成未?朗辭不才,因試使子禮為之,操筆而成,無所點定。朗嗟歎不暇,遂毀其草。其後蔡邕又題八字曰:'黃絹幼婦,外孫虀臼。'"

吳許升妻者,呂氏之女也,字榮。升少為博徒,不理操行,榮嘗躬勤家業,以奉養其姑。數勸升修學,每有不善,輒流涕進規。榮父積忿疾升,乃呼榮欲改嫁之。榮歎曰:"命之所遭,義無離貳!"終不肯歸。升感激自屬,乃尋師遠學,遂以成名。尋被本州辟命,行至壽春,道為盜所害。刺史尹耀捕盜得之。榮迎喪於路,聞而詣州,請甘心讎人。耀聽之。榮乃手斷其頭,以祭升靈。後郡遭寇賊,賊欲犯之,榮踰垣走,賊拔刀追之。賊曰:"從我則生,不從我則死。"榮曰:"義不以身受辱寇虜也!"遂殺之。是日疾風暴雨,靁電晦冥,賊惶懼叩頭謝罪,乃殯葬之。

汝南袁隗妻者,扶風馬融之女也,字倫。隗已見前傳。倫少有才辯。融家世豐豪,裝遣甚盛。及初成禮,隗問之曰:"婦奉箕箒而已,何乃過珍麗乎?"對曰:"慈親垂愛,不敢逆命。君若欲慕鮑宣、梁鴻之高者,妾亦請從少君、孟光之事矣。"隗又曰:"弟先兄舉,世以為笑。今處姊未適,先行可乎?"對曰:"妾姊高行殊邈,未遭良匹,不似鄙薄,苟然而已。"又問曰:"南郡君學窮道奧,文為辭宗,〔1〕而所在之職,輒以貨財為損,何邪?"對曰:"孔子大聖,不免武叔之毀;子路至賢,猶有伯寮之愬。〔2〕家君獲此,固其宜耳。"隗默然不能屈,帳外聽者為慙。隗既寵貴當時,倫亦有名於世。年六十餘卒。

【注】
〔1〕融為南郡太守。
〔2〕《論語》曰,叔孫武叔毀仲尼,子貢曰:"無以為也。它人之賢者猶丘陵焉,猶可踰也。仲尼如日月也,無得而踰焉。"公伯寮愬子路於季孫。孔子曰:"道之將行也與?命也。道之將廢也與?命也。公伯寮其如命何!"

倫妹芝,亦有才義。少喪親長而追感,乃作《申情賦》云。

酒泉龐淯母者,趙氏之女也,字娥。父為同縣人所殺,而娥兄弟三人,時俱病物故,讎乃喜而自賀,以為莫己報也。娥陰懷感憤,乃潛備刀兵,常帷車以候讎家。十餘年不能得。後遇於都亭,刺殺之。因詣縣自首。曰:"父仇已報,請就刑戮。"(福)祿〔福〕長尹嘉義之,〔一五〕解印綬欲與俱亡。娥不肯去。曰:"怨塞身死,妾之明分;結罪理獄,君之常理。何敢苟生,以枉公法!"後遇赦得免。州郡表其閭。太常張奐嘉歎，以束帛禮之。

沛劉長卿妻者，同郡桓鸞之女也。鸞已見前傳。生一男五歲而長卿卒，妻防遠嫌疑，不肯歸寧。兒年十五，晚又夭歿。妻慮不免，乃豫刑其耳以自誓。宗婦相與愍之，共謂曰："若家殊無它意；假令有之，猶可因姑姊妹以表其誠，何貴義輕身之甚哉！"對曰："昔我先君五更，學為儒宗，尊為帝師。五更已來，歷代不替，男以忠孝顯，女以貞順稱。《詩》云：'無忝爾祖，聿脩厥德。'是以豫自刑翦，以明我情。"沛相王吉上奏高行，顯其門閭，號曰"行義桓嫠"，[1][一六]縣邑有祀必膰焉。[2]

【注】
〔1〕寡婦曰嫠。
〔2〕膰，祭餘肉也。尊敬之，故有祭祀必致其餘也。《左傳》曰："天子有事膰焉。"

安定皇甫規妻者，不知何氏女也。規初喪室家，後更娶之。妻善屬文，能草書，時為規荅書記，衆人怪其工。及規卒時，妻年猶盛，而容色美。後董卓為相國，承其名，娉以輜軿百乘，馬二十匹，奴婢錢帛充路。妻乃輕服詣卓門，跪自陳請，[一七]辭甚酸愴。卓使傅奴侍者悉拔刀圍之，而謂曰："孤之威教，欲令四海風靡，何有不行於一婦人乎！"妻知不免，乃立罵卓曰："君羌胡之種，毒害天下猶未足邪！妾之先人，清德奕世。皇甫氏文武上才，為漢忠臣。君親非其趣使走吏乎？敢欲行非禮於爾君夫人邪！"卓乃引車庭中，以其頭縣軛，鞭撲交下。[1]妻謂持杖者曰："何不重乎？速盡為惠。"遂死車下。後人圖畫，號曰"禮宗"云。

【注】

〔1〕《周禮·考工記》曰："軹長六尺。"鄭衆曰："謂轅端壓牛領者。"

南陽陰瑜妻者，潁川荀爽之女也，名采，字女荀。聰敏有才藝。年十七，適陰氏。十九產一女，而瑜卒。采時尚豐少，常慮為家所逼，自防禦甚固。後同郡郭奕喪妻，爽以采許之，〔1〕因詐稱病篤，召采。既不得已而歸，懷刃自誓。爽令傅婢執奪其刃，扶抱載之，猶憂致憤激，勑衛甚嚴。女既到郭氏，乃偽為歡悅之色，謂左右曰："我本立志與陰氏同穴，而不免逼迫，遂至於此，素情不遂，奈何？"乃命使建四燈，盛裝飾，請奕入相見，共談，言辭不輟。（亦）〔奕〕敬憚之，〔一八〕遂不敢逼，至曙而出。采因勑令左右辨浴。〔一九〕既入室而掩戶，權令侍人避之，以粉書扉上曰："尸還陰。""陰"字未及成，懼有來者，遂以衣帶自縊。左右覘之不為意，比視，已絕，時人傷焉。

【注】

〔1〕《魏書》奕字伯益，（壽）〔嘉〕之子也，〔二〇〕為太子文學，早卒。

犍為盛道妻者，同郡趙氏之女也，字媛姜。建安五年，益部亂，道聚衆起兵，事敗，夫妻執繫，當死。媛姜夜中告道曰："法有常刑，必無生望，君可速潛逃，建立門戶，妾自留獄，代君塞咎。"道依違未從。媛姜便解道桎梏，為齎糧貨。子翔時年五歲，使道攜持而走。媛姜代道持夜，應對不失。度道已遠，乃以實告吏，應時見殺。道父子會赦得歸。道感其義，終身不娶焉。

孝女叔先雄者，〔二一〕犍為人也。父泥和，〔二二〕永建初為縣功曹。縣長遣泥和拜檄謁巴郡太守,乘船墯湍水物故,尸喪不歸。雄感念怨痛,號泣晝夜,心不圖存,常有自沈之計。所生男女二人,並數歲,雄乃各作囊,盛珠環以繫兒,數為訣別之辭。家人每防閑之,經百許日後稍懈,雄因乘小船,於父墯處慟哭,遂自投水死。弟賢,其夕夢雄告之:"卻後六日,當共父同出。"至期伺之,果與父相持,浮於江上。郡縣表言,為雄立碑,圖象其形焉。

陳留董祀妻者,同郡蔡邕之女也,名琰,字文姬。[1]博學有才辯,又妙於音律。[2]適河東衛仲道。夫亡無子,歸寧于家。興平中,天下喪亂,文姬為胡騎所獲,沒於南匈奴左賢王,在胡中十二年,生二子。曹操素與邕善,痛其無嗣,乃遣使者以金璧贖之,而重嫁於祀。

【注】
〔1〕《列女後傳》,琰字昭姬也。〔二三〕
〔2〕劉昭《幼童傳》曰:"邕夜鼓琴,絃絕。琰曰:'第二絃。'邕曰:'偶得之耳。'故斷一絃問之,琰曰:'第四絃。'並不差謬。"

祀為屯田都尉,犯法當死,文姬詣曹操請之。時公卿名士及遠方使驛坐者滿堂,操謂賓客曰:"蔡伯喈女在外,今為諸君見之。"及文姬進,蓬首徒行,叩頭請罪,音辭清辯,旨甚酸哀,衆皆為改容。操曰:"誠實相矜,然文狀已去,奈何?"文姬曰:"明公廐馬萬匹,虎士成林,何惜疾足一騎,而不濟垂死之命乎!"操感其言,乃追原祀罪。時且寒,賜以頭巾履襪。操因問曰:"聞夫人家先多墳籍,猶能憶識之不?"文姬曰:"昔亡父賜書四千許卷,流離塗炭,罔有存者。今所誦憶,裁四百餘篇耳。"操曰:"今當使十吏就夫人寫之。"文姬曰:"妾聞男女之別,禮不親授。[1]乞給紙筆,真草唯命。"於是繕書送之,文無遺誤。

【注】

〔1〕《禮記》曰："男女不親授。"

後感傷亂離，追懷悲憤，作詩二章。其辭曰：

漢季失權柄，董卓亂天常。志欲圖篡弒，先害諸賢良。逼迫遷舊邦，擁主以自彊。海內興義師，欲共討不祥。卓衆來東下，金甲耀日光。平土人脆弱，來兵皆胡羌。獵野圍城邑，所向悉破亡。斬截無孑遺，尸骸相撐拒。[1]馬邊縣男頭，馬後載婦女。長驅西入關，迥路險且阻。還顧邈冥冥，肝脾為爛腐。所略有萬計，不得令屯聚。或有骨肉俱，欲言不敢語。失意幾微間，輒言斃降虜。要當以亭刃，[二四]我曹不活汝。豈復惜性命，不堪其詈罵。或便加棰杖，毒痛參并下。旦則號泣行，夜則悲吟坐。欲死不能得，欲生無一可。彼蒼者何辜，乃遭此戹禍！邊荒與華異，人俗少義理。處所多霜雪，胡風春夏起。翩翩吹我衣，肅肅入我耳。感時念父母，哀歎無窮已。有客從外來，聞之常歡喜。迎問其消息，輒復非鄉里。邂逅徼時願，骨肉來迎己。己得自解免，當復棄兒子。天屬綴人心，念別無會期。存亡永乖隔，不忍與之辭。兒前抱我頸，問母欲何之。"人言母當去，豈復有還時。阿母常仁惻，今何更不慈？我尚未成人，奈何不顧思！"見此崩五內，恍惚生狂癡。號泣手撫摩，當發復回疑。兼有同時輩，相送告離別。慕我獨得歸，哀叫聲摧裂。馬為立踟躕，車為不轉轍。觀者皆歔欷，行路亦嗚咽。去去割情戀，遄征日遐邁。悠悠三千里，何時復交會？念我出腹子，匈臆為摧敗。既至家人盡，又復無中外。城郭為山林，庭宇生荊艾。白骨不知誰，從橫莫覆蓋。出門無人聲，豺狼號且吠。煢煢對孤景，怛咤糜肝肺。登高遠眺望，魂神忽飛逝。奄若壽命盡，旁人相寬大。為復彊視息，雖生何聊賴！託命於新人，竭心自勖厲。流離成鄙賤，常恐復捐廢。人生幾何時，懷憂終年歲！

【注】
〔1〕掌音直庚反。

其二章曰：
　　嗟薄（祐）〔祜〕兮遭世患，〔二五〕宗族殄兮門户單。身執略兮入西關，歷險阻兮之羌蠻。山谷眇兮路曼曼，眷東顧兮但悲歎。冥當寢兮不能安，〔1〕飢當食兮不能餐，常流涕兮眥不乾，薄志節兮念死難，雖苟活兮無形顏。惟彼方兮遠陽精，〔2〕陰氣凝兮雪夏零。沙漠壅兮塵冥冥，有草木兮春不榮。人似禽兮食臭腥，言兜離兮狀窈停。〔3〕歲聿暮兮時邁征，夜悠長兮禁門扃。不能寐兮起屏營，登胡殿兮臨廣庭。玄雲合兮翳月星，北風厲兮肅泠泠。胡笳動兮邊馬鳴，孤雁歸兮聲嚶嚶。樂人興兮彈琴箏，音相和兮悲且清。心吐思兮匈憤盈，欲舒氣兮恐彼驚，含哀咽兮涕沾頸。家既迎兮當歸寧，臨長路兮捐所生。兒呼母兮號失聲，我掩耳兮不忍聽。追持我兮走熒熒，頓復起兮毀顏形。還顧之兮破人情，心怛絕兮死復生。

【注】
〔1〕冥音暝。
〔2〕北方近陰遠陽。
〔3〕兜離，匈奴言語之貌。

贊曰：端操有蹤，幽閑有容。區明風烈，昭我管彤。〔1〕

【注】
〔1〕婦人之正其節操有蹤迹可紀者，及幽都閑婉有禮容者，區別其遺風餘烈，以明女史之所記也。管彤，赤管筆，解見《皇后紀》。

【校勘記】

〔一〕梁嫕　按："嫕"原作"嬟"，不成字，逕據殿本改，與《梁竦傳》合。注同。

〔二〕赤眉散賊經詩里　《集解》引惠棟說，謂赤眉散賊不當至蜀，當依《華陽國志》作"東精"。按：《華陽國志》云《公孫述》平後，東精為賊，掠害，不敢入詩里。東精，人姓名也。

〔三〕字惠班一名姬　《集解》引沈欽韓說，謂陸龜蒙《小名錄》班昭字惠姬，《文選》李善注引范《書》正作"惠姬"，此誤衍"班一名"三字。

〔四〕于以（大）〔奠〕之宗室牖（户）〔下〕　據汲本、殿本改。

〔五〕方斯二事　按：汲本、殿本"事"作"者"。

〔六〕詩關雎樂得賢女　按：殿本"賢"作"淑"。

〔七〕耳無塗聽　按：汲本、殿本"塗"作"淫"。

〔八〕視聽陜輸　汲本、殿本"陜"作"陝"。《集解》引惠棟說，謂"陜"本作"㛮"，从女陜聲。今按：馬敍倫《讀兩漢書記》謂"陜"字乃陝隘之"陜"，右方"夾"字从兩人，不从兩入。《說文》"陜，隘也"。隘者，三輔謂輕財者為隘。然則陜有輕義也。輸借為媮，陜輸亦輕脫也。

〔九〕一（絲）〔䌰〕而累　據汲本改。《集解》引沈欽韓說，謂《說文》"䌰，織緝以系貫杼也"。《類篇》"䌰，古還切"。

〔一〇〕漢中程文矩妻者　按：汲本、殿本"程"作"陳"。原本正文作"程"，目則作"陳"。又按：《集解》引惠棟說，謂《華陽國志》云"穆姜，安衆令程祇妻"，祇似文矩名，以"程"為"陳"，未詳孰是。

〔一一〕出自天受　按：汲本"受"作"愛"，殿本作"授"。

〔一二〕於縣江泝濤（迎）婆娑〔迎〕神　按：殿本《考證》引《困學紀聞》謂《曹娥碑》云"盱能撫節安歌，婆娑樂神，以五月五日迎伍君"，傳云"婆娑神"，誤也。王先謙謂案文義是"婆娑迎神"，寫本誤倒。今據改。

〔一三〕父屍所在衣當沈　按："父"原譌"人"，逕據汲本、殿本改正。

〔一四〕衣字或作瓜　按："瓜"原作"爪"，逕據汲本、殿本改正。

〔一五〕（福）禄〔福〕長尹嘉義之　錢大昕謂"福禄"當作"禄福"，詳見《郡國志》。今據改。

〔一六〕號曰行義桓螯　汲本、殿本"螯"作"嫠",注同。按:螯嫠古通。

〔一七〕跪自陳請　按:汲本、殿本"請"作"情"。

〔一八〕(亦)〔奕〕敬憚之　據汲本改。按:殿本譌"弈"。

〔一九〕采因勅令左右辨浴　汲本、殿本"辨"作"辦"。按:辨辦古通。

〔二〇〕(壽)〔嘉〕之子也　《集解》本"壽"作"嘉",《校補》謂各本皆譌,依《魏志》改。今據改。

〔二一〕孝女叔先雄者　按:《集解》引錢大昕説,謂《華陽國志》云"符有先絡,僰道有張帛",絡與帛協韻,則其名當為"絡"不為"雄"矣。"雄"當是"雒"之譌,雒與絡同音。

〔二二〕父泥和　按:《集解》引惠棟説,謂"泥"一作"沈",一作"江",見《益部耆舊傳》。又《華陽國志》云先尼和,以先為姓。

〔二三〕按:此注原錯在傳末,各本同,今依《校補》説移正。

〔二四〕要當以亭刃　按:《集解》引沈欽韓説,謂"亭"蓋"事"之誤。《前書·蒯通傳》"事刃於公之腹"。作亭止解,不可通。

〔二五〕嗟薄(祐)〔祜〕兮遭世患　據王先謙説改。按:沈欽韓《後漢書疏證》謂"祐"當作"祜",馮惟訥《詩紀》正作"祜"。

後漢書卷八十五

東夷列傳第七十五

《王制》云："東方曰夷。"夷者，柢也，言仁而好生，萬物柢地而出。〔1〕故天性柔順，易以道御，至有君子、不死之國焉。〔2〕夷有九種，〔3〕曰畎夷，于夷，方夷，黃夷，白夷，赤夷，玄夷，風夷，陽夷。〔4〕故孔子欲居九夷也。

【注】
〔1〕事見《風俗通》。
〔2〕《山海經》曰："君子國衣冠帶劍，食獸，使二文虎在旁。"《外國圖》曰："去琅邪三萬里。"《山海經》又曰："不死人在交脛東，其為人黑色，壽不死。"並在東方也。
〔3〕《竹書紀年》曰"后芬發即位三年，〔一〕九夷來御"也。
〔4〕《竹書紀年》曰"后泄二十一年，命畎夷，白夷，赤夷，玄夷，風夷，陽夷。后相即位二年，征黃夷。七年，于夷來賓，後少康即位，方夷來賓"也。

昔堯命羲仲宅嵎夷，曰暘谷，蓋日之所出也。〔1〕夏后氏太康失德，夷人始畔。〔2〕自少康已後，世服王化，遂賓於王門，獻其樂舞。〔3〕桀為暴虐，諸夷內侵，殷湯革命，伐而定之。至于仲丁，藍夷作寇。〔4〕自

是或服或畔,三百餘年。武乙衰敝,東夷寖盛,遂分遷淮、岱,漸居中土。〔5〕

【注】

〔1〕孔安國《尚書》注曰"東方之地曰嵎夷。暘谷,日之所出也"。

〔2〕太康,啓之子也。槃于游田,十旬不反,不恤人事,為羿所逐也。

〔3〕少康,帝仲康之孫,帝相子也。《竹書紀年》曰:"后發即位元年,諸夷賓于王門,諸夷入舞。"

〔4〕仲丁,殷大戊之子也。《竹書紀年》曰"仲丁即位,征于藍夷"也。

〔5〕武乙,帝庚丁之子,無道,為革囊盛血,仰而射之,命曰"射天"也。

及武王滅紂,肅慎來獻石砮、楛矢。管、蔡畔周,乃招誘夷狄,周公征之,遂定東夷。〔1〕康王之時,肅慎復至。後徐夷僭號,乃率九夷以伐宗周,西至河上。穆王畏其方熾,乃分東方諸侯,命徐偃王主之。〔2〕偃王處潢池東,地方五百里,〔3〕行仁義,陸地而朝者三十有六國。穆王後得驥騄之乘,〔4〕乃使造父御以告楚,令伐徐,一日而至。〔5〕於是楚文王大舉兵而滅之。偃王仁而無權,不忍鬭其人,故致於敗。乃北走彭城武原縣東山下,百姓隨之者以萬數,因名其山為徐山。〔6〕厲王無道,淮夷入寇,王命虢仲征之,不克,宣王復命召公伐而平之。〔7〕及幽王淫亂,四夷交侵,至齊桓修霸,攘而卻焉。及楚靈會申,亦來豫盟。〔8〕後越遷琅邪,與共征戰,遂陵暴諸夏,侵滅小邦。

【注】

〔1〕《尚書》武王崩,三監及淮夷畔,周公征之,作《大誥》。又曰,成王既伐管叔、蔡叔,滅淮夷。

〔2〕《博物志》曰:"徐君宮人娠而生卵,以為不祥,棄於水濱。孤獨母有犬名鵠倉,(持)〔得〕所棄卵,〔二〕銜以歸母,母覆煖之,遂成小兒,生而偃,

故以為名。宮人聞之,乃更録取。長襲為徐君。"《尸子》曰"偃王有筋而無骨,故曰偃"也。

〔3〕《水經注》曰,黄水一名汪水,與泡水合,至沛入泗。自山陽以東,海陵以北,其地當之也。

〔4〕《史記》曰:"造父以善御幸於周繆王,得赤驥、盜驪、驊騮、騄耳之駟,西巡狩,樂而忘歸。"

〔5〕造父,解見《蔡邕傳》。

〔6〕武原,縣,故城在今泗州下邳縣北。徐山在其東。《博物志》曰"徐王妖異不常。武原縣東十里,見有徐山石室祠處。偃王溝通陳蔡之間,得朱弓朱矢,以己得天瑞,自稱偃王。穆王聞之,遣使乘駟,一日至楚,伐之。偃王仁,不忍鬬,為楚所敗,北走此山"也。

〔7〕《毛詩序》曰:"《江漢》,尹吉甫美宣王也。能興衰撥亂,命召公平淮夷。"其詩曰:"江漢浮浮,武夫滔滔。匪安匪游,淮夷來求。王命召虎,式辟四方,徹我土疆。"

〔8〕《左傳》楚靈王、蔡侯、陳侯、鄭伯、許男、淮夷會于申。

秦并六國,其淮、泗夷皆散為民户。陳涉起兵,天下崩潰,〔1〕燕人衞滿避地朝鮮,因王其國。百有餘歲,武帝滅之,於是東夷始通上京。王莽篡位,貊人寇邊。〔2〕建武之初,復來朝貢。時遼東太守祭肜威讋北方,聲行海表,於是濊、貊、倭、韓萬里朝獻,故章、和已後,使聘流通。逮永初多難,始入寇鈔;桓、靈失政,漸滋曼焉。

【注】

〔1〕《前書》曰"朝鮮王滿,燕人。自始全燕時,嘗略屬真番、朝鮮,為置吏築障。漢興屬[燕],〔三〕燕王盧綰反入匈奴,滿亡命東走,渡浿水,居秦故空地,稍役屬朝鮮蠻夷及故燕、齊亡(任)[在]者,〔四〕王之,都王險"也。

〔2〕《前書》莽發高句麗兵當伐胡,不欲行,郡縣彊迫之,皆亡出塞,因犯[法]為寇。〔五〕州郡歸咎於高句麗侯騶,嚴尤奏言貊人犯法,不從騶起,宜

慰安之。

　　自中興之後,四夷來賓,雖時有乖畔,而使驛不絕,〔六〕故國俗風土,可得略記。東夷率皆土著,憙飲酒歌舞,或冠弁衣錦,器用俎豆。所謂中國失禮,求之四夷者也。〔1〕凡蠻、夷、戎、狄總名四夷者,猶公、侯、伯、子、男皆號諸侯云。

【注】
　〔1〕《左傳》曰,仲尼學鳥名〔官〕於郯子,〔七〕既而告人曰:"吾聞之,天子失官,學在四夷,其信也。"

　　夫餘國,在玄菟北千里。南與高句驪,東與挹婁,西與鮮卑接,北有弱水。地方二千里,本濊地也。
　　初,北夷索離國王出行,〔1〕其侍兒於後姙身,〔2〕王還,欲殺之。侍兒曰:"前見天上有氣,大如雞子,來降我,因以有身。"王囚之,後遂生男。王令置於豕牢,〔3〕豕以口氣噓之,不死。復徙於馬蘭,〔4〕馬亦如之。王以為神,乃聽母收養,名曰東明。東明長而善射,王忌其猛,復欲殺之。東明奔走,南至掩㴲水,〔5〕以弓擊水,魚鼈皆聚浮水上,東明乘之得度,因至夫餘而王之焉。於東夷之域,最為平敞,土宜五穀。出名馬、赤玉、貂豽,〔6〕大珠如酸棗。以員柵為城,有宮室、倉庫、牢獄。其人麤大彊勇而謹厚,不為寇鈔。以弓矢刀矛為兵。以六畜名官,有馬加、牛加、狗加,〔八〕其邑落皆主屬諸加。食飲用俎豆,會同拜爵洗爵,揖讓升降。以臘月祭天,大會連日,飲食歌舞,名曰"迎鼓"。是時斷刑獄,解囚徒。有軍事亦祭天,殺牛,以蹄占其吉凶。〔7〕行人無晝夜,好歌吟,音聲不絕。其俗用刑嚴急,被誅者皆沒其家人為奴婢。盜一責十二。男女淫皆殺之,尤治惡妒婦,〔九〕既殺,復尸於山上。兄死妻嫂。死則有椁無棺。〔一○〕殺人殉葬,多者以百數。其王葬用玉匣,漢朝常豫以玉匣付玄菟郡，王死則迎取以葬焉。

【注】

〔１〕"索"或作"橐"，音度洛反。

〔２〕倭音人鳩反。

〔３〕牢，圈也。

〔４〕蘭即欄也。

〔５〕今高麗中有蓋斯水，疑此水是也。

〔６〕貃似豹，〔一〕無前足，音奴八反。

〔７〕《魏志》曰："牛蹄解者為凶，合者為吉。"

建武中，東夷諸國皆來獻見。二十五年，夫餘王遣使奉貢，光武厚荅報之，於是使命歲通。至安帝永初五年，夫餘王始將步騎七八千人寇鈔樂浪，殺傷吏民，後復歸附。永寧元年，乃遣嗣子尉仇台（印）[詣]闕貢獻，天子賜尉仇台印綬金綵。順帝永和元年，其王來朝京師，帝作黃門鼓吹、角抵戲以遣之。桓帝延熹四年，遣使朝賀貢獻。永康元年，王夫台將二萬餘人寇玄菟，玄菟太守公孫域〔二〕擊破之，斬首千餘級。至靈帝熹平三年，復奉章貢獻。夫餘本屬玄菟，獻帝時，其王求屬遼東云。

挹婁，古肅慎之國也。在夫餘東北千餘里，東濱大海，南與北沃沮接，不知其北所極。土地多山險。人形似夫餘，而言語各異。有五穀、麻布，出赤玉、好貂。無君長，其邑落各有大人。處於山林之閒，土氣極寒，常為穴居，以深為貴，大家至接九梯。好養豕，食其肉，衣其皮。冬以豕膏塗身，厚數分，以禦風寒。夏則裸袒，以尺布蔽其前後。其人臭穢不絜，作廁於中，圜之而居。自漢興已後，臣屬夫餘。種眾雖少，而多勇力，處山險，又善射，發能入人目。弓長四尺，力如弩。矢用楛,長一尺八寸,青石為鏃,鏃皆施毒,中人即死。便乘船,好寇盜,鄰國畏患,而卒不能服。東夷夫餘飲食類(此)皆用俎豆,〔一三〕唯挹婁獨無,法俗最無綱紀者也。

高句驪,在遼東之東千里,南與朝鮮、濊貊,東與沃沮,北與夫餘接。地方二千里,多大山深谷,人隨而為居。少田業,力作不足以自資,故其俗節於飲食,而好修宮室。東夷相傳以為夫餘別種,故言語法則多同,而跪拜曳一腳,行步皆走。凡有五族,有消奴部,〔一四〕絕奴部、順奴部、灌奴部、桂婁部。[1]本消奴部為王,稍微弱,後桂婁部代之。其置官,有相加、對盧、沛者、古鄒大加,[2]〔一五〕主簿、優台、使者、〔一六〕帛衣先人。〔一七〕武帝滅朝鮮,以高句驪為縣,[3]使屬玄菟,賜鼓吹伎人。其俗淫,皆絜淨自憙,暮夜輒男女群聚為倡樂。好祠鬼神、社稷、零星,[4]以十月祭天大會,名曰"東盟"。其國東有大穴,號禭神,〔一八〕亦以十月迎而祭之。其公會衣服皆錦繡,金銀以自飾。大加、主簿皆著幘,如冠幘而無後;其小加著折風,形如弁。無牢獄,有罪,諸加評議便殺之,沒入妻子為奴婢。其昏姻皆就婦家,生子長大,然後將還,便稍營送終之具。金銀財幣盡於厚葬,積石為封,亦種松柏。其人性凶急,有氣力,習戰鬪,好寇鈔,沃沮、東濊皆屬焉。

【注】
 〔1〕案今高驪五部:一曰内部,一名黃部,即桂婁部也;二曰北部,一名後部,即絕奴部也;三曰東部,一名左部,即順奴部也;四曰南部,一名前部,即灌奴部也;五曰西部,一名右部,即消奴部也。
 〔2〕古鄒大加,高驪掌(賀)[賓]客之官,〔一九〕如鴻臚也。
 〔3〕《前書》元封中,定朝鮮為真番、臨屯、樂浪、玄菟四(部)[郡]。〔二〇〕
 〔4〕《前書音義》:"龍星左角曰天田,則農祥也。辰日祠以牛,號曰零

星。"《風俗通》曰"辰之神為靈星",故以辰日祠於東南也。

句驪一名貊(耳),有別種,〔二一〕依小水為居,因名曰小水貊。出好弓,所謂"貊弓"是也。〔1〕

【注】
〔1〕《魏氏春秋》曰:"遼東郡西安平縣北,有小水南流入海,句驪別種因名之小水貊。"

王莽初,發句驪兵以伐匈奴,其人不欲行,彊迫遣之,皆亡出塞為寇盜。遼西大尹田譚追擊,戰死。莽令其將嚴尤擊之,誘句驪侯騶入塞,〔二二〕斬之,傳首長安。莽大說,更名高句驪王為下句驪侯,於是貊人寇邊愈甚。建武八年,高句驪遣使朝貢,光武復其王號。二十三年冬,句驪蠶支落大加戴升等萬餘口詣樂浪內屬。二十五年春,句驪寇右北平、漁陽、上谷、太原,而遼東太守祭肜以恩信招之,皆復款塞。
後句驪王宮生而開目能視,國人懷之,〔二三〕及長勇壯,數犯邊境。和帝元興元年春,復入遼東,寇略六縣,太守耿夔擊破之,斬其渠帥。安帝永初五年,宮遣使貢獻,求屬玄菟。元初五年,復與濊貊寇玄菟,攻華麗城。〔1〕建光元年春,幽州刺史馮煥、玄菟太守姚光、遼東太守蔡諷〔二四〕等將兵出塞擊之,捕斬濊貊渠帥,獲兵馬財物。宮乃遣嗣子遂成將二千餘人逆光等,遣使詐降;光等信之,遂成因據險阸以遮大軍,而潛遣三千人攻玄菟、遼東,焚城郭,殺傷二千餘人。於是發廣陽、漁陽、右北平、涿郡屬國三千餘騎同救之,而貊人已去。夏,復與遼東鮮卑八千餘人攻遼隊,〔2〕殺略吏人。蔡諷等追擊於新昌,戰歿,功曹耿耗、兵曹掾龍端、兵馬掾公孫酺以身扞諷,俱沒於陳,死者百餘人。秋,宮遂率馬韓、濊貊數千騎圍玄菟。夫餘王遣子尉仇台〔二五〕將二萬餘人,與州郡并力討破之,斬首五百餘級。

【注】
〔1〕華麗，縣，屬樂浪郡。
〔2〕縣名，屬遼東郡也。

　　是歲宮死，子遂成立。姚光上言欲因其喪發兵擊之，議者皆以為可許。尚書陳忠曰："宮前桀黠，光不能討，死而擊之，非義也。宜遣弔問，因責讓前罪，赦不加誅，取其後善。"安帝從之。明年，遂成還漢生口，詣玄菟降。詔曰："遂成等桀逆無狀，當斬斷菹醢，以示百姓，幸會赦令，乞罪請降。鮮卑、濊貊連年寇鈔，驅略小民，動以千數，而裁送數十百人，非向化之心也。自今已後，不與縣官戰鬬而自以親附送生口者，皆與贖直，縑人四十匹，小口半之。"
　　遂成死，子伯固立。其後濊貊率服，東垂少事。順帝陽嘉元年，置玄菟郡屯田六部。質、桓之閒，復犯遼東西安平，殺帶方令，[1]掠得樂浪太守妻子。建寧二年，玄菟太守耿臨討之，斬首數百級，伯固降服，乞屬玄菟云。

【注】
〔1〕《郡國志》西安平、帶方，縣，並屬遼東郡。

　　東沃沮在高句驪蓋馬大山之東，[1]東濱大海；北與挹婁、夫餘，南與濊貊接。其地東西夾，南北長，[2]可折方千里。土肥美，背山向海，宜五穀，善田種，有邑落長帥。人性質直彊勇，便持矛步戰。言語、食飲、居處、衣服有似句驪。其葬，作大木椁，長十餘丈，開一頭為戶，新死者先假埋之，令皮肉盡，乃取骨置椁中。家人皆共一椁，刻木如（主）[生]，[二六]隨死者為數焉。

【注】
〔1〕蓋馬,縣名,屬玄菟郡。其山在今平壤城西。平壤即王險城也。
〔2〕夾音狹。

　　武帝滅朝鮮,以沃沮地為玄菟郡。後為夷貊所侵,徙郡於高句驪西北,更以沃沮為縣,屬樂浪東部都尉。至光武罷都尉官,後皆以封其渠帥,為沃沮侯。其土迫小,介於大國之間,遂臣屬句驪。句驪復置其中大人(遂)為使者,〔二七〕以相監領,(貴)〔責〕其租稅,〔二八〕貂布魚鹽,海中食物,發美女為婢妾焉。
　　又有北沃沮,一名置溝婁,去南沃沮八百餘里。其俗皆與南同。界南接挹婁。挹婁人憙乘船寇抄,北沃沮畏之,每夏輒臧於巖穴,至冬船道不通,乃下居邑落。其耆老言,嘗於海中得一布衣,其形如中人衣,而兩袖長三丈。又於岸際見一人乘破船,頂中復有面,與語不通,不食而死。又說海中有女國,無男人。或傳其國有神井,闚之輒生子云。〔1〕

【注】
〔1〕《魏志》曰,毌丘儉遣王頎追句驪王宮,窮沃沮東界,問其耆老所傳云。

　　濊北與高句驪、沃沮,南與辰韓接,東窮大海,西至樂浪。濊及沃沮、句驪,本皆朝鮮之地也。昔武王封箕子於朝鮮,箕子教以禮義田蠶,又制八條之教。〔1〕其人終不相盜,無門戶之閉。婦人貞信。飲食以籩豆。其後四十餘世,至朝鮮侯準,自稱王。漢初大亂,燕、齊、趙人往避地者數萬口,而燕人衛滿擊破準而自王朝鮮,傳國至孫右渠。元朔元年,〔2〕濊君南閭等畔右渠,率二十八萬口詣遼東內屬,武帝以其地為蒼海郡,數年乃罷。至元封三年,滅朝鮮,分置樂浪、臨屯、玄菟、真番四(部)〔郡〕。〔3〕〔二九〕至昭帝始元五年,罷臨屯、真番,以并樂浪、玄菟。玄菟復徙居句驪。自單單大領已東，沃沮、濊貊悉屬樂浪。後以境土廣遠，復分領東七縣，置樂浪東部都尉。自內屬已後，風俗稍薄，法禁亦浸多，至有六十餘條。建武六年，省都尉官，遂棄領東地，悉封其渠帥為縣侯，皆歲時朝賀。

【注】
〔1〕《前書》曰，箕子教以八條者，相殺者以當時償殺，相傷者以穀償，相盜者男沒入為其家奴，女子為婢，欲自贖者人五十萬。《音義》曰："八條不具見也。"
〔2〕武帝年也。
〔3〕番音潘。

無大君長，其官有侯、邑君、三老。耆舊自謂與句驪同種，言語法俗大抵相類。其人性愚愨，少嗜欲，不請匄。男女皆衣曲領。其俗重山川，山川各有部界，〔三○〕不得妄相干涉。同姓不昏。多所忌諱，疾病死亡，輒捐棄舊宅，更造新居。知種麻，養蠶，作緜布。曉候星宿，豫知年歲豐約。常用十月祭天，晝夜飲酒歌舞，名之為"舞天"。又祠虎以為神。邑落有相侵犯者，輒相罰，責生口牛馬，名之為"責禍"。殺人者償死。少寇盜。能步戰，作矛長三丈，或數人共持之。樂浪檀弓出其地。又多文豹，有果下馬，〔1〕海出班魚，使來皆獻之。

【注】
〔1〕高三尺，乘之可於果樹下行。

韓有三種：一曰馬韓，二曰辰韓，三曰弁辰。〔三一〕馬韓在西，有五十四國，其北與樂浪，南與倭接。辰韓在東，十有二國，其北與濊貊接。弁辰在辰韓之南，亦十有二國，其南亦與倭接。凡七十八國，伯濟是其一國焉。大者萬餘户，小者數千家，各在山海間，地合方四千餘里，東西以海為限，皆古之辰國也。馬韓最大，共立其種為辰王，都目支國，〔三二〕盡王三韓之地。其諸國王先皆是馬韓種人焉。

馬韓人知田蠶，作緜布。出大栗如梨。有長尾雞，尾長五尺。邑落雜居，亦無城郭。作土室，形如冢，開户在上。不知跪拜。無長幼男女之別。不貴金寶錦罽，不知騎乘牛馬，唯重瓔珠，以綴衣為飾，及縣頸垂耳。大率皆魁頭露紒，[1] 布袍草履。其人壯勇，少年有築室作力者，輒以繩貫脊皮，縋以大木，讙呼為健。常以五月田竟祭鬼神，晝夜酒會，群聚歌舞，舞輒數十人相隨蹋地為節。十月農功畢，亦復如之。諸國邑各以一人主祭天神，號為"天君"。又立蘇塗，[2] 建大木以縣鈴鼓，事鬼神。其南界近倭，亦有文身者。

【注】
〔1〕魁頭猶科頭也，謂以髮縈繞成科結也。紒音計。
〔2〕《魏志》曰："諸國各有別邑，為蘇塗，諸亡逃至其中，皆不還之。蘇塗之義，有似浮屠。"

辰韓，耆老自言秦之亡人，避苦役，適韓國，馬韓割東界地與之。其名國為邦，弓為弧，賊為寇，行酒為行觴，相呼為徒，〔三三〕有似秦語，故或名之為秦韓。有城柵屋室。諸小別邑，各有渠帥，大者名臣智，次有儉側，次有樊秪，〔三四〕次有殺奚，次有邑借，[1] 土地肥美，宜五穀。知蠶桑，作縑布。乘駕牛馬。嫁娶以禮。行者讓路。國出鐵，濊、倭、馬韓並從市之。凡諸（貨）[貿]易，皆以鐵為貨。〔三五〕俗憙歌舞飲酒鼓瑟。兒生欲令其頭扁，皆押之以石。[2]

【注】
〔1〕皆其官名。
〔2〕扁音補典反。

弁辰與辰韓雜居，城郭衣服皆同，言語風俗有異。其人形皆長大，美髮，衣服絜清。而刑法嚴峻。其國近倭，故頗有文身者。
　　初，朝鮮王準為衛滿所破，乃將其餘衆數千人走入海，攻馬韓，破之，自立為韓王。準後滅絶，馬韓人復自立為辰王。建武二十年，韓人廉斯人蘇馬諟等詣樂浪貢獻。〔1〕光武封蘇馬諟為漢廉斯邑君，使屬樂浪郡，四時朝謁。靈帝末，韓、濊並盛，郡縣不能制，百姓苦亂，多流亡入韓者。

【注】
〔1〕廉斯，邑名也。諟音是。

　　馬韓之西，海島上有州胡國。其人短小，〔三六〕髡頭，衣韋衣，有上無下。好養牛豕。乘船往來貨市韓中。

　　倭在韓東南大海中，依山島為居，凡百餘國。自武帝滅朝鮮，使驛通於漢者三十許國，〔三七〕國皆稱王，世世傳統。其大倭王居邪馬臺國。〔1〕〔三八〕樂浪郡徼，去其國萬二千里，去其西北界拘邪韓國七千餘里。其地大較在會稽東冶之東，與朱崖、儋耳相近，故其法俗多同。

【注】
〔1〕案：今名邪摩（惟）[堆]，〔三九〕音之訛也。

　　土宜禾稻、麻紵、蠶桑，知織績為縑布。出白珠、青玉。其山有丹土。氣溫腝，冬夏生菜茹。無牛馬虎豹羊鵲。〔1〕其兵有矛、楯、木弓，竹矢或以骨為鏃。〔四〇〕男子皆黥面文身，以其文左右大小別尊卑之差。其男衣皆橫幅結束相連。女人被髮屈紒，衣如單被，貫頭而著之；並以丹朱坋身，〔2〕如中國之用粉也。有城柵屋室。父母兄弟異處，唯會同男女無別。飲食以手，而用籩豆。俗皆徒跣，以蹲踞為恭敬。人性嗜酒。多壽考，至百餘歲者甚衆。國多女子，大人皆有四五妻，其餘或兩或三。女人不淫不妒。又俗不盜竊，少爭訟。犯法者没其妻子，重者滅其門族。其死停喪十餘日，家人哭泣，不進酒食，而等類就歌舞為樂。灼骨以卜，用決吉凶。行來度海，令一人不櫛沐，不食肉，不近婦人，名曰"持衰"。〔四一〕若在塗吉利，則雇以財物；如病疾遭害，以為持衰不謹，便共殺之。〔四二〕

【注】
〔1〕"鵲"或作"雞"。
〔2〕《說文》曰："坋，塵也。"音蒲頓反。

建武中元二年，倭奴國奉貢朝賀，使人自稱大夫，倭國之極南界也。光武賜以印綬。安帝永初元年，倭國王帥升等獻生口百六十人，願請見。

桓、靈閒，倭國大亂，更相攻伐，歷年無主。有一女子名曰卑彌呼，年長不嫁，事鬼神道，能以妖惑衆，於是共立為王。侍婢千人，少有見者，唯有男子一人給飲食，傳辭語。居處宮室樓觀城柵，皆持兵守衛。法俗嚴峻。

自女王國東度海千餘里至拘奴國，雖皆倭種，而不屬女王。自女王國南四千餘里至朱儒國，人長三四尺。自朱儒東南行船一年，至裸國、黑齒國，使驛所傳，極於此矣。〔四三〕

會稽海外有東鯷人，〔1〕分為二十餘國。〔四四〕又有夷洲及澶洲。傳言秦始皇遣方士徐福將童男女數千人入海，〔2〕求蓬萊神仙不得，徐福畏誅不敢還，遂止此洲，世世相承，有數萬家。人民時至會稽市。會稽東冶縣人有入海行遭風，流移至澶洲者。所在絶遠，不可往來。〔3〕

【注】

〔1〕鯷音達奚反。

〔2〕事見《史記》。

〔3〕沈瑩《臨海水土志》曰"夷洲在臨海東南,去郡二千里。土地無霜雪,草木不死。四面是山谿。人皆髡髮穿耳,女人不穿耳。土地饒沃,既生五穀,又多魚肉。有犬,尾短如麞尾狀。此夷舅姑子婦臥息共一大牀,略不相避。地有銅鐵,唯用鹿格為矛以戰鬪,摩礪青石以作(弓)矢[鏃]。〔四五〕取生魚肉雜貯大瓦器中,以鹽鹵之,歷月所日,乃啖食之,以為上肴"也。

論曰:昔箕子違衰殷之運,避地朝鮮。始其國俗未有聞也,及施八條之約,使人知禁,遂乃邑無淫盜,門不夜扃,〔1〕回頑薄之俗,就寬略之法,行數百千年,故東夷通以柔謹為風,異乎三方者也。苟政之所暢,則道義存焉。仲尼懷憤,以為九夷可居。或疑其陋。子曰:"君子居之,何陋之有!"亦徒有以焉爾。其後遂通接商賈,漸交上國。而燕人衛滿擾雜其風,〔2〕於是從而澆異焉。《老子》曰:"法令滋章,盜賊多有。"若箕子之省簡文條而用信義,其得聖賢作法之原矣!

【注】

〔1〕扃,關也。

〔2〕擾,亂也。

贊曰:宅是嵎夷,曰乃暘谷。巢山潛海,厥區九族。嬴末紛亂,燕人違難。〔1〕雜華澆本,遂通有漢。〔2〕眇眇偏譯,或從或畔。〔3〕

【注】

〔1〕謂衛滿也。

〔2〕衛滿入朝鮮,既雜華夏之風,又澆薄其本化,以至通於漢也。

〔3〕偏,遠也。

【校勘記】

〔一〕后芬發即位三年　按：殿本無"發"字。汲本"三"作"二"。

〔二〕（持）〔得〕所棄卵　按：《校補》引柳從辰説，謂"持"乃"得"之譌，《博物志》及《御覽》九百四引《徐偃王志》可證，各本注失正。今據改。

〔三〕漢興屬〔燕〕　據《前書・朝鮮傳》補。

〔四〕及故燕齊亡（任）〔在〕者　據汲本、殿本改。

〔五〕因犯〔法〕為寇　據《前書・王莽傳》補。

〔六〕而使驛不絶　按：《刊誤》謂"驛"當作"譯"。郵驛中國可有之，不可通於四夷，自《前書》皆言"使譯"，使即使者，譯則譯人。

〔七〕仲尼學鳥名〔官〕於郯子　汲本、殿本"鳥"作"官"。按：仲尼學鳥名官於郯子，見《左傳》昭公十七年，今補一"官"字。

〔八〕有馬加牛加狗加　《校補》謂《魏志》作"有馬加、牛加、豬加、狗加、犬使"。今按：《魏志》"犬使"之"犬"，宋本皆作"大"。

〔九〕尤治惡妒婦　按：《校補》謂《通志》作"尤憎妒婦"，此"治"字亦當作"憎"，蓋後人回改之失。

〔一〇〕死則有椁無棺　《校補》謂《魏志》作"有棺無椁"，《通志》同，此誤。今按：百衲本《三國志》亦作"有椁無棺"，不誤，《校補》説非。

〔一一〕貊似豹　按：原作"貂似貂"，譌，逕據汲本、殿本改正。

〔一二〕玄菟太守公孫域　按：《集解》引惠棟説，謂《東觀記》、《魏志・公孫度傳》"域"皆作"琙"。

〔一三〕東夷夫餘飲食類（此）皆用俎豆　據《刊誤》删。

〔一四〕有消奴部　按：《集解》引惠棟説，謂"消"《魏志》作"涓"。

〔一五〕古鄒大加　按：《魏志》作"古雛加"。

〔一六〕優台使者　按：《補注》謂《魏志》"使者"上有"丞"字。

〔一七〕帛衣先人　《補注》謂《魏志》"帛"作"皁"。今按：皁帛形近易混。趙一清《三國志注補》引《寰宇記》，"皁衣頭大兄，東夷相傳所謂皁衣先人也"，字亦作"皁"。

〔一八〕其國東有大穴號襚神　按：《校補》謂"襚"《魏志》、《通志》並作"隧"。

〔一九〕古鄒大加高驪掌（賀）[賓]客之官　據汲本、殿本改。

〔二〇〕定朝鮮為真番臨屯樂浪玄菟四（部）[郡]　按：張森楷《校勘記》謂"部"字當依《前書》作"郡"。今據改。

〔二一〕句驪一名貊（耳）有別種　《集解》引沈欽韓說，謂案文當云"句驪有別種，一名貊耳"。按：《校補》謂《通志》但云"名貊"，無"耳"字，此"耳"字衍。今據刪。

〔二二〕誘句驪侯駒入塞　按：《集解》引惠棟說，謂《魏志》"駒"作"騊"，《前書·王莽傳》作"騶"。

〔二三〕國人懷之　殿本《考證》謂《魏志》"懷"作"惡"。按：《校補》謂"懷"當為"怪"之譌，古"懷"字多混為"怀"，故轉寫易譌。

〔二四〕遼東太守蔡諷　《集解》引惠棟說，謂《魏志》、《北史》"諷"作"風"。今按：《安帝紀》作"諷"，《通鑑》同。

〔二五〕尉仇台　按：《集解》引惠棟說，謂"台"一作"治"。

〔二六〕刻木如（主）[生]　《校補》謂《魏志》作"刻木如生形"，則"主"乃"生"之譌，作主不須言刻也。今據改。

〔二七〕句驪復置其中大人（遂）為使者　《集解》引何焯說，謂以《魏志》參校，衍"遂"字。今據刪。

〔二八〕（貴）[責]其租稅　據汲本、殿本改。

〔二九〕分置樂浪臨屯玄菟真番四（部）[郡]　據殿本改。

〔三〇〕山川各有部界　按：《校補》謂《魏志》"界"作"分"。

〔三一〕三曰弁辰　殿本《考證》王會汾謂《晉》、《梁》二書皆作"弁韓"，當從改。今按：《魏志》亦作"弁韓"。

〔三二〕都目支國　《魏志》作"治月支國"。《校補》謂《魏志》及《通志》"目"均作"月"，附載五十餘國亦作"月支國"，則此作"目支"誤也。今按：月支乃西域國名，《魏志》及《通志》之作"月支"，或後人習見"月支"之名而臆改與？當考。

〔三三〕相呼為徒　按：王先謙謂《魏志》"為"上有"皆"字。

〔三四〕次有樊祇　按：《集解》引惠棟説，謂《魏志》"祇"作"穢"。

〔三五〕凡諸(貨)〔貿〕易皆以鐵為貨　據殿本改。按：汲本"貿易"作"質易"。

〔三六〕其人短小　按：《集解》引沈欽韓説，謂《魏志》"人"下有"差"字。

〔三七〕使驛通於漢者三十許國　《刊誤》謂"驛"當作"譯"，説已見上。按：《魏志》作"譯"。

〔三八〕其大倭王居邪馬臺國　按：《集解》引惠棟説，謂《魏志》"臺"作"堆"。

〔三九〕邪摩(惟)〔堆〕　按：汲本、殿本作"邪摩推"，此作"惟"，形近而譌。又《集解》引惠棟説，謂案《北史》"推"當作"堆"。今據改。

〔四○〕其兵有矛楯木弓竹矢或以骨為鏃　汲本"竹"作"其"。《校補》謂傳本以"其兵""其矢"相次成文，作"其矢"於義為長。今按：《御覽》七百八十二引作"竹矢"。《魏志》亦云"兵用矛、楯、木弓，木弓短下長上，竹箭或鐵鏃或骨鏃"，似以作"竹矢"為是。

〔四一〕名曰持衰　《校補》謂《魏志》"衰"作"哀"。今按：百衲本《三國志》亦作"哀"。

〔四二〕便共殺之　按：《校補》謂《魏志》"共"作"欲"。

〔四三〕使驛所傳極於此矣　按：此"驛"字亦當作"譯"。

〔四四〕分為二十餘國　按：《校補》引錢大昭説，謂閩本"二"作"三"。

〔四五〕摩礪青石以作(弓)矢〔鏃〕　據《御覽》七百八十引改。

後漢書卷八十六

南蠻西南夷列傳第七十六

　　昔高辛氏有犬戎之寇，[1]帝患其侵暴，而征伐不剋。乃訪募天下，有能得犬戎之將吳將軍頭者，購黃金千鎰，邑萬家，又妻以少女。時帝有畜狗，其毛五采，名曰槃瓠。[2]下令之後，槃瓠遂銜人頭造闕下，群臣怪而診之，乃吳將軍首也。[3]帝大喜，而計槃瓠不可妻之以女，又無封爵之道，議欲有報而未知所宜。女聞之，以為帝皇下令，不可違信，因請行。帝不得已，乃以女配槃瓠。槃瓠得女，負而走入南山，〔一〕止石室中。所處險絕，人跡不至。[4]於是女解去衣裳，為僕鑒之結，著獨力之衣。[5]帝悲思之，遣使尋求，輒遇風雨震晦，使者不得進。經三年，生子一十二人，六男六女。槃瓠死後，因自相夫妻。織績木皮，染以草實，好五色衣服，製裁皆有尾形。[6]其母後歸，以狀白帝，於是使迎致諸子。衣裳班蘭，語言侏離，[7]好入山壑，不樂平曠。帝順其意，賜以名山廣澤。其後滋蔓，號曰蠻夷。外癡內黠，安土重舊。以先父有功，母帝之女，田作賈販，無關梁符傳，租稅之賦。[8]有邑君長，皆賜印綬，冠用獺皮。名渠帥曰精夫，相呼為姎徒。[9]今長沙武陵蠻是也。

【注】

〔1〕高辛，帝嚳。

〔2〕《魏略》曰："高辛氏有老婦，居（正）[王]室，〔二〕得耳疾，挑

之,乃得物大如繭。婦人盛瓠中,覆之以槃,俄頃化為犬,其文五色,因名槃瓠。"

〔3〕診,候視也。

〔4〕今辰州盧溪縣西有武山。黃閔《武陵記》曰:"山高可萬仞。山半有槃瓠石室,可容數萬人。中有石牀,槃瓠行跡。"今案:山窟前有石羊、石獸,古跡奇異尤多。望石窟大如三閒屋,遙見一石仍似狗形,蠻俗相傳,云是槃瓠像也。

〔5〕僕鑒,獨力,皆未詳。流俗本或有改"鑒"字為"豎"者,〔三〕妄穿鑿也。結音髻。

〔6〕干寶《晉紀》曰:"武陵、長沙、廬江郡夷,槃瓠之後也。雜處五溪之內。槃瓠憑山阻險,每每常為害。糅雜魚肉,叩槽而號,以祭槃瓠。俗稱'赤髀橫裙',即其子孫。"

〔7〕侏離,蠻夷語聲也。

〔8〕優寵之,故蠲其賦役也。《荊州記》曰:"沅陵縣居酉口,有上就、武陽二鄉,唯此是槃瓠子孫,狗種也。二鄉在武溪之北。"

〔9〕《說文》曰:"姎,女人自稱,我也。"音烏朗反。此已上並見《風俗通》也。

其在唐虞,與之要質,故曰要服。夏商之時,漸為邊患。逮于周世,黨衆彌盛。宣王中興,乃命方叔南伐蠻方,詩人所謂"蠻荊來威"者也。又曰:"蠢爾蠻荊,大邦為讎。"〔1〕明其黨衆繁多,是以抗敵諸夏也。

【注】

〔1〕《毛詩·小雅序》曰"《采芑》,宣王南征也"。"薄言采芑,于彼新田。顯允方叔,振旅闐闐。蠢爾蠻荊,大邦為讎"。注云:"方叔卿士,命而為將也。"

平王東遷,蠻遂侵暴上國。晉文侯輔政,乃率蔡共侯擊破之。[1]至楚武王時,蠻與羅子共敗楚師,殺其將屈瑕。[2]莊王初立,[3]民飢兵弱,復為所寇。楚師既振,然後乃服,自是遂屬於楚。鄢陵之役,蠻與恭王合兵擊晉。[4]及吳起相悼王,南并蠻越,遂有洞庭、蒼梧。秦昭王使白起伐楚,略取蠻夷,始置黔中郡。漢興,改為武陵。[5]歲令大人輸布一匹,小口二丈,是謂賨布。[6]雖時為寇盜,而不足為郡國患。

【注】

〔1〕晉文侯仇也。

〔2〕《左傳》"楚屈瑕伐羅及鄢,亂次以濟,其水遂無次,[四]且不設備,羅與盧戎兩軍之,大敗之。莫敖縊于荒谷,群帥囚于冶父"也。

〔3〕莊王名旅,穆王之子。

〔4〕《左傳》晉楚戰于鄢陵。晉郤至曰"楚二卿相惡,王卒以舊,鄭陳而不整,蠻軍而不陳"也。

〔5〕黔中故城在今辰州沅陵縣西。

〔6〕《說文》曰:"南蠻賦也。"[賨],牂冬反。[五]

光武中興,武陵蠻夷特盛。建武二十三年,精夫相單程等據其險隘,大寇郡縣。遣武威將軍劉尚發南郡、長沙、武陵兵萬餘人,乘船泝沅水入武谿擊之。[1]尚輕敵入險,山深水疾,舟船不得上。蠻氏知尚糧少入遠,又不曉道徑,遂屯聚守險。尚食盡引還,蠻緣路徼戰,尚軍大敗,悉為所沒。二十四年,相單程等下攻臨沅,遣謁者李嵩、中山太守馬成擊之,不能剋。明年春,遣伏波將軍馬援、中郎將劉匡、馬武、孫永等,將兵至臨沅,擊破之。單程等飢困乞降,會援病卒,謁者宗均[六]聽悉受降。為置吏司,群蠻遂平。

【注】

〔1〕沅水出牂柯故且蘭東北,經辰州、潭州、岳州,經洞庭湖入江也。

肅宗建初元年，武陵澧中蠻陳從等反叛，入零陽蠻界。[1]其冬，零陽蠻五里精夫為郡擊破從，從等皆降。三年冬，漊中蠻覃兒健等復反，[2]攻燒零陽、作唐、屋陵界中。[3]明年春，發荊州七郡及汝南、潁川（施）[弛]刑徒[七]吏士五千餘人，拒守零陽，募充中五里蠻精夫不叛者四千人，擊澧中賊。[4]五年春，覃兒健等請降，不許。郡因進兵與戰於宏下，大破之，斬兒健首，餘皆弃營走還漊中，復遣乞降，乃受之。於是罷武陵屯兵，賞賜各有差。

【注】
〔1〕零陽，縣，屬武陵郡。
〔2〕漊，水名，源出今澧州崇義縣也。
〔3〕作唐，縣，屬武陵郡。屋陵，縣，故城在今荊州公安縣西南。屋音仕顏反。
〔4〕充，縣，屬武陵郡。充音衝。

　　和帝永元四年冬，漊中、澧中蠻潭戎等反，燔燒郵亭，殺略吏民，郡兵擊破降之。[八]安帝元初二年，澧中蠻以郡縣徭稅失平，懷怨恨，遂結充中諸種二千餘人，攻城殺長吏。州郡募五里蠻六亭兵追擊破之，皆散降。賜五里、六亭渠帥金帛各有差。明年秋，漊中、澧中蠻四千人並為盜賊。又零陵蠻羊孫、陳湯等千餘人，[1]著赤幘，稱將軍，燒官寺，抄掠百姓。州郡募善蠻討平之。

【注】
〔1〕零陵，縣，屬（武）[零]陵郡也。[九]

　　順帝永和元年，武陵太守上書，以蠻夷率服，可比漢人，增其租賦。議者皆以為可。尚書令虞詡獨奏曰："自古聖王不臣異俗，非德不能及，威不能加，知其獸心貪婪，難率以禮。是故羈縻而綏撫之，附則受而不逆，叛則弃而不追。先帝舊典，貢稅多少，所由來久矣。今猥增之，必有怨叛。計其所得，不償所費，必有後悔。"帝不從。其冬澧中、漊中蠻果爭貢布非舊約，遂殺鄉吏，舉種反叛。明年春，蠻二萬人圍充城，八千人寇夷道。遣武陵太守李進討破之，斬首數百級，餘皆降服。進乃簡選良吏，得其情和。在郡九年，梁太后臨朝，下詔增進秩二千石，賜錢二十萬。桓帝元嘉元年秋，武陵蠻詹山等四千餘人反叛，拘執縣令，屯結深山。至永興元年，太守應奉以恩信招誘，皆悉降散。

永壽三年十一月，長沙蠻反叛，屯益陽。至延熹三年秋，遂抄掠郡界，眾至萬餘人，殺傷長吏。又零陵蠻入長沙。冬，武陵蠻六千餘人寇江陵，荊州刺史劉度、謁者馬睦、南郡太守李肅皆奔走。肅主簿胡爽扣馬首諫曰："蠻夷見郡無儆備，故敢乘閒而進。明府為國大臣，連城千里，舉旄鳴鼓，應聲十萬，奈何委符守之重，而為逋逃之人乎！"肅拔刃向爽曰："掾促去！太守今急，何暇此計。"爽抱馬固諫，肅遂殺爽而走。帝聞之，徵肅弃市，度、睦減死一等，復爽門閭，拜家一人為郎。於是以右校令度尚為荊州刺史，討長沙賊，平之。又遣車騎將軍馮緄討武陵蠻，〔一〇〕並皆降散。軍還，賊復寇桂陽，太守廖析〔一一〕奔走。〔1〕武陵蠻亦更攻其郡，太守陳奉率吏人擊破之，斬首三千餘級，降者二千餘人。至靈帝中平三年，武陵蠻復叛，寇郡界，州郡擊破之。

【注】
〔1〕廖音力弔反。

《禮記》稱"南方曰蠻，雕題交阯"。其俗男女同川而浴，故曰交阯。〔1〕其西有噉人國，生首子輒解而食之，謂之宜弟。味旨，則以遺其君，君喜而賞其父。取妻美，則讓其兄。今烏滸人是也。〔2〕

【注】
〔1〕題，額也。雕之，謂刻其肌以丹青涅也。

〔2〕萬震《南州異物志》曰："烏滸，地名也。在廣州之南，交州之北。恒出道閒伺候行旅，輒出擊之。利得人食之，不貪其財貨，並以其肉為肴葅，又取其髑髏破之以飲酒。以人掌趾為珍異，以食長老。"

交阯之南有越裳國。周公居攝六年，制禮作樂，天下和平，越裳以三象重譯而獻白雉，曰："道路悠遠，山川岨深，音使不通，故重譯而朝。"成王以歸周公。公曰："德不加焉，則君子不饗其質；〔1〕政不施焉，則君子不臣其人。吾何以獲此賜也！"其使請曰："吾受命吾國之黃耇〔2〕曰：'久矣，天之無烈風雷雨，〔3〕意者中國有聖人乎？有則盍往朝之。'"周公乃歸之於王，〔4〕稱先王之神致，以薦于宗廟。周德既衰，於是稍絕。

【注】
〔1〕質亦贄也。
〔2〕《爾雅》曰："黃髮，鮐背，耈老，壽也。"
〔3〕《尚書大傳》作"別風注雨"。〔一二〕
〔4〕事見《尚書大傳》。

及楚子稱霸，朝貢百越。秦并天下，威服蠻夷，始開領外，置南海、桂林、象郡。漢興，尉佗自立為南越王，傳國五世。〔1〕至武帝元鼎五年，遂滅之，分置九郡，交阯刺史領焉。其珠崖、儋耳二郡在海洲上，東西千里，南北五百里。其渠帥貴長耳，皆穿而縋之，垂肩三寸。武帝末，珠崖太守會稽孫幸調廣幅布獻之，蠻不堪役，遂攻郡殺幸。幸子豹合率善人還復破之，自領郡事，討擊餘黨，連年乃平。豹遣使封還印綬，上書言狀，制詔即以豹為珠崖太守。〔2〕威政大行，獻命歲至。中國貪其珍賂，漸相侵侮，故率數歲一反。元帝初元三年，遂罷之。凡立郡六十五歲。

【注】

〔1〕《前書》南粵王趙佗，真定人也。秦時為南海尉。佗孫胡，胡子嬰齊，嬰齊子興也。

〔2〕即，就也。

逮王莽輔政，元始二年，日南之南黃支國來獻犀牛。凡交阯所統，雖置郡縣，而言語各異，重譯乃通。人如禽獸，長幼無別。項髻徒跣，[1]以布貫頭而著之。後頗徙中國罪人，使雜居其間，乃稍知言語，漸見禮化。

【注】

〔1〕為髻於項上也。

光武中興，錫光為交阯，任延守九真，於是教其耕稼，制為冠履，初設媒娉，始知姻娶，建立學校，導之禮義。

建武十二年，九真徼外蠻里張游，[1]率種人慕化內屬，封為歸漢里君。明年，南越徼外蠻夷獻白雉、白菟。至十六年，交阯女子徵側及其妹徵貳反，攻郡。徵側者，麊泠縣雒將之女也。[2]嫁為朱鳶人詩索妻，甚雄勇。交阯太守蘇定以法繩之，側忿，故反。於是九真、日南、合浦蠻里皆應之，凡略六十五城，自立為王。交阯刺史及諸太守僅得自守。光武乃詔長沙、合浦、交阯具車船，修道橋，通障谿，儲糧穀。十八年，遣伏波將軍馬援、樓船將軍段志，發長沙、桂陽、零陵、蒼梧兵萬餘人討之。明年夏四月，援破交阯，斬徵側、徵貳等，餘皆降散。進擊九真賊都陽等，破降之。徙其渠帥三百餘口於零陵。於是領表悉平。

【注】

〔1〕里，蠻之別號，今呼為俚人。

〔2〕麊音莫支反。泠音零。

肅宗元和元年，日南徼外蠻夷究不事人〔1〕邑豪獻生犀、白雉。和帝永元十二年夏四月，日南、象林蠻夷二千餘人寇掠百姓，燔燒官寺，郡縣發兵討擊，斬其渠帥，餘衆乃降。於是置象林將兵長史，以防其患。安帝永初元年，九真徼外夜郎蠻夷舉土内屬，開境千八百四十里。元初二年，蒼梧蠻夷反叛，明年，遂招誘鬱林、合浦蠻漢數千人攻蒼梧郡。鄧太后遣侍御史任逴〔2〕奉詔赦之，賊皆降散。延光元年，九真徼外蠻貢獻内屬。三年，日南徼外蠻復來内屬。順帝永建六年，日南徼外葉調王便遣使貢獻，帝賜調便金印紫綬。〔一三〕

【注】
〔1〕究不事人，蠻夷別號也。
〔2〕逴音卓。〔一四〕

　　永和二年，日南、象林徼外蠻夷區憐等數千人攻象林縣，燒城寺，殺長吏。交阯刺史樊演發交阯、九真二郡兵萬餘人救之。兵士憚遠役，遂反，攻其府。二郡雖擊破反者，而賊執轉盛。會侍御史賈昌使在日南，即與州郡并力討之，不利，遂為所攻。圍歲餘而兵穀不繼，帝以為憂。明年，召公卿百官及四府掾屬，問其方略，皆議遣大將，發荊、楊、兗、豫四萬人赴之。大將軍從事中郎李固駁曰："若荊、楊無事，發之可也。今二州盜賊槃結不散，武陵、南郡蠻夷未輯，長沙、桂陽數被徵發，如復擾動，必更生患。其不可一也。又兗、豫之人卒被徵發，遠赴萬里，無有還期，詔書迫促，必致叛亡。其不可二也。南州水土溫暑，加有瘴氣，致死亡者十必四五。其不可三也。遠涉萬里，士卒疲勞，比至領南，不復堪鬭。其不可四也。軍行三十里為程，而去日南九千餘里，三百日乃到，計人稟五升，〔1〕用米六十萬斛，不計將吏驢馬之食，但負甲自致，費便若此。其不可五也。設軍到所在，死亡必衆，既不足禦敵，當復更發，此為刻割心腹以補四支。其不可六也。九真、日南相去千里，發其吏民，猶尚不堪，何況乃苦四州之卒，以赴萬里之艱哉！其不可七也。前中郎將尹就討益州叛羌，益州諺曰：'虜來尚可，尹來殺我。'後就徵還，以兵付刺史張喬。喬因其將吏，旬月之閒，破殄寇虜。此發將無益之效，州郡可任之驗也。宜更選有勇略仁惠任將帥者，以為刺史、太守，悉使共住交阯。今日南兵單無穀，守既不足，戰又不能。可一切徙其吏民北依交阯，事靜之後，又命歸本。還募蠻夷，使自相攻，轉輸金帛，以為其資。有能反閒致頭首者，許以封侯列土之賞。故并州刺史長沙祝良，性多勇決，又南陽張喬，前在益州有破虜之功，皆可任用。昔太宗就加魏尚為雲中守，〔2〕哀帝即拜龔舍為太山太守。〔3〕宜即拜良等，便道之官。"四府悉從固議，即拜祝良為九真太守，張喬為交阯刺史。喬至，開示慰誘，並皆降散。良到九真，單車入賊中，設方略，招以威信，降者數萬人，皆為良築起府寺。由是嶺外復平。

【注】

〔1〕古升小，故曰五升也。

〔2〕《前書》曰，槐里人魏尚為雲中守，以斬首捕虜上功不實免。馮唐言之於文帝，帝令唐持節赦尚，復以為雲中守。

〔3〕《前書》曰，舍字君倩。初徵為諫大夫，病免；復徵為博士，又病去。頃之，哀帝遣使即楚拜舍為太山太守也。

建康元年，日南蠻夷千餘人復攻燒縣邑，遂扇動九真，與相連結。交阯刺史九江夏方開恩招誘，賊皆降服。時梁太后臨朝，美方之功，遷為桂陽太守。桓帝永壽三年，居風令貪暴無度，縣人朱達等及蠻夷相聚，攻殺縣令，衆至四五千人，進攻九真，九真太守兒式戰死。〔1〕詔賜錢六十萬，拜子二人為郎。遣九真都尉魏朗討破之，斬首二千級，渠帥猶屯據日南，衆轉彊盛。延熹三年，詔復拜夏方為交阯刺史。方威惠素著，日南宿賊聞之，二萬餘人相率詣方降。靈帝建寧三年，鬱林太守谷永以恩信招降烏滸人十餘萬內屬，皆受冠帶，開置七縣。熹平二年冬十二月,日南徼外國重譯貢獻。光和元年,交阯、合浦烏滸蠻反叛,招誘九真、日南,合數萬人,攻没郡縣。四年,刺史朱儁擊破之。六年,日南徼外國復來貢獻。

【注】
〔1〕兒音五兮反。

　　巴郡南郡蠻,本有五姓:巴氏,樊氏,瞫[1]氏,相氏,鄭氏。皆出於武落鍾離山[2]。其山有赤黑二穴,巴氏之子生於赤穴,四姓之子皆生黑穴。未有君長,俱事鬼神,乃共擲劍於石穴,約能中者,奉以為君。巴氏子務相乃獨中之,衆皆歎。又令各乘土船,約能浮者,當以為君。餘姓悉沈,唯務相獨浮。因共立之,是為廩君。乃乘土船,從夷水至鹽陽。[3]鹽水有神女,謂廩君曰:"此地廣大,魚鹽所出,願留共居。"廩君不許。鹽神暮輒來取宿,旦即化為蟲,與諸蟲群飛,掩蔽日光,天地晦冥。積十餘日,廩君(思)[伺]其便,[一五]因射殺之,天乃開明。[4]廩君於是君乎夷城,[5]四姓皆臣之。廩君死,魂魄世為白虎。巴氏以虎飲人血,遂以人祠焉。

【注】
〔1〕音審。[一六]
〔2〕《代本》曰"廩君之先,故出巫誕"也。
〔3〕《荆州圖[副]》曰:"(副)夷[陵]縣西有温泉。[一七]古老相傳,此泉元出鹽,于今水有鹽氣。縣西一獨山有石穴,有二大石並立穴中,相去可一丈,俗名為陰陽石。陰石常濕,陽石常燥。"盛弘之《荆州記》曰:"昔廩君浮夷水,射鹽神于陽石之上。案今施州清江縣水一名鹽水,源出清江縣西都亭山。"《水經》云:"夷水[別出]巴郡魚復縣。"[一八]注云:"水色清,照十丈,分沙石。蜀人見澄清,因名清江也。"

〔4〕《代本》曰"廩君使人操青縷以遺鹽神,曰:'嬰此即相宜,云與女俱生,〔一九〕[弗]宜將去。'〔二〇〕鹽神受縷而嬰之,廩君即立陽石上,應青縷而射之,中鹽神,鹽神死,天乃大開"也。

〔5〕此已上並見《代本》也。

及秦惠王并巴中,以巴氏為蠻夷君長,世尚秦女,其民爵比不更,有罪得以爵除。其君長歲出賦二千一十六錢,三歲一出義賦千八百錢。其民戶出賨布八丈二尺,雞羽三十鏃。[1]漢興,南郡太守靳彊請一依秦時故事。

【注】

〔1〕《說文》:"賨,南郡蠻夷布也。"音公亞反。《毛詩》:"四鍭既均。"《儀禮》:"矢鍭一乘。"鄭玄曰:"鍭猶候也,候物而射之也。"三十鍭,一百四十九。〔二一〕俗本"賨"作"蒙","鍭"作"鏃"者,並誤也。

至建武二十三年,南郡潳山蠻雷遷等始反叛,[1]寇掠百姓,遣武威將軍劉尚將萬餘人討破之,徙其種人七千餘口置江夏界中,今沔中蠻是也。和帝永元十三年,巫蠻許聖等[2]以郡收稅不均,懷怨恨,遂屯聚反叛。明年夏,遣使者督荊州諸郡兵萬餘人討之。聖等依憑阻隘,久不破。諸軍乃分道並進,或自巴郡、魚復數路攻之,蠻乃散走,斬其渠帥,乘勝追之,大破聖等。聖等乞降,復悉徙置江夏。靈帝建寧二年,江夏蠻叛,州郡討平之。光和三年,江夏蠻復反,與廬江賊黃穰相連結,十餘萬人,攻沒四縣,寇患累年。廬江太守陸康討破之,餘悉降散。

【注】

〔1〕潳音屠。

〔2〕巫,縣,屬南郡。

板楯蠻夷者,秦昭襄王時有一白虎,常從群虎數遊秦、蜀、巴、漢之境,傷害千餘人。昭王乃重募國中有能殺虎者,賞邑萬家,金百鎰。時有巴郡閬中夷人,能作白竹之弩,乃登樓射殺白虎。[1]昭王嘉之,而以其夷人,不欲加封,乃刻石盟要,復夷人頃田不租,十妻不筭,[2]傷人者論,殺人者得以倓錢贖死。[3]盟曰:"秦犯夷,輸黃龍一雙;夷犯秦,輸清酒一鍾。"夷人安之。

【注】
〔1〕《華陽國志》曰"巴夷廖仲等射殺之"也。
〔2〕優寵之,故一戶免其一頃田之稅,雖有十妻,不輸口筭之錢。復音福。
〔3〕何承天《纂文》曰:"倓,蠻夷贖罪貨也。"音徒濫反。

至高祖為漢王,發夷人還伐三秦。秦地既定,乃遣還巴中,復其渠帥羅、朴、督、鄂、度、夕、龔七姓,[二二]不輸租賦,餘戶乃歲入賨錢,口四十。世號為板楯蠻夷。閬中有渝水,其人多居水左右。天性勁勇,初為漢前鋒,數陷陳。俗喜歌舞,[1]高祖觀之,曰:"此武王伐紂之歌也。"乃命樂人習之,所謂《巴渝舞》也。遂世世服從。

【注】
〔1〕喜音虛記反。

至于中興,郡守常率以征伐。桓帝之世,板楯數反,太守蜀郡趙溫以恩信降服之。靈帝光和(三)〔二〕年,巴郡板楯復叛,[二三]寇掠三蜀及漢中諸郡。靈帝遣御史中丞蕭瑗督益州兵討之,連年不能剋。帝欲大發兵,乃問益州計吏,考以征討方略。漢中上計程包對曰:"板楯七姓,射殺白虎立功,先世復為義人。其人勇猛,善於兵戰。昔永初中,羌入漢川,[二四]郡縣破壞,得板楯救之,羌死敗殆盡,故號為神兵。羌人畏忌，傳語種輩，勿復南行。至建和二年，〔二五〕羌復大入，實賴板楯連摧破之。前車騎將軍馮緄南征武陵，雖受丹陽精兵之銳，〔1〕亦倚板楯以成其功。近益州郡亂，太守李顒亦以板楯討而平之。忠功如此，本無惡心。長吏鄉亭，更賦至重，僕役箠楚，過於奴虜，亦有嫁妻賣子，或乃至自（頸）〔剄〕割。〔二六〕雖陳冤州郡，而牧守不為通理。闕庭悠遠，不能自聞。含怨呼天，叩心窮谷。愁苦賦役，困罹酷刑。故邑落相聚，以致叛戾。非有謀主僭號，以圖不軌。今但選明能牧守，自然安集，不煩征伐也。"帝從其言，遣太守曹謙宣詔赦之，即皆降服。至中平五年，巴郡黃巾賊起，板楯蠻夷因此復叛，寇掠城邑，遣西園上軍別部司馬趙瑾討平之。

【注】

〔1〕《史記》曰，周成王封楚熊繹，始居丹陽。今歸州秭歸縣東南故城是也。至楚文王，始自丹陽遷於郢。《續漢志》云南郡枝江縣有丹陽聚也。

西南夷者，在蜀郡徼外。有夜郎國，東接交阯，西有滇國，北有邛都國，各立君長。其人皆椎結左袵，邑聚而居，能耕田。其外又有嶲、昆明諸落，西極同師，〔二七〕東北至葉榆，〔1〕地方數千里。無君長，辮髮，隨畜遷徙無常。自嶲東北有莋都國，東北有冉駹國，或土著，或隨畜遷徙。自冉駹東北有白馬國，氐種是也。此三國亦有君長。

【注】

〔1〕葉榆，縣，屬益州郡。"葉"或作"楪"。臣賢案《前書》曰："西自同師以東，北至葉榆，名為嶲、昆明。"今流俗諸本並作"布舊昆明"，蓋"嶲"字誤分為"布舊"也。

夜郎者，初有女子浣於遯水，有三節大竹流入足閒，聞其中有號聲，剖竹視之，得一男兒，歸而養之。及長，有才武，自立為夜郎侯，以竹為姓。[1] 武帝元鼎六年，平南夷，為牂柯郡，夜郎侯迎降，天子賜其王印綬。後遂殺之。夷獠咸以竹王非血氣所生，甚重之，求為立後。牂柯太守吳霸以聞，天子乃封其三子為侯。死，配食其父。今夜郎縣有竹王三郎神是也。[2]

【注】
〔1〕見《華陽國志》。
〔2〕《前書·地理志》曰："夜郎縣有遯水，東至廣鬱。"《華陽國志》云："遯水通鬱林，有三郎祠，皆有靈響。"又云："竹王所捐破竹於野，成竹林，今王祠竹林是也。王嘗從人止大石上，命作羹，從者白無水，王以劍擊石出水，今竹王水是也。"

初，楚頃襄王時，[二八] 遣將莊豪從沅水伐夜郎，軍至且蘭，椓船於岸而步戰。既滅夜郎，因留王滇池。以且蘭[有]椓船牂柯處，[二九] 乃改其名為牂柯。[1] 牂柯地多雨潦，俗好巫鬼禁忌，寡畜生，又無蠶桑，故其郡最貧。句町縣有桄桹木，可以為麪，百姓資之。[2] 公孫述時，大姓龍、傅、尹、董氏，與郡功曹謝暹保境為漢，乃遣使從番禺江奉貢。[3] 光武嘉之，並加襃賞。桓帝時，郡人尹珍自以生於荒裔，不知禮義，乃從汝南許慎、應奉受經書圖緯，學成，還鄉里教授，於是南域始有學焉。珍官至荊州刺史。[4]

【注】
〔1〕《異物志》曰："牂柯，繫船杙也。"
〔2〕《臨海異物志》曰："桄桹木外皮有毛，似栟櫚而散生。其木剛，作鍨鋤利如鐵，中石更利，唯中焦根乃致敗耳。皮中有似擣稻米片，又似麥麪，中作餅餌。"《廣志》曰"桄桹樹大四五圍，長五六丈，洪直，旁無枝條，其顛生

葉不過數十,似櫻葉,破其木肌堅難傷,入數寸得麪,赤黃密緻,可食"也。

〔3〕《南越志》曰:"番禺縣之西,有江浦焉。"〔三〇〕

〔4〕《華陽國志》曰:"尹珍字道真,毋斂縣人也。"

滇王者,莊蹻之後也。元封二年,武帝平之,以其地為益州郡,割牂柯、越嶲各數縣配之。後數年,復并昆明地,皆以屬之此郡。有池,周回二百餘里,水源深廣,而末更淺狹,有似倒流,故謂之滇池。河土平敞,多出鸚鵡、孔雀,有鹽池田漁之饒,金銀畜產之富。人俗豪忲。〔1〕居官者皆富及累世。

【注】

〔1〕忲,奢佟也。

及王莽政亂,益州郡夷棟蠶、若豆等起兵殺郡守,越嶲姑復夷人大牟亦皆叛,殺略吏人。莽遣寧始將軍廉丹,〔三一〕發巴蜀吏人及轉兵穀卒徒十餘萬擊之。吏士飢疫,連年不能剋而還。以廣漢文齊為太守,造起陂池,開通溉灌,墾田二千餘頃。率厲兵馬,修障塞,降集群夷,甚得其和。及公孫述據益土,齊固守拒險,述拘其妻子,許以封侯,齊遂不降。聞光武即位,乃閒道遣使自聞。蜀平,徵為鎮遠將軍,封成義侯。〔1〕於道卒,詔為起祠堂,郡人立廟祀之。

【注】

〔1〕取其嘉名。

建武十八年,夷渠帥棟蠶與姑復、楪榆、梇棟、連然、滇池、建(怜)〔伶〕、〔三二〕昆明諸種反叛,殺長吏。〔1〕益州太守繁勝與戰而敗,退保朱提。〔2〕十九年,遣武威將軍劉尚等發廣漢、犍為、蜀郡人及朱提夷,合萬三千人擊之。尚軍遂度瀘水,入益州界。[3]群夷聞大兵至,皆弃壘奔走,尚獲其羸弱、穀畜。二十年,進兵與棟蠶等連戰數月,皆破之。明年正月,追至不韋,[4]斬棟蠶帥,凡首虜七千餘人,得生口五千七百人,馬三千疋,牛羊三萬餘頭,諸夷悉平。

【注】
[1]姑復,縣,屬越巂郡,餘六縣並屬益州郡也。
[2]縣,屬犍為郡。朱音殊。提音匙。
[3]瀘水一名若水,出旄牛徼外,經朱提至僰道入江,在今巂州南。特有瘴氣,三月四月經之必死。五月以後,行者得無害。故諸葛[亮]表云[三三]"五月度瀘",言其艱苦也。
[4]孫盛《蜀譜》曰:"初,秦徙呂不韋子弟宗族於蜀,漢武帝開西南夷,置郡縣,徙呂氏以充之,因置不韋縣。"《華陽國志》曰"武帝通博南,置不韋縣,徙南越相呂嘉子孫宗族資之。[三四]因名不韋,以章其先人之惡行"也。

　　肅宗元和中,蜀郡王追為太守,[三五]政化尤異,有神馬四匹出滇池河中,甘露降,白烏見,始興起學校,漸遷其俗。靈帝熹平五年,諸夷反叛,執太守雍陟。遣御史中丞朱龜討之,不能剋。朝議以為郡在邊外,蠻夷喜叛,勞師遠役,不如弃之。太尉掾巴郡李顒建策討伐,乃拜顒益州太守,與刺史龐芝發板楯蠻擊破平之,還得雍陟。顒卒後,夷人復叛,以廣漢景毅為太守,討定之。毅初到郡,米斛萬錢,漸以仁恩,少年間,米至數十云。[1]

【注】
[1]少年,未多年也。

　　哀牢夷者,其先有婦人名沙壹,[三六]居于牢山。嘗捕魚水中,觸沈木若有感，因懷姙，十月，產子男十人。後沈木化為龍，出水上。沙壹忽聞龍語曰："若為我生子，今悉何在？"九子見龍驚走，獨小子不能去，背龍而坐，〔三七〕龍因舐之。其母鳥語，謂背為九，謂坐為隆，因名子曰九隆。及後長大，諸兄以九隆能為父所舐而黠，遂共推以為王。後牢山下有一夫一婦，復生十女子，九隆兄弟皆娶以為妻，後漸相滋長。種人皆刻畫其身，象龍文，衣皆著尾。[1]九隆死，世世相繼。[2]乃分置小王，往往邑居，散在谿谷。絕域荒外，山川阻深，生人以來，未嘗交通中國。

【注】
〔1〕自此以上並見《風俗通》也。
〔2〕《哀牢傳》曰："九隆代代相傳，名號不可得而數，至於禁高，乃可記知。禁高死，子吸代；吸死，子建非代；建非死，子哀牢代；哀牢死，子桑藕代；桑藕死，子柳承代；柳承死，子柳貌代；柳貌死，子扈（粟）〔栗〕代。"〔三八〕

建武二十三年，其王賢栗遣兵乘箄船，[1]〔三九〕南下江、漢，擊附塞夷鹿茤。[2]〔四〇〕鹿茤人弱，為所禽獲。於是震雷疾雨，南風飄起，水為逆流，翻涌二百餘里，箄船沈没，哀牢之衆，溺死數千人。賢栗復遣其六王將萬人以攻鹿茤，鹿茤王與戰，殺其六王。哀牢耆老共埋六王，夜虎復出其尸而食之，餘衆驚怖引去。賢栗惶恐，謂其耆老曰："我曹入邊塞，自古有之，今攻鹿茤，輒被天誅，中國其有聖帝乎？天祐助之，何其明也！"二十七年，賢栗等遂率種人户二千七百七十，口萬七千六百五十九，詣越巂太守鄭鴻降，求內屬，光武封賢栗等為君長。自是歲來朝貢。

【注】
〔1〕箄音蒲佳反。縛竹木為箄，以當船也。

〔2〕荾音多。其種今見在。

永平十二年，哀牢王柳貌〔四一〕遣子率種人内屬，其稱邑王者七十七人，户五萬一千八百九十，口五十五萬三千七百一十一。西南去洛陽七千里，顯宗以其地置哀牢、博南二縣，割益州郡西部都尉所領六縣，〔1〕合為永昌郡。始通博南山，度蘭倉水，〔2〕行者苦之。歌曰："漢德廣，開不賓。度博南，越蘭津。度蘭倉，為它人。"

【注】
〔1〕《古今注》曰："永平十年，置益州西部都尉，居寯唐。"《續漢志》六縣謂不韋、寯唐、比蘇、楪榆、邪龍、雲南也。
〔2〕《華陽國志》曰"博南縣西山，高三十里，越之度蘭滄水"也。

哀牢人皆穿鼻儋耳，其渠帥自謂王者，耳皆下肩三寸，庶人則至肩而已。土地沃美，宜五穀、蠶桑。知染采文繡，罽氀〔1〕帛疊，〔2〕蘭干細布，〔3〕織成文章如綾錦。有梧桐木華，績以為布，〔4〕幅廣五尺，絜白不受垢汙。先以覆亡人，然後服之。其竹節相去一丈，名曰濮竹。〔5〕出銅、鐵、鉛、錫、金、銀、光珠、〔6〕虎魄、〔7〕水精、瑠璃、軻蟲、蚌珠、〔8〕孔雀、翡翠、犀、象、猩猩、貊獸。〔9〕雲南縣有神鹿兩頭，能食毒草。〔10〕

【注】
〔1〕罽，解見《李恂傳》。氀，未詳。
〔2〕《外國傳》曰："諸薄國女子織作白疊花布。"
〔3〕《華陽國志》曰："蘭干，獠言紵。"
〔4〕《廣志》曰："梧桐有白者，剽國有桐木，其華有白毳，取其毳淹漬，緝織以為布"也。
〔5〕見《華陽國志》。

〔6〕《華陽國志》曰:"蘭滄水有金沙,洗取融為金。有光珠穴。"《博物志》曰:"光珠即江珠也。"

〔7〕《廣(雅)[志]》曰:〔四二〕"虎魄生地中,其上及旁不生草,深者八九尺,大如斛,削去皮,成虎魄如斗,初時如桃膠,凝堅乃成。"《博物志》曰:"松脂淪入地千年化為伏苓,伏苓千歲化為虎魄。今太山有伏苓而無虎魄,永昌有虎魄而無伏苓。"

〔8〕徐衷《南方草物狀》曰:"凡採珠常三月,用五牲祈禱,若祠祭有失,則風攬海水,或有大魚在蚌左右。蜯珠長三寸半,凡二品珠"也。

〔9〕酈元《水經注》曰:"猩猩形若狗而人面,頭顏端正,善與人言,音聲妙麗,如婦人對語,聞之無不酸楚。"《南中志》曰:"猩猩在山谷中,行無常路,百數為群。土人以酒若糟設於路;又喜屬子,土人織草為屬,數十量相連結。猩猩在山谷見酒及屬,知其設張者,即知張者先祖名字,乃呼其名而罵云"奴欲張我",捨之而去。去而又還,相呼試共嘗酒。初嘗少許,又取屬子著之,若進兩三升,便大醉,人出收之,屬子相連不得去,執還內牢中。〔四三〕人欲取者,到牢邊語云:'猩猩,汝可自相推肥者出之。'既擇肥竟,相對而泣。即《左思賦》云'猩猩啼而就禽'者也。昔有人以猩猩餉封溪令,令問餉何物,猩猩自於籠中曰:'但有酒及僕耳,無它飲食。'"《南中八郡志》曰:"貊大如驢,狀頗似熊,多力,食鐵,所觸無不拉。"《廣志》曰:"貊色蒼白,其皮溫煖。"

〔10〕見《華陽國志》也。

先是,西部都尉廣漢鄭純為政清絜,化行夷貊,君長感慕,皆獻土珍,頌德美。天子嘉之,即以為永昌太守。純與哀牢夷人約,邑豪歲輸布貫頭衣二領,鹽一斛,以為常賦,夷俗安之。純自為都尉、太守,十年卒官。建初元年,哀牢王類牢與守令忿爭,遂殺守令而反叛,攻(越)雟唐城。〔四四〕太守王尋奔楪榆。哀牢三千餘人攻博南,燔燒民舍。肅宗募發越雟、益州、永昌夷漢九千人討之。明年春,邪龍縣[1]昆明夷鹵承等應募,率種人與諸郡兵擊類牢於博南,大破斬之。傳首洛陽,賜鹵承帛萬匹，封為破虜傍邑侯。

【注】
〔1〕《郡國志》曰屬永昌郡也。

永元六年，郡徼外敦忍乙王莫延〔四五〕慕義，遣使譯獻犀牛、大象。九年，徼外蠻及撣國王雍由調〔1〕遣重譯奉國珍寶，和帝賜金印紫綬，小君長皆加印綬、錢帛。

【注】
〔1〕撣音擅。《東觀記》作壇字。

永初元年，徼外僬僥種夷陸類等三千餘口舉種內附，獻象牙、水牛、封牛。永寧元年，撣國王雍由調復遣使者詣闕朝賀，獻樂及幻人，能變化吐火，自支解，易牛馬頭。又善跳丸，數乃至千。自言我海西人。海西即大秦也，撣國西南通大秦。明年元會，安帝作樂於庭，封雍由調為漢大都尉，賜印綬、金銀、綵繒各有差也。

邛都夷者，武帝所開，以為邛都縣。無幾而地陷為汙澤，因名為邛池，南人以為邛河。〔1〕後復反叛。元鼎六年，漢兵自越巂水伐之，以為越巂郡。〔2〕其土地平原，有稻田。青蛉縣禺同山有碧雞金馬，光景時時出見。〔3〕俗多游蕩，而喜謳歌，略與牂柯相類。豪帥放縱，難得制御。

【注】
〔1〕在今巂州越巂縣東南。《南中八郡志》曰："邛河縱廣岸二十里，深百餘丈。多大魚，長一二丈，頭特大，遙視如戴鐵釜狀。"李膺《益州記》云："邛都縣下有一老姥，家貧孤獨，每食，輒有小蛇頭上戴角在牀間，姥憐之飴

之。〔四六〕後稍長大,遂長丈餘。令有駿馬,蛇遂吸殺之。令因大忿(姥)恨,責〔姥〕出蛇。〔四七〕姥云在牀下。令即掘地,愈深愈大,而無所見。令又遷怒殺姥。蛇乃感人以靈言瞋令:'何殺我母?當為母報讎。'此後每夜輒聞若雷若風,四十許日,百姓相見咸驚語:'汝頭那忽戴魚?'是夜方四十里與城一時俱陷為湖,土人謂之為'陷河'。唯姥宅無恙,訖今猶存。漁人採捕,必依止宿,每有風浪,輒居宅側,恬靜無它。風靜水清,猶見城郭樓櫓晏然。今水淺時,彼土人沒水取得舊木,堅貞,光黑如漆,今好事人以為枕相贈。"晏音測。

〔2〕䈕水源出今䈕州邛部縣西南䈕山下。《前書·地理志》曰,言其越䈕水以置郡,故名焉。

〔3〕禺同山在今褒州楊波縣。王褒《碧雞頌》曰:"持節使王褒謹拜南崖,敬移金精神馬縹碧之雞,處南之荒。深谿回谷,非土之鄉。歸來歸來,漢德無疆。(廉平)〔兼乎〕唐虞,〔四八〕澤配三皇。"《華陽國志》曰:"碧雞光景,人多見之。"《前書音義》曰:"金形似馬,碧形似雞也。"

王莽時,郡守枚根〔四九〕調邛人長貴,〔五〇〕以為軍候。更始二年,長貴率種人攻殺枚根,自立為邛穀王,領太守事。又降於公孫述。述敗,光武封長貴為邛穀王。建武十四年,長貴遣使上三年計,天子即授越䈕太守印綬。十九年,武威將軍劉尚擊益州夷,路由越䈕。長貴聞之,疑尚既定南邊,威法必行,己不得自放縱,即聚兵起營臺,招呼諸君長,多釀毒酒,欲先以勞軍,因襲擊尚。尚知其謀,即分兵先據邛都,遂掩長貴誅之,徙其家屬於成都。

永平元年,姑復夷復叛,益州刺史發兵討破之,斬其渠帥,傳首京師。後太守巴郡張翕,政化清平,得夷人和。在郡十七年,卒,夷人愛慕,如喪父母。蘇祈叟二百餘人,〔1〕齎牛羊送喪,至翕本縣安漢,〔2〕起墳祭祀。詔書嘉美,為立祠堂。

【注】

〔1〕《續漢(書)志》曰,蘇祈,縣,屬越䈕郡。〔五一〕

〔2〕安漢,縣,屬巴郡。

安帝元初三年,郡徼外夷大羊等八種,戶三萬一千,口十六萬七千六百二十,慕義內屬。時郡縣賦斂煩數,五年,卷夷大牛種封離等反畔,殺遂久令。[1]明年,永昌、益州及蜀郡夷皆叛應之,眾遂十餘萬,破壞二十餘縣,殺長吏,燔燒邑郭,剽略百姓,骸骨委積,千里無人。詔益州刺史張喬選堪能從事討之。喬乃遣從事楊竦將兵至楪榆擊之,賊盛未敢進,先以詔書告示三郡,密徵求武士,重其購賞。乃進軍與封離等戰,大破之,斬首三萬餘級,獲生口千五百人,資財四千餘萬,悉以賞軍士。封離等惶怖,斬其同謀渠帥,詣竦乞降,竦厚加慰納。其餘三十六種皆來降附。竦因奏長吏姦猾侵犯蠻夷者九十人,皆減死。州中論功未及上,會竦病創卒,張喬深痛惜之,乃刻石勒銘,圖畫其像。天子以張翕有遺愛,乃拜其子湍為太守。夷人懽喜,奉迎道路。曰:"郎君儀貌類我府君。"後湍頗失其心,有欲叛者,諸夷耆老相曉語曰:"當為先府君故。"遂以得安。後順桓閒,廣漢馮顥為太守,政化尤多異迹云。

【注】
〔1〕遂久故縣在今靡州界。

莋都夷者,武帝所開,以為莋都縣。其人皆被髮左袵,言語多好譬類,居處略與汶山夷同。土出長年神藥,仙人山圖所居焉。[1]元鼎六年,以為沈黎郡。至天漢四年,并蜀為西部,置兩都尉,一居旄牛,主徼外夷,一居青衣,主漢人。

【注】
〔1〕劉向《列仙傳》曰"山圖,隴西人。好乘馬,馬蹋折腳,山中道士教服地黃、當歸、羌活、玄參,服一年,不嗜食,病愈身輕。追道士問之,自云:

'五岳使人,之名山採藥。能隨吾,汝便不死。'山圖追隨,人不復見。六十餘年,一旦歸來,行母服於冢閒。朞年復去,莫知所之"也。

永平中,益州刺史梁國朱輔,〔五二〕好立功名,慷慨有大略。〔一〕在州數歲,宣示漢德,威懷遠夷。自汶山以西,前世所不至,正朔所未加。白狼、槃木、唐菆等百餘國,户百三十餘萬,口六百萬以上,舉種奉貢,稱為臣僕。輔上疏曰:"臣聞《詩》云:'彼徂者岐,有夷之行。'〔二〕傳曰:'岐道雖僻,而人不遠。'〔三〕詩人誦詠,以為符驗。今白狼王唐菆等慕化歸義,作詩三章。路經邛來大山零高坂,〔四〕峭危峻險,百倍岐道。〔五〕繦負老幼,若歸慈母。遠夷之語,辭意難正。草木異種,鳥獸殊類。有犍為郡掾田恭〔五三〕與之習狎,頗曉其言,臣輒令訊其風俗,譯其辭語。今遣從事史李陵與恭護送詣闕,并上其樂詩。昔在聖帝,舞四夷之樂;〔六〕今之所上,庶備其一。"帝嘉之,事下史官,錄其歌焉。〔七〕

【注】

〔一〕《東觀記》"輔"作"酺"。梁國寧陵人也。〔五四〕

〔二〕《詩·周頌》也。

〔三〕《韓詩》薛君傳曰:"徂,往也。夷,易也。行,道也。彼百姓歸文王者,皆曰岐有易道,可往歸矣。易道謂仁義之道而易行,故岐道阻險而人不難。"

〔四〕《山海經》曰:"崍山,江水出焉。"郭璞曰:"中江所出也。"《華陽國志》曰:"邛來山本名邛莋,故邛人、莋人界也。巖阻峻回,曲折乃至。山上凝冰夏結,冬則劇寒,王陽行部至此而退者也。有長貧、苦採、八度之難。陽母、閡峻並坂名。"

〔五〕言詩人雖歎岐道之阻,但以文王之道,人以為夷易,今邛來峭危,甚於岐。

〔六〕解見《陳禪傳》。

〔7〕《東觀記》載其歌,并載夷人本語,並重譯訓詁為華言,今范史所載者是也。今錄《東觀》夷言,以為此注也。

《遠夷樂德歌詩》曰:

　　大漢是治,堤官隗搆。〔五五〕與天合意。〔五六〕魏冒踰糟。吏譯平端,罔驛劉脾。〔五七〕不從我來。旁莫支留。〔五八〕聞風向化,徵衣隨旅。所見奇異。知唐桑艾。多賜(贈)〔繒〕布,〔五九〕邪毗継缊。〔六〇〕甘美酒食。推潭僕遠。昌樂肉飛,拓拒蘇(使)〔便〕。〔六一〕屈申悉備。局後仍離。蠻夷貧薄,僂讓龍洞。無所報嗣。莫支度由。願主長壽,陽雒僧鱗。子孫昌熾。莫穉角存。

《遠夷慕德歌詩》曰:

　　蠻夷所處,僂讓皮尼。〔六二〕日入之部。且交陵悟。慕義向化,繩動隨旅。歸日出主。路旦楝雒。〔六三〕聖德深恩,聖德渡諾。與人富厚。魏菌度洗。〔六四〕冬多霜雪,綜邪流藩。夏多和雨。莋邪尋螺。寒溫時適,藐潯瀘灘。部人多有。菌補邪推。涉危歷險,辟危歸險。不遠萬里。莫受萬柳。去俗歸德,術疊附德。心歸慈母。仍路孳摸。

《遠夷懷德歌》〔六五〕曰:

　　荒服之外,荒服之儀。土地墝埆。犁籍憐憐。食肉衣皮,阻蘇邪犁。不見鹽穀。莫碭麤沐。〔六六〕吏譯傳風,罔譯傳微。〔六七〕大漢安樂。是漢夜拒。攜負歸仁,蹤優路仁。觸冒險陜。雷折險龍。高山岐峻,倫狼藏幢。〔六八〕緣崖磻石。扶路側祿。木薄發家。息落服淫。百宿到洛。理歷髭雒。〔六九〕父子同賜,捕苴菌毗。懷抱匹帛。懷槀匹漏。傳告種人,傳室呼敕。〔七〇〕長願臣僕。陵陽臣僕。

肅宗初,輔坐事免。是時郡尉府舍皆有雕飾,畫山神海靈奇禽異獸,以眩燿之,夷人益畏憚焉。和帝永元十二年,旄牛徼外白狼、樓薄蠻夷王唐繒等,〔七一〕遂率種人十七萬口,歸義內屬。詔賜金印紫綬,小豪錢帛各有差。

安帝永初元年,蜀郡三襄種夷與徼外汙衍種并兵三千餘人反叛,攻蠶陵城,殺長吏。二年,青衣道夷邑長令田,[1]與徼外三種夷三十一萬口,齎黄金、旄牛毦,舉土内屬。安帝增令田爵號爲奉通邑君。延光二年春,[2]旄牛夷叛,攻零關,殺長吏,益州刺史張喬與西部都尉擊破之。於是分置蜀郡屬國都尉,領四縣如太守。桓帝永壽二年,蜀郡夷叛,殺略吏民。延熹二年,蜀郡三襄夷寇蠶陵,[3]殺長吏。四年,犍爲屬國夷寇郡界,益州刺史山昱擊破之,斬首千四百級,餘皆解散。靈帝時,以(屬)〔蜀〕郡(蜀)〔屬〕國爲漢嘉郡。〔七二〕

【注】

〔1〕令姓,田名。

〔2〕顧野王曰:"毦,結毛爲飾也,即今馬及弓槊上纓毦也。"

〔3〕《郡國志》零關道屬越嶲郡。

冉駹夷者,武帝所開。元鼎六年,以爲汶山郡。至地節三年,[1]夷人以立郡賦重,宣帝乃省并蜀郡爲北部都尉。其山有六夷七羌九氐,各有部落。其王侯頗知文書,而法嚴重。貴婦人,黨母族。死則燒其尸。土氣多寒,在盛夏冰猶不釋,故夷人冬則避寒,入蜀爲傭,夏則違暑,反其(衆)〔聚〕邑。〔七三〕皆依山居止,纍石爲室,高者至十餘丈,爲邛籠。[2]又土地剛鹵,不生穀粟麻菽,唯以麥爲資,而宜畜牧。有旄牛,無角,一名童牛,肉重千斤,毛可爲毦。出名馬。有靈羊,可療毒。[3]又有食藥鹿,鹿麑有胎者,其腸中糞亦療毒疾。又有五角羊、麝香、輕毛毷雞、牲牲。[4]其人能作旄氈、班罽、青頓、毞毲、羊羧之屬。[5]特多雜藥。地有鹹土,煮以爲鹽,麢羊牛馬食之皆肥。[6]

【注】

〔1〕宣帝年也。

〔2〕按今彼土夷人呼爲"雕"也。

〔3〕《本草經》曰"零羊角味鹹無毒,〔七四〕主療青盲、蠱毒,去惡鬼,安心氣,彊筋骨"也。

〔4〕郭璞注《山海經》曰:"䴂雞似雉而大,青色,有毛角,鬬敵死乃止。"

〔5〕青頓,獙羧,並未詳,《字書》無此二字。《周書》:"伊尹為四方獻令曰:'正西昆侖、狗國、鬼親、枳已、闒耳、貫匈、雕題、離丘、漆齒,請令以丹青、白旄、紕罽、龍角、神龜為獻。'湯曰:'善。'"何承天《纂文》曰:"紕,氐罽也。"音卑疑反。毞即紕也。

〔6〕麢即麢狼也。《異物志》:"狀似鹿而角觸前向,入林樹掛角,故恒在平淺草中。肉肥脆香美,逐入林則搏之,皮可作履韈,角正四據,南人因以為牀。"音子今反。

其西又有三河、槃于虜,北有黃石、北地、盧水胡,其表乃為徼外。靈帝時,復分蜀郡北部為汶山郡云。

白馬氐者,武帝元鼎六年開,分廣漢西部,合以為武都。土地險阻,有麻田,出名馬、牛、羊、漆、蜜。氐人勇戇抵冒,貪貨死利。居於河池,一名仇池,方百頃,四面斗絕。〔1〕數為邊寇,郡縣討之,則依固自守。元封三年,氐人反叛,遣兵破之,分徙酒泉郡。昭帝元鳳元年,氐人復叛,遣執金吾馬適建、〔2〕龍頟侯韓增、大鴻臚田廣明,將三輔、太常徒討破之。

【注】

〔1〕仇池,山,在今成州上祿縣南。《三秦記》曰:"仇池縣界,本名仇維,山上有池,故曰仇池。山在倉洛二谷之間,常為水所衝激,故下石而上土,形似覆壺。"《仇池記》曰:"仇池百頃,周回九千四十步,天形四方,壁立千仞。自然樓櫓卻敵,分置調均,竦起數丈,有踰人功。仇池凡二十一道,可攀

緣而上。東西二門。盤道下至上，凡有七里。上則岡阜低昂，泉流交灌。"酈元注《水經》云"羊腸盤道三十六回，《開山圖》謂之仇夷，所謂'積石峨嵯，嶔岑隱阿'者也。上有平田百頃，煮土成鹽，因以百頃為號"也。

〔2〕姓馬適，名建也。〔七五〕

及王莽篡亂，氐人亦叛。建武初，氐人悉附隴蜀。及隗囂滅，其酋豪乃背公孫述降漢，隴西太守馬援上復其王侯君長，賜以印綬。後囂族人隗茂反，殺武都太守。氐人大豪齊鍾留為種類所敬信，威服諸豪，與郡丞孔奮擊茂，破斬之。後亦時為寇盜，郡縣討破之。

論曰：漢氏征伐戎狄，有事邊遠，蓋亦與王業而終始矣。至於傾没疆垂，喪師敗將者，不出時歲，卒能開四夷之境，歆殊俗之附。若乃文約之所沾漸，風聲之所周流，幾將日所出入處也。〔1〕著自山經、水志者，亦略及焉。雖服叛難常，威澤時曠，及其化行，則緩耳雕脚之倫，獸居鳥語之類，〔2〕莫不舉種盡落，回面而請吏，陵海越障，累譯以内屬焉。故其録名中郎、校尉之署，〔3〕編數都護、部守之曹，〔七六〕動以數百萬計。若乃藏山隱海之靈物，沈沙棲陸之瑋寶，〔4〕莫不呈表怪麗，雕被宮幄焉。又其寶嫁火毳馴禽封獸之賦，軨積於内府；〔5〕〔七七〕夷歌巴舞殊音異節之技，列倡於外門。豈柔服之道，必足於斯？然亦云致遠者矣。蠻夷雖附阻巖谷，而類有土居，連涉荆、交之區，布護巴、庸之外，不可量極。然其凶勇狡笇，薄於羌狄，故陵暴之害，不能深也。西南之徼，尤為劣焉。故關守永昌，肇自遠離，啓土立人，至今成都焉。〔6〕

【注】

〔1〕文約謂文書要約也。

〔2〕緩耳，儋耳也。獸居謂穴居。

〔3〕謂護匈奴中郎將及戊己校尉等。

〔4〕珠玉、金碧、珊瑚、虎魄之類。

〔5〕火毳即火浣布也。馴禽，鸚鵡也。封獸，象也。《神異經》曰："南方有火山，長四十里，廣四五里。生不燼之木，晝夜火然，得烈風不猛，暴雨不滅。火中有鼠，重百斤，毛長二尺餘，細如絲，恒居火中，時時出外，而色白，以水逐沃之即死。績其毛，織以作布。用之若汙，以火燒之，則清潔也。"《傅子》曰"長老說漢桓時，梁冀作火浣布單衣，會賓客，行酒公卿朝臣前，伴爭酒失杯而汙之，冀偽怒，解衣而燒之，布得火，爆然而熾，如燒凡布，垢盡火滅，粲然潔白，如水澣"也。

〔6〕哀牢夷伐鹿茤不得，乃歸中國，故言肇自遠離。

　　贊曰：百蠻蠢居，仞彼方徼。鏤體卉衣，憑深阻峭。〔1〕亦有別夷，屯彼蜀表。參差聚落，紆餘岐道。往化既孚，改襟輸寶。〔2〕俾建永昌，同編億兆。

【注】
〔1〕蠢，小貌也。鏤體，文身也。卉衣，草服也。
〔2〕孚，信也。襟，衽也。

【校勘記】
〔一〕負而走入南山　按：《校補》謂《通志》作"負而走入南武山"，多"武"字，以注引武山證之，似今本脫"武"字。
〔二〕居（正）〔王〕室　據汲本、殿本改。按：《御覽》七百八十五引《魏略》亦作"王"。
〔三〕流俗本或有改鑒字為堅者　《御覽》七百八十五引此注"堅"作"堅"。按："鑒"原作"監"，逕改正。又按：本卷原本譌字特多，凡極明顯之譌字，皆逕予改正，不出校記。
〔四〕亂次以濟其水遂無次　按：張森楷《校勘記》謂據《左傳》，無"其水"字，當有"師"字。
〔五〕〔賨〕牂冬反　據汲本、殿本補。

〔六〕謁者宗均　《集解》引惠棟説，謂宗均即宋均。按：參閲《宋均傳》校勘記。

〔七〕(施)〔弛〕刑徒　據汲本改。

〔八〕和帝永元四年冬至郡兵擊破降之　按：沈家本謂《和紀》郡兵破蠻在五年。

〔九〕零陵縣屬(武)〔零〕陵郡也　據《集解》引洪亮吉説改。

〔一〇〕冬武陵蠻六千餘人寇江陵至又遣車騎將軍馮緄討武陵蠻　按：此為延熹三年之冬。沈家本謂按《桓紀》，延熹三年冬武陵蠻寇江陵，車騎將軍馮緄討，皆降散，荊州刺史度尚討長沙蠻，平之，與此傳相合。而五年又書冬十月武陵蠻叛，寇江陵，以太常馮緄為車騎將軍討之。《馮緄傳》亦云延熹五年武陵蠻夷悉反，寇掠江陵間，拜緄為車騎將軍，將兵十萬討之。《度尚傳》亦稱延熹五年，擢為荊州刺史，進擊長沙賊，大破之。則是延熹五年事。《緄傳》既不言兩討武陵蠻，紀書五年事又與二傳吻合，疑此傳"三年"乃"五年"之譌，而《桓紀》三年事乃史駁文，而未及删正者也。

〔一一〕太守廖析　按：汲本、殿本"析"作"祈"。

〔一二〕尚書大傳作别風注雨　按：《集解》引惠棟説，謂今《尚書大傳》作"别風淮雨"。

〔一三〕帝賜調便金印紫綬　按：《刊誤》謂國名葉調，其王名便，此作"調便"，衍一"調"字。

〔一四〕逴音卓　汲本、殿本無"逴"字。按：此注即在正文"逴"字下，例不重出"逴"字，無"逴"字是。

〔一五〕廩君(思)〔伺〕其便　殿本《考證》謂"思"當依《文獻通考》作"伺"。又《集解》引惠棟説，謂"思"當作"伺"，《水經注》云"廩君因伺便"也。今據改。

〔一六〕按：此注原在"瞫氏"下，依汲本移正。

〔一七〕荊州圖〔副〕曰(副)夷〔陵〕縣西有温泉　《集解》引惠棟説，謂依《御覽》所引，當云"《荊州圖副》曰夷陵縣"云云，乙"曰副"字，脱"陵"字。今據改。按：宋刊本《御覽》無"副"字。

〔一八〕夷水〔別出〕巴郡魚復縣　按：《集解》引惠棟説，謂當依《御覽》補"別出"二字。今據補。

〔一九〕云與女俱生　按：李慈銘《越縵堂日記》謂"云"疑當作"子"。

〔二〇〕〔弗〕宜將去　《集解》引惠棟説，謂《世本》云"弗宜將去"，去猶藏也，言弗宜藏而不嬰也。今據補。

〔二一〕三十鏃一百四十九　按：《刊誤》謂鏃三羽當九十，若四矢為一鏃，則三百六十，無緣得一百四十九，未詳。

〔二二〕復其渠帥羅朴督鄂度夕龔七姓　按：《校補》引柳從辰説，謂《華陽國志》"督"作"昝"。《廣韻》音七感反，姓也，出蜀都。

〔二三〕靈帝光和（三）〔二〕年巴郡板楯復叛　按：紀在二年，《華陽國志》同，今據改。

〔二四〕羌入漢川　按：《集解》引惠棟説，謂《華陽國志》"漢川"作"漢中"。

〔二五〕至建和二年　按：《集解》引惠棟説，謂《華陽國志》"建和"作"建寧"。

〔二六〕或乃至自（頸）〔到〕割　《校補》謂"頸"乃"到"之譌，《通志》可證，各本皆未正。今據改。

〔二七〕西極同師　按：《集解》引惠棟説，謂《華陽國志》"同"作"桐"。今按：《前書》亦作"桐師"。

〔二八〕楚頃襄王時　按："頃"原譌"傾"，逕據殿本、《集解》本改正。

〔二九〕以且蘭〔有〕椓船牂柯處　據汲本、殿本補。

〔三〇〕番禺縣之西有江浦焉　按：《集解》引沈欽韓説，謂"番禺"當為"牂柯"之譌。

〔三一〕寧始將軍廉丹　按："始"原譌"姑"，逕改正。

〔三二〕建（怜）〔伶〕　據《集解》本改。按：汲本作"建憐"，《校補》謂殿本及《通志》皆作"怜"，故書以怜為憐之俗體，故又轉寫作"憐"，但《華陽國志》及前、續志均作"伶"，案前志益州郡建伶，應劭曰音鈴，則作"怜"作"憐"皆誤也。

〔三三〕故諸葛〔亮〕表云　據汲本、殿本補。

〔三四〕置不韋縣徙南越相呂嘉子孫宗族資之　按："置"字原誤分為"出直"二字，逕據汲本、殿本改正。又按：《刊誤》謂"資"當作"實"。沈家本謂案《郡國志》注作"居"，則"資"乃"居"之譌，不當作"實"。

〔三五〕蜀郡王追為太守　按：《集解》引惠棟説，謂"追"字乃"阜"字之誤。

〔三六〕其先有婦人名沙壹　按：《集解》引惠棟説，謂"壹"《華陽國志》作"壺"，《水經注》作"臺"。

〔三七〕背龍而坐　按：《集解》引惠棟説，謂"背"一作"陪"。

〔三八〕子扈（粟）〔栗〕代　據殿本、《集解》本改。

〔三九〕其王賢栗遣兵乘箄船　按：王先謙謂《華陽國志》"賢栗"作"扈栗"。又《集解》引惠棟説，謂《水經注》"箄船"作"革船"。

〔四〇〕南下江漢擊附塞夷鹿茤　按：《集解》引沈欽韓説，謂"江漢"字誤，當為"瀾滄"。又引惠棟説，謂《水經注》"鹿茤"作"鹿崩"。

〔四一〕哀牢王柳貌　《集解》引惠棟説，謂《華陽國志》"柳貌"作"抑狼"。按：《校補》引柳從辰説，謂《通鑑》亦作"柳貌"，與傳同，《御覽》七八六引乃作"柳邈"。惠氏據《華陽國志》作"抑狼"，與《漢魏叢書》本合，廖寅本又作"柳狼"。柳、抑與貌、狼、邈均形近易譌，無從確定也。

〔四二〕廣（雅）〔志〕曰　據《集解》引惠棟説改。

〔四三〕執還内牢中　按：《校補》謂《通志》注"中"作"土"，連下為句。

〔四四〕攻（越）寓唐城　《集解》引惠棟説，謂《續書·天文志》云"攻寓唐城"，衍"越"字。今據删。

〔四五〕敦忍乙王莫延　按：《通志》"敦"作"郭"。殿本"莫"作"慕"，《校補》謂《通志》作"莫"，與毛本合。

〔四六〕姥憐之飴之　按：《校補》謂《通志》注上"之"字作"而"。

〔四七〕令因大忿（姥）恨責〔姥〕出蛇　據汲本、殿本改。按：《校補》謂《通志》作"令因大忿姥，限責出蛇"。

〔四八〕(廉平)〔兼乎〕唐虞　按：《校補》謂案《通志》注，"廉平"乃"兼乎"之譌，各本皆失正。今據改。

〔四九〕郡守枚根　按：《集解》引惠棟說，謂《風俗通》"枚根"作"牧秔"。

〔五〇〕邛人長貴　按：《集解》引惠棟說，謂案《前書·西南夷傳》及袁宏《紀》，乃任貴也，《岑彭傳》亦云"邛穀王任貴"，羨"長"字，脫"任"字。下倣此。

〔五一〕續漢(書)志曰蘇祈縣屬越巂郡　按："書"字衍，今刪。《續志》"蘇祈"作"蘇示"。

〔五二〕益州刺史梁國朱輔　按：《集解》引惠棟說，謂《馬嚴傳》"輔"作"酺"。

〔五三〕犍為郡掾田恭　《集解》引惠棟說，謂"田恭"《通鑑》作"由恭"。今按：《通鑑》胡注，由，姓也，秦有由余，或曰楚王孫由子之後。

〔五四〕梁國寧陵人也　按："人"字原脫，逕據汲本、殿本補。

〔五五〕堤官隗搆　汲本作"提官傀搆"，殿本作"提官隗搆"。按：《校補》謂《通志》作"提宮隗搆"。

〔五六〕與天合意　汲本、殿本作"與天意合"。按：《集解》引惠士奇說，謂"合"當作"會"。

〔五七〕罔驛劉脾　殿本、《集解》本"驛"作"譯"。按：《校補》謂《通志》作"譯"。

〔五八〕旁莫支留　按：《校補》謂《通志》"莫"作"草"。

〔五九〕多賜(贈)〔繒〕布　據汲本、殿本改。

〔六〇〕邪毗繼緮　按：《校補》謂《通志》"繼"作"堪"。

〔六一〕拓拒蘇(使)〔便〕　據汲本、殿本及《通志》改。

〔六二〕僂讓皮尼　汲本"皮"作"彼"。按：《校補》謂《通志》作"屢讓被尼"。

〔六三〕路且揀雒　汲本作"路且揀雒"，殿本作"路且倈雒"。按：《校補》謂《通志》作"路且倈雒"。

〔六四〕魏菌度洗　按：汲本"度"作"渡"。

〔六五〕遠夷懷德歌　按：《校補》謂《樂德》、《慕德》二章皆言"歌詩"，獨《懷德》一章僅言"歌"，不言"詩"，明脫一"詩"字。

〔六六〕莫碭麤沐　按：《校補》謂《通志》作"莫楊麤水"。

〔六七〕罔譯傳微　按：《校補》謂《通志》"微"作"徵"。

〔六八〕倫狼藏幢　汲本"幢"作"幡"。按：《校補》謂《通志》作"幢"。

〔六九〕理歷髭錐　按：汲本、殿本"歷"作"瀝"，《通志》同。

〔七〇〕傳室呼敕　汲本、殿本"室"作"言"。按：《校補》謂《通志》作"室"。又按《校補》謂以上異字，方言轉譯難明，聲讀今古有異，《東觀記》又僅存輯本，無從定其得失矣。

〔七一〕旄牛徼外白狼樓薄蠻夷王唐繒等　按：沈家本謂《和帝紀》"樓薄"作"貗薄"。

〔七二〕以（屬）〔蜀〕郡（蜀）〔屬〕國為漢嘉郡　據汲本、殿本改。

〔七三〕反其（衆）〔聚〕邑　據《元龜》九百六十改。按：汲本、殿本作"反其邑"，無"衆"字，而下"皆依山居止"句上則有"衆"字，疑邑衆二字譌倒也。

〔七四〕零羊角味鹹無毒　汲本、殿本"零"作"靈"。按：零靈通作。《御覽》七九一引作"羺"。

〔七五〕姓馬適名建也　按《御覽》七九一引原注作"姓馬名適建"。

〔七六〕編數都護部守之曹　按：《刊誤》謂"部"字合作"郡"。

〔七七〕軨積於内府　按：《刊誤》謂"軨"字誤，當作"骿"字。

後漢書卷八十七

西羌傳第七十七

　　西羌之本，出自三苗，姜姓之別也。其國近南岳。[1]及舜流四凶，徙之三危，[2]河關之西南羌地是也。[3]濱於賜支，至乎河首，綿地千里。賜支者，《禹貢》所謂析支者也。南接蜀、漢徼外蠻夷，西北[接]鄯善、車師諸國。[一]所居無常，依隨水草。地少五穀，以產牧為業。其俗氏族無定，或以父名母姓為種號。十二世後，相與婚姻，父沒則妻後母，兄亡則納釐嫂，[4]故國無鰥寡，種類繁熾。不立君臣，無相長一，強則分種為酋豪，弱則為人附落，更相抄暴，以力為雄。殺人償死，無它禁令。其兵長在山谷，短於平地，不能持久，而果於觸突，以戰死為吉利，病終為不祥。堪耐寒苦，同之禽獸。雖婦人產子，亦不避風雪。性堅剛勇猛，得西方金行之氣焉。[5]

【注】

[1] 衡山也。

[2] 三危，山，在今沙州敦煌縣東南，山有三峰，故曰三危也。

[3] 河關，縣，屬金城郡。已上並《續漢書》文。

[4] 寡婦曰釐，力之反。

[5]《黃帝素問》曰："西方者，金（玉）[王]之域，[二]沙石之處，其人山居而多風，水土剛強。"

王政脩則賓服,德教失則寇亂。昔夏后氏太康失國,[1]四夷背叛。及后相即位,乃征畎夷,[2]七年然後來賓。至于后泄,始加爵命,由是服從。[3]后桀之亂,畎夷入居邠岐之閒,[4]成湯既興,伐而攘之。及殷室中衰,諸夷皆叛。至于武丁,征西戎、鬼方,三年乃克。[5]故其詩曰:"自彼氐羌,莫敢不來王。"[6]

【注】

[1]太康,夏啓之子,盤于游田,不恤人事,為羿所逐,不得反國也。

[2]后相即太康孫,仲康之子。

[3]泄,啓八代孫,帝芒之子也。

[4]邠,今豳州也。岐即岐州也。

[5]武丁,殷王也。《易》曰:"高宗伐鬼方。"《前書音義》曰:"鬼方,遠方也。"

[6]《殷頌》之文。

及武乙暴虐,犬戎寇邊,[1]周古公踰梁山而避于岐下。[2]及子季歷,遂伐西落鬼戎。[3]太丁之時,季歷復伐燕京之戎,戎人大敗周師。[4]後二年,周人克余無之戎,於是太丁命季歷為牧師。[5]自是之後,更伐始呼、翳徒之戎,皆克之。[6]及文王為西伯,西有昆夷之患,北有獫狁之難,遂攘戎狄而戍之,莫不賓服。[7]乃率西戎,征殷之叛國以事紂。[8]

【注】

[1]帝武乙即武丁(五)[三]代孫。[三]無道,為偶人像,謂之天神,與之博,令人代之行,天神不勝,而僇辱之。又為革囊盛血,仰而射之,命曰"射天"。遂被雷震而死。

[2]梁山在今雍州好畤縣西北。古公,文王之祖也。岐山在扶風郡也。

[3]《竹書紀年》"武乙三十五年,周王季伐西落鬼戎,[四]俘二十翟王"也。

〔4〕太丁，武（丁）〔乙〕子也。〔五〕《竹書紀年》曰："太丁二年，周人伐燕京之戎，周師大敗"也。

〔5〕季歷，文王之父也。《竹書紀年》曰："太丁四年，周人伐余無之戎，克之。周王季命為殷牧師也。"

〔6〕《竹書紀年》曰"太丁七年，周人伐始呼之戎，克之。十一年，周人伐翳徒之戎，捷其三大夫"也。

〔7〕見《詩·小雅·采薇篇》。

〔8〕《左傳》晉韓獻子曰："文王率殷之叛國以事紂，惟知時。"

及武王伐商，羌、髳率師會于牧野。[1]至穆王時，戎狄不貢，王乃西征犬戎，獲其五王，又得四白鹿，四白狼，[2]王遂遷戎于太原。夷王衰弱，[3]荒服不朝，乃命虢公率六師伐太原之戎，至于俞泉，獲馬千匹。[4]厲王無道，戎狄寇掠，乃入犬丘，殺秦仲之族，[5]王命伐戎，不克。及宣王立四年，使秦仲伐戎，為戎所殺，王乃召秦仲子莊公，與兵七千人，伐戎破之，由是少卻。後二十七年，王遣兵伐太原戎，不克。後五年，王伐條戎、奔戎，王師敗績。後二年，晉人敗北戎于汾隰，[6]〔六〕戎人滅姜侯之邑。明年，王征申戎，破之。後十年，幽王命伯士伐六濟之戎，軍敗，伯士死焉。[7]其年，戎圍犬丘，虜秦襄公之兄伯父。時幽王昏虐，四夷交侵，遂廢申后而立襃姒。申侯怒，與戎寇周，殺幽王於酈山，周乃東遷洛邑，秦襄公攻戎救周。後二年，邢侯大破北戎。

【注】

〔1〕《尚書》曰："庸、蜀、羌、髳、微、盧、彭、濮人。"孔安國注曰："皆蠻夷戎狄也。"

〔2〕見《史記》。

〔3〕夷王，穆王孫，名燮也。

〔4〕見《竹書紀年》。

〔5〕犬丘,縣名,秦曰廢丘,漢曰槐里也。
〔6〕二水名。
〔7〕並見《竹書紀年》。

及平王之末,周遂陵遲,戎逼諸夏,自隴山以東,及乎伊、洛,往往有戎。於是渭首有狄、豲、邽、冀之戎,〔1〕涇北有義渠之戎,〔2〕洛川有大荔之戎,〔3〕渭南有驪戎,伊、洛閒有楊拒、泉皋之戎,〔4〕潁首以西有蠻氏之戎。〔5〕當春秋時,閒在中國,與諸夏盟會。魯莊公伐秦取邽、冀之戎。後十餘歲,晉滅驪戎。是時,伊、洛戎強,東侵曹、魯,〔6〕後十九年,遂入王城,於是秦、晉伐戎以救周。〔7〕後二年,又寇京師,齊桓公徵諸侯戍周。後九年,陸渾戎自瓜州遷于伊川,〔8〕允姓戎遷于渭汭,〔9〕東及轘轅。在河南山北者號曰陰戎,陰戎之種遂以滋廣。〔10〕晉文公欲脩霸業,乃賂戎狄通道,以匡王室。秦穆公得戎人由余,遂霸西戎,開地千里。〔11〕及晉悼公,又使魏絳和諸戎,復脩霸業。〔12〕是時楚、晉強盛,威服諸戎,陸渾、伊、洛、陰戎事晉,而蠻氏從楚。後陸渾叛晉,晉令荀吳滅之。〔13〕後四十四年,楚執蠻氏而盡囚其人。是時義渠、大荔最強,築城數十,皆自稱王。

【注】

〔1〕狄即狄道,豲即豲道,邽即上邽縣,冀即冀縣也。

〔2〕義渠,縣,屬北地郡也。

〔3〕洛川即洛水。大荔,古戎國,秦獲之,改曰臨晉,今同州城是也。

〔4〕杜預注《左傳》云:"楊拒,戎邑也。"

〔5〕《左傳》曰:"單浮餘(國)[圍]蠻氏。"〔七〕杜預注云:"梁南有霍陽山,皆蠻子之邑。"

〔6〕《左傳》莊公十八年,公追戎于濟西。杜預注,戎侵魯,魯人不知,去乃追之。二十四年戎侵曹也。

〔7〕事並見《左傳》僖公十(二)[一]年。〔八〕

〔8〕瓜州,今瓜州也。事見僖[公]二十二年。〔九〕

〔9〕允姓,陰戎之祖,與三苗俱放三危。見《左傳》。〔一〇〕

〔10〕《左傳》哀公四年:"蠻子赤奔晉陰地。"杜預注曰:"陰地,河南山北,自上雒以東至陸渾。"

〔11〕由余,其先晉人也,亡入戎。戎王聞穆公賢,使由余觀秦,秦穆公以客禮待之。秦遺戎王以女樂,由余諫,不聽,由余乃降秦,為謀伐戎。

〔12〕魏絳,晉大夫。見《左傳》襄公十一年。

〔13〕荀吳,晉大夫中行穆子也。見《左傳》昭公元年。

　　至周貞王八年,秦厲公滅大荔,取其地。趙亦滅代戎,即北戎也。韓、魏復共稍并伊、洛、陰戎,滅之。其遺脫者皆逃走,西踰汧、隴。〔1〕自是中國無戎寇,唯餘義渠種焉。至貞王二十五年,秦伐義渠,虜其王。〔2〕後十四年,義渠侵秦至渭陰。〔一一〕後百許年,義渠敗秦師于洛。後四年,義渠國亂,秦惠王遣庶長操將兵定之,〔3〕義渠遂臣於秦。後八年,秦伐義渠,取郁郅。〔4〕後二年,義渠敗秦師于李伯。〔5〕明年,秦伐義渠,取徒涇二十五城。〔6〕及昭王立,義渠王朝秦,遂與昭王母宣太后通,生二子。至王赧四十三年,宣太后誘殺義渠王於甘泉宮,因起兵滅之,始置隴西、北地、上郡焉。

【注】

〔1〕汧山、隴山之間也,在今隴州汧源縣。

〔2〕即厲公二十三年伐也。〔一二〕

〔3〕操,名也。庶長,秦爵也。事見《史記》。〔一三〕

〔4〕縣名,屬北地郡。

〔5〕李伯,地名,未詳。

〔6〕徒涇,縣名,屬西河郡。〔一四〕

　　戎本無君長,夏后氏末及商周之際,或從侯伯征伐有功,天子爵之，以為藩服。春秋時，陸渾、蠻氏戎稱子，戰國世，大荔、義渠稱王，及其衰亡，餘種皆反舊為酋豪云。

羌無弋爰劍者，秦厲公時為秦所拘執，以為奴隸。不知爰劍何戎之別也。後得亡歸，而秦人追之急，藏於巖穴中得免。羌人云爰劍初藏穴中，秦人焚之，有景象如虎，為其蔽火，得以不死。既出，又與劓女遇於野，[1]遂成夫婦。女恥其狀，被髮覆面，羌人因以為俗，遂俱亡入三河間。[2]諸羌見爰劍被焚不死，怪其神，共畏事之，推以為豪。河湟間少五穀，多禽獸，以射獵為事，[3]爰劍教之田畜，遂見敬信，廬落種人依之者日益衆。羌人謂奴為無弋，以爰劍嘗為奴隸，故因名之。其後世世為豪。

【注】
[1]劓，截鼻也。
[2]《續漢書》曰："遂俱亡入河湟間。"今此言三河，即黃河、賜支河、湟河也。
[3]湟水出金城郡臨羌縣。

至爰劍曾孫忍時，秦獻公初立，欲復穆公之迹，[1]兵臨渭首，滅狄獂戎。[2]忍季父卬畏秦之威，將其種人附落而南，出賜支河曲西數千里，與衆羌絶遠，不復交通。其後子孫分別，各自為種，任隨所之。或為氂牛種，越嶲羌是也；或為白馬種，廣漢羌是也；或為參狼種，武都羌是也。忍及弟舞獨留湟中，並多娶妻婦。忍生九子為九種，舞生十七子為十七種，羌之興盛，從此起矣。

【注】
[1]穆公霸有西戎，公今欲復之。

〔2〕貙音丸。

及忍子研立,時秦孝公雄強,威服羌戎。孝公使太子馴率戎狄九十二國朝周顯王。研至豪健,故羌中號其後為研種。及秦始皇時,務并六國,以諸侯為事,兵不西行,故種人得以繁息。秦既兼天下,使蒙恬將兵略地,西逐諸戎,北卻衆狄,築長城以界之,衆羌不復南度。

至于漢興,匈奴冒頓兵強,破東胡,走月氏,威震百蠻,臣服諸羌。景帝時,研種留何率種人求守隴西塞,於是徙留何等於狄道、安故,至臨洮、氐道、羌道縣。〔1〕及武帝征伐四夷,開地廣境,北卻匈奴,西逐諸羌,乃度河、湟,築令居塞;〔2〕初開河西,列置四郡,〔3〕通道玉門,隔絕羌胡,使南北不得交關。於是障塞亭燧出長城外數千里。時先零羌與封養牢姐種解仇結盟,〔4〕與匈奴通,合兵十餘萬,共攻令居、安故,遂圍枹罕。〔5〕漢遣將軍李息、郎中令徐自為將兵十萬人擊平之。始置護羌校尉,持節統領焉。羌乃去湟中,依西海、鹽池左右。〔6〕漢遂因山為塞,河西地空,稍徙人以實之。

【注】
〔1〕氐音丁兮反。五縣並屬隴西郡。
〔2〕令居,縣,屬金城郡。令音零。
〔3〕酒泉、武威、張掖、敦煌也。
〔4〕姐音紫。
〔5〕安故,縣,屬隴西郡。枹罕,縣,屬金城郡。枹音銖。
〔6〕金城郡臨羌縣有鹽池也。

至宣帝時,遣光祿大夫義渠安國〔1〕覘行諸羌,其先零種豪言:"願得度湟水,逐人所不田處以為畜牧。"安國以事奏聞,後將軍趙充國以為不可聽。後因緣前言,遂度湟水,郡縣不能禁。至元康三年,先零乃與諸羌大共盟誓,將欲寇邊。帝聞,復使安國將兵觀之。安國至,召先零豪四十餘人斬之,因放兵擊其種,斬首千餘級。於是諸羌怨怒,遂寇金城。乃遣趙充國與諸將將兵六萬人擊破平之。至研十三世孫燒當立。元帝時,彡姐等七種羌寇隴西,[2]遣右將軍馮奉世擊破降之。從爰劍種五世至研,研最豪健,自後以研為種號。十三世至燒當,復豪健,其子孫更以燒當為種號。自彡姐羌降之後數十年,四夷賓服,邊塞無事。至王莽輔政,欲燿威德,以懷遠為名,乃令譯諷旨諸羌,使共獻西海之地,初開以為郡,築五縣,邊海亭燧相望焉。[3]

【注】

〔1〕義渠,姓也。

〔2〕彡音先廉反,又所廉反。姐音紫。

〔3〕燧,烽也。

　　滇良者,燒當之玄孫也。時王莽末,四夷内侵,及莽敗,衆羌遂還據〔西海〕為寇。[一五]更始、赤眉之際,羌遂放縱,寇金城、隴西。隗囂雖擁兵而不能討之,乃就慰納,因發其衆與漢相拒。建武九年,隗囂死,司徒掾班彪上言:"今涼州部皆有降羌,羌胡被髮左衽,而與漢人雜處,習俗既異,言語不通,數為小吏黠人所見侵奪,窮恚無聊,故致反叛。夫蠻夷寇亂,皆為此也。舊制益州部置蠻夷騎都尉,幽州部置領烏桓校尉,涼州部置護羌校尉,皆持節領護,理其怨結,歲時循行,問所疾苦。又數遣使驛通動靜,[一六]使塞外羌夷為吏耳目,州郡因此可得儆備。今宜復如舊,以明威防。"光武從之,即以牛邯為護羌校尉,持節如舊。及邯卒而職省。十年,先零豪與諸種相結,復寇金城、隴西,遣中郎將來歙等擊之,大破。事已具《歙傳》。十一年夏,先零種復寇臨洮,隴西太守馬援破降之。後悉歸服,徙置天水、隴西、扶風三郡。明年,武都參狼羌反,援又破降之。事已具《援傳》。

　　自燒當至滇良,世居河北大允谷,種小人貧。而先零、卑湳並皆強富,數侵犯之。[1]滇良父子積見陵易,憤怒,而素有恩信於種中,於是集會附落及諸雜種,乃從大榆入,掩擊先零、卑湳,大破之,殺三千人,掠取財畜,奪居其地大榆中,由是始強。

【注】
[1]湳音乃感反。

滇良子滇吾立。中元元年,武都參狼羌反,殺略吏人,太守與戰不勝,隴西太守劉盱遣從事辛都、監軍掾李苞,將五千人赴武都,與羌戰,斬其酋豪,首虜千餘人。時武都兵亦更破之,斬首千餘級,餘悉降。時滇吾附落轉盛,常雄諸羌,每欲侵邊者,滇吾轉教以方略,為其渠帥。二年秋,燒當羌滇吾與弟滇岸率步騎五千寇隴西塞,劉盱遣兵於枹罕擊之,不能克,又戰於允街,[1]為羌所敗,殺五百餘人。於是守塞諸羌皆復相率為寇。遣謁者張鴻領諸郡兵擊之,戰於允吾、唐谷,[2]軍敗,鴻及隴西長史田颯皆沒。又天水兵為牢姐種所敗於白石,死者千餘人。[3]

【注】
[1]允音鉛。街音階。縣名,屬金城郡。
[2]允音鉛。吾音牙。縣名,屬金城郡。[一七]唐谷故城在今鄯州湟水縣西也。
[3]白石,縣名,屬金城郡,有白石山。

時燒何豪有婦人比銅鉗者,年百餘歲,多智筭,為種人所信向,皆從取計策。時為盧水胡所擊,比銅鉗乃將其眾來依郡縣。種人頗有犯法者,臨羌長收繫比銅鉗,而誅殺其種六七百人。顯宗憐之,乃下詔曰:"昔桓公伐戎而無仁惠,故《春秋》貶曰'齊人'。[1]今國家無德,恩不及遠,羸弱何辜,而當并命!夫長平之暴,非帝者之功,[2]咎由太守長吏妄加殘戮。比銅鉗尚生者，所在致醫藥養視，令招其種人，若欲歸故地者，厚遣送之。其小種若束手自詣，欲效功者，皆除其罪。若有逆謀為吏所捕，而獄狀未斷，悉以賜有功者。"

【注】
〔1〕《春秋》莊公三十年："齊人伐山戎。"《公羊傳》曰："此齊侯也。其稱人何？貶也。"何休注云："戎亦天地之所生，乃迫殺之，惡不仁也。"
〔2〕言帝王好生惡殺，故不以為功也。《史記》曰，白起，昭王時為上將軍，擊趙，趙不利，將軍趙括與六十萬人請降，起乃盡阬之，遺其小者二百四十人。

永平元年，復遣中郎將竇固、捕虜將軍馬武等擊滇吾於西邯，大破之。事已具武等傳。滇吾遠引去，餘悉散降，徙七千口置三輔。以謁者竇林領護羌校尉，居狄道。林為諸羌所信，而滇岸遂詣林降。林為下吏所欺，謬奏上滇岸以為大豪，承制封為歸義侯，加號漢大都尉。明年，滇吾復降，林復奏其第一豪，與俱詣闕獻見。帝怪一種兩豪，疑其非實，以事詰林。林辭寠，〔1〕乃偽對曰："滇岸即滇吾，隴西語不正耳。"帝窮驗知之，怒而免林官。會涼州刺史又奏林臧罪，遂下獄死。謁者郭襄代領校尉事，到隴西，聞涼州羌盛，還詣闕，抵罪，於是復省校尉官。滇吾子東吾立，以父降漢，乃入居塞內，謹願自守。而諸弟迷吾等數為寇盜。

【注】
〔1〕寠，窮也。

肅宗建初元年，安夷縣吏略妻卑湳種羌婦，吏為其夫所殺，安夷長宗延追之出塞，〔1〕種人恐見誅，遂共殺延，而與勒姐及吾良二種相結為寇。隴西太守孫純遣從事李睦及金城兵會和羅谷，與卑湳等戰，斬首虜數百人。復拜故度遼將軍吳棠[一八]領護羌校尉，居安夷。二年夏，迷吾遂與諸衆聚兵，[一九]欲叛出塞。金城太守郝崇追之，戰於荔谷，崇兵大敗，崇輕騎得脫，死者二千餘人。於是諸種及屬國盧水胡悉與相應，吳棠不能制，坐徵免。武威太守傅育代為校尉，移居臨羌。迷吾又與封養種豪布橋等五萬餘人共寇隴西、漢陽，於是遣行車騎將軍馬防，長水校尉耿恭副，討破之。於是臨洮、索西、迷吾等悉降。防乃築索西城，[2]徙隴西南部都尉戍之，悉復諸亭候。至元和三年，迷吾復與弟號吾諸雜種反叛。秋，號吾先輕入寇隴西界，[二〇]郡督烽掾李章追之，生得號吾，將詣郡。號吾曰："獨殺我，無損於羌。誠得生歸，必悉罷兵，不復犯塞。"隴西太守張紆權宜放遣，羌即為解散，各歸故地，迷吾退居河北歸義城。傅育不欲失信伐之，乃募人鬭諸羌胡，羌胡不肯，遂復叛出塞，更依迷吾。

【注】
〔1〕安夷，縣名，屬金城郡。
〔2〕故城在今洮州。

章和元年，育上請發隴西、張掖、酒泉各五千人，諸郡太守將之，育自領漢陽、金城五千人，合二萬兵，與諸郡剋期擊之，令隴西兵據河南，張掖、酒泉兵遮其西。並未及會，育軍獨進。迷吾聞之，徙廬落去。育選精騎三千窮追之，夜至建威南三兜谷，去虜數里，須旦擊之，不設備。迷吾乃伏兵三百人，夜突育營，營中驚壞散走，育下馬手戰，殺十餘人而死，死者八百八十人。及諸郡兵到，羌遂引去。育，北地人也。顯宗初，為臨羌長，與捕虜將軍馬武等擊羌滇吾，功冠諸軍；及在武威，威聲聞於匈奴。食祿數十年，秩奉盡贍給知友，妻子不免操井臼。肅宗下詔追褒美之。封其子毅為明進侯，七百戶。以隴西太守張紆代為校尉，將萬人屯臨羌。

迷吾既殺傅育，狃（怵）[忕]邊利。[1][二一]章和元年，復與諸種步騎七千人入金城塞。張紆遣從事司馬防將千餘騎及金城兵會戰於木乘谷，迷吾兵敗走，因譯使欲降，紆納之。遂將種人詣臨羌縣，紆設兵大會，施毒酒中，羌飲醉，紆因自擊，伏兵起，[二二]誅殺酋豪八百餘人。斬迷吾等五人頭，以祭育冢。復放兵擊在山谷閒者，斬首四百餘人，得生口二千餘人。迷吾子迷唐及其種人向塞號哭，與燒何、當煎、當闐等相結，以子女及金銀娉納諸種，解仇交質，將五千人寇隴西塞，太守寇盱與戰於白石，迷唐不利，引還大、小榆谷，北招屬國諸胡，會集附落，種衆熾盛，張紆不能討。永元元年，紆坐徵，以張掖太守鄧訓代為校尉，稍以賞賂離閒之，由是諸種少解。

【注】
〔1〕狃（伏）[忕]，慣習也。狃音女九反。（伏）[忕]音時制反。

東吾子東號立。是時號吾將其種人降。校尉鄧訓遣兵擊迷唐，迷唐去大、小榆谷，徙居頗巖谷。和帝永元四年，[二三]訓病卒，蜀郡太守聶尚代為校尉。尚見前人累征不克，欲以文德服之，乃遣驛使招呼迷唐，[二四]使還居大、小榆谷。迷唐既還，遣祖母卑缺詣尚，尚自送至塞下，為設祖道，令譯田汜等五人護送至廬落。迷唐因而反叛，遂與諸種共生屠裂汜等，以血盟詛，復寇金城塞。五年，尚坐徵免，居延都尉貫友代為校尉。友以迷唐難用德懷，終於叛亂，乃遣驛使搆離諸種，誘以財貨，由是解散。友乃遣兵出塞，攻迷唐於大、小榆谷，獲首虜八百餘人，收麥數萬斛，遂夾逢留大河築城塢，作大航，造河橋，欲度兵擊迷唐。迷唐乃率部落遠依賜支河曲。至八年，友病卒，漢陽太守史充代為校尉。充至，遂發湟中羌胡出塞擊迷唐，而羌迎敗充兵，殺數百人。明年，充坐徵，代郡太守吳祉代為校尉。其秋，迷唐率八千人寇隴西，殺數百人，乘勝深入，脅塞內諸種羌共為寇盜，衆羌復悉與相應，合步騎三萬人，擊破隴西兵，殺大夏長。[1]遣行征西將軍劉尚、越騎校尉趙代[二五]副，將北軍五營、黎陽、雍營、三輔積射及邊兵羌胡三萬人討之。[2]尚屯狄道,代屯枹罕。尚遣司馬寇盱監諸郡兵,四面並會。迷唐懼,棄老弱奔入臨洮南。尚等追至高山。迷唐窮迫,率其精強大戰。盱斬虜千餘人,得牛馬羊萬餘頭。迷唐引去。漢兵死傷亦多,不能復追,乃還入塞。明年,尚、代並坐畏懦徵下獄,免。謁者王信領尚營屯枹罕,謁者耿譚領代營屯白石。譚乃設購賞,諸種頗來內附。迷唐恐,乃請降。信、譚遂受降罷兵,遣迷唐詣闕。其餘種人不滿二千,飢窘不立,入居金城。和帝令迷唐將其種人還大、小榆谷。迷唐以為漢作河橋,兵來無常,故地不可復居,辭以種人飢餓,不肯遠出。吳祉等乃多賜迷唐金帛,令糴穀市畜,促使出塞,種人更懷猜驚。十二年,遂復背叛,乃脅將湟中諸胡,寇鈔而去。王信、耿譚、吳祉皆坐徵,以酒泉太守周鮪代為校尉。明年,迷唐復還賜支河曲。

【注】
〔1〕大夏,縣名,屬隴西郡。
〔2〕五營即五校也。雍營即扶風都尉屯也。黎陽營解見《南匈奴傳》也。

初,累姐種附漢,[二六]迷唐怨之,遂擊殺其酋豪,由是與諸種為讎,黨援益疎。其秋,迷唐復將兵向塞,周鮪與金城太守侯霸,及諸郡兵、屬國湟中月氏諸胡、隴西牢姐羌,合三萬人,出塞至允川,與迷唐戰。周鮪還營自守,唯侯霸兵陷陳,斬首四百餘級。羌衆折傷,種人瓦解,降者六千餘口,分徙漢陽、安定、隴西。迷唐遂弱,其種衆不滿千人,遠踰賜支河首,依發羌居。明年,周鮪坐畏懦徵,侯霸代為校尉。安定降羌燒何種脅諸羌數百人反叛,郡兵擊滅之,悉没入弱口為奴婢。

時西海及大、小榆谷左右無復羌寇。隃麋相曹鳳上言:[1]“西戎為害,前世所患,臣不能紀古,且以近事言之。自建武以來,其犯法者,常從燒當種起。所以然者,以其居大、小榆谷,土地肥美,又近塞內,諸種易以為非,難以攻伐。南得鍾存以廣其衆,北阻大河因以為固,又有西海魚鹽之利,緣山濱水,以廣田蓄,故能彊大,常雄諸種,恃其權勇,〔二七〕招誘羌胡。今者衰困,黨援壞沮,親屬離叛,餘勝兵者不過數百,亡逃棲竄,遠依發羌。臣愚以為宜及此時,建復西海郡縣,規固二榆,廣設屯田,隔塞羌胡交關之路,遏絕狂狡窺欲之源。又殖穀富邊,省委輸之役,國家可以無西方之憂。"於是拜鳳為金城西部都尉,將徙士屯龍耆。〔2〕後金城長史上官鴻上開置歸義、建威屯田二十七部,侯霸復上置東西邯屯田五部,〔3〕增留、逢二部,帝皆從之。列屯夾河,合三十四部。其功垂立。至永初中,諸羌叛,乃罷。迷唐失衆,病死。有一子來降,户不滿數十。〔二八〕

【注】

〔1〕隃麋,縣名,屬右扶風。

〔2〕龍耆即龍支也,今鄯州縣。

〔3〕邯,水名。邯分流左右,在今廓州。

東號子麻奴立。初隨父降,居安定。時諸降羌布在郡縣,皆為吏人豪右所徭役,積以愁怨。安帝永初元年夏,遣騎都尉王弘發金城、隴西、漢陽羌數百千騎征西域,弘迫促發遣,群羌懼遠屯不還,行到酒泉,多有散叛。諸郡各發兵徼遮,或覆其廬落。於是勒姐、當煎大豪東岸等愈驚,遂同時奔潰。麻奴兄弟因此遂與種人俱西出塞。

先零別種〔二九〕滇零與鍾羌諸種大為寇掠,斷隴道。時羌歸附既久,無復器甲,或持竹竿木枝以代戈矛,或負板案以為楯,或執銅鏡以象兵,郡縣畏懦不能制。冬,遣車騎將軍鄧騭,征西校尉任尚副,將五營及三河、三輔、汝南、南陽、潁川、太原、上黨兵合五萬人,屯漢陽。明年春,諸郡兵未及至,鍾羌數千人先擊敗騭軍於冀西,殺千餘人。校尉侯霸坐衆羌反叛徵免,以西域都護段禧代為校尉。其冬,騭使任尚及從事中郎司馬鈞率諸郡兵與滇零等數萬人戰於平襄,〔1〕〔三〇〕尚軍大敗,死者八千餘人。於是滇零等自稱"天子"於北地，招集武都、參狼、上郡、西河諸雜種，眾遂大盛，東犯趙、魏，南入益州，殺漢中太守董炳，遂寇鈔三輔，斷隴道。湟中諸縣粟石萬錢，百姓死亡不可勝數。朝廷不能制，而轉運難劇，遂詔騭還師，留任尚屯漢陽，為諸軍節度。朝廷以鄧太后故，迎拜騭為大將軍，封任尚樂亭侯，食邑三百戶。

【注】
〔1〕縣名，屬漢陽郡。

三年春，復遣騎都尉任仁督諸郡屯兵救三輔。仁戰每不利，眾羌乘勝，漢兵數挫。當煎、勒姐種攻沒破羌縣，鍾羌又沒臨洮縣，生得隴西南部都尉。明年春，滇零遣人寇褒中，[1]燔燒郵亭，大掠百姓。於是漢中太守鄭勤[三一]移屯褒中。軍營久出無功，有廢農桑，乃詔任尚將吏兵還屯長安，罷遣南陽、潁川、汝南吏士，置京兆虎牙都尉於長安，扶風都尉於雍，如西京三輔都尉故事。[2]時羌復攻褒中，鄭勤欲擊之。主簿段崇諫，以為虜乘勝，鋒不可當，宜堅守待之。勤不從，出戰，大敗，死者三千餘人，段崇及門下史王宗、原展以身扞刃，與勤俱死。於是徙金城郡居襄武。[3]任仁戰累敗，而兵士放縱，檻車徵詣廷尉詔獄死。段禧病卒，復以前校尉侯霸代之，遂移居張掖。五年春，任尚坐無功徵免。羌遂入寇河東，至河內，百姓相驚，多奔南度河。使北軍中候朱寵將五營士屯孟津，詔魏郡、趙國、常山、中山繕作塢候六百一十六所。

【注】
〔1〕縣名，屬漢中郡。
〔2〕西京左輔都尉都高陵，右輔都尉都郿也。[三二]
〔3〕襄武，縣名，屬隴西郡。

羌既轉盛，而二千石、令、長多內郡人，並無守戰意，皆爭上徙郡縣以避寇難。朝廷從之,遂移隴西徙襄武,[1]安定徙美陽,[2]北地徙池陽,[3]上郡徙衙。[4]百姓戀土,不樂去舊,遂乃刈其禾稼,發徹室屋,夷營壁,破積聚。時連旱蝗飢荒,而驅蹙劫略,流離分散,隨道死亡,或弃捐老弱,或為人僕妾,喪其太半。復以任尚為侍御史,擊眾羌於上黨羊頭山,破之,[5]誘殺降者二百餘人,乃罷孟津屯。其秋,漢陽人杜琦及弟季貢、同郡王信等與羌通謀,聚眾入上邽城,琦自稱安漢將軍。於是詔購募得琦首者,封列侯,賜錢百萬,羌胡斬琦者賜金百斤,銀二百斤。漢陽太守趙博遣刺客杜習〔三三〕刺殺琦,封習討姦侯,賜錢百萬。而杜季貢、王信等將其眾據樗泉營。侍御史唐喜領諸郡兵討破之,斬王信等六百餘級,没入妻子五百餘人,收金(錢)〔銀〕綵帛一億已上。〔三四〕杜〔季〕貢亡從滇零。〔三五〕六年,任尚復坐徵免。滇零死,子零昌代立,年尚幼少,同種狼莫為其計策,以杜〔季〕貢為將軍,別居丁奚城。七年夏,騎都尉馬賢與侯霸掩擊零昌別部牢羌於安定,[36]首虜千人,得驢騾駱駝馬牛羊二萬餘頭,以畀得者。[6]

【注】

〔1〕縣名,屬隴西郡。

〔2〕縣名,屬右扶風。

〔3〕縣名,屬左馮翊。

〔4〕縣名,屬馮翊。衙音牙。

〔5〕羊頭山在上黨郡穀遠縣。

〔6〕畀音必四反。

元初元年春,遣兵屯河內,通谷衝要三十三所,皆作塢壁,設鳴鼓。零昌遣兵寇雍城,又號多與當煎、勒姐大豪共脅諸種,分兵鈔掠武都、漢中。巴郡板楯蠻將兵救之,漢中五官掾程信率壯士與蠻共擊破之。號多退走,還斷隴道,與零昌通謀。侯霸、馬賢將湟中吏人及降羌胡於枹罕擊之，斬首二百餘級。涼州刺史皮楊擊羌於狄道，大敗，死者八百餘人，楊坐徵免。侯霸病卒，漢陽太守龐參代為校尉。參以恩信招誘之。二年春，號多等率衆七千餘人詣參降，遣詣闕，賜號多侯印綬遣之。參始還居令居，通河西道。而零昌種衆復分寇益州，遣中郎將尹就將南陽兵，因發益部諸郡屯兵擊零昌黨呂叔都等。至秋，蜀人陳省、羅橫應募，刺殺叔都，皆封侯賜錢。又使屯騎校尉班雄屯三輔，遣左馮翊司馬鈞行征西將軍，督右扶風仲光、〔三七〕安定太守杜恢、〔三八〕北地太守盛包、京兆虎牙都尉耿溥、右扶風都尉皇甫旗等，合八千餘人，又龐參將羌胡兵七千餘人，與鈞分道並北擊零昌。參兵至勇士東，為杜季貢所敗，〔1〕於是引退。鈞等獨進，攻拔丁奚城，大克獲。杜季貢率衆偽逃。鈞令光、恢、包等收羌禾稼、光等違鈞節度，散兵深入，羌乃設伏要擊之。鈞在城中，怒而不救，光〔等〕並沒，〔三九〕死者三千餘人。鈞乃遁還，坐徵自殺。龐參以失期軍敗抵罪，以馬賢代領校尉事。後遣任尚為中郎將，將羽林、緹騎、五營子弟三千五百人，代班雄屯三輔。尚臨行，懷令虞詡說尚曰："使君頻奉國命討逐寇賊，三州屯兵二十餘萬人，弃農桑，疲苦徭役，而未有功效，勞費日滋。若此出不克，誠為使君危之。"尚曰："憂惶久矣，不知所如。"詡曰："兵法弱不攻強，走不逐飛，自然之執也。今虜皆馬騎，日行數百，〔四〇〕來如風雨，去如絕弦，以步追之，執不相及，所以曠而無功也。為使君計者，莫如罷諸郡兵，各令出錢數千，二十人共市一馬，如此，可捨甲冑，馳輕兵，以萬騎之衆，逐數千之虜，追尾掩截，〔2〕其道自窮。便人利事，大功立矣。"尚大喜，即上言用其計。乃遣輕騎鈔擊杜季貢於丁奚城，斬首四百餘級，獲牛馬羊數千頭。

【注】

〔1〕勇士，縣名，屬天水郡。

〔2〕尾猶尋也。

明年夏，度遼將軍鄧遵率南單于及左鹿蠡王須沈萬騎，擊零昌於靈州，[1]斬首八百餘級，封須沈為破虜侯，金印紫綬，賜金帛各有差。任尚遣兵擊破先零羌於丁奚城。秋，築馮翊北界候塢五百所。任尚又遣假司馬募陷陳士，擊零昌於北地，殺其妻子，得牛馬羊二萬頭，燒其廬落，斬首七百餘級，得僭號文書及所没諸將印綬。

【注】
〔1〕縣名，屬北地郡。

四年春，尚遣當闐種羌榆鬼等五人刺殺杜季貢，封榆鬼為破羌侯。其夏，尹就以不能定益州，坐徵抵罪，以益州刺史張喬領尹就軍屯。招誘叛羌，稍稍降散。秋，任尚復募効功種號封刺殺零昌，封號封為羌王。冬，任尚將諸郡兵與馬賢並進北地擊狼莫，賢先至安定青石岸，狼莫逆擊敗之。會尚兵到高平，[1]因合執俱進，狼莫等引退，乃轉營迫之，至北地，相持六十餘日，戰於富平〔上〕河（上），[四一]大破之，[2]斬首五千級，還得所略人男女千餘人，牛馬驢羊駱馳十餘萬頭，狼莫逃走，於是西河虔人種羌萬一千口詣鄧遵降。

【注】
〔1〕縣名，屬安定郡。
〔2〕富平，縣，屬北地郡。

五年，鄧遵募上郡全無種羌雕何等刺殺狼莫，賜雕何為羌侯，封遵武陽侯，[四二]三千戶。遵以太后從弟故，爵封優大。任尚與遵爭功，又詐增首級，受賕枉法，臧千萬已上，檻車徵弃市，没入田廬奴婢財物。自零昌、狼莫死後，諸羌瓦解，三輔、益州無復寇儆。

自羌叛十餘年間，兵連師老，不暫寧息。軍旅之費，轉運委輸，用二百四十餘億，府帑空竭。延及內郡，邊民死者不可勝數，并涼二州遂至虛耗。

六年春，勒姐種與隴西種羌號良等通謀欲反，馬賢逆擊之於安故，斬號良及種人數百級，皆降散。

永寧元年春，上郡沈氏種羌〔四三〕五千餘人復寇張掖。其夏，馬賢將萬人擊之。初戰失利，死者數百人，明日復戰，破之，斬首千八百級，獲生口千餘人，馬牛羊以萬數，餘虜悉降。時當煎種大豪飢〔五〕等，〔四四〕以賢兵在張掖，乃乘虛寇金城，賢還軍追之出塞，斬首數千級而還。燒當、燒何種聞賢軍還，率三千餘人復寇張掖，殺長吏。初，飢五同種大豪盧忽、忍良等千餘戶別留允街，而首施兩端。〔1〕建光元年春，馬賢率兵召盧忽斬之，因放兵擊其種人，首虜二千餘人，掠馬牛羊十萬頭，忍良等皆亡出塞。璽書封賢安亭侯，食邑千戶。忍良等以麻奴兄弟本燒當世嫡，而賢撫恤不至，常有怨心。秋，遂相結共脅將諸種步騎三千人寇湟中，攻金城諸縣。賢將先零種赴擊之，戰於牧苑，兵敗，死者四百餘人。麻奴等又敗武威、張掖郡兵於令居，因脅將先零、沈氏諸種四千餘戶，緣山西走，寇武威。賢追到鸞鳥，招引之，〔2〕諸種降者數千，麻奴南還湟中。延光元年春，賢追到湟中，麻奴出塞度河，賢復追擊戰破之，種眾散遁，詣涼州刺史宗漢降。〔四五〕麻奴等孤弱飢困，其年冬，將種眾三千餘戶詣漢陽太守耿种降。安帝假金印紫綬，賜金銀綵繒各有差。是歲，虔人種羌與上郡胡反，攻穀羅城，度遼將軍耿夔將諸郡兵及烏桓騎赴擊破之。三年秋，隴西郡始還狄道焉。麻奴弟犀苦立。

【注】
〔1〕首施猶首鼠也。
〔2〕鸞鳥，縣名，屬武威郡，（鸞）[鳥]音爵。〔四六〕

順帝永建元年，隴西鍾羌反，校尉馬賢將七千餘人擊之，戰於臨洮，斬首千餘級，皆率種人降。進封賢都鄉侯。自是涼州無事。

至四年，尚書僕射虞詡上疏曰："臣聞子孫以奉祖為孝，君上以安民為明,此高宗、周宣所以上配湯、武也。《禹貢》雍州之域,厥田惟上。且沃野千里,穀稼殷積,又有龜茲鹽池以為民利。[1]水草豐美,土宜產牧,牛馬銜尾,群羊塞道。北阻山河,乘陀據險。因渠以溉,水舂河漕。[2]用功省少,而軍糧饒足。故孝武皇帝及光武築朔方,開西河,置上郡,皆為此也。而遭元元無妄之災,衆羌内潰,[3]郡縣兵荒二十餘年。夫弃沃壤之饒,損自然之財,不可謂利;離河山之阻,守無險之處,難以為固。今三郡未復,園陵單外,[4]而公卿選懦,容頭過身,[5]張解設難,但計所費,不圖其安。宜開聖德,考行所長。"書奏,帝乃復三郡。使謁者郭璜督促徙者,各歸舊縣,繕城郭,置候驛。既而激河浚渠為屯田,省内郡費歲一億計。遂令安定、北地、上郡及隴西、金城常儲穀粟,令周數年。

【注】

〔1〕上郡龜茲縣有鹽官,即雍州之域也。

〔2〕水舂,即水碓也。

〔3〕《前書音義》曰:"無妄者,無所望也。萬物無所望於天,灾異之大也。"

〔4〕園陵謂長安諸陵園也。單外謂無守固。

〔5〕《前書音義》曰:"選懦,柔怯也。"懦音而掾反。

馬賢以犀苦兄弟數。背叛,因繫質於令居。[1]其冬,賢坐徵免,右扶風韓皓代為校尉。明年,犀苦詣皓自言求歸故地,皓復不遣。因轉湟中屯田,置兩河閒,以逼群羌。皓復坐徵,張掖太守馬續代為校尉。兩河閒羌以屯田近之,恐必見圖,乃解仇詛盟,各自儆備。續欲先示恩信,乃上移屯田還湟中,羌意乃安。至陽嘉元年,以湟中地廣,更增置屯田五部,并為十部。二年夏,復置隴西南部都尉如舊制。[2]

【注】
〔1〕令音零。
〔2〕《前書》南部都尉都隴西郡臨洮縣。

三年，鍾羌良封等復寇隴西、漢陽，詔拜前校尉馬賢為謁者，鎮撫諸種。馬續遣兵擊良封，斬首數百級。四年，馬賢亦發隴西吏士及羌胡兵擊殺良封，[四七]斬首千八百級，獲馬牛羊五萬餘頭，良封親屬並詣（實）[賢]降。[四八]賢復進擊鍾羌且昌，且昌等率諸種十餘萬詣涼州刺史降。永和元年，馬續遷度遼將軍，復以馬賢代為校尉。初，武都塞上白馬羌攻破屯官，反叛連年。二年春，廣漢屬國都尉擊破之，斬首六百餘級，馬賢又擊斬其渠帥飢指累祖等三百級，於是隴右復平。明年冬，燒當種那離等三千餘騎寇金城塞，馬賢將兵赴擊，斬首四百餘級，獲馬千四百匹。那離等復西招羌胡，殺傷吏民。

四年，馬賢將湟中義從兵及羌胡萬餘騎掩擊那離等，斬之，獲首虜千二百餘級，得馬騾羊十萬餘頭。徵賢為弘農太守，以來機為并州刺史，劉秉為涼州刺史，[四九]並當之職。大將軍梁商謂機等曰："戎狄荒服，蠻夷要服，[1]言其荒忽無常。而統領之道，亦無常法，臨事制宜，略依其俗。今三君素性疾惡，[五〇]欲分明白黑。孔子曰：'人而不仁，疾之已甚，亂也。'[2]況戎狄乎！其務安羌胡，防其大故，忍其小過。"機等天性虐刻，遂不能從。[3]到州之日，多所擾發。

【注】
〔1〕荒服，在九州之外也，言其荒忽無常。要服，在九州之內，侯衛之外，言以文德要來之。
〔2〕《論語》文也。鄭玄注云："不仁之人，當以風化之，疾之已甚，是又使之為亂行。"
〔3〕"虐"或作"庸"。庸，薄也。

五年夏，且凍、傅難種羌等遂反叛，攻金城，與西塞及湟中雜種羌胡大寇三輔，殺害長吏。機、秉並坐徵。於是發京師近郡及諸州兵討之，拜馬賢為征西將軍，以騎都尉耿叔副，將左右羽林、五校士及諸州郡兵十萬人屯漢陽。又於扶風、漢陽、隴道作塢壁三百所，〔五一〕置屯兵，以保聚百姓。且凍分遣種人寇武都，燒隴關，掠苑馬。六年春，馬賢將五六千騎擊之，到射姑山，〔1〕賢軍敗，賢及二子皆戰歿。順帝愍之，賜布三千匹，穀千斛，封賢孫光為舞陽亭侯，租入歲百萬。遣侍御史督錄征西營兵，存恤死傷。

【注】
〔1〕射音夜。

　　於是東西羌遂大合。鞏唐種三千餘騎寇隴西，又燒園陵，掠關中，殺傷長吏，郃陽令任頠追擊，戰死。〔1〕遣中郎將龐浚募勇士千五百人頓美陽，為涼州援。武威太守趙沖〔五二〕追擊鞏唐羌，斬首四百餘級，得馬牛羊驢萬八千餘頭，羌二千餘人降。詔沖督河西四郡兵為節度。罕種羌千餘寇北地，〔五三〕北地太守賈福與趙沖擊之，不利。秋，諸種八九千騎寇武威，涼部震恐。於是復徙安定居扶風，北地居馮翊，遣行車騎將軍執金吾張喬將左右羽林、五校士及河內、南陽、汝南兵萬五千屯三輔。漢安元年，以趙沖為護羌校尉。沖招懷叛羌，罕種乃率邑落五千餘戶詣沖降。於是罷張喬軍屯。唯燒何種三千餘落據參䜌北界。〔2〕三年夏，〔五四〕趙沖與漢陽太守張貢掩擊之，斬首千五百級，得牛羊驢十八萬頭。冬，沖擊諸種，斬首四千餘級。詔沖一子為郎。沖復追擊於阿陽，斬首八百級。〔3〕於是諸種前後三萬餘戶詣涼州刺史降。

【注】
〔1〕郃陽，〔今〕同州縣也。〔五五〕頠音於軌反。
〔2〕參䜌，縣名，屬安定郡。〔五六〕䜌音力全反。

〔3〕阿陽,縣,屬漢陽郡。

建康元年春,護羌從事馬玄遂為諸羌所誘,將羌衆亡出塞,領護羌校尉衛瑶〔五七〕追擊玄等,斬首八百餘級,得牛馬羊二十餘萬頭。趙沖復追叛羌到建威鸇陰河。[1]軍度[未]竟,〔五八〕所將降胡六百餘人叛走,沖將數百人追之,遇羌伏兵,與戰歿。沖雖身死,而前後多所斬獲,羌由是衰耗。永嘉元年,封沖子愷義陽亭侯。以漢陽太守張貢代為校尉。左馮翊梁並稍以恩信招誘之,於是離湳、狐奴等五萬餘户詣並降,隴右復平。並,大將軍冀之宗人。封為鄠侯,邑二千户。

【注】
[1]《續漢書》"建威"作"武威"。鸇陰,縣名,屬安定郡。〔五九〕

自永和羌叛,至乎是歲,十餘年間,費用八十餘億。諸將多斷盜牢稟,私自潤入,[1]皆以珍寶貨賂左右,上下放縱,不恤軍事,士卒不得其死者,白骨相望於野。

【注】
[1]《前書音義》曰:"牢,價直。"

桓帝建和二年,白馬羌寇廣漢屬國,殺長吏。是時西羌及湟中胡復畔為寇,益州刺史率板楯蠻討破之,斬首招降二十萬人。

永壽元年,校尉張貢卒,以前南陽太守第五訪代為校尉,甚有威惠,西垂無事。延熹二年,訪卒,以中郎將段熲代為校尉。時燒當八種寇隴右,熲擊大破之。四年,零吾復與先零及上郡沈氏、牢姐諸種并力寇并、涼及三輔。會段熲坐事徵,以濟南相胡閎代為校尉。閎無威略,羌遂陸梁,覆沒營塢,寇患轉盛,中郎將皇甫規擊破之。五年,沈氏諸種復寇張掖、酒泉,皇甫規招之,皆降。事已具《規傳》。烏吾種復寇漢陽、隴西、金城諸郡兵共擊破之，各還降附。至冬，滇那等五六千人復攻武威、張掖、酒泉，燒民廬舍。六年，隴西太守孫羌擊破之，斬首溺死三千餘人。胡閎疾，復以段熲為校尉。

永康元年，東羌岸尾等脅同種連寇三輔，中郎將張奐追破斬之，事已具《奐傳》。當煎羌寇武威，破羌將軍段熲復破滅之，餘悉降散。事已具《熲傳》。靈帝建寧三年，燒當羌奉使貢獻。中平元年，北地降羌先零種因黃巾大亂，乃與（漢）[湟]中羌、義從胡北宮伯玉等反，〔六〇〕寇隴右。事已具《董卓傳》。興平元年，馮翊降羌反，寇諸縣，郭汜、樊稠擊破之，斬首數千級。

自爰劍後，子孫支分凡百五十種。其九種在賜支河首以西，及在蜀、漢徼北，前史不載口數。唯參狼在武都，勝兵數千人。其五十二種衰少，不能自立，分散為附落，或絕滅無後，或引而遠去。其八十九種，唯鍾最強，勝兵十餘萬。其餘大者萬餘人，小者數千人，更相鈔盜，盛衰無常，無慮順帝時勝兵合可二十萬人。〔1〕發羌、唐旄等絕遠，未嘗往來。氂牛、白馬羌在蜀、漢，其種別名號，皆不可紀知也。建武十三年，廣漢塞外白馬羌豪樓登等率種人五千餘戶內屬，光武封樓登為歸義君長。至和帝永元六年，蜀郡徼外大牂夷種羌豪造頭等率種人五十餘萬口內屬，拜造頭為邑君長，賜印綬。至安帝永初元年，蜀郡徼外羌龍橋等六種萬七千二百八十口內屬。明年，蜀郡徼外羌薄申等八種三萬六千九百口復舉土內屬。冬，廣漢塞外參狼種羌二千四百口復來內屬。桓帝建和二年，白馬羌千餘人寇廣漢屬國，殺長吏，益州刺史率板楯蠻討破之。

【注】
〔1〕無慮猶都凡也。

湟中月氏胡，其先大月氏之別也，舊在張掖、酒泉地。月氏王為匈奴冒頓所殺，餘種分散，西踰葱領。其羸弱者南入山阻，依諸羌居止，遂與共婚姻。及驃騎將軍霍去病破匈奴，取西河地，開湟中，於是月氏來降，與漢人錯居。雖依附縣官，而首施兩端。其從漢兵戰鬬，隨埶強弱。被服飲食言語略與羌同，亦以父名母姓為種。其大種有七，勝兵合九千餘人，分在湟中及令居。又數百户在張掖，號曰義從胡。中平元年，與北宮伯玉等反，殺護羌校尉泠徵、[六一]金城太守陳懿，遂寇亂隴右焉。

論曰：羌戎之患，自三代尚矣。漢世方之匈奴，頗為衰寡，而中興以後，邊難漸大。朝規失綏御之和，戎帥騫然諾之信。其內屬者，或倥偬於豪右之手，或屈折於奴僕之勤。塞候時清，則憤怒而思禍；桴革暫動，則屬鞭以鳥驚。[1]故永初之閒，羣種蜂起。遂解仇嫌，結盟詛，招引山豪，轉相嘯聚，揭木為兵，負柴為械。(穀)[轂]馬揚埃，[六二]陸梁於三輔；建號稱制，恣睢於北地。[2]東犯趙、魏之郊，南入漢、蜀之鄙，塞湟中，斷隴道，燒陵園，剽城市，傷敗踵係，羽書日聞。[3]并、涼之士，特衝殘斃，壯悍則委身於兵場，女婦則徽纆而為虜，[4]發冢露骸，死生塗炭。[5]自西戎作逆，未有陵斥上國若斯其熾也。和熹以女君親政，威不外接。朝議憚兵力之損，情存苟安。或以邊州難援，宜見捐弃；或懼疽食浸淫，莫知所限。謀夫回遑，猛士疑慮，遂徙西河四郡之人，雜寓關右之縣。發屋伐樹，塞其戀土之心；燔破貲積，[六三]以防顧還之思。於是諸將鄧騭、[六四]任尚、馬賢、皇甫規、張奐之徒，爭設雄規，更奉征討之命，徵兵會衆，以圖其隙。馳騁東西，奔救首尾，搖動數州之境，日耗千金之資。至於假人增賦，借奉侯王，引金錢縑綵之珍，徵糧粟鹽鐵之積。所以賂遺購賞，轉輸勞來之費，前後數十巨萬。或梟剋酋健，摧破附落，降俘載路，牛羊滿山。軍書未奏其利害，而離叛之狀已言矣。[6]故得不酬失，功不半勞。暴露師徒，連年而無所勝。官人屈竭，烈士憤喪。段熲受事，專掌軍任，資山西之猛性，練戎俗之態情,窮武思盡飆銳以事之。被羽前登,身當百死之陳,〔7〕蒙沒冰雪,經履千折之道,始殄西種,卒定東寇。若乃陷擊之所殲傷,追走之所崩籍,頭顱斷落於萬丈之山,支革判解於重崖之上,不可校計。〔8〕其能穿竄草石,自脫於鋒鏃者,百不一二。而張奐盛稱"戎狄一氣所生,不宜誅盡,流血汙野,傷和致妖"。是何言之迂乎!羌雖外患,實深內疾,若攻之不根,是養疾疴於心腹也。〔9〕惜哉寇敵略定矣,而漢祚亦衰焉。嗚呼!昔先王疆理九土,判別畿荒,知夷貊殊性,難以道御,故斥遠諸華,薄其貢職,唯與辭要而已。若二漢御戎之方,失其本矣。何則?先零侵境,趙充國遷之內地;〔10〕(當)煎[當]作寇,〔六五〕馬文淵徙之三輔。貪其暫安之埶,信其馴服之情,計日用之權宜,忘經世之遠略,豈夫識微者之為乎?故微子垂泣於象箸,〔11〕辛有浩歎於伊川也。〔12〕

【注】

〔1〕枹,擊鼓槌也。革,甲也。韣,箭服也。《左傳》晉文公曰:"右屬(櫜)[櫜]韣。"〔六六〕韣音紀言反。

〔2〕《前書》班固曰:"乃始恣睢,奮其威詐。"恣睢,肆怒之貌也。睢音火季反。

〔3〕羽書即檄書也。《魏武奏事》曰"邊有警急,即插羽以示急"也。

〔4〕《說文》曰:"徽,糾繩也。纆,索也。"

〔5〕胔音才賜反。

〔6〕奏猶上也。

〔7〕《前書》楊雄曰"蒙盾負羽"也。

〔8〕顱音盧。《廣雅》曰:"顱,顋顬也。"支謂四支。革,皮也。

〔9〕根謂盡其根本。

〔10〕宣帝時,後將軍趙充國擊先零,還,於金城郡置屬國,以處降羌。

〔11〕《帝王紀》曰:"紂作象箸,〔六七〕箕子為父師,歎曰:'象箸不施於土簋,不盛於菽藿,必須犀玉之杯,食熊蹯豹胎。'"臣賢案:《史記》及《韓

子》並云"箕子",今云"微子",蓋誤。

〔12〕《左傳》曰:"周平王之東遷也,大夫辛有適伊川,見被髮而祭於野者,曰:'不及百年,此其戎乎!'"後秦遷陸渾戎于伊川。言中國之地不宜徙戎狄居之,後將為患也。

贊曰:金行氣剛,播生西羌。氐豪分種,遂用殷彊。虔劉隴北,假僭涇陽。〔1〕朝勞內謀,兵憊外攘。〔2〕

【注】

〔1〕涇陽,縣,屬安定郡。

〔2〕憊,疾疢也,音白拜反。

【校勘記】

〔一〕西北〔接〕鄯善車師諸國　據《通志》補。

〔二〕金(玉)〔王〕之域　據汲本改,與今本《素問》合。

〔三〕帝武乙即武丁(五)〔三〕代孫　按:武丁子為祖庚,祖庚弟為祖甲,祖甲子為廩辛,廩辛弟為庚丁,庚丁子為武乙,則武乙乃武丁三世孫,"五"當作"三",各本皆未正,今改。

〔四〕西落鬼戎　按:"戎"原誤"成",逕改正。

〔五〕太丁武(丁)〔乙〕子也　據殿本、《集解》本改。按:殿本《考證》王會汾謂武丁三世孫為武乙,武乙子為太丁,諸本俱誤,今改正。

〔六〕晉人敗北戎于汾隰　按:王念孫《讀書雜志餘編》謂汾隰謂汾水旁下溼之地,李注以為二水名,非也。並舉《左》桓三年"逐翼侯于汾隰",杜注"汾隰,汾水邊"為證。今依王說標點,"隰"字不加標號,"汾"與"隰"之間不加頓號。

〔七〕單浮餘(國)〔圍〕蠻氏　按:《左傳》哀公四年"單浮餘圍蠻氏"。"圍"作"國",形近而譌,各本皆未正,今據改。

〔八〕事並見左傳僖公十(二)〔一〕年　據汲本改。

〔九〕事見僖〔公〕二十二年　據殿本補。

〔一〇〕見左傳　按：汲本注末無此三字。又按：注"允姓陰戎之祖"云云，語見《左傳》杜預注。

〔一一〕義渠侵秦至渭陰　按：沈家本謂《史記》表作"渭陽"，紀作"渭南"。

〔一二〕即厲公二十三年伐也　按：據《史記·秦本紀》及《六國年表》，"二十三"當"三十三"。

〔一三〕事見史記　按"史記"原作"左傳"。秦惠王時事不得見於《左傳》，事見《史記·六國年表》，據改。

〔一四〕徒涇縣名屬西河郡　王先謙謂"涇"當作"經"。按：《校補》引柳從辰說，謂正文所謂"徒涇二十五城"，疑即在今甘肅涇州境，非前漢西河郡之徒經。

〔一五〕衆羌遂還據〔西海〕為寇　據汲本、殿本補。

〔一六〕又數遣使驛通動靜　按：殿本"驛"作"譯"。《校補》謂《通志》作"驛"，與汲本同，或作"譯"者，當是依劉攽說改之耳。然《東夷傳》序"使驛不絶"，何義門雖以劉說為正，並未改其字，則此亦不須改字。且譯驛古通作，《孝經》注"越裳重譯"，《釋文》"譯"本作"驛"是也。又按：《校補》引錢大昭說，謂閩本"通"下有"導"字。

〔一七〕屬金城郡　按："郡"原譌"鄉"，逕據殿本、《集解》本改。

〔一八〕故度遼將軍吳棠　按：《集解》引惠棟說，謂袁《紀》作"吳裳"。

〔一九〕迷吾遂與諸衆聚兵　按：張森楷《校勘記》謂諸即是衆，不當緟有，疑"衆"字當作"種"。

〔二〇〕秋號吾先輕入寇隴西界　按：沈家本謂紀在冬十月。

〔二一〕狃（忕）〔忕〕邊利　據汲本改。注同。

〔二二〕紆因自擊伏兵起　按：《刊誤》謂案文當云"自擊鼓起伏兵"。

〔二三〕和帝永元四年　按：《集解》引錢大昕說，謂上文已有永元元年，此又舉永元，詞之贅也。以傳例推之，"和帝"二字應移前文"永元元年"之上。

〔二四〕乃遣驛使招呼迷唐　按：汲本、殿本"驛"作"譯"，下"乃遣驛使搆離諸種"同。

〔二五〕越騎校尉趙代　《集解》引惠棟說，謂代，趙憙子，《和帝紀》作"趙世"。又《來歷傳》有侍中趙代，別是一人。

〔二六〕累姐種附漢　按：汲本無"種"字，《通志》同。

〔二七〕恃其權勇　《通志》、《通鑑》"權"並作"拳"，《通鑑》胡注引《毛詩》"無拳無勇"釋之。今按：權拳通。

〔二八〕戶不滿數十　按：汲本、殿本"十"並作"千"，通志同。

〔二九〕先零別種　按：《集解》引惠棟說，謂《通典》此下有"歸南濠"三字。

〔三〇〕戰於平襄　按：《集解》引惠棟說，謂"襄"一作"壤"。

〔三一〕漢中太守鄭勤　按：《集解》引惠棟說，謂《華陽國志》"勤"作"廑"，晉灼云廑古勤字。

〔三二〕右輔都尉都廓也　按：下"都"字當作"治"，此避唐諱改。

〔三三〕刺客杜習　按：《集解》引惠棟說，謂《東觀記》云"故吏杜習"。

〔三四〕收金（錢）〔銀〕綵帛一億已上　據汲本、殿本改。

〔三五〕杜〔季〕貢亡從滇零　據汲本、殿本補。下同。

〔三六〕七年夏騎都尉馬賢與侯霸掩擊零昌別部牢羌於安定　按：沈家本謂紀在秋。

〔三七〕督右扶風仲光　按：《集解》引惠棟說，謂《東觀記》作"种光"，見《段熲傳》注，袁《紀》云"扶風太守种暠"。

〔三八〕安定太守杜恢　按：《集解》引惠棟說，謂袁《紀》云"南安太守杜佐"。

〔三九〕光〔等〕並沒　《校補》引錢大昭說，謂閩本"光"下有"等"字。今據補。

〔四〇〕日行數百　按：《通鑑》"百"下有"里"字，是，此脫。

〔四一〕戰於富平〔上〕河（上）　按：殿本《考證》謂以本紀參校，"河上"應作"上河"。今據改。

〔四二〕封遵武陽侯　按：《集解》引惠棟說，謂《鄧騭傳》作"舞陽"。

〔四三〕上郡沈氏種羌　按：汲本無"氏"字，《通志》亦作"沈種羌"，《安紀》則作"沈氐羌"。《校補》謂"種"字或即"氐"字之誤，作"沈氏種羌"，乃別增一字矣。

〔四四〕大豪飢〔五〕等　據汲本、殿本補。

〔四五〕詣涼州刺史宗漢降　按：《集解》引惠棟說，謂宗漢即宋漢。

〔四六〕（鶯）〔鳥〕音爵　按：惠棟謂《段熲傳》云"鳥音爵"，《通鑑》胡注"鳥讀曰雀"。今據改。

〔四七〕馬賢亦發隴西吏士及羌胡兵擊殺良封　汲本"亦"作"以"，《通志》同。按：《校補》謂疑皆"因"字之譌。如作"亦"，則下當云"擊良封殺之"，不當云"擊殺良封"。

〔四八〕良封親屬並詣（實）〔賢〕降　據殿本改。

〔四九〕劉秉為涼州刺史　按：《集解》引惠棟說，謂袁《紀》"劉秉"作"劉康"。

〔五〇〕今三君素性疾惡　《刊誤》謂時與二人語，何緣得三，明是"二"字。按：《集解》引惠棟說，謂袁《紀》作"二君"。

〔五一〕又於扶風漢陽隴道作塢壁三百所　按：《校補》引錢大昭說，謂本紀作"令扶風、漢陽築隴道塢三百所"，據此則"作"字當在"隴道"上。

〔五二〕武威太守趙沖　按："沖"原作"冲"，逕據汲本改，下同。

〔五三〕罕種羌千餘寇北地　按：《集解》引惠棟說，謂《順帝紀》作"鞏唐羌"。

〔五四〕三年夏　《集解》引惠棟說，謂帝紀"二年夏四月"。按：張森楷謂漢安三年夏四月改元建康，未改以前，得稱"三年"，然不得有"夏"，"三"當依帝紀作"二"。

〔五五〕邰陽〔今〕同州縣也　據《集解》引洪亮吉說補。

〔五六〕參䜌縣名屬安定郡　按：《校補》謂《續志》參䜌屬北地，云故屬安定。此在順帝末年，應已改屬，則"安定"當作"北地"。

〔五七〕護羌校尉衛瑤　《集解》引錢大昕說，謂《順帝紀》作"衛琚"。

按:《通鑑》亦作"衛琚"。

〔五八〕軍度〔未〕竟　據汲本、殿本補。

〔五九〕鸇陰縣名屬安定郡　《集解》引惠棟説,謂《前志》"鸇陰"作"鶉陰"。按:《校補》謂《續志》鸇陰屬武威,云故屬安定。此在順帝末年,應已改屬,則"安定"當作"武威"。

〔六〇〕乃與(漢)〔湟〕中羌義從胡北宮伯玉等反　錢大昭云"漢中"當作"湟中"。《校補》謂錢説是,各本皆失正。今據改。

〔六一〕護羌校尉泠徵　《集解》引惠棟説,謂帝紀"泠"作"伶",古文泠伶通。

〔六二〕(縠)〔轂〕馬揚埃　據汲本改。

〔六三〕燔破貲積　按:汲本、殿本"貲"譌"貲"。李慈銘謂當作"燔貲破積",破貲二字誤倒。

〔六四〕於是諸將鄧騭　按:李慈銘謂"鄧騭"當是"鄧遵"。騭出師不久即還,且非諸將伍也。

〔六五〕(當)煎〔當〕作寇　據《集解》引惠棟説改。

〔六六〕右屬(橐)〔櫜〕鞬　據汲本、殿本改。

〔六七〕紂作象箸　按:"箸"原譌"著",逕改正。注同。

後漢書卷八十八

西域傳第七十八

　　武帝時，西域內屬，有三十六國。漢為置使者、校尉領護之。[1]宣帝改曰都護。[2]元帝又置戊己二校尉，屯田於車師前王庭。[3]哀平間，自相分割為五十五國。王莽篡位，貶易侯王，由是西域怨叛，[4]與中國遂絕，並復役屬匈奴。匈奴斂稅重刻，諸國不堪命，建武中，皆遣使求內屬，願請都護。光武以天下初定，未遑外事，竟不許之。會匈奴衰弱，莎車王賢誅滅諸國，賢死之後，遂更相攻伐。小宛、精絕、戎盧、且末為鄯善所并。[5]渠勒、皮山為于寘所統，悉有其地。郁立、單桓、孤胡、[一]烏貪訾離為車師所滅。後其國並復立。永平中，北虜乃脅諸國共寇河西郡縣，城門晝閉。十六年，明帝乃命將帥，北征匈奴，取伊吾盧地，[6]置宜禾都尉以屯田，遂通西域，于寘諸國皆遣子入侍。西域自絕六十五載，乃復通焉。明年，始置都護、戊己校尉。及明帝崩，焉耆、龜茲[7]攻沒都護陳睦，[二]悉覆其眾，匈奴、車師圍戊己校尉。建初元年春，酒泉太守段彭大破車師於交河城。章帝不欲疲敝中國以事夷狄，乃迎還戊己校尉，不復遣都護。二年，復罷屯田伊吾，匈奴因遣兵守伊吾地。時軍司馬班超留于寘，綏集諸國。和帝永元元年，大將軍竇憲大破匈奴。二年，憲因遣副校尉閻槃[三]將二千餘騎掩擊伊吾，破之。三年，班超遂定西域，因以超為都護，居龜茲。復置戊己校尉，領兵五百人,居車師前部高昌壁,又置戊部候,居車師後部候城,相去五百里。六年,班超復擊破焉耆,於是五十餘國悉納質內屬。其條支、安息諸國至于海瀕四萬里外,皆重譯貢獻。九年,班超遣掾甘英窮臨西海而還。[8] 皆前世所不至,《山經》所未詳,莫不備其風土,傳其珍怪焉。於是遠國蒙奇、兜勒皆來歸服,遣使貢獻。

【注】
〔1〕《前書》曰,自李廣利征討大宛之後,屯田渠犁,置使者領護營田,以供使外國也。
〔2〕宣帝時,鄭吉以侍郎田渠犁,發兵攻車師,遷衛司馬,使護鄯善以西南道。其後匈奴日逐王降吉,漢以吉前破車師,後降日逐,遂并令護車師以西北道,號曰都護。都護之置,始自於吉也。
〔3〕《漢官儀》曰:"戊己中央,鎮覆四方,又開渠播種,以為厭勝,故稱戊己焉。"車師有前王、後王國也。
〔4〕《前書》曰,莽即位,改匈奴單于印璽為章,和親遂絕,西域亦瓦解焉。
〔5〕且音子余反。
〔6〕在今伊州伊吾縣也。
〔7〕龜茲讀曰丘慈,下並同。
〔8〕《續漢書》"甘英"作"甘菟"。

及孝和晏駕,西域背畔。安帝永初元年,頻攻圍都護任尚、段禧等,[1] 朝廷以其險遠,難相應赴,詔罷都護。自此遂弃西域。北匈奴即復收屬諸國,共為邊寇十餘歲。敦煌太守曹宗患其暴害,元初六年,乃上遣行長史索班,將千餘人屯伊吾以招撫之,於是車師前王及鄯善王來降。數月,北匈奴復率車師後部王共攻沒班等,遂擊走其前王。鄯善逼急,求救於曹宗。[四] 宗因此請出兵擊匈奴,報索班之恥,復欲進取西域。鄧太后不許,但令置護西域副校尉,居敦煌,復部營兵三百人,羈縻而已。其後北虜連與車師入寇河西,朝廷不能禁,議者因欲閉玉門、

陽關,以絕其患。〔2〕

【注】
〔1〕禧音喜基反。
〔2〕玉門、陽關,二關名也,在敦煌西界。

延光二年,敦煌太守張璫上書陳三策,以為"北虜呼衍王常展轉蒲類、秦海之閒,〔1〕專制西域,共為寇鈔。今以酒泉屬國吏士二千餘人集昆侖塞,〔2〕先擊呼衍王,絕其根本,因發鄯善兵五千人脅車師後部,此上計也。若不能出兵,可置軍司馬,將士五百人,四郡供其犂牛、穀食,出據柳中,此中計也。〔3〕如又不能,則宜弃交河城,收鄯善等悉使入塞,此下計也"。朝廷下其議。尚書陳忠上疏曰:"臣聞八蠻之寇,莫甚北虜。漢興,高祖窘平城之圍,太宗屈供奉之恥。〔4〕故孝武憤怒,深惟久長之計,命遣虎臣,浮河絕漠,窮破虜庭。〔5〕當斯之役,黔首隕於狼望之北,財幣縻於盧山之壑,〔6〕〔五〕府庫單竭,杼柚空虛,筭至舟車,貨及六畜。〔7〕夫豈不懷,慮久故也。〔8〕遂開河西四郡,以隔絕南羌,〔9〕收三十六國,斷匈奴右臂。是以單于孤特,鼠竄遠藏。至於宣、元之世,遂備蕃臣,〔10〕關徼不閉,羽檄不行。由此察之,〔六〕戎狄可以威服,難以化狎。西域內附日久,區區東望扣關〔七〕者數矣,此其不樂匈奴慕漢之效也。今北虜已破車師,埶必南攻鄯善,弃而不救,則諸國從矣。若然,則虜財賄益增,膽執益殖,〔11〕威臨南羌,與之交連。如此,河西四郡危矣。河西既危,不得不救,則百倍之役興,不訾之費發矣。議者但念西域絕遠,卹之煩費,不見先世苦心勤勞之意也。方今邊境守禦之具不精,內郡武衛之備不脩,敦煌孤危,遠來告急,復不輔助,內無以慰勞吏民,外無以威示百蠻。蹙國減土,經有明誡。〔12〕臣以為敦煌宜置校尉,案舊增四郡屯兵,以西撫諸國。庶足折衝萬里,震怖匈奴。"〔13〕帝納之,乃以班勇〔14〕為西域長史,將弛刑士五百人,西屯柳中。勇遂破平車師。自建武至于延光，西域三絕三通。順帝永建二年，勇復擊降焉耆。於是龜茲、疏勒、于寘、莎車等十七國皆來服從，而烏孫、葱領已西遂絕。六年，帝以伊吾舊膏腴之地，傍近西域，匈奴資之，以為鈔暴，復令開設屯田如永元時事，置伊吾司馬一人。自陽嘉以後，朝威稍損，諸國驕放，轉相陵伐。元嘉二年，長史王敬為于寘所沒。永興元年，車師後王復反攻屯營。雖有降首，[15]曾莫懲革，自此浸以疏慢矣。班固記諸國風土人俗，皆已詳備《前書》。今撰建武以後其事異於先者，以為《西域傳》，皆安帝末班勇所記云。

【注】

〔1〕大秦國在西海西，故曰秦海也。

〔2〕《前書》敦煌郡廣至縣有昆侖障也，宜禾都尉居也。[八]廣至故城在今瓜州常樂縣東。

〔3〕武帝初置酒泉、武威、張掖、敦煌，列四郡，據兩關焉。柳中，今西州縣也。

〔4〕窘，困也。高帝自擊匈奴至平城，為冒頓單于圍於白登，七日乃得解。太宗，文帝也。賈誼上疏曰："匈奴嫚侮侵掠，而漢歲致金絮繒綵以奉之。夷狄徵令，[是]人主之操。[九]天子供貢，是臣下之禮。"故云恥也。

〔5〕沙土曰漠，直度曰絕也。

〔6〕狼望，匈奴中地名也。《前書》楊雄曰："前代豈樂無量之費，快心於狼望之北，填盧山之壑，而不悔也。"

〔7〕武帝時國用不足，筭至車舟，租及六畜，言皆計其所得以出筭。軺車一筭，商賈車二筭，船五丈以上一筭。六畜無文。以此言之，無物不筭。

〔8〕懷，思也。

〔9〕《前書》云起敦煌、酒泉、張掖，以隔婼羌，裂匈奴之右臂也。

〔10〕宣帝、元帝時，呼韓邪單于數入朝，稱臣奉貢。

〔11〕殖，生也。

〔12〕《毛詩》曰"昔先王受命，有如邵公，日辟國百里，今也日蹙國百

〔13〕《淮南子》曰"修政於廟堂之上，而折衝千里之外"也。

〔14〕班勇，班超之子。

〔15〕首猶服也，音式救反。

西域內屬諸國，東西六千餘里，南北千餘里，東極玉門、陽關，西至蔥領。其東北與匈奴、烏孫相接。南北有大山，中央有河。其南山東出金城，與漢南山屬焉。其河有兩源，一出蔥領東流，〔1〕一出于寘南山下北流，與蔥領河合，東注蒲昌海。蒲昌海一名鹽澤，去玉門三百餘里。〔一〇〕

【注】
〔1〕蔥領，山名也。《西河舊事》云："其山高大，生蔥，故名。"

自敦煌西出玉門、陽關，涉鄯善，北通伊吾千餘里，〔一一〕自伊吾北通車師前部高昌壁千二百里，自高昌壁北通後部金滿城〔一二〕五百里。此其西域之門户也，故戊己校尉更互屯焉。伊吾地宜五穀、桑麻、蒲萄。其北又有柳中，皆膏腴之地。故漢常與匈奴爭車師、伊吾，以制西域焉。

自鄯善踰蔥領出西諸國，有兩道。傍南山北，陂河西行〔1〕至莎車，為南道。南道西踰蔥領，則出大月氏、安息之國也。自車師前王庭隨北山，陂河西行至疏勒，為北道。北道西踰蔥領，出大宛、康居、奄蔡焉（耆）。〔一三〕

【注】
〔1〕循河曰陂，音彼義反。次下亦同。《史記》曰："陂山通道。"

出玉門，經鄯善、且末、精絶三千餘里至拘彌。〔一四〕

拘彌國居寧彌城，去長史所居柳中四千九百里，[1]去洛陽萬二千八百里。領户二千一百七十三，口七千二百五十一，勝兵千七百六十人。

【注】
〔1〕《續漢書》曰："寧彌國王本名拘彌。"

順帝永建四年，于寘王放前殺拘彌王興，自立其子為拘彌王，而遣使者貢獻於漢。敦煌太守徐由〔一五〕上求討之，帝赦于寘罪，令歸拘彌國，放前不肯。陽嘉元年，徐由遣疏勒王臣槃發二萬人擊于寘，破之，斬首數百級，放兵大掠，更立興宗人成國為拘彌王而還。至靈帝熹平四年，于寘王安國攻拘彌，大破之，殺其王，死者甚衆，戊己校尉、西域長史各發兵輔立拘彌侍子定興為王。時人衆裁有千口。其國西接于寘三百九十里。

于寘國居西城，去長史所居五千三百里，去洛陽萬一千七百里。領户三萬二千，口八萬三千，勝兵三萬餘人。〔一六〕

建武末，莎車王賢强盛，攻并于寘，徙其王俞林為驪歸王。明帝永平中，于寘將休莫霸反莎車，自立為于寘王。休莫霸死，兄子廣德立，後遂滅莎車，其國轉盛。從精絕西北至疏勒十三國皆服從。而鄯善王亦始强盛。自是南道自葱領以東，唯此二國為大。

順帝永建六年，于寘王放前遣侍子詣闕貢獻。元嘉元年，長史趙評在于寘病癰死，評子迎喪，道經拘彌。拘彌王成國與于寘王建素有隙，乃語評子云："于寘王令胡醫持毒藥著創中，故致死耳。"評子信之，還入塞，以告敦煌太守馬達。明年，以王敬代為長史，達令敬隱覈其事。敬先過拘彌，成國復説云："于寘國人欲以我為王，今可因此罪誅建，于寘必服矣。"敬貪立功名，且受成國之説，前到于寘，設供具請建，而陰圖之。或以敬謀告建，建不信，曰："我無罪，王長史何為欲殺我？"旦日，建從官屬數十人詣敬。坐定，建起行酒，敬叱左右執之，吏士並無殺建意，官屬悉得突走。時成國主簿秦牧隨敬在會，持刀出曰："大事已定，何為復疑？"即前斬建。于寘侯將輸棘等遂會兵攻敬，敬持建頭上樓宣告曰："天子使我誅建耳。"于寘侯將遂焚營舍，燒殺吏士，上樓斬敬，懸首於市。輸棘欲自立為王，國人殺之，而立建子安國焉。馬達聞之，欲將諸郡兵出塞擊于寘，桓帝不聽，徵達還，而以宋亮代為敦煌太守。亮到，開募于寘，令自斬輸棘。時輸棘死已經月，乃斷死人頭送敦煌，而不言其狀。亮後知其詐，而竟不能出兵。于寘恃此遂驕。

自于寘經皮山，至西夜、子合、德若焉。

西夜國一名漂沙，去洛陽萬四千四百里。户二千五百，口萬餘，勝兵三千人。地生白草，有毒，國人煎以為藥，傅箭鏃，所中即死。《漢書》中誤云西夜、子合是一國，〔一七〕今各自有王。[1]

【注】
[1]《前書》云西夜國王號子合王。

子合國居呼鞬谷。[1]〔一八〕去疏勒千里。領户三百五十，口四千，勝兵千人。

【注】
[1]鞬音九言反。

德若國領戶百餘，口六百七十，勝兵三百五十人。東去長史居三千五百三十里，去洛陽萬二千一百五十里，與子合相接。其俗皆同。

自皮山西南經烏秅，[1][一九]涉懸度，歷罽賓，六十餘日行至烏弋山離國，地方數千里，時改名排持。

【注】
〔1〕《前書音義》音鷃挐。又云："烏音一加反，秅音直加反，急言之如鷃挐（反）[也]。"〔二〇〕

復西南馬行百餘日至條支。

條支國城在山上，周迴四十餘里。臨西海，海水曲環其南及東北，三面路絕，唯西北隅通陸道。土地暑溼，出師子、犀牛、封牛、孔雀、大雀。大雀其卵如甕。

轉北而東，復馬行六十餘日至安息。後役屬條支，為置大將，監領諸小城焉。

安息國居和櫝城，去洛陽二萬五千里。北與康居接，南與烏弋山離接。地方數千里，小城數百，戶口勝兵最為殷盛。其東界木鹿城，號為小安息，去洛陽二萬里。

章帝章和元年，遣使獻師子、符拔。符拔形似麟而無角。和帝永元九年，都護班超遣甘英使大秦，抵條支。臨大海欲度，而安息西界船人謂英曰："海水廣大，往來者逢善風三月乃得度，若遇遲風，亦有二歲者，故入海人皆齎三歲糧。海中善使人思土戀慕，數有死亡者。"〔二一〕英聞之乃止。十三年，安息王滿屈復獻師子及條支大鳥，時謂之安息雀。

自安息西行三千四百里至阿蠻國。從阿蠻西行三千六百里至斯賓國。從斯賓南行度河，又西南至于羅國九百六十里，安息西界極矣。自此南乘海，乃通大秦。其土多海西珍奇異物焉。

大秦國一名犂鞬，〔二〕以在海西，亦云海西國。地方數千里，有四百餘城。小國役屬者數十。以石為城郭。列置郵亭，皆堊墍之。〔1〕有松柏諸木百草。人俗力田作，多種樹蠶桑。皆髡頭而衣文繡，乘輜軿白蓋小車，出入擊鼓，建旌旗幡幟。

【注】
〔1〕墍，飾也，音火既反。郭璞曰："堊，白土也，音惡。"

所居城邑，周圜百餘里。城中有五宮，相去各十里。宮室皆以水精為柱，食器亦然。其王日游一宮，聽事五日而後徧。常使一人持囊隨王車，人有言事者，即以書投囊中，王至宮發省，理其枉直。各有官曹文書。置三十六將，皆會議國事。其王無有常人，皆簡立賢者。國中災異及風雨不時，輒廢而更立，受放者甘黜不怨。其人民皆長大平正，有類中國，故謂之大秦。
土多金銀奇寶，有夜光璧、明月珠、駭雞犀、〔1〕珊瑚、虎魄、琉璃、琅玕、朱丹、青碧。刺金縷繡，織成金縷罽、雜色綾。作黃金塗、火浣布。又有細布，或言水羊毳，野蠶繭所作也。合會諸香，煎其汁以為蘇合。凡外國諸珍異皆出焉。

【注】
〔1〕《枹朴子》曰："通天犀有一白理如綖者，以盛米，置群雞中，雞欲往啄米，至輒驚却，故南人名為'駭雞'。"

以金銀為錢，銀錢十當金錢一。與安息、天竺交市於海中，利有十倍。其人質直，市無二價。穀食常賤，國用富饒。鄰國使到其界首者，乘驛詣王都，至則給以金錢。其王常欲通使於漢，而安息欲以漢繒綵與之交市，故遮閡不得自達。[1]至桓帝延熹九年，大秦王安敦[二三]遣使自日南徼外獻象牙、犀角、瑇瑁，始乃一通焉。其所表貢，並無珍異，疑傳者過焉。

【注】
〔1〕閡音五代反。

或云其國西有弱水、流沙，近西王母所居處，幾於日所入也。《漢書》云"從條支西行二百餘日，近日所入"，則與今書異矣。前世漢使皆自烏弋以還，莫有至條支者也。又云"從安息陸道繞海北行出海西至大秦，人庶連屬，十里一亭，三十里一置，[1]終無盜賊寇警。而道多猛虎、師子，遮害行旅，不百餘人，齎兵器，輒為所食"。又言"有飛橋數百里可度海北"。諸國所生奇異玉石諸物，譎怪多不經，故不記云。[2]

【注】
〔1〕置，驛也。
〔2〕魚豢《魏略》曰："大秦國俗多奇幻，口中出火，自縛自解，跳十二丸，巧妙非常。"

大月氏國[1]居藍氏城，[2]西接安息，四十九日行，東去長史所居六千五百三十七里，去洛陽萬六千三百七十里。戶十萬，口四十萬，勝兵十餘萬人。

【注】
〔1〕氏音支。下並同。
〔2〕《前書》"藍氏"作"監氏"。

初,月氏為匈奴所滅,遂遷於大夏,分其國為休密、雙靡、貴霜、肸頓、都密,凡五部翕侯。後百餘歲,貴霜翕侯丘就卻攻滅四翕侯,自立為王,國號貴霜(王)。〔二四〕侵安息,取高附地。又滅濮達、罽賓,悉有其國。丘就卻年八十餘死,子閻膏珍代為王。復滅天竺,置將一人監領之。月氏自此之後,最為富盛,諸國稱之皆曰貴霜王。漢本其故號,言大月氏云。

高附國在大月氏西南,亦大國也。其俗似天竺,而弱,易服。善賈販,內富於財。所屬無常,天竺、罽賓、安息三國強則得之,弱則失之,而未嘗屬月氏。《漢書》以為五翕侯數,非其實也。後屬安息。及月氏破安息,始得高附。

天竺國一名身毒,在月氏之東南數千里。俗與月氏同,而卑溼暑熱。其國臨大水。乘象而戰。其人弱於月氏,脩浮圖道,不殺伐,遂以成俗。〔1〕從月氏、高附國以西,南至西海,東至磐起國,〔二五〕皆身毒之地。身毒有別城數百,城置長。別國數十,國置王。雖各小異,而俱以身毒為名,其時皆屬月氏。月氏殺其王而置將,令統其人。土出象、犀、瑇瑁、金、銀、銅、鐵、鉛、錫,西與大秦通,有大秦珍物。又有細布、好毾𣰆、〔2〕諸香、石蜜、胡椒、薑、黑鹽。

【注】
〔1〕浮圖即佛也。

〔2〕氀音它闑反。㲪音登。《埤蒼》曰："毛席也。"《釋名》曰："施之承大牀前小榻上，登以上牀也。"

和帝時，數遣使貢獻，後西域反畔，乃絕。至桓帝延熹二年、四年，頻從日南徼外來獻。

世傳明帝夢見金人，長大，頂有光明，以問群臣。或曰："西方有神，名曰佛，其形長丈六尺而黃金色。"帝於是遣使天竺問佛道法，遂於中國圖畫形像焉。楚王英始信其術，中國因此頗有奉其道者。後桓帝好神，數祀浮圖、老子，百姓稍有奉者，後遂轉盛。

東離國[二六]居沙奇城，在天竺東南三千餘里，大國也。其土氣、物類與天竺同。列城數十，[二七]皆稱王。大月氏伐之，遂臣服焉。男女皆長八尺，而怯弱。乘象、駱駝，往來鄰國。有寇，乘象以戰。

栗弋國屬康居。出名馬牛羊、蒲萄衆果，其土水美，故蒲萄酒特有名焉。

嚴國在奄蔡北，屬康居，出鼠皮以輸之。

奄蔡國改名阿蘭聊國，居地城，屬康居。土氣溫和，多楨松、白草。〔1〕民俗衣服與康居同。

【注】
〔1〕《前書音義》曰："白草，草之白者。"又云："似莠而細，熟時正

白,牛馬所食焉。"

莎車國西經蒲犁、無雷至大月氏,東去洛陽萬九百五十里。

匈奴單于因王莽之亂,略有西域,唯莎車王延最強,不肯附屬。元帝時,嘗為侍子,長於京師,慕樂中國,亦復參其典法。常勑諸子,當世奉漢家,不可負也。天鳳五年,延死,謚忠武王,子康代立。

光武初,康率傍國拒匈奴,擁衛故都護吏士妻子千餘口,檄書河西,問中國動靜,自陳思慕漢家。建武五年,河西大將軍竇融乃承制立康為漢莎車建功懷德王、西域大都尉,五十五國皆屬焉。

九年,康死,謚宣成王。弟賢代立,攻破拘彌、西夜國,皆殺其王,而立其兄康兩子為拘彌、西夜王。十四年,賢與鄯善王安並遣使詣闕貢獻,於是西域始通。蔥領以東諸國皆屬賢。十七年,賢復遣使奉獻,請都護。天子以問大司空竇融,以為賢父子兄弟相約事漢,款誠又至,宜加號位以鎮安之。帝乃因其使,賜賢西域都護印綬,及車旗黃金錦繡。敦煌太守裴遵上言:"夷狄不可假以大權,又令諸國失望。"詔書收還都護印綬,更賜賢以漢大將軍印綬。其使不肯易,遵迫奪之,賢由是始恨。而猶詐稱大都護,移書諸國,諸國悉服屬焉,號賢為單于。賢浸以驕橫,重求賦稅,數攻龜茲諸國,諸國愁懼。

二十一年冬,車師前王、鄯善、焉耆等十八國俱遣子入侍,獻其珍寶。及得見,皆流涕稽首,願得都護。天子以中國初定,北邊未服,皆還其侍子,厚賞賜之。是時賢自負兵強,欲并兼西域,攻擊益甚。諸國聞都護不出,而侍子皆還,大憂恐,乃與敦煌太守檄,願留侍子以示莎車,言侍子見留,都護尋出,冀且息其兵。裴遵以狀聞,天子許之。二十二年,賢知都護不至,遂遺鄯善王安書,令絕通漢道。安不納而殺其使。賢大怒,發兵攻鄯善。安迎戰,兵敗,亡入山中。賢殺略千餘人而去。其冬,賢復攻殺龜茲王,遂兼其國。鄯善、焉耆諸國侍子久留敦煌,愁思,皆亡歸。鄯善王上書,願復遣子入侍,更請都護。都護不出，誠迫於匈奴。天子報曰："今使者大兵未能得出，如諸國力不從心，東西南北自在也。"〔二八〕於是鄯善、車師復附匈奴，而賢益橫。

嬀塞王自以國遠，遂殺賢使者，賢擊滅之，立其國貴人駟鞬為嬀塞王。賢又自立其子則羅為龜茲王。賢以則羅年少，乃分龜茲為烏壘國，徙駟鞬為烏壘王，又更以貴人為嬀塞王。數歲，龜茲國人共殺則羅、駟鞬，而遣使匈奴，更請立王。匈奴立龜茲貴人身毒為龜茲王，龜茲由是屬匈奴。

賢以大宛貢稅減少，自將諸國兵數萬人攻大宛，大宛王延留迎降，賢因將還國，徙拘彌王橋塞提為大宛王。而康居數攻之，橋塞提在國歲餘，亡歸，賢復以為拘彌王，而遣延留還大宛，使貢獻如常。賢又徙于寘王俞林為驪歸王，立其弟位侍為于寘王。歲餘，賢疑諸國欲畔，召位侍及拘彌、姑墨、子合王，盡殺之，不復置王，但遣將鎮守其國。位侍子戎亡降漢，封為守節侯。

莎車將君得在于寘暴虐，百姓患之。明帝永平三年，其大人都末出城，見野豕，欲射之。〔二九〕豕乃言曰："無射我，〔三〇〕我乃為汝殺君得。"都末因此即與兄弟共殺君得。而大人休莫霸復與漢人韓融等殺都末兄弟，自立為于寘王，復與拘彌國人攻殺莎車將在皮山者，引兵歸。於是賢遣其太子、國相，將諸國兵二萬人擊休莫霸，霸迎與戰，莎車兵敗走，殺萬餘人。賢復發諸國數萬人，自將擊休莫霸，霸復破之，斬殺過半，賢脫身走歸國。休莫霸進圍莎車，中流矢死，兵乃退。

于寘國相蘇榆勒等共立休莫霸兄子廣德為王。匈奴與龜茲諸國共攻莎車，不能下。廣德承莎車之敝，使弟輔國侯仁將兵攻賢。賢連被兵革，乃遣使與廣德和。先是廣德父拘在莎車數歲，於是賢歸其父，而以女妻之，結為昆弟，廣德引兵去。明年，莎車相且運等[1]患賢驕暴，密謀反城降于寘。[2]于寘王廣德乃將諸國兵三萬人攻莎車。賢城守，使使謂廣德曰："我還汝父，與汝婦，汝來擊我何為？"廣德曰："王，我婦父也，久不相見，願各從兩人會城外結盟。"賢以問且運，且運曰："廣德女壻至親，宜出見之。"賢乃輕出，廣德遂執賢。而且運等因內于寘兵,虜賢妻子而并其國。鎖賢將歸,歲餘殺之。

【注】
〔1〕且音子余反。下同。
〔2〕反音番。

匈奴聞廣德滅莎車,遣五將發焉耆、尉黎、[三一]龜茲十五國兵三萬餘人圍于寘,廣德乞降,以其太子為質,約歲給罽絮。冬,匈奴復遣兵將賢質子不居徵立為莎車王,廣德又攻殺之,更立其弟齊黎為莎車王,章帝元和三年〔也〕。[三二]時長史班超發諸國兵擊莎車,大破之,由是遂降漢。事已具《班超傳》。

莎車東北至疏勒。[三三]

疏勒國去長史所居五千里,去洛陽萬三百里。領戶二萬一千,[三四]勝兵三萬餘人。

明帝永平十六年,龜茲王建攻殺疏勒王成,自以龜茲左侯[三五]兜題為疏勒王。冬,漢遣軍司馬班超劫縛兜題,而立成之兄子忠為疏勒王。忠後反畔,超擊斬之。事已具《超傳》。

安帝元初中,疏勒王安國以舅臣磐有罪,徙於月氏,月氏王親愛之。後安國死,無子,母持國政,與國人共立臣磐同產弟子遺腹為疏勒王。臣磐聞之,請月氏王曰:"安國無子,種人微弱,若立母氏,我乃遺腹叔父也,我當為王。"月氏乃遣兵送還疏勒。國人素敬愛臣磐,又畏憚月氏,即共奪遺腹印綬,迎臣磐立為王,更以遺腹為磐槀城侯。後莎車〔連〕畔于寘,[三六]屬疏勒,疏勒以強,故得與龜茲、于寘為敵國焉。

順帝永建二年,臣磐遣使奉獻,帝拜臣磐為漢大都尉,兄子臣勳為守國司馬。五年,臣磐遣侍子與大宛、莎車使俱詣闕貢獻。陽嘉二年,臣磐復獻師子、封牛。至靈帝建寧元年，疏勒王漢大都尉於獵中為其季父和得所射殺，和得自立為王。(五)[三]年，〔三七〕涼州刺史孟佗遣從事任涉將敦煌兵五百人，與戊(己)司馬曹寬、〔三八〕西域長史張晏，將焉耆、龜茲、車師前後部，合三萬餘人，討疏勒，攻楨中城，四十餘日不能下，引去。其後疏勒王連相殺害，朝廷亦不能禁。

東北經尉頭、温宿、姑墨、龜茲至焉耆。

焉耆國王居南河城，〔三九〕北去長史所居八百里，東去洛陽八千二百里。户萬五千，口五萬二千，勝兵二萬餘人。其國四面有大山，與龜茲相連，道險阸易守。有海水曲入四山之内，周匝其城三十餘里。

永平末，焉耆與龜茲共攻没都護陳睦、副校尉郭恂，殺吏士二千餘人。至永元六年，都護班超發諸國兵討焉耆、危須、尉黎、山國，遂斬焉耆、尉黎二王首，傳送京師，縣蠻夷邸。[1]超乃立焉耆左(侯)[候]元孟為王，〔四〇〕尉黎、危須、山國皆更立其王。至安帝時，西域背畔。延光中，超子勇為西域長史，復討定諸國。元孟與尉黎、危須不降。永建二年，勇與敦煌太守張朗擊破之，元孟乃遣子詣闕貢獻。

【注】
〔1〕蠻夷皆置邸以居之，若今鴻臚寺也。

蒲類國居天山西疏榆谷，東南去長史所居千二百九十里，去洛陽萬四百九十里。户八百餘，口二千餘，勝兵七百餘人。廬帳而居，逐水草，頗知田作。有牛、馬、駱駝、羊畜。能作弓矢。國出好馬。

蒲類本大國也，前西域屬匈奴，而其王得罪單于，單于怒，徙蒲類人六千餘口，内之匈奴右部阿惡地，因號曰阿惡國。南去車師後部馬行九十餘日。人口貧羸，逃亡山谷間，故留為國云。

移支國居蒲類地。户千餘，口三千餘，勝兵千餘人。其人勇猛敢戰，以寇鈔為事。皆被髮，隨畜逐水草，不知田作。所出皆與蒲類同。

　　東且彌國東去長史所居八百里，去洛陽九千二百五十里。户三千餘，口五千餘，勝兵二千餘人。廬帳居，逐水草，頗田作。其所出有亦與蒲類同。所居無常。

　　車師前王居交河城。河水分流繞城，故號交河。去長史所居柳中八十里，東去洛陽九千一百二十里。領户千五百餘，口四千餘，勝兵二千人。

　　後王居務塗谷，去長史所居五百里，去洛陽九千六百二十里。領户四千餘，口萬五千餘，勝兵三千餘人。
　　前後部及東且彌、卑陸、蒲類、移支，是為車師六國，北與匈奴接。前部西通焉耆北道，後部西通烏孫。
　　建武二十一年，與鄯善、焉耆遣子入侍，光武遣還之，乃附屬匈奴。明帝永平十六年，漢取伊吾盧，通西域，車師始復內屬。匈奴遣兵擊之，復降北虜。和帝永元二年，大將軍竇憲破北匈奴，車師震慴，前後王各遣子奉貢入侍，並賜印綬金帛。八年，戊己校尉索頵欲廢後部王涿鞮，立破虜侯細致。涿鞮忿前王尉卑大賣己，〔四一〕因反擊尉卑大，獲其妻子。明年，漢遣將兵長史王林，發涼州六郡兵及羌（虜）胡二萬餘人，〔四二〕以討涿鞮，〔四三〕獲首虜千餘人。涿鞮入北匈奴，漢軍追擊，斬之，立涿鞮弟農奇為王。至永寧元年，後王軍就及母沙麻反畔，殺後部司馬及敦煌行事。[1]至安帝延光四年，長史班勇擊軍就，大破，斬之。

【注】
〔1〕司馬即屬戊校尉所統也。和帝時，置戊己校尉，鎮車師後部。行事謂前行長史索班。

順帝永建元年，勇率後王農奇子加特奴及八滑等，發精兵擊北虜呼衍王，破之。勇於是上立加特奴為後王，八滑為後部親漢侯。陽嘉三年夏，車師後部司馬率加特奴等千五百人，掩擊北匈奴於閶吾陸谷，壞其廬落，斬數百級，獲單于母、季母及婦女數百人，〔1〕牛羊十餘萬頭，車千餘兩，兵器什物甚衆。四年春，北匈奴呼衍王率兵侵後部，帝以車師六國接近北虜，為西域蔽扞，乃令敦煌太守發諸國兵，及玉門關候、伊吾司馬，合六千三百騎救之，掩擊北虜於勒山，漢軍不利。秋，呼衍王復將二千人攻後部，破之。桓帝元嘉元年，呼衍王將三千餘騎寇伊吾，伊吾司馬毛愷遣吏兵五百人於蒲類海東與呼衍王戰，悉為所沒，呼衍王遂攻伊吾屯城。夏，遣敦煌太守司馬達〔四四〕將敦煌、酒泉、張掖屬國吏士四千餘人救之，出塞至蒲類海，呼衍王聞而引去，漢軍無功而還。

【注】
〔1〕季母，叔母也。

永興元年，車師後部王阿羅多與戊部候嚴皓不相得，遂忿戾反畔，攻圍漢屯田且固城，殺傷吏士。後部候炭遮領餘人畔阿羅多詣漢吏降。阿羅多迫急，將其母妻子從百餘騎亡走北匈奴中，敦煌太守宋亮上立後部故王軍就質子卑君為後部王。後阿羅多復從匈奴中還，與卑君爭國，頗收其國人。戊校尉閻詳慮其招引北虜，將亂西域，乃開信告示，許復為王，阿羅多乃詣詳降。於是收奪所賜卑君印綬，更立阿羅多為王，仍將卑君還敦煌，以後部人三百帳別屬役之，食其稅。帳者，猶中國之戶數也。

論曰：西域風土之載，前古未聞也。漢世張騫懷致遠之略，[1]班超奮封侯之志，[2]終能立功西遐，羈服外域。自兵威之所肅服，財賂之所懷誘，莫不獻方奇，納愛質，露頂肘行，東向而朝天子。故設戊己之官，分任其事；建都護之帥，總領其權。先馴則賞籯金而賜龜綬，[3]後服則繫頭顙而釁北闕。立屯田於膏腴之野，列郵置於要害之路。馳命走驛，[四五]不絕於時月；商胡販客，日款於塞下。其後甘英乃抵條支而歷安息，臨西海以望大秦，拒玉門、陽關者四萬餘里，靡不周盡焉。若其境俗性智之優薄，產載物類之區品，川河領障之基源，氣節涼暑之通隔，梯山棧谷繩行沙度之道，身熱首痛風災鬼難之域，[4]莫不備寫情形，審求根實。至於佛道神化，興自身毒，而二漢方志莫有稱焉。張騫但著地多暑溼，乘象而戰，班勇雖列其奉浮圖，不殺伐，而精文善法導達之功靡所傳述。余聞之後說也，其國則殷乎中土，玉燭和氣，[5]靈聖之所[降]集，[四六]賢懿之所挺生，[6]神迹詭怪，則理絕人區，[7]感驗明顯，則事出天外。[8]而騫、超無聞者，豈其道閉往運，數開叔葉乎？不然，何誣異之甚也！漢自楚英始盛齋戒之祀，桓帝又修華蓋之飾。將微義未譯，而但神明之邪？詳其清心釋累之訓，空有兼遣之宗，道書之流也。[9]且好仁惡殺，蠲敝崇善，所以賢達君子多愛其法焉。然好大不經，奇譎無已，[10]雖鄒衍談天之辯，莊周蝸角之論，[11]尚未足以㮣其萬一。又精靈起滅，因報相尋，若曉而昧者，故通人多惑焉。[12]蓋導俗無方，適物異會，取諸同歸，措夫疑說，則大道通矣。

【注】

〔1〕《前書》張騫，漢中人，為博望侯。武帝時，上言大夏及安息、大宛之屬，大國奇物，誠得而以義屬之，則地廣萬里。帝從之。

〔2〕超少時家貧，投筆歎曰："丈夫當如傅介子、張騫，立功西域，以取封侯，安能久事筆硯乎！"語見《超傳》。

〔3〕龜謂印文也。《漢舊儀》曰："銀印皆龜紐，其文刻曰'某官之

〔4〕《前書》杜欽曰:"罽賓本漢所立,殺漢使者,今悔過來順,使者送至懸度,歷大頭痛、小頭痛之山,赤土身熱之阪,臨峥嶸不測之深,〔四七〕行者騎步相持,繩索相引。"釋法顯《游天竺記》云:"西度流沙,屢有熱風惡鬼,過之必死。葱領冬夏有雪。有毒龍,若犯之,則風雨晦冥,飛砂揚礫。(過)〔遇〕此難者,〔四八〕萬無一全也。"

〔5〕《天竺國記》云:"中天竺人殷樂無戶籍,耕王地者輸地利。又其土和適,無冬夏之異,草木常茂,種田無時節。"《爾雅》曰:"四時和謂之玉燭。"

〔6〕《本行經》曰:"釋迦菩薩在兜率陁天,為諸天無量無邊諸衆說法。又觀我今何處成道,利益衆生。乃觀見宜於南閻浮提生有大利益。"又云"誰中與我為父母者。觀見宜於天竺刹利種迦毗羅城白净王摩邪夫人,可為父母"。又云"四生之中,何生利益。觀見同衆生、胎生、我若化生,諸外道等即誹謗我是幻術也。爾時菩薩觀已,示同諸天五衰相現。命諸同侶,波斯匿王等諸王中生,皆作國王,與我為檀越。命阿難及諸人等,同生為弟子。命舍利弗等,外道中生我,成道時當受我化,回邪入正。又有無量衆生,同隨菩薩於天竺受生,多所利益"也。

〔7〕《維摩經》曰:〔四九〕"以四大海水入一毛孔,不撓魚鼈等,而彼大海本相如故。又舍利弗住不思議菩薩,斷取三千大千國界,如陶家輪著右掌中,擲過恒河沙國界之外,其中衆生不覺不知,又復還本處,都不使人有往來相。"

〔8〕《涅槃經》曰:"阿闍王令醉象蹋佛,佛以慈善根力,舒其五指,遂為五師子見,爾時醉象惶懼而退。又五百群賊劫奪人庶,波斯匿王收捉,剜其兩目,弃入坑中。爾時群賊苦痛不已,同時發聲念南無佛。陁達摩佛以慈善根力,雪山吹藥,令入賊眼,皆悉平復如本。"

〔9〕清心謂忘思慮也。釋累謂去貪欲也。不執著為空,執著為有。兼遣謂不空不有,虛實兩忘也。維摩詰云:"我及涅槃,此二皆空。"《老子》云:"常無,欲觀其妙;常有,欲觀其徼。"故曰道書之流也。

〔10〕《維摩經》曰:"爾時毗邪離有長者子名曰寶積。與五百長者子,俱

持七寶蓋來詣佛所，頭面禮足，各以其蓋共供養佛。佛威神力令諸寶蓋合成一蓋，徧覆三千大千國界諸須彌山，乃至日月星宿，并十方諸佛説法，皆現於寶蓋中。"又維摩詰三萬二千師子坐，高八萬四千由旬，高廣嚴浄，來入維摩方丈室，包容無所妨礙。又四大海水入毛孔，須彌山入芥子等也。

〔11〕《史記》曰："談天衍。"劉向《別録》曰："鄒衍之所言五德終始，天地廣大，其書言天事，故曰談天。"莊子曰："有國於蝸之左角者曰觸氏，有國於蝸之右角者曰蠻氏，相與爭地而戰，伏尸數萬，逐北旬有五日而後反。"郭璞注《爾雅》云："蝸牛，音瓜。"談天言大，蝸角喻小也。

〔12〕精靈起滅謂生死輪回無窮已。因報相尋謂行有善惡，各緣業報也。

　　贊曰：遏矣西胡，天之外區。〔1〕土物琛麗，人性淫虚。不率華禮，莫有典書。若微神道，何恤何拘。〔2〕

【注】

〔1〕遏，遠也，音它狹反。《尚書》曰："遏矣西土之人。"

〔2〕言無神道以制胡人，則匈猛之性，何所憂懼，何所拘忌也。

【校勘記】

〔一〕孤胡　"胡"原作"湖"，逕據汲本、殿本改正。按：本卷原本譌字特多，以下凡極明顯之譌字，皆逕改正，不出校記。

〔二〕都護陳睦　按：《集解》引惠棟説，謂袁《紀》作"陳穆"。

〔三〕副校尉閻槃　《集解》引惠棟説，謂"槃"《和紀》作"磐"，《竇憲傳》作"盤"，字通。今按：《通鑑》作"磐"；一本又作"馨"，則形近而譌。

〔四〕求救於曹宗　按：《集解》引惠棟説，謂《通典》作"曹崇"。

〔五〕財幣糜於盧山之壑　按：王先謙謂"糜"是"麋"之誤字，謂腐爛也。

〔六〕由此察之　按：《集解》引惠棟説，謂"察"一作"觀"。

〔七〕東望扣關　按:《集解》引惠棟説,謂"望"一作"向"。

〔八〕宜禾都尉居也　按:《刊誤》謂"也"當作"之"。

〔九〕[是]人主之操　據汲本、殿本補。

〔一〇〕去玉門三百餘里　按:王先謙謂"玉門"下奪"陽關"二字。"三百餘里"據《水經·河水注》當作"千三百餘里",前、後《書》皆脱去"千"字。

〔一一〕北通伊吾千餘里　按:《集解》引惠棟説,謂袁《紀》云"五千里"。

〔一二〕金滿城　按:《集解》引惠棟説,謂"滿"一作"蒲"。

〔一三〕北道西踰葱領出大宛康居奄蔡焉(耆)　王先謙謂由疏勒而西為大宛,在大月氏北,亦葱嶺西國,其北為康居,為奄蔡,又極西北為條支,是為葱嶺西北諸國。焉耆在葱嶺東,明"耆"字衍。今據删。

〔一四〕至拘彌　按:王先謙謂《前書》"拘彌"作"扜彌",此更名。

〔一五〕敦煌太守徐由　《集解》引惠棟説,謂《續漢志》作"徐白"。今按:見《續天文志》。

〔一六〕勝兵三萬餘人　按:王先謙謂"萬"為"千"之誤。《前書》勝兵二千四百人,《新唐書》勝兵四千人,後漢時何得獨有三萬餘。

〔一七〕漢書中誤云西夜子合是一國　《刊誤》謂"漢"當作"前"。按:如《刊誤》言,則下二九二〇頁四行"漢書云"及二九二一頁六行"漢書以為"之"漢"字皆當作"前"。

〔一八〕子合國居呼鞬谷　按:王先謙謂《前書》"鞬"作"犍"。

〔一九〕自皮山西南經烏秅　"秅"原作"秏",逕據《前書》改正。注同。按:《前書》劉攽《刊誤》云"秏"當作"秅",秅無拏音,劉説非。

〔二〇〕急言之如雞拏(反)[也]　據殿本改。

〔二一〕海中善使人思土戀慕數有死亡者　按:《校補》謂《通志》作"海中善使人悲懷思土,故數有死亡者"。此下復有"若漢使不戀父母妻子者可入"十二字。

〔二二〕大秦國一名犂鞬　《集解》引惠棟説,謂《魏略》作"犂軒",案

此即前漢 犂靬國也。今按：袁《紀》作"黎靬"。

〔二三〕大秦王安敦　按：《集解》引惠棟説，謂袁《紀》"安敦"作"安都"。

〔二四〕國號貴霜（王）　據《刊誤》删。

〔二五〕東至磐起國　按：《校補》謂《通志》"起"作"越"。

〔二六〕東離國　按：《校補》謂《通志》作"車離國"，東車易譌，未詳孰是。

〔二七〕列城數十　按：《校補》謂《通志》"列"作"别"。

〔二八〕東西南北自在也　按：王先謙謂疑"在"為"任"之譌，言任所歸向也。

〔二九〕欲射之　按：《類聚》九十四引張璠《漢紀》，"射"作"搏"。

〔三〇〕無射我　按：《類聚》九十四、《御覽》九百三引張璠《漢紀》，"射"並作"殺"。

〔三一〕尉黎　按：王先謙謂《前書·鄭吉傳》作"尉黎"，餘皆作"尉犂"。

〔三二〕章帝元和三年〔也〕　據《刊誤》補。

〔三三〕莎車東北至疏勒　按：丁謙《後漢書西域傳地理考證》謂《前書》言西至疏勒，《疏勒傳》作南至莎車，兩傳互證，則當云西北至疏勒，此作"東北"，誤。

〔三四〕領户二萬一千　按："户"原譌"兵"，逕改正。又按：王先謙謂下脱口數。

〔三五〕左侯　按：王先謙謂據《前書》，疏勒但有左右將、左右騎君，而無左侯，此"左侯"疑"左將"之誤。若以《焉耆傳》例之，或亦當作"左候"。

〔三六〕後莎車〔連〕畔于寘　據汲本、殿本補。按：《通志》亦有"連"字。

〔三七〕（五）〔三〕年　據汲本、殿本改。

〔三八〕與戊（己）司馬曹寬　據《刊誤》删。按：《集解》引惠棟説，謂據《曹全碑》，全字景完，拜西域戊部司馬，討疏勒，無"己"字，與劉説合。王先謙謂其名是"全"，碑有塙證。范去漢二百餘年，而傳録文字脱落，完寬字形相似，故"完"誤為"寬"也。

〔三九〕王居南河城　按：《集解》引惠棟説，謂《前書》云治員渠城，袁《紀》作"河南城"。

〔四〇〕超乃立焉耆左（侯）〔候〕元孟為王　王先謙謂當據《班超傳》作"候"，今據改。

〔四一〕涿鞬忿前王尉卑大賣己　《集解》引惠棟説，謂"尉卑大"《通鑑》作"尉畢大"。《通鑑》異字，大要本袁宏《紀》也。

〔四二〕發涼州六郡兵及羌（虜）胡二萬餘人　據王先謙説删。按：《通志》無"虜"字。

〔四三〕以討涿鞬　"鞬"原譌"鞬"，逕改正。

〔四四〕敦煌太守司馬達　按：張森楷《校勘記》謂案《于寶傳》無"司"字，疑此衍文。

〔四五〕馳命走驛　按：《刊誤》謂"驛"當作"譯"。

〔四六〕靈聖之所〔降〕集　據汲本、殿本補。

〔四七〕臨峥嶸不測之深　按：殿本"深"作"淵"，《校補》謂係後人回改。

〔四八〕（過）〔遇〕此難者　據《刊誤》改。

〔四九〕涅槃經曰　按："涅槃"之"槃"原皆作"盤"，逕據汲本、殿本改。

後漢書卷八十九

南匈奴列傳第七十九

　　《前書》直言《匈奴傳》，不言南北，今稱南者，明其為北生義也。以南單于向化尤深，故舉其順者以冠之。《東觀記》稱《匈奴南單于列傳》，范曄因去其"單于"二字。

　　南匈奴醢落尸逐鞮單于比者，[1]呼韓邪單于之孫，[2]烏珠留若鞮單于之子也。[3]自呼韓邪後，諸子以次立，至比季父孝單于輿時，〔一〕以比為右薁鞬日逐王，部領南邊及烏桓。[4]

【注】
〔1〕醢音火兮反。
〔2〕《前書》曰："單于者，廣大之貌也，言其象天單于然也。"呼韓邪即冒頓單于八代孫，虛閭權渠單于[子]也，〔二〕名稽侯狦。狦音山諫反。《東觀記》曰："單于比，匈奴頭曼十八代孫。"臣賢案：頭曼即冒頓單于父，自頭曼單于至比，父子相承十代，以單于相傳乃十八代也。〔三〕
〔3〕匈奴謂孝為若鞮。自呼韓邪單于降後，與漢親密，見漢帝謚常為孝，慕之。至其子復珠累單于以下皆稱若鞮，南單于比以下直稱鞮也。
〔4〕薁音於六反。鞬音九言反。下並同。

　　建武初，彭寵反畔於漁陽，單于與共連兵，因復權立盧芳，使入居五原。〔1〕光武初，方平諸夏，未遑外事。〔2〕至六年，始令歸德侯劉颯使匈奴，匈奴亦遣使來獻，漢復令中郎將韓統報命，賂遺金幣，〔四〕以通舊好。〔3〕而單于驕踞，自比冒頓，〔4〕對使者辭語悖慢，〔5〕帝待之如初。初，使命常通，而匈奴數與盧芳共侵北邊。九年，遣大司馬吳漢等擊之，經歲無功，而匈奴轉盛，鈔暴日增。十三年，遂寇河東，州郡不能禁。於是漸徙幽、并邊人於常山關、居庸關已東，〔6〕匈奴左部遂復轉居塞內。朝廷患之，增緣邊兵郡數千人，大築亭候，修烽火。匈奴聞漢購求盧芳，貪得財帛，乃遣芳還降，望得其賞。而芳以自歸為功，不稱匈奴所遣，單于復恥言其計，故賞遂不行。由是大恨，入寇尤深。二十年，遂至上黨、扶風、天水。二十一年冬，復寇上谷、中山，殺略鈔掠甚眾，〔五〕北邊無復寧歲。〔7〕

【注】
〔1〕《東觀記》："芳，安定人。屬國胡數千畔，在參蠻，芳從之，詐姓劉氏，自稱西平王。會匈奴句林王將兵來降參蠻胡，芳因隨入匈奴，留數年。單于以中國未定，欲輔立之，遣毋樓且王求入五原，與假號將軍李興等結謀，興北至單于庭迎芳。芳外倚匈奴，內因興等，故能廣略邊郡。"
〔2〕遑，暇也。
〔3〕舊好謂宣帝、元帝之代與國和親。
〔4〕冒頓，匈奴單于頭曼之子也，即夏后氏之苗裔也，其先曰淳維。自淳維至頭曼千有餘歲。冒頓當始皇之時，為鳴鏑弒頭曼，代立，控絃三十餘萬，彊盛，與諸夏為敵國，踞嫚無禮，窘戹高祖，戲侮呂后。事具《前書》。
〔5〕《前書》："更始二年冬，遣中郎將歸德侯颯、大司馬護軍陳遵使匈奴，授單于漢舊制璽綬。單于輿驕，謂遵、颯曰：'匈奴本與漢為兄弟。匈奴中亂，孝宣帝輔立呼韓邪單于，故稱臣以尊漢。今漢亦大亂，為王莽篡位，匈奴亦出擊莽，空其邊境。今天下騷動思漢，莽卒以敗而漢復興，亦我力也，當復尊我。'遵與相詰距，單于終持此論。"語詞悖慢，即此類也。
〔6〕《前書》代郡有常山關，上谷郡居庸縣有關。

〔7〕言緣邊之郡無安寧之歲。

初,單于弟右谷蠡王伊屠知牙師[1]以次當[為]左賢王。[六]左賢王即是單于儲副。單于欲傳其子,遂殺知牙師。知牙師者,王昭君之子也。昭君字嬙,南郡人也。[2]初,元帝時,以良家子選入掖庭。時呼韓邪來朝,帝勑以宮女五人賜之。昭君入宮數歲,不得見御,積悲怨,乃請掖庭令求行。呼韓邪臨辭大會,帝召五女以示之。昭君豐容靚飾,光明漢宮,顧景裴回,竦動左右。帝見大驚,意欲留之,而難於失信,遂與匈奴。生二子。及呼韓邪死,其前閼氏子代立,欲妻之,昭君上書求歸,成帝勑令從胡俗,遂復為後單于閼氏焉。

【注】
〔1〕谷音鹿。蠡音離。
〔2〕《前書》曰:"南郡秭歸人。"

比見知牙師被誅,出怨言曰:"以兄弟言之,右谷蠡王次當立;以子言之,我前單于長子,我當立。"遂內懷猜懼,庭會稀闊。單于疑之,乃遣兩骨都侯監領比所部兵。二十二年,單于輿死,子左賢王烏達鞮侯立為單于。復死,弟左賢王蒲奴立為單于。比不得立,既懷憤恨。而匈奴中連年旱蝗,赤地數千里,草木盡枯,人畜飢疫,死耗太半。[1]單于畏漢乘其敝,乃遣使詣漁陽求和親。於是遣中郎將李茂報命。而比密遣漢人郭衡奉匈奴地圖,二十三年,詣西河太守求內附。兩骨都侯頗覺其意,會五月龍祠,[2]因白單于,言欲輱日逐夙來欲為不善,若不誅,且亂國。時比弟漸將王在單于帳下,[七]聞之,馳以報比。比懼,遂斂所主南邊八部眾四五萬人,待兩骨都侯還,欲殺之。骨都侯且到,知其謀,皆輕騎亡去,以告單于。單于遣萬騎擊之,見比眾盛,不敢進而還。

【注】
〔1〕三分損二為太半。
〔2〕《前書》曰："匈奴法，歲正月諸長小會單于庭祠，五月大會龍城，祭其先天地鬼神，八月大會蹛林，課校人畜計。"蹛音帶，又音多。

二十四年春，八部大人共議立比為呼韓邪單于，以其大父嘗依漢得安，故欲襲其號。於是款五原塞，願永為蕃蔽，扞禦北虜。帝用五官中郎將耿國議，乃許之。其冬，比自立為呼韓邪單于。〔1〕

【注】
〔1〕《東觀記》曰："十二月癸丑，匈奴始分為南北單于。"

二十五年春，遣弟左賢王莫將兵萬餘人擊北單于弟薁鞬左賢王，生獲之；又破北單于帳下，并得其眾合萬餘人，馬七千匹、牛羊萬頭。北單于震怖，却地千里。初，帝造戰車，可駕數牛，上作樓櫓，置於塞上，以拒匈奴。〔1〕時人見者或相謂曰："讖言漢九世當却北狄地千里，豈謂此邪？"及是，果拓地焉。北部薁鞬骨都侯與右骨都侯率眾三萬餘人來歸南單于，南單于復遣使詣闕，奉藩稱臣，獻國珍寶，求使者監護，遣侍子，修舊約。

【注】
〔1〕櫓即樓也。《釋名》曰："樓無屋為櫓也。"

二十六年，遣中郎將段郴、〔1〕副校尉王郁使南單于，立其庭，去五原西部塞八十里。單于乃延迎使者。使者曰："單于當伏拜受詔。"單于顧望有頃，乃伏稱臣。拜訖，令譯曉使者曰："單于新立，誠慚於左右，願使者眾中無相屈折也。"骨都侯等見，皆泣下。郴等反命，詔乃聽南單于入居雲中。遣使上書，獻駱駝二頭，文馬十匹。〔2〕夏，南單于所獲北虜薁鞬左賢王將其衆及南部五骨都侯合三萬餘人畔歸,去北庭三百餘里,共立薁鞬左賢王為單于。月餘日,更相攻擊,五骨都侯皆死,左賢王遂自殺,諸骨都侯子各擁兵自守。秋,南單于遣子入侍,奉奏詣闕。詔賜單于冠帶、衣裳、黃金璽、盭綟綬,〔3〕安車羽蓋,華藻駕駟,寶劍弓箭,黑節三,駙馬二,黃金、錦繡、繒布萬匹,絮萬斤,樂器鼓車,棨戟甲兵,飲食什器。〔4〕又轉河東米䊚二萬五千斛,牛羊三萬六千頭,以贍給之。令中郎將置安集掾(吏)[史]〔八〕將弛刑五十人,持兵弩隨單于所處,參辭訟,察動靜。單于歲盡輒遣奉奏,〔九〕送侍子入朝,中郎將從事一人將領詣闕。漢遣謁者送前侍子還單于庭,交會道路。元正朝賀,拜祠陵廟畢,漢乃遣單于使,令謁者將送,賜綵繒千匹,錦四端,金十斤,太官御食醬及橙、橘、龍眼、荔支;賜單于母及諸閼氏、單于子及左右賢王、左右谷蠡王、骨都侯有功善者,繒綵合萬匹。歲以為常。

【注】

〔1〕丑吟反。

〔2〕杜預注《左傳》曰:"文馬,畫馬為文也。"

〔3〕盭音戾,草名。以戾草染綬,因以為名,則漢諸侯王制。戾,綠色。綟,古蛙反。又《說文》曰"紫青色"也。

〔4〕有衣之戟曰棨。

匈奴俗,歲有三龍祠,常以正月、五月、九月戊日祭天神。南單于既內附,兼祠漢帝,因會諸部,議國事,走馬及駱駝為樂。其大臣貴者左賢王,次左谷蠡王,次右賢王,次右谷蠡王,謂之四角;次左右日逐王,次左右溫禺鞮王,次左右漸將王,是為六角:皆單于子弟,次第當為單于者也。異姓大臣左右骨都侯,次左右尸逐骨都侯,其餘日逐、且渠、〔一〇〕當戶諸官號,〔1〕各以權力優劣、部衆多少為高下次第焉。單于姓虛連題。〔2〕異姓有呼衍氏、須卜氏、丘林氏、蘭氏〔3〕四姓,為國中名族,常與單于婚姻。呼衍氏為左,蘭氏、須卜氏為右,主斷獄聽訟,當決輕重,口白單于,無文書簿領焉。

【注】
〔1〕且音子余反。
〔2〕《前書》曰:"單于姓攣鞮氏,其國稱之曰'撐犁孤塗'。匈奴謂天為撐犁,謂子為孤塗。"與此不同也。
〔3〕《前書》冒頓單于時,大姓有呼衍氏、蘭氏、須卜氏三姓,貴種也。

冬,前畔五骨都侯子復將其衆三千人歸南部,北單于使騎追擊,悉獲其衆。南單于遣兵拒之,逆戰不利。於是復詔單于徙居西河美稷,因使中郎將段郴及副校尉王郁留西河擁護之,為設官府、從事、掾史。令西河長史歲將騎二千,弛刑五百人,助中郎將衛護單于,冬屯夏罷。自後以為常,及悉復緣邊八郡。〔一〕

南單于既居西河,亦列置諸部王,助為扞戍。使韓氏骨都侯屯北地,右賢王屯朔方,當于骨都侯屯五原,呼衍骨都侯屯雲中,郎氏骨都侯屯定襄,左南將軍屯鴈門,栗籍骨都侯屯代郡,皆領部衆為郡縣偵羅耳目。〔1〕北單于惶恐,頗還所略漢人,以示善意。鈔兵每到南部下,還過亭候,輒謝曰:"自擊亡虜奧鞬日逐耳,非敢犯漢人也。"

【注】
〔1〕偵音丑政反。羅音力賀反。猶今言探候偵羅也。

二十七年,北單于遂遣使詣武威求和親,天子召公卿廷議,不決。皇太子言曰:"南單于新附,北虜懼於見伐,故傾耳而聽,爭欲歸義耳。今未能出兵,而反交通北虜,臣恐南單于將有二心,北虜降者且不復來矣。"帝然之,告武威太守勿受其使。

二十八年,北匈奴復遣使詣闕,貢馬及裘,更乞和親,并請音樂,又求率西域諸國胡客與俱獻見。帝下三府議酬荅之宜。司徒掾班彪奏曰：

臣聞孝宣皇帝勑邊守尉曰："匈奴大國，多變詐。交接得其情，則却敵折衝；應對入其數，則反為輕欺。"今北匈奴見南單于來附，懼謀其國，故數乞和親，又遠驅牛馬與漢合市，重遣名王，多所貢獻，斯皆外示富強，以相欺誕也。臣見其獻益重，知其國益虛，歸親愈數，為懼愈多。然今既未獲助南，則亦不宜絕北，羈縻之義，禮無不荅。謂可頗加賞賜，略與所獻相當，明加曉告以前世呼韓邪、郅支行事。[1]

【注】
[1]呼韓單于稱臣受賞，郅支單于背德被誅，以此二者行事曉告之也。郅支即呼韓兄，名呼屠吾斯，自立為單于，擊走呼韓邪單于者也。

報荅之辭，令必有適。[1]今立稾草并上，曰："單于不忘漢恩，追念先祖舊約，欲修和親，以輔身安國，計議甚高，為單于嘉之。往者，匈奴數有乖亂，呼韓邪、郅支自相讎隙，並蒙孝宣皇帝垂恩救護，故各遣侍子稱藩保塞。其後郅支忿戾，自絕皇澤，而呼韓附親，忠孝彌著。及漢滅郅支，[2]遂保國傳嗣，子孫相繼。今南單于攜眾南向，款塞歸命。自以呼韓嫡長，次第當立，而侵奪失職，猜疑相背，數請兵將，歸埽北庭，策謀紛紜，無所不至。惟念斯言不可獨聽，又以北單于比年貢獻，欲修和親，故拒而未許，將以成單于忠孝之義。漢秉威信，總率萬國，日月所照，皆為臣妾。殊俗百蠻，義無親疎，服順者襃賞，畔逆者誅罰，善惡之効，呼韓、郅支是也。今單于欲修和親，款誠已達，何嫌而欲率西域諸國俱來獻見？西域國屬匈奴，與屬漢何異？單于數連兵亂，國內虛耗，貢物裁以通禮，何必獻馬裘？今齎雜繒五百匹，弓鞬韇丸一，矢四發，遣遺單于。[3]又賜獻馬左骨都侯、右谷蠡王雜繒各四百匹，斬馬劍各一。[4]單于前言先帝時所賜呼韓邪竽、瑟、空侯皆敗，願復裁[賜]。[5][一二]念單于國尚未安，方屬武節，以戰攻為務，竽瑟之用不如良弓利劍，故未以齎。[6]朕不愛小物於單于，便宜所欲，遣驛以聞。"[一三]

【注】
[1]適猶所也，言報荅之辭必令得所也。
[2]元帝時，郅支坐殺使者谷吉，都護甘延壽與副陳湯發西域兵誅斬之。
[3]鞬音居言反。《方言》云："臧弓為鞬，臧箭為韇。"韇丸即箭箙也。矢十二曰發，見《漢書音義》。[一四]
[4]尚方，少府屬官。作供御器物，故有斬馬劍。言劍利可以斬馬。
[5]言更請裁賜也。
[6]言不齎，持往遺也。

帝悉納從之。二十九年，賜南單于羊數萬頭。三十一年，北匈奴復遣使如前，乃璽書報荅，賜以綵繒，不遣使者。

單于比立九年薨，中郎將段郴[一五]將兵赴弔，祭以酒米，分兵衛護之。比弟左賢王莫立，帝遣使者齎璽書鎮慰，拜授璽綬，遺冠幘，絳單衣三襲，童子佩刀、緄帶各一，[1]又賜繒綵四千匹，令賞賜諸王、骨都侯已下。其後單于薨，弔祭慰賜，以此為常。[2]

【注】
[1]童子刀謂小刀也。《說文》曰："緄，織成帶也。"音古本反。
[2]弔祭其薨者，慰其新立者。

丘浮尤鞮單于莫，中元元年立，一年薨，弟汗立。
伊伐於慮鞮單于汗，中元二年立。永平二年，北匈奴護于丘率眾千餘人來降。南部單于汗立二年薨,單于比之子適立。

醢僮尸逐侯鞮單于適,永平二年立。五年冬,北匈奴六七千騎入于五原塞,遂寇雲中至原陽,南單于擊却之,[1]西河長史馬襄赴救,虜乃引去。

【注】
〔1〕原陽,縣名,屬雲中郡。

單于適立四年薨,單于莫子蘇立,是為丘除車林鞮單于。數月復薨,單于適之弟長立。胡邪尸逐侯鞮單于長,[一六]永平六年立。時北匈奴猶盛,數寇邊,朝廷以為憂。會北單于欲合市,遣使求和親,顯宗冀其交通,不復為寇,乃許之。

八年,遣越騎司馬鄭眾北使報命,而南部須卜骨都侯等知漢與北虜交使,懷嫌怨欲畔,密因北使,令遣兵迎之。鄭眾出塞,疑有異,伺候果得須卜使人,乃上言宜更置大將,以防二虜交通。由是始置度遼營,以中郎將吳棠[一七]行度遼將軍事,副校尉來苗、左校尉閻章、右校尉張國將黎陽虎牙營士屯五原曼柏。[1]又遣騎都尉秦彭將兵屯美稷。其年秋,北虜果遣二千騎候望朔方,作馬革船,欲度迎南部畔者,以漢有備,乃引去。復數寇鈔邊郡,焚燒城邑,殺略甚眾,河西城門晝閉。帝患之。

【注】
〔1〕《漢官儀》曰:"光武以幽、冀、并兵克定天下,故於黎陽立營,以謁者監領兵騎千人。"

十六年,乃大發緣邊兵,遣諸將四道出塞,北征匈奴。南單于遣左賢王信隨太僕祭肜[一八]及吳棠出朔方高闕,攻皋林溫禺犢王[一九]於涿邪山。虜聞漢兵來,悉度漠去。肜、棠坐不至涿邪山免,以騎都尉來苗行度遼將軍。其年，北匈奴入雲中，遂至漁陽，太守廉范擊卻之。[二〇]詔遣使者高弘發三郡兵追之，無所得。

建初元年，來苗遷濟陰太守，以征西（大）將軍耿秉[二一]行度遼將軍。時皋林溫禺犢王復將眾還居涿邪山，南單于聞知，遣輕騎與緣邊郡及烏桓兵出塞擊之，斬首數百級，降者三四千人。其年，南部苦蝗，大飢，肅宗稟給其貧人三萬餘口。七年，耿秉遷執金吾，以張掖太守鄧鴻行度遼將軍。八年，北匈奴三木樓訾大人稽留斯等率三萬八千人、馬二萬匹、牛羊十餘萬，款五原塞降。

元和元年，武威太守孟雲上言北單于復願與吏人合市，詔書聽雲遣驛使迎呼慰納之。[二二]北單于乃遣大且渠伊莫訾王[二三]等，[1]驅牛馬萬餘頭來與漢賈客交易。諸王大人或前至，所在郡縣為設官邸，賞賜待遇之。南單于聞，乃遣輕騎出上郡，遮略生口，鈔掠牛馬，驅還入塞。

【注】
〔1〕且音子余反。下並同。

二年正月，北匈奴大人車利、涿兵等亡來入塞，凡七十三輩。時北虜衰耗，黨眾離畔，南部攻其前，丁零寇其後，鮮卑擊其左，西域侵其右，不復自立，乃遠引而去。

單于長立二十三年薨，單于汗之子宣立。

伊屠於閭鞮單于宣，元和二年立。其歲，單于遣兵千餘人獵至涿邪山，卒與北虜溫禺犢王遇，[1]因戰，獲其首級而還。冬，孟雲上言："北虜以前既和親，而南部復往鈔掠，北單于謂漢欺之，謀欲犯塞，謂宜還南所掠生口，以慰安其意。"肅宗從太僕袁安議，許之。乃下詔曰："昔獫狁、獯粥之敵中國，其所由來尚矣。[2]往者雖有和親之名，終無絲髮之効。境埸之人，屢嬰塗炭，[3]父戰於前，子死於後。弱女乘於亭障，孤兒號於道路。老母寡妻設虛祭，飲泣淚，想望歸魂於沙漠之表,豈不哀哉!〔四〕傳曰:'江海所以能長百川者,以其下之也。'〔五〕少加屈下,尚何足病?況今與匈奴君臣分定,辭順約明,貢獻累至,豈宜違信,自受其曲。其勑度遼及領中郎將龐奮倍雇南部所得生口,以還北虜。〔六〕其南部斬首獲生,計功受賞如常科。"於是南單于復令奧鞬日逐王〔二四〕師子將輕騎數千出塞掩擊北虜,復斬獲千人。北虜眾以南部為漢所厚,又聞取降者歲數千人。〔二五〕

【注】

〔1〕卒音七忽反。

〔2〕周曰獫狁,堯曰熏粥,秦曰匈奴。

〔3〕墝埆謂險要之地。茶,苦也。〔二六〕墝音苦交反。埆音苦角反。

〔4〕"父戰於前"已下,《前書》賈捐之之辭,詔增損用之也。

〔5〕《老子》曰:"江海所以能為百谷王者,以其善下也。"

〔6〕雇,賞報也。

章和元年,鮮卑入左地擊北匈奴,大破之,斬優留單于,取其匈奴皮而還。〔二七〕北庭大亂,屈蘭、儲卑、胡都須等〔二八〕五十八部,口二十萬,勝兵八千人,詣雲中、五原、朔方、北地降。

單于宣立三年薨,單于長之弟屯屠何立。

休蘭尸逐侯鞮單于屯屠何,章和二年立。時北虜大亂,加以飢蝗,降者前後而至。南單于將并北庭,會肅宗崩,竇太后臨朝。其年七月,單于上言:"臣累世蒙恩,不可勝數。孝章皇帝聖思遠慮,遂欲見成就,故令烏桓、鮮卑討北虜,斬單于首級,破壞其國。今所新降虛渠等詣臣自言:'去歲三月中發虜庭,北單于創刈南兵,又畏丁令、鮮卑,〔1〕遯逃遠去,依安侯河西。〔二九〕今年正月,骨都侯等復共立單于異母兄右賢王為單于,其人以兄弟爭立,並各離散。'臣與諸王骨都侯及新降渠帥雜議方略,皆曰宜及北虜分爭,出兵討伐,破北成南,并為一國,令漢家長無北念。又今月八日,新降右須日逐鮮堂輕從虜庭遠來詣臣,言北虜諸部多欲内顧，但恥自發遣，故未有至者。若出兵奔擊，必有響應。今年不往，恐復并壹。臣伏念先父歸漢以來，被蒙覆載，嚴塞明候，大兵擁護，積四十年。臣等生長漢地，開口仰食，歲時賞賜，動輒億萬，雖垂拱安枕，憖無報効之(義)[地]。〔三〇〕願發國中及諸部故胡新降精兵，遣左谷蠡王師子、左呼衍日逐王須訾將萬騎出朔方，左賢王安國、右大且渠王交勒蘇將萬騎出居延，期十二月同會虜地。臣將餘兵萬人屯五原、朔方塞，以為拒守。臣素愚淺，又兵衆單少，不足以防内外。願遣執金吾耿秉、度遼將軍鄧鴻及西河、雲中、五原、朔方、上郡太守并力而北，令北地、安定太守各屯要害，冀因聖帝威神，一舉平定。臣國成敗，要在今年。已勅諸部嚴兵馬，訖九月龍祠，悉集河上。唯陛下裁哀省察！"太后以示耿秉。秉上言："昔武帝單極天下，欲臣虜匈奴，未遇天時，事遂無成。宣帝之世，會呼韓來降，故邊人獲安，中外為一，生人休息六十餘年。及王莽篡位，變更其號，[2]耗擾不止，單于乃畔。光武受命，復懷納之，緣邊壞郡得以還復。烏桓、鮮卑咸脅歸義，威鎮(西)[四]夷，〔三一〕其效如此。今幸遭天授，北虜分爭，以夷伐夷，國家之利，宜可聽許。"秉因自陳[受]恩，〔三二〕分當出命效用。太后從之。

【注】

〔1〕令音零。

〔2〕漢賜單于印文曰"匈奴單于璽"，無"漢"字。王莽改曰"新匈奴單于章"。

永元元年，以秉為征西將軍，與車騎將軍竇憲率騎八千，與度遼兵及南單于衆三萬騎，出朔方擊北虜，大破之。北單于奔走，首虜二十餘萬人。〔三三〕事已具《竇憲傳》。

二年春，鄧鴻遷大鴻臚，以定襄太守皇甫棱行度遼將軍。南單于復上求滅北庭，於是遣左谷蠡王師子等將左右部八千騎出雞鹿塞，[1]中郎將耿譚遣從事將護之。至涿邪山，乃留輜重，分為二部，各引輕兵兩道襲之。左部北過西海至河雲北，〔2〕右部從匈奴河〔三四〕水西繞天山，南度甘微河，二軍俱會，夜圍北單于。〔單于〕大驚，〔三五〕率精兵千餘人合戰。單于被創，墯馬復上，將輕騎數十遁走，僅而免脫。得其玉璽，獲閼氏〔三六〕及男女五人，斬首八千級，生虜數千口而還。是時南部連剋獲納降，黨衆最盛，領戶三萬四千，口二十三萬七千三百，勝兵五萬一百七十。故（從）事中郎將置從事二人，〔三七〕耿譚以新降者多，上增從事十二人。

【注】
〔1〕塞在朔方郡窳渾縣北。窳音愈。
〔2〕河雲，匈奴中地名也。

三年，北單于復為右校尉耿夔〔三八〕所破，逃亡不知所在。其弟右谷蠡王於除鞬自立為單于，將右溫禺鞬王、骨都侯已下衆數千人，止蒲類海，遣使款塞。大將軍竇憲上書，立於除鞬為北單于，朝廷從之。四年，遣耿夔即授璽綬，賜玉劍四具，羽蓋一駟〔三九〕，使中郎將任尚持節衛護屯伊吾，如南單于故事。方欲輔歸北庭，會竇憲被誅。五年，於除鞬自畔還北，帝遣將兵長史王輔以千餘騎與任尚共追誘將還斬之，破滅其衆。

單于屯屠何立六年薨，單于宣弟安國立。

單于安國，永元五年立。安國初為左賢王而無稱譽。左谷蠡王師子素勇黠多知，前單于宣及屯屠何皆愛其氣決，故數遣將兵出塞，掩擊北庭，還受賞賜，天子亦加殊異。是以國中盡敬師子，而不附安國。〔安國〕由是疾師子，〔四〇〕欲殺之。其諸新降胡初在塞外，數為師子所驅掠，皆多怨之。安國因是委計降者，與同謀議。安國既立為單于，師子以次轉為左賢王，覺單于與新降者有謀，乃別居五原界。單于每龍會議事，師子輒稱病不往。皇甫棱知之，亦擁護不遣，單于懷憤益甚。

六年春，皇甫棱免，以執金吾朱徽行度遼將軍。時單于與中郎將杜崇不相平，迺上書告崇，崇諷西河太守令斷單于章，無由自聞。而崇因與朱徽上言："南單于安國疎遠故胡，親近新降，欲殺左賢王師子及左臺且渠劉利等。又右部降者謀共迫脅安國，起兵背畔，請西河、上郡、安定為之儆備。"和帝下公卿議，皆以為"蠻夷反覆，雖難測知，然大兵聚會，必未敢動搖。今宜遣有方略使者之單于庭，與杜崇、朱徽及西河太守并力，觀其動靜。如無它變，可令崇等就安國會其左右大臣，責其部眾橫暴為邊害者，共平罪誅。若不從命，令為權時方略，事畢之後，裁行客賜，〔1〕亦足以威示百蠻"。帝從之。於是徽、崇遂發兵造其庭。安國夜聞漢軍至，大驚，棄帳而去，因舉兵及將新降者欲誅師子。師子先知，乃悉將廬落入曼柏城。安國追到城下，門閉不得入。朱徽遣吏曉譬和之，安國不聽。城既不下，乃引兵屯五原。崇、徽因發諸郡騎追赴之急，眾皆大恐，安國舅骨都侯喜為等慮并被誅，乃格殺安國。

【注】
〔1〕言以主客之禮裁量賜物，不多與也。

安國立一年，單于適之子師子立。
亭獨尸逐侯鞮單于師子，永元六年立。降胡五六百人夜襲師子，安集掾王恬將衛護士與戰，破之。於是新降胡遂相驚動，十五部二十餘萬人皆反畔，脅立前單于屯屠何子奧鞬日逐王逢侯為單于，遂殺略吏人，燔燒郵亭廬帳，將車重向朔方，欲度漠北。於是遣行車騎將軍鄧鴻、越騎校尉馮柱、行度遼將軍朱徽將左右羽林、北軍五校士及郡國積射、緣邊兵，〔1〕烏桓校尉任尚將烏桓、鮮卑，合四萬人討之。時南單于及中郎將杜崇屯牧師城，逢侯將萬餘騎攻圍之，未下。冬，鄧鴻等至美稷，逢侯乃乘冰度隘，向滿夷谷。南單于遣子將萬騎，及杜崇所領四千騎，與鄧鴻等追擊逢侯於大城塞，斬首三千餘級，得生口及降者萬餘人。馮柱復分兵追擊其別部，斬首四千餘級。任尚率鮮卑大都護蘇拔廆、〔2〕烏桓大人勿柯八千騎,要擊逢侯於滿夷谷,復大破之。前後凡斬萬七千餘級。逢侯遂率衆出塞,漢兵不能追。七年正月,軍還。

【注】
〔1〕漢有迹射士,言尋迹而射之。積亦與迹同,古字通也。
〔2〕胡罪反。

馮柱將虎牙營留屯五原,罷遣鮮卑、烏桓、羌胡兵,封蘇拔廆為率衆王,又賜金帛。鄧鴻還京師,坐逗留失利,下獄死。後帝知朱徽、杜崇失胡和,又禁其上書,以致反畔,皆徵下獄死,[1]以鴈門太守龐奮行度遼將軍。逢侯於塞外分為二部,自領右部屯涿邪山下,左部屯朔方西北,相去數百里。八年冬,左部胡自相疑畔,還入朔方塞,龐奮迎受慰納之。其勝兵四千人,弱小萬餘口悉降,以分處北邊諸郡。南單于以其右溫禺犢王烏居戰[2]始與安國同謀,欲考問之。烏居戰將數千人遂復反畔,出塞外山谷間,為吏民害。秋,龐奮、馮柱與諸郡兵擊烏居戰,其衆降,於是徙烏居戰衆及諸還降者二萬餘人於安定、北地。馮柱還,遷將作大匠。逢侯部衆飢窮,又為鮮卑所擊,無所歸,竄逃入塞者駱驛不絕。

【注】
〔1〕按軍法,逗留畏懦者斬。逗音豆。
〔2〕溫禺犢王名烏居戰也。

單于師子立四年薨,單于長之子檀立。

萬氏尸逐鞮單于檀,永元十年立。十二年,龐奮遷河南尹,以朔方太守王彪行度遼將軍。南單于比歲遣兵擊逢侯,多所虜獲,收還生口前後以千數,逢侯轉困迫。十六年,北單于遣使詣闕貢獻,願和親,脩呼韓邪故約。和帝以其舊禮不備,未許之,而厚加賞賜,不荅其使。元興元年,重遣使詣敦煌貢獻,辭以國貧未能備禮,願請大使,當遣子入侍。[1]時鄧太后臨朝,亦不荅其使,但加賜而已。

【注】
〔1〕天子降大使至國,即遣子隨大使入侍。

永初三年[1]夏,漢人韓琮隨南單于入朝,既還,說南單于云:"關東水潦,人民飢餓死盡,可擊也。"單于信其言,遂起兵反畔,攻中郎將耿种於美稷。秋,王彪卒。冬,遣行車騎將軍何熙、副中郎〔將〕龐雄[四一]擊之。四年春,檀遣千餘騎寇常山、中山,以西域校尉梁慬行度遼將軍,[2]與遼東太守耿夔擊破之。事已具慬、夔《傳》。單于見諸軍並進,大恐怖,顧讓韓琮曰:"汝言漢人死盡,今是何等人也?"[3]乃遣使乞降,許之。單于脫帽徒跣,對龐雄等拜陳,道死罪。於是赦之,遇待如初,乃還所鈔漢民男女及羌所略轉賣入匈奴中者合萬餘人。[4]五年,梁慬免,以雲中太守耿夔行度遼將軍。

【注】
〔1〕安帝即位之二年也。[四二]
〔2〕慬音勤。
〔3〕顧,反也。讓,責也。反顧責韓琮也。
〔4〕南單于檀信韓琮之言,起兵反,既被擊敗,陳謝死罪,還所鈔之男女。

元初元年,[1]夔免,以烏桓校尉鄧遵為度遼將軍。遵,皇太后之從弟,故始為真將軍焉。[2]

【注】

〔1〕安帝永初（六）〔八〕年，〔四三〕改為元初元年。

〔2〕自置度遼將軍以來，皆權行其事，今始以鄧遵為正度遼將軍，此後更無行者也。

四年，逢侯為鮮卑所破，部衆分散，皆歸北虜。五年春，逢侯將百餘騎亡還，詣朔方塞降，鄧遵奏徙逢侯於潁川郡。〔1〕

【注】

〔1〕逢侯本是前單于屯屠何子，右奧鞬日逐王諸降胡餘萬人，〔四四〕脅立為單于。既被鮮卑所破，部衆分散，〔四五〕若留在匈奴，或恐更相招引，故徙於潁川郡也。

建光元年，〔1〕鄧遵免，復以耿夔代為度遼將軍。時鮮卑寇邊，夔與溫禺犢王呼尤徽〔四六〕將新降者連年出塞，討擊鮮卑。還，復各令屯列衝要。〔2〕而耿夔徵發煩劇，新降者皆悉恨謀畔。

【注】

〔1〕安帝元初七年改為永寧元年，永寧二年改為建光元年。

〔2〕還使新降者屯列衝要。

單于檀立二十七年薨，弟拔立。〔四七〕耿夔復免，以太原太守法度代為將軍。〔四八〕

烏稽侯尸逐鞬單于拔，延光三年立。夏，新降一部大人阿族等遂反畔，〔四九〕脅呼尤徽欲與俱去。呼尤徽曰："我老矣，受漢家恩，寧死不能相隨！"衆欲殺之，有救者，得免。阿族等遂將妻子輜重亡去，中郎將馬翼遣兵與胡騎追擊，破之，斬首及自投河死者殆盡，〔1〕獲馬牛羊萬餘頭。冬，法度卒。四年，漢陽太守傅衆代為將軍。其冬，傅衆復卒。永建元年，〔2〕以遼東太守龐參代為將軍。

【注】
〔1〕殆，近也。欲死盡，所餘無幾。
〔2〕順帝即位之年。

先是朔方以西障塞多不脩復，鮮卑因此數寇南部，殺漸將王。〔1〕單于憂恐，上言求復障塞，順帝從之。乃遣黎陽營兵出屯中山北界，〔2〕增置緣邊諸郡兵，列屯塞下，教習戰射。

【注】
〔1〕匈奴有左右漸將王。
〔2〕黎陽先置營兵，以南單于求復障塞，恐入侵擾亂，置屯兵於中山北界。舊中山郡，今之定州是也。定州者，則在河北也。

單于拔立四年薨，弟休利立。
去特若尸逐就單于休利，永建三年立。四年，龐參遷大鴻臚，以東平相宋漢代為度遼將軍。陽嘉二年，漢遷太僕，以烏桓校尉耿曄代為度遼將軍。永和元年，〔1〕曄病徵，以護羌校尉馬續代為度遼將軍。

【注】
〔1〕陽嘉五年，改為永和元年。

五年夏，南匈奴左部句龍王〔五〇〕吾斯、車紐等背畔，率三千餘騎寇西河，因復招誘右賢王，合七八千騎圍美稷，殺朔方、代郡長史。馬續與中郎將梁並、烏桓校尉王元發緣邊兵及烏桓、鮮卑、羌胡合二萬餘人,掩擊破之。吾斯等遂更屯聚,攻没城邑。天子遣使責讓單于,開以恩義,令相招降。單于本不豫謀,乃脫帽避帳,詣並謝罪。並以病徵,五原太守陳龜代為中郎將。龜以單于不能制下,〔1〕逼迫之,單于及其弟左賢王皆自殺。單于休利立十三年。龜又欲徙單于近親於内郡,而降者遂更狐疑。龜坐下獄免。〔2〕大將軍梁商以羌胡新反,黨衆初合,難以兵服,宜用招降,乃上表曰:“匈奴寇畔,自知罪極,窮鳥困獸,皆知救死,況種類繁熾,不可單盡。〔3〕今轉運日增,三軍疲苦,虚内給外,非中國之利。竊見度遼將軍馬續素有謀謨,且典邊日久,深曉兵要,每得續書,與臣策合。宜令續深溝高壁,以恩信招降,宣示購賞,明其期約。如此,則醜類可服,〔4〕國家無事矣。”帝從之,乃詔續招降畔虜。商又移書續等曰:“中國安寧,忘戰日久。良騎野合,交鋒接矢,決勝當時,戎狄之所長,而中國之所短也。强弩乘城,堅營固守,以待其衰,中國之所長(也),〔五一〕而戎狄之所短也。〔5〕宜務先所長,以觀其變,設購開賞,宣示反悔,勿貪小功,以亂大謀。”續及諸郡並各遵行。於是右賢王部抑鞮等萬三千口詣續降。

【注】

〔1〕吾斯等攻没城邑,單于雖不預謀,然不能制下,即是不堪其任。

〔2〕陳龜逼迫單于及弟皆令自殺,又欲徙其近親者,遂致狐疑,此則陳龜之由也。〔五二〕

〔3〕單亦盡也。猶《書》云“謨謀”。〔五三〕孔安國曰:“謨亦謀也。”即是古書之重語。

〔4〕醜,等也,言等類可服也。

〔5〕若夫平原易地,輕車突騎,則匈奴之衆易橈亂也。勁弩長戟,射疎及遠,則匈奴之弓不能格也。堅甲利刃,長短相雜,游弩往來,什伍俱前,〔則〕匈奴之兵不能當也。〔五四〕材官騶發,矢道同的,則匈奴之革笥木薦不能支也。下馬地鬭,〔五五〕劍戟相接,去就相簿,〔五六〕則匈奴之足不能給也。此中國之長

技也。以此觀之,匈奴之長技三,中國之長技五。並具朝錯三章之兵體。因梁商論其長短,故備錄之。此乃兵家之要。

秋,句龍吾斯等立句龍王車紐為單于。東引烏桓,西收羌戎及諸胡等數萬人,攻破京兆虎牙營,[1]殺上郡都尉及軍司馬,遂寇掠并、涼、幽、冀四州。乃徙西河治離石,[2]上郡治夏陽,朔方治五原。[3]冬,遣中郎將張耽將幽州烏桓諸郡營兵,擊畔虜車紐等,戰於馬邑,斬首三千級,獲生口及兵器牛羊甚衆。車紐等將諸豪帥骨都侯乞降,而吾斯猶率其部曲與烏桓寇鈔。六年春,馬續率鮮卑五千騎到穀城擊之,斬首數百級。張耽性勇銳,而善撫士卒,軍中皆為用命。遂繩索相懸,上通天山,大破烏桓,悉斬其渠帥,還得漢民,獲其畜生財物。夏,馬續復免,以城門校尉吳武代為將軍。

【注】
[1]虎牙營即京兆虎牙都尉也。《西羌傳》云:"置虎牙都尉於長安,扶風都尉於雍。"《漢官儀》曰"涼州近羌,數犯三輔,京兆虎牙、扶風都尉將兵衞護園陵"也。
[2]離石即西河之屬縣也。
[3]移朔方就五原郡。

漢安元年[1]秋,吾斯與薁鞬臺耆、且渠伯德等復掠并部。[2]

【注】
[1]順帝永和七年改為漢安元年也。
[2]薁鞬或作"薁犍",[五七]《前書》兩字通,今依《前書》不改也。

呼蘭若尸逐就單于兜樓儲先在京師,漢安二年立之。天子臨軒,大鴻臚持節拜授璽綬,引上殿。賜青蓋駕駟、鼓車、安車、駙馬騎、玉具刀劍、什物,^[1]給綵布二千匹。賜單于閼氏以下金錦錯雜具,軿車馬二乘。遣行中郎將持節護送單于歸南庭。詔太常、大鴻臚與諸國侍子於廣陽城門外^[2]祖會,饗賜作樂,角抵百戲。^[3]順帝幸胡桃宮臨觀之。冬,中郎將馬寔募刺殺句龍吾斯,送首洛陽。建康元年,^[4]進擊餘黨,斬首千二百級。烏桓七十萬餘口皆詣寔降,車重牛羊不可勝數。

【注】
〔1〕玉具,摽首鐔衛盡用玉為之。
〔2〕廣陽,洛陽城西面南頭門。
〔3〕角抵之戲則魚龍爵馬之屬。言兩兩相當,亦角而為抵對,即今之鬪(用)〔朋〕,^[五八]古之角抵也。
〔4〕漢安三年改為建康元年。

單于兜樓儲立五年薨。
伊陵尸逐就單于居車兒,建和元年立。^[1]至永壽元年,^[2]匈奴左薁鞬臺耆、且渠伯德等復畔,寇鈔美稷、安定,屬國都尉張奐擊破降之。事已具《奐傳》。

【注】
〔1〕桓帝即位之年。
〔2〕桓帝永興三年改為永壽元年。

延熹元年,^{[1][五九]}南單于諸部並畔,遂與烏桓、鮮卑寇緣邊九郡,以張奐為北中郎將討之,單于諸部悉降。奐以單于不能統理國事,乃拘之,上立左谷蠡王。^[2]桓帝詔曰:"《春秋》大居正,居車兒一心向化,何罪而黜!其遣還庭。"

【注】
〔1〕桓帝之年。
〔2〕張奐上書請立左谷蠡王為單于也。
〔3〕《春秋》法五始之要,故《經》曰"元年春王正月"。言王者即位之年,宜大開恩宥。其居車兒即是桓帝即位之建和元年立,自立以來,一心向化,宜寬宥之。

單于居車兒立二十五年薨,子某立。〔1〕

【注】
〔1〕凡言"某"者,史失其名,故稱"某"以記之。夷狄無字,〔六〇〕既無典誥,故某者即是其名。

屠特若尸逐就單于某,熹平元年立。〔1〕六年,單于與中郎將臧旻出鴈門擊鮮卑檀石槐,大敗而還。是歲,單于薨,子呼徵立。

【注】
〔1〕熹平,靈帝之元年。〔六一〕

單于呼徵,〔六二〕光和元年〔1〕立。二年,中郎將張脩與單于不相能,脩擅斬之,更立右賢王羌渠為單于。脩以不先請而擅誅殺,檻車徵詣廷尉抵罪。〔2〕

【注】
〔1〕靈帝熹平七年改為光和元年。
〔2〕《前書》注曰:"抵,至也。"殺人者死。張脩擅斬單于呼徵,故至其罪也。

單于羌渠,〔六三〕光和二年立。中平四年,〔1〕前中山太守張純反畔,遂率鮮卑寇邊郡。靈帝詔發南匈奴兵,配幽州牧劉虞討之。單于遣左賢王將騎詣幽州。國人恐單于發兵無已,五年,右部醢落與休著各〔六四〕胡白馬銅等十餘萬人反,攻殺單于。

【注】
〔1〕靈帝光和七年改為中平。

　　單于羌渠立十年,子右賢王於扶羅立。〔1〕

【注】
〔1〕於扶羅即是前趙劉元海之祖也。其元海為亂晉之首。

　　持至尸逐侯單于於扶羅,中平五年立。國人殺其父者遂畔,共立須卜骨都侯為單于,而於扶羅詣闕自訟。會靈帝崩,天下大亂,單于將數千騎與白波賊合兵寇河內諸郡。時民皆保聚,鈔掠無利,而兵遂挫傷。復欲歸國,國人不受,乃止河東。〔1〕須卜骨都侯為單于一年而死,南庭遂虛其位,以老王行國事。

【注】
〔1〕遂止河東平陽也。

　　單于於扶羅立七年死,弟呼廚泉立。〔1〕

【注】
〔1〕於扶羅即劉元海之祖。呼廚泉即元海之叔祖。

單于呼廚泉，興平二年[1]立。以兄被逐，不得歸國，數為鮮卑所鈔。建安元年，獻帝自長安東歸，右賢王去卑與白波賊帥韓暹等侍衞天子，拒擊李傕、郭汜。及車駕還洛陽，又徙遷許，[六五]然後歸國。[2]二十一年，單于來朝，曹操因留於鄴，[3]而遣去卑歸監其國焉。

【注】
[1]獻帝初平五年改為興平元年。
[2]謂歸河東平陽也。
[3]留呼廚泉於鄴，而遣去卑歸平陽，監其五部國。

論曰：漢初遭冒頓凶黠，種衆强熾。高祖威加四海，而窘平城之圍。[1]太宗政鄰刑措，不雪憤辱之恥。[2]逮孝武亟興邊略，有志匈奴，赫然命將，戎旗星屬，[3]候列郊甸，火通甘泉，[4]而猶鳴鏑揚塵，出入畿內，[5]至於窮竭武力，單用天財，[6]歷紀歲以攘之。寇雖頗折，而漢之疲耗略相當矣。[7]宣帝值虜庭分爭，呼韓邪來臣，乃權納懷柔，因為邊衞，[8]罷關徼之儆，息兵民之勞。[9]龍駕帝服，鳴鍾傳鼓於清渭之上，[10]南面而朝單于，朔、易無復匹馬之蹤，[11]六十餘年矣。後王莽陵篡，擾動戎夷，[12]續以更始之亂，方夏幅裂。[13]自是匈奴得志，狼心復生，乘閒侵佚，害流傍境。及中興之初，更通舊好，[14]報命連屬，金幣載道，[15]而單于驕踞益橫，內暴滋深。[16]世祖以用事諸華，未遑沙塞之外，[17]忍愧思難，徒報謝而已。[18]因徙幽、并之民，增邊屯之卒。[19]及關東稍定，隴、蜀已清，其猛夫扞將，莫不頓足攘手，爭言衞、霍之事。[20]帝方厭兵，閒脩文政，未之許也。[21]其後匈奴爭立，日逐來奔，願脩呼韓之好，以禦北狄之衝，[22]奉藩稱臣，永為外扞。天子總攬群策，和而納焉。[23]乃詔有司開北鄙，擇肥美之地，量水草以處之。馳中郎之使，盡法度以臨之。制衣裳，備文物，加璽紱之綬，正單于之名。於是匈奴分破，始有南北二庭焉。儲釁既深，互伺便隙，控弦抗戈，覘望風塵，雲屯鳥散，更相馳突，至於陷潰創傷者，糜歲或寧，而漢之塞地晏然矣。〔24〕後亦頗為出師，并兵窮討，命竇憲、耿夔之徒，前後並進，皆用果譎，設奇數，異道同會，究掩其窟穴，〔六六〕躡北追奔〔25〕三千餘里，〔26〕遂破龍祠，焚罽幕，阬十角，梏閼氏，〔27〕銘功封石，倡呼而還。〔28〕單于震慴屏氣，蒙氈遁走於烏孫之地，而漢北空矣。〔29〕若因其時埶，及其虛曠，還南虜於陰山，歸（河）西〔河〕於內地，〔30〕〔六七〕上申光武權宜之略，下防戎羯亂華之變，〔31〕使耿國之筭不謬於當世，〔32〕袁安之議見從於後王，〔33〕平易正直，若此其弘也。〔34〕而竇憲矜三捷之効，忽經世之規，狼戾不端，專行威惠。〔35〕遂復更立北虜，反其故庭，〔36〕並恩兩護，以私己福，弃蔑天公，〔37〕坐樹大鯁。永言前載，何恨憤之深乎！〔38〕自後經綸失方，畔服不一，其為疢毒，胡可單言！〔39〕降及後世，翫為常俗，終於吞噬神鄉，丘墟帝宅。嗚呼！千里之差，興自毫端，失得之源，百世不磨矣。〔40〕

【注】

〔1〕《前書》云，高祖自將兵三十二萬擊韓王信，先至平城，冒頓縱兵三十萬騎圍帝於白登，七日，漢兵中外不得相救餉。故歌曰："平城之事甚大苦，七日不得食，不能彎弓弩。"得陳平祕計，然後得免也。

〔2〕《前書》贊曰："斷獄四百，幾致刑措。"幾，近也。今言"政鄰刑措"，鄰亦近也。

〔3〕如衆星之相連屬，言其多。

〔4〕列置候兵於近郊畿，天子在甘泉宮，而烽火時到甘泉宮也。

〔5〕鳴鏑即匈奴之箭也。謂匈奴、白羊、樓煩王在河南，去京師一千餘里，古者王畿千里，言匈奴寇邊即出入畿內。世宗逐樓煩、白羊，始得河南之地以築朔方，今夏州是也。按夏州去京師一千二百里。

〔6〕單，盡也。言盡用天下之財。

〔7〕漢武好征，户口減半，即是死亡與殺匈奴相當也。

〔8〕虜庭分爭謂五單于〔爭〕國,〔六八〕呼韓邪遂來臣服,因請款關,永為邊衛。《前書》云日逐王薄胥堂為屠耆單于,呼揭王為呼揭單于,奠鞬王為車犂單于,烏籍都尉為烏籍單于,并呼韓邪凡五單于也。

〔9〕匈奴既降,北庭不儆備,勞者並得休息也。

〔10〕案《前書》,宣帝甘露二年正月,呼韓邪朝甘泉宮,漢寵以殊禮,位在諸侯王上。贊謁(者)稱臣而不名。〔六九〕禮畢,使者導單于宿長平。上自甘泉宿池陽宮,詔單于毋謁。左右當戶及群臣皆列觀,及諸蠻夷君長〔王〕侯數萬人,〔七〇〕咸迎於渭橋下,夾道陳。上登渭橋,咸稱萬歲。

〔11〕匈奴既降,〔七一〕朔方、易水之地更無匈奴匹馬之蹤也。

〔12〕自宣帝甘露二年至平帝末年,北邊無匈奴之盜。王莽陵篡之後,狼心復生。《前書》贊曰:"三世稱〔藩〕,〔七二〕賓於漢庭。是時邊城晏閉,〔七三〕牛馬布野,三世無犬吠之警,黎庶忘干戈之役。後六十餘歲之間,遭王莽篡位,始開邊隙。"三世謂元帝、成帝各為一世,哀平二帝皆元帝之孫,共為一世,故三世也。王莽執政,始開邊隙也。

〔13〕更始無道,擾亂方內,諸夏如布帛之裂也。

〔14〕及光武中興,更通宣、元之舊好。

〔15〕報命相屬,言其往來不絕。金帛常載於道,言其賞遺常行。

〔16〕世祖二年,令中郎將韓統報命,〔七四〕賂遺金帛以通舊好。而單于驕踞,自比冒頓,對使者辭語悖慢也。

〔17〕遑,暇也。

〔18〕雖得驕踞悖慢之詞,而忍其羞愧,思其患難,但以善言報謝而已。徒,但也。

〔19〕移徙幽、并之人,增益邊屯之戍卒。

〔20〕爭言衛青、霍去病,世宗之代北伐匈奴之事也。

〔21〕帝厭其用兵,欲脩文政,未許猛夫扞將之事。

〔22〕比季父孝單于輿以比為右奠鞬日逐王,日逐即南匈奴單于比也。

〔23〕總覽群臣之策,善均從衆,與之和同,而納其降款也。

〔24〕由南北二庭自相馳突,而漢之塞地晏然無事矣。

〔25〕軍走曰北也。

〔26〕北虜（烏孫）遂奔〔烏孫〕,〔七五〕漠北乃空,其地三千餘里也。

〔27〕械在手曰梏,音古督反。

〔28〕為刻石立銘於燕然山,猶《前書》霍去病登臨瀚海,封狼居胥山也。

〔29〕漠北既空,宜即遷南虜以居之。

〔30〕河西虜衆居之,于時遂為邊境,若還南虜於陰山,即為內地也。

〔31〕戎羯之亂,興於永嘉之年;即勒燕然,〔七六〕乃居永元之歲。中人以上,始可預其將來;竇憲庸才,寧可責其謀慮。

〔32〕建武二十四年,八部大人共立比為呼韓邪單于,款五原塞,願永為蕃蔽,扞禦北方。帝用五官中郎將耿國議,乃許之也。

〔33〕竇憲欲立北單于,安議不許也。

〔34〕若從耿國、袁安之議,即言平易正直之道如此之弘遠也。

〔35〕三捷言勝也。自矜功伐,專行威惠,為臣不忠,即其人也。又章和二年,竇太后臨朝。單于屯屠何上言:"宜及北虜分爭,出兵討伐,破北成南,并為一國,令漢家長無北念。"既威北邊,即宜獎成南部,〔七七〕更請存立,其何惑哉。

〔36〕永元三年,將軍竇憲上書,請立於除鞬為北單于,朝廷從之。四年即授璽綬,方欲輔歸北庭,會竇憲被誅。五年,於除鞬自畔還北,帝遣將兵長史王輔誘誅之。

〔37〕言竇憲斬日逐,刊石紀功,即宜滅其北庭,以資南部。重存胤緒,滋生孽栽。〔七八〕南北俱存,即是並恩兩護。以私己福,乃招其禍。斯則弃蔑天公之事也。天公謂天子也。《前書》云"共禿翁何為首鼠兩端",〔七九〕禿翁即乃翁也。〔八〇〕高祖云"幾敗乃公事",乃公即汝公也。惇史直筆,時復存其質言也。

〔38〕由竇憲請立北庭,遂使匈奴滋蔓,即是坐樹大鯁,永言前事,深可恨哉。載,事也。

〔39〕單,盡也。單與殫同也。

〔40〕既勒燕然之後，若復南虜於漠北，引侍子於京師，混并匈奴之區，使得專為一部，則荒服無忿爭之跡，邊服息征戍之勤。此之不行，遂為巨蠹。自單于比入居西河美稷之後，種類繁昌，難以驅逼。魏武雖分其衆為五部，然大率皆居晉陽。暨乎左賢王豹之子劉元海，假稱天號，縱盜中原，吞噬神鄉，丘墟帝宅。愍懷二帝沈没虜庭，差之毫端，一至於此。百代無滅，誠可痛心也。

贊曰：匈奴既分，〔1〕羽書稀聞。〔2〕野心難悔，終亦紛紜。〔3〕

【注】
〔1〕謂分為南北庭也。
〔2〕檄書有急，即插鳥羽其上也。
〔3〕紛紜之事，具如上解。

【校勘記】
〔一〕至比季父孝單于輿時　汲本、殿本無"孝"字。按《前書·匈奴傳》云："單于咸立五歲，天鳳五年死，弟左賢王輿立，為呼都而尸道皋若鞮單于。匈奴謂孝曰若鞮。"范《書》意譯為"孝單于"，後人不曉，滅去此"孝"字耳。下"以禦北狄之衝"注亦稱"孝單于"。
〔二〕虛間權渠單于〔子〕也　據汲本、殿本補。
〔三〕以單于相傳乃十八代也　按：李慈銘謂"相傳"上當脫"兄弟"二字。
〔四〕賂遺金幣　汲本"幣"作"帛"。按：《通志》亦作"帛"。
〔五〕殺略鈔掠甚衆　按：《校補》謂掠即略，不當殺略鈔掠並言，《通志》無"鈔掠"二字可證，二字當衍。
〔六〕以次當〔為〕左賢王　據《校補》引錢大昭説補。按：《通志》有"為"字。
〔七〕時比弟漸將王在單于帳下　殿本改"漸"作"斬"。按：《通鑑》胡注謂"漸"當作"斬",傳寫誤加水旁耳。《校補》謂匈奴言語文字不與華同,其王號非譯不曉,漸將亦未嘗無義。觀《晉書》作"左漸尚王"、"右漸尚王",將尚一音之轉,安知"斬"不正當作"漸"耶?

〔八〕令中郎將置安集掾(吏)〔史〕　據汲本、殿本改。

〔九〕單于歲盡輒遣奉奏　按:《刊誤》謂案文少一"使"字。

〔一〇〕且渠　按:《集解》引惠棟說,謂《史記》作"且居"。

〔一一〕及悉復緣邊八郡　按:張森楷《校勘記》謂"及"字於此義無所施,蓋當為"又"。

〔一二〕願復裁〔賜〕　據汲本、殿本補。

〔一三〕遣驛以聞　按:殿本"驛"作"譯"。

〔一四〕矢十二曰發見漢書音義　按:汲本、殿本作"發四矢曰發,見《儀禮》也"。

〔一五〕中郎將段郴　按:"郴"原訛"彬",逕據汲本、殿本改正。

〔一六〕胡邪尸逐侯鞮單于長　按:"胡"原作"湖",逕據汲本、殿本改。

〔一七〕中郎將吳棠　按:《校補》謂袁《紀》"棠"作"常"。

〔一八〕隨太僕祭肜　按:"肜"原作"彤",逕據汲本、殿本改。

〔一九〕皋林溫禺犢王　按:丁謙《南匈奴傳地理考證》謂"溫禺犢王"《前書》作"溫偶駼王",上加"皋林"字者,似分數部也,故下有右溫禺犢王。

〔二〇〕北匈奴入雲中遂至漁陽太守廉范擊卻之　按:《集解》引錢大昕說,謂范為雲中太守,"太守"上當有"雲中"二字。

〔二一〕征西(大)將軍耿秉　《刊誤》謂案《秉傳》不為大將軍,此多一"大"字。今據刪。

〔二二〕詔書聽雲遣驛使迎呼慰納之　按:《刊誤》謂"驛"當作"譯"。

〔二三〕大且渠伊莫訾王　按:"大"原訛"夫",逕改正。

〔二四〕薁鞬日逐王　按:汲本、殿本"鞬"作"鞬"。

〔二五〕又聞取降者歲數千人　按:王先謙謂語氣不了,疑奪文。

〔二六〕荼苦也　殿本"荼"作"塗",《集解》本從之,然塗不訓苦。張森楷《校勘記》謂疑本作"塗炭言苦也","塗"下脱"炭言"二字。按:張説亦言之成理。此殆後人以塗不訓苦,遂改"塗"為"荼"耳。又按:注與正文不相應。《校補》謂此傳之注複沓紕繆,至於不可究詰,疑章懷本皆無注,而妄人附益之,且又不出一手也。

〔二七〕取其匈奴皮而還　按:《刊誤》謂匈奴一種,安能盡取其皮,明多"匈奴"二字,或云取其貂皮。

〔二八〕屈蘭儲卑胡都須等　按:《集解》引錢大昕説,謂《章帝紀》"屈"作"屋"。

〔二九〕依安侯河西　按:《校補》引錢大昭説,謂《魯恭傳》作"史侯河西",安侯史侯未知孰是。

〔三〇〕慭無報效之(義)〔地〕　據殿本改。按:錢大昭謂閩本作"地"。《校補》謂《通志》亦作"地"。

〔三一〕威鎮(西)〔四〕夷　據殿本改。

〔三二〕秉因自陳〔受〕恩　據汲本、殿本補。

〔三三〕首虜二十餘萬人　按:《刊誤》謂案文多一"人"字。

〔三四〕匈奴河　《刊誤》謂"奴"字衍。按:匈奴河或省稱匈河耳,"奴"字非衍,參閱《竇融傳》校記。

〔三五〕夜圍北單于〔單于〕大驚　據《刊誤》補。

〔三六〕獲閼氏　按:《校補》謂據《和紀》,此閼氏,單于母也。紀亦言"獲",而《耿秉傳》獨言"斬"。

〔三七〕故(從)事中郎將置從事二人　《刊誤》謂案文多一"從"字,言故事如此。今據删。

〔三八〕右校尉耿夔　按:《集解》引錢大昕説,謂"右"當作"左"。

〔三九〕賜玉劍四具羽蓋一駟　按:《刊誤》謂當云"玉具劍四",又衍一"駟"字。

〔四〇〕而不附安國〔安國〕由是疾師子　據《通志》補。

〔四一〕副中郎〔將〕龐雄　據《刊誤》補。

〔四二〕安帝即位之二年也　按：安帝於殤帝延平元年即位，至永初三年，即位已四年矣，"二"乃"四"之譌。

〔四三〕安帝永初（六）〔八〕年　據《集解》引洪亮吉說改。

〔四四〕諸降胡餘萬人　按：汲本、殿本"餘萬人"作"萬餘人"。

〔四五〕部衆分散　按："散"原譌"明"，逕改正。

〔四六〕温禺犢王呼尤徽　按：《校補》謂《通志》"徽"作"微"，下並同。

〔四七〕弟拔立　《集解》引惠棟說，謂凡單于立皆載號謚。下云"烏稽侯尸逐鞮單于"，乃拔號謚也。"弟拔立"已下當接此文，今錯出"耿夔復免"以下十五字，未知所屬，當有脫誤。按：《校補》謂案《通志》"耿夔復免"以下十五字在"烏稽侯尸逐鞮單于拔延光三年立"下，"耿夔"上並有"是歲"二字，知今本皆涉上"立"字誤倒，又脫二字也。

〔四八〕以太原太守法度代為將軍　按：《刊誤》謂一傳中處處皆云"度遼將軍"，惟三處沒"度遼"字，以後又復舉之，明此三處脫漏也。

〔四九〕新降一部大人阿族等遂反畔　按：《集解》引錢大昕說，謂《安帝紀》云南匈奴左日逐王叛。

〔五〇〕句龍王　按：《順帝紀》作"句龍大人"。錢大昕謂王與大人皆匈奴尊稱，譯語小異。

〔五一〕中國之所長（也）　據殿本刪。按：《校補》謂錢校本據閩本亦無"也"字，《通志》同。

〔五二〕此則陳龜之由也　按：據張元濟《校勘記》"由"原作"同"，然今商務影印本亦作"由"，殆依殿本描改。又按："同"字當誤。"之由"上疑脫"獲罪"二字。

〔五三〕猶書云謨謀　汲本"謨謀"作"謀謨"。按：《校補》謂今案《尚書》，無"謀謨""謨謀"連文之處，疑皆"謀猷"之誤，猷本亦訓謀也。注或涉下文"謀謨"而誤。又按：注"猶書云"至"古書之重語"應在正文"馬續素有謀謨"句下，然各本皆同，故不改。

〔五四〕〔則〕匈奴之兵不能當也　據殿本補。

〔五五〕下馬地鬭　按：殿本"地"作"步"。

〔五六〕去就相簿　汲本、殿本"簿"作"薄"。按：薄簿通。

〔五七〕奠鞬或作奠鞭　按：沈家本謂《順帝紀》作"奠鞭"。

〔五八〕即今之鬭（用）〔朋〕　據《刊誤》改。

〔五九〕延熹元年　按："元"原譌"九"，逕改正。

〔六〇〕夷狄無字　按：《刊誤》謂此上當有"一説"二字。

〔六一〕熹平靈帝之元年　按：《校補》引柳從辰説，謂應作"靈帝建寧五年改為熹平元年"。

〔六二〕單于呼徵　按：《集解》引惠棟説，謂袁《紀》作"呼演"。

〔六三〕單于羌渠　按：《集解》引惠棟説，謂袁《紀》作"羌深"。

〔六四〕休著各　按：《集解》引錢大昕説，謂《靈帝紀》作"休屠各"。屠音儲，而著亦音直慮切，譯語有重輕，其實一也。《烏桓鮮卑傳》俱云"休著屠各"，此必讀范史者音著為屠，後遂攙入正文耳。

〔六五〕又徙遷許　按：張森楷《校勘記》謂"徙"當作"從"。

〔六六〕究掩其窟穴　按：《校補》謂究掩二字各一義，不能連文，疑衍一字。

〔六七〕歸（河）西〔河〕於内地　《集解》引陳景雲説，謂"河西"當作"西河"，時南單于屯西河美稷縣也，正與上句"南虜"相對。今據改。

〔六八〕虜庭分爭謂五單于〔爭〕國　據《校補》補。

〔六九〕贊謁（者）稱臣而不名　據《刊誤》删。

〔七〇〕及諸蠻夷君長〔王〕侯數萬人　據汲本、殿本補。

〔七一〕匈奴既降　按："既"原譌"即"，逕改正。

〔七二〕三世稱〔藩〕　據《前書》贊補。

〔七三〕是時邊城晏閉　汲本"閉"作"閑"。按：《校補》謂晏閑即安閑，以後文"塞地晏然"證之，説亦可通。

〔七四〕世祖二年令中郎將韓統報命　按：沈家本謂韓統報命乃六年事，云"二年"，誤。

〔七五〕北虜（烏孫）遂奔〔烏孫〕　據《校補》改。

〔七六〕即勒燕然　汲本、殿本"即"作"續"。按：疑原作"既勒燕然"，"既"與"即"形近而譌，下文注有"既勒燕然之後"云云，可證也。

〔七七〕即宜獎成南部　按：汲本"獎"作"權"，殿本作"搆"。

〔七八〕滋生孽栽　按："栽"原作"裁"，逕據汲本、殿本改。

〔七九〕共禿翁何為首鼠兩端　汲本、殿本"共"作"老"。今按：《前書》云"與長孺共一禿翁，何為首鼠兩端"，《史記》則作"與長孺共一老禿翁，何為首鼠兩端"，此注"共"下脫一"一"字，而"共"作"老"，或後人依《史記》改也。

〔八〇〕禿翁即乃翁也　殿本、《集解》本"乃翁"作"天翁"。按：王應麟《困學紀聞》卷十三，略謂劉贛父《東漢刊誤》謂列傳第七十九注最淺陋，章懷注書，分與諸臣，疑其將終篇，故特草草耳。今觀注引《前書》，謂禿翁即天翁，其謬甚矣。是王氏所見本亦作"天翁"也。

後漢書卷九十

烏桓鮮卑列傳第八十

烏桓者，本東胡也。〔一〕漢初，匈奴冒頓滅其國，餘類保烏桓山，因以為號焉。俗善騎射，弋獵禽獸為事。隨水草放牧，居無常處。以穹廬為舍，東開向日。食肉飲酪，以毛毳為衣。[1]貴少而賤老，其性悍塞。[2]〔二〕怒則殺父兄，而終不害其母，以母有族類，父兄無相仇報故也。有勇健能理決鬭訟者，推為大人，無世業相繼。邑落各有小帥，數百千落自為一部。大人有所召呼，則刻木為信，雖無文字，而部眾不敢違犯。氏姓無常，以大人健者名字為姓。大人以下，各自畜牧營產，不相徭役。其嫁娶則先略女通情，[3]或半歲百日，然後送牛馬羊畜，以為娉幣。婿隨妻還家，妻家無尊卑，旦旦拜之，而不拜其父母。為妻家僕役，一二年間，妻家乃厚遣送女，居處財物一皆為辦。其俗妻後母，報寡嫂，死則歸其故夫。計謀從用婦人，唯鬭戰之事乃自決之。父子男女相對踞蹲。以髡頭為輕便。婦人至嫁時乃養髮，分為髻，著句決，飾以金碧，猶中國有簂步搖。[4]〔三〕婦人能刺韋作文繡，織氀毼。[5]男子能作弓矢鞍勒，[6]鍛金鐵為兵器。其土地宜穄及東牆。東牆似蓬草，實如穄子，〔四〕至十月而熟。見鳥獸孕乳，以別四節。

【注】

〔1〕鄭玄注《周禮》曰："毛之縟細者為毳也。"

〔2〕《説文》曰:"悍,勇也。"塞謂不通。

〔3〕杜預注《左傳》曰:"不以道取為略。"

〔4〕簂音(吉)〔古〕薨反。〔五〕字或為"幗",婦人首飾也。《續漢·輿服志》曰:"公卿列侯夫人紺繒幗。"《釋名》云"皇后首飾,上有垂珠,步則搖之"也。

〔5〕《廣雅》曰:"甀甈,罋也。"甀音力于反。甈音胡達反。

〔6〕勒,馬銜也。

　　俗貴兵死,斂屍以棺,有哭泣之哀,至葬則歌舞相送。肥養一犬,以彩繩纓牽,并取死者所乘馬衣物,皆燒而送之,言以屬累犬,[1]使護死者神靈歸赤山。赤山在遼東西北數千里,如中國人死者魂神歸岱山也。[2]敬鬼神,祠天地日月星辰山川及先大人有健名者。祠用牛羊,畢皆燒之。其約法:違大人言者,罪至死;若相賊殺者,令部落自相報,不止,詣大人告之,聽出馬牛羊以贖死;其自殺父兄則無罪;若亡畔為大人所捕者,邑落不得受之,皆徙逐於雍狂之地,沙漠之中。其土多蝮蛇,在丁令西南,烏孫東北焉。[3]

【注】

〔1〕屬累猶付託也。屬音之欲反。累音力瑞反。

〔2〕《博物志》:"泰山,天帝孫也,主召人魂。東方萬物始,故知人生命。"

〔3〕《前書音義》曰:"丁令,匈奴別種也。令音零。"

　　烏桓自為冒頓所破,衆遂孤弱,常臣伏匈奴,歲輸牛馬羊皮,過時不具,輒没其妻子。及武帝遣驃騎將軍霍去病擊破匈奴左地,因徙烏桓於上谷、漁陽、右北平、遼西、遼東五郡塞外,為漢偵察匈奴動靜。[1]其大人歲一朝見,於是始置護烏桓校尉,秩二千石,擁節監領之,使不得與匈奴交通。

【注】
〔1〕偵，覘也，音丑政反。

昭帝時，烏桓漸強，乃發匈奴單于冢墓，以報冒頓之怨。匈奴大怒，乃東擊破烏桓。大將軍霍光聞之，因遣度遼將軍范明友將二萬騎出遼東邀匈奴，而虜已引去。明友乘烏桓新敗，遂進擊之，斬首六千餘級，獲其三王首而還。由是烏桓復寇幽州，明友輒破之。宣帝時，乃稍保塞降附。

及王莽篡位，欲擊匈奴，興十二部軍，使東域將嚴尤領烏桓、丁令兵屯代郡，皆質其妻子於郡縣。烏桓不便水土，懼久屯不休，數求謁去。莽不肯遣，遂自亡畔，〔六〕還為抄盜，而諸郡盡殺其質，由是結怨於莽。匈奴因誘其豪帥以為吏，餘者皆羈縻屬之。

光武初，烏桓與匈奴連兵為寇，代郡以東尤被其害。居止近塞，朝發穹廬，暮至城郭，五郡民庶，家受其辜，至於郡縣損壞，百姓流亡。其在上谷塞外白山者，最為強富。

建武二十一年，遣伏波將軍馬援將三千騎出五阮關掩擊之。〔1〕烏桓逆知，悉相率逃走，追斬百級而還。烏桓復尾擊援後，援遂晨夜奔歸，比入塞，馬死者千餘匹。

【注】
〔1〕關在代郡。

二十二年，匈奴國亂，烏桓乘弱擊破之，匈奴轉北徙數千里，漠南地空，帝乃以幣帛賂烏桓。二十五年，遼西烏桓大人郝旦等九百二十二人率眾向化，詣闕朝貢，獻奴婢牛馬及弓虎豹貂皮。

是時四夷朝賀，絡驛而至，天子乃命大會勞饗，賜以珍寶。烏桓或願留宿衞,於是封其渠帥為侯王君長者八十一人,〔七〕皆居塞內,布於緣邊諸郡,令招來種人,給其衣食,遂為漢偵候,助擊匈奴、鮮卑。時司徒掾班彪上言:"烏桓天性輕黠,好為寇賊,若久放縱而無總領者,必復侵掠居人,但委主降掾史,〔一〕恐非所能制。臣愚以為宜復置烏桓校尉,誠有益於附集,省國家之邊慮。"帝從之。於是始復置校尉於上谷寧城,〔二〕開營府,并領鮮卑,賞賜質子,歲時互市焉。

【注】
〔一〕蓋當時權置也。下兵馬掾亦同也。
〔二〕寧城,縣名。《前書》寧縣作"寧",《史記》寧城亦作"寧",寧寧兩字通也。

及明、章、和三世,皆保塞無事。安帝永初三年夏,漁陽烏桓與右北平胡千餘寇代郡、上谷。秋,鴈門烏桓率眾王無何(允),〔八〕與鮮卑大人丘倫等,及南匈奴骨都侯,合七千騎寇五原,與太守戰於九原高渠谷,〔一〕漢兵大敗,殺郡長吏。乃遣車騎將軍何熙、度遼將軍梁慬等擊,大破之。無何乞降,鮮卑走還塞外。是後烏桓稍復親附,拜其大人戎朱廆為親漢都尉。〔二〕〔九〕

【注】
〔一〕九原,縣名,屬五原郡。
〔二〕廆音胡罪反。

順帝陽嘉四年冬,烏桓寇雲中,遮截道上商賈車牛千餘兩,度遼將軍耿曄率二千餘人追擊,不利,又戰於沙南,斬首五百級。〔一〕烏桓遂圍曄於蘭池城,於是發積射士二千人,度遼營千人,配上郡屯,以討烏桓,烏桓乃退。永和五年,烏桓大人阿堅、羌渠等與南匈奴左部句龍吾斯反畔,中郎將張耽擊破斬之,餘衆悉降。桓帝永壽中,朔方烏桓與休著屠各並畔,〔一〇〕中郎將張奐擊平之。延熹九年夏,烏桓復與鮮卑及南匈奴(鮮卑)寇緣邊九郡,〔一一〕俱反,張奐討之,皆出塞去。

【注】
〔1〕沙南,縣,屬雲中郡,有蘭池城。

靈帝初,烏桓大人上谷有難樓者,衆九千餘落,遼西有丘力居者,衆五千餘落,皆自稱王;又遼東蘇僕延,衆千餘落,自稱峭王;〔1〕右北平烏延,衆八百餘落,自稱汗魯王:並勇健而多計策。中平四年,前中山太守張純畔,入丘力居衆中,自號彌天安定王,遂為諸郡烏桓元帥,寇掠青、徐、幽、冀四州。五年,以劉虞為幽州牧,虞購募斬純首,北州乃定。

【注】
〔1〕峭音七笑反。

獻帝初平中,丘力居死,子樓班年少,從子蹋頓有武略,代立,〔1〕總攝三郡,衆皆從其號令。建安初,冀州牧袁紹與前將軍公孫瓚相持不決,蹋頓遣使詣紹求和親,遂遣兵助擊瓚,破之。紹矯制賜蹋頓、難樓、蘇僕延、烏延等,皆以單于印綬。後難樓、蘇僕延率其部衆奉樓班為單于,蹋頓為王,然蹋頓猶秉計策。廣陽人閻柔,少沒烏桓、鮮卑中,為其種人所歸信,柔乃因鮮卑衆,殺烏桓校尉邢舉而代之。袁紹因寵慰柔,以安北邊。及紹子尚敗,奔蹋頓。時幽、冀吏人奔烏桓者十萬餘戶,尚欲憑其兵力,復圖中國。會曹操平河北,閻柔率鮮卑、烏桓歸附,操即以柔為校尉。建安十二年,曹操自征烏桓,〔一二〕大破蹋頓於柳城,斬之,首虜二十餘萬人。袁尚與樓班、烏延等皆走遼東,遼東太守公孫康並斬送之。其餘衆萬餘落,悉徙居中國云。

【注】
〔1〕蹋音大蠟反。

　　鮮卑者,亦東胡之支也,別依鮮卑山,故因號焉。其言語習俗與烏桓同。唯婚姻先髡頭,以季春月大會於饒樂水上,〔1〕飲讌畢,然後配合。又禽獸異於中國者,野馬、原羊、〔一三〕角端牛,以角為弓,〔2〕俗謂之角端弓者。又有貂、豽、鼲子,皮毛柔蝡,〔3〕故天下以為名裘。

【注】
〔1〕水在今營州北。
〔2〕郭璞注《爾雅》曰:"原羊似吳羊而大角,出西方。"《前書音義》曰:"角端似牛,角可為弓。"
〔3〕豽音女滑反。鼲音胡昆反。貂、鼲並鼠屬。豽,猴屬也。

　　漢初,亦為冒頓所破,遠竄遼東塞外,與烏桓相接,未常通中國焉。光武初,匈奴彊盛,率鮮卑與烏桓寇抄北邊,殺略吏人,無有寧歲。建武二十一年,鮮卑與匈奴入遼東,遼東太守祭肜擊破之,斬獲殆盡,事已具《肜傳》,由是震怖。及南單于附漢,北虜孤弱,二十五年,鮮卑始通驛使。〔一四〕
　　其後都護偏何等詣祭肜求自効功,因令擊北匈奴左伊育訾部,〔一五〕斬首二千餘級。其後偏何連歲出兵擊北虜,還輒持首級詣遼東受賞賜。三十年,〔一六〕鮮卑大人於仇賁、滿頭等率種人詣闕朝賀,慕義內屬。帝封於仇賁為王,滿頭為侯。時漁陽赤山烏桓歆志賁〔一七〕等數寇上谷。永平元年,祭肜復賂偏何擊歆志賁,破斬之,於是鮮卑大人皆來歸附,並詣遼東受賞賜,青徐二州給錢歲二億七千萬為常。明章二世,保塞無事。
　　和帝永元中,大將軍竇憲遣右校尉耿夔擊破匈奴,北單于逃走,鮮卑因此轉徙據其地。匈奴餘種留者尚有十餘萬落，皆自號鮮卑，鮮卑由此漸盛。九年，遼東鮮卑攻肥如縣，[1]太守祭參坐沮敗，下獄死。十三年，遼東鮮卑寇右北平，因入漁陽，漁陽太守擊破之。延平元年，[一八]鮮卑復寇漁陽，太守張顯率數百人出塞追之。兵馬掾嚴授諫曰："前道險阻，賊埶難量，宜且結營，先令輕騎偵視之。"顯意甚銳，怒欲斬之。因復進兵，遇虜伏發，士卒悉走，唯授力戰，身被十創，手殺數人而死。顯中流矢，主簿衛福、功曹徐咸皆自投赴顯，俱歿於陣。鄧太后策書褒歎，賜顯錢六十萬，以家二人為郎；授、福、咸各錢十萬，除一子為郎。

【注】
〔1〕肥如縣，故城在今平州也。

安帝永初中，鮮卑大人燕荔陽詣闕朝賀，鄧太后賜燕荔陽王印綬，赤車參駕，令止烏桓校尉所居甯城下，通胡市，因築南北兩部質館。[1]鮮卑邑落百二十部，各遣入質。是後或降或畔，與匈奴、烏桓更相攻擊。

【注】
〔1〕築館以受降質。

元初二年秋，遼東鮮卑圍無慮縣，[1]州郡合兵固保清野，鮮卑無所得。[2]復攻扶黎營，殺長吏。[3]四年，遼西鮮卑連休等遂燒塞門，寇百姓。烏桓大人於秩居等與連休有宿怨，共郡兵奔擊，大破之，斬首千三百級，悉獲其生口牛馬財物。五年秋，代郡鮮卑萬餘騎遂穿塞入寇，分攻城邑，燒官寺，殺長吏而去。乃發緣邊甲卒、黎陽營兵，屯上谷以備之。冬，鮮卑入上谷，攻居庸關，復發緣邊諸郡、黎陽營兵、積射士步騎二萬人，屯列衝要。六年秋，鮮卑入馬城塞，殺長吏，[4]度遼將軍鄧遵發積射士三千人，及中郎將馬續率南單于，與遼西、右北平兵馬會，出塞追擊鮮卑，大破之，獲生口及牛羊財物甚衆。又發積射士三千人，馬三千匹，詣度遼營屯守。

【注】
〔1〕無慮縣屬遼東郡。
〔2〕清野謂收斂積聚，不令寇得之也。
〔3〕扶黎，縣，屬遼東屬國，故城在今營州東〔南〕。[一九]
〔4〕馬城，縣名，屬代郡也。

永寧元年，遼西鮮卑大人烏倫、其至鞬率衆詣鄧遵降，奉貢獻。詔封烏倫為率衆王，其至鞬為率衆侯，賜綵繒各有差。

建光元年秋，其至鞬復畔，寇居庸，雲中太守成嚴擊之，兵敗，功曹楊穆以身捍嚴，與俱戰歿。鮮卑於是圍烏桓校尉徐常於馬城。度遼將軍耿夔與幽州刺史龐參發廣陽、漁陽、涿郡甲卒，分為兩道救之；常夜得潛出，與夔等并力並進，攻賊圍，解之。鮮卑既累殺郡守，膽意轉盛，控弦數萬騎。延光元年冬，復寇鴈門、定襄，遂攻太原，掠殺百姓。二年冬，其至鞬自將萬餘騎入東領候，分為數道，攻南匈奴於曼柏，[1]奧鞬日逐王戰死，殺千餘人。三年秋，復寇高柳，擊破南匈奴，殺漸將王。[二〇]

【注】
〔1〕縣名，屬五原郡也。

順帝永建元年秋，鮮卑其至鞬寇代郡，太守李超戰死。明年春，中郎將張國遣從事將南單于兵步騎萬餘人出塞，擊破之，獲其資重二千餘種。[二一]時遼東鮮卑六千餘騎亦寇遼東玄菟，烏桓校尉耿曄發緣邊諸郡兵及烏桓率眾王出塞擊之,斬首數百級,大獲其生口牛馬什物,〔二二〕鮮卑乃率種眾三萬人詣遼東乞降。三年,四年,鮮卑頻寇漁陽、朔方。六年秋,耿曄遣司馬將胡兵數千人,出塞擊破之。冬,漁陽太守又遣烏桓兵擊之,斬首八百級,獲牛馬生口。烏桓豪人扶漱官勇健,〔1〕每與鮮卑戰,輒陷敵,詔賜號"率眾君"。

【注】
〔1〕漱音所救反。

陽嘉元年冬,耿曄遣烏桓親漢都尉戎朱廆率眾王侯咄歸等,〔二三〕出塞抄擊鮮卑,大斬獲而還,賜咄歸等已下為率眾王、侯、長,賜綵繒各有差。鮮卑後寇遼東屬國,於是耿曄乃移屯遼東無慮城拒之。二年春,匈奴中郎將趙稠〔二四〕遣從事將南匈奴骨都侯夫沈等,出塞擊鮮卑,破之,斬獲甚眾,詔賜夫沈金印紫綬及縑綵各有差。秋,鮮卑穿塞入馬城,代郡太守擊之,不能克。後其至鞬死,鮮卑抄盜差稀。

桓帝時,鮮卑檀石槐者,其父投鹿侯,初從匈奴軍三年,其妻在家生子。投鹿侯歸,怪欲殺之。妻言嘗晝行聞雷震,仰天視而雹入其口,因吞之,遂姙身,十月而產,此子必有奇異,且宜長視。投鹿侯不聽,遂弃之。妻私語家令收養焉,名檀石槐。年十四五,勇健有智略。異部大人抄取其外家牛羊,檀石槐單騎追擊之,所向無前,悉還得所亡者,由是部落畏服。乃施法禁,平曲直,無敢犯者,遂推以為大人。檀石槐乃立庭於彈汗山〔二五〕歠仇水上,〔1〕去高柳北三百餘里,兵馬甚盛,東西部大人皆歸焉。因南抄緣邊,北拒丁零,東禦夫餘,西擊烏孫,盡據匈奴故地,東西萬四千餘里,南北七千餘里,網羅山川水澤鹽池。

【注】
〔1〕歠音昌悅反。

永壽二年秋，檀石槐遂將三四千騎寇雲中。延熹元年，鮮卑寇北邊。冬，使匈奴中郎將張奐率南單于出塞擊之，斬首二百級。二年，復入鴈門，殺數百人，大抄掠而去。六年夏，千餘騎寇遼東屬國。九年夏，遂分騎數萬人入緣邊九郡，並殺掠吏人，於是復遣張奐擊之，鮮卑乃出塞去。朝廷積患之，而不能制，遂遣使持印綬封檀石槐為王，欲與和親。檀石槐不肯受，而寇抄滋甚。乃自分其地為三部，從右北平以東至遼東，接夫餘、濊貊二十餘邑為東部，從右北平以西至上谷十餘邑為中部，從上谷以西至敦煌、烏孫二十餘邑為西部，各置大人主領之，皆屬檀石槐。

　　靈帝立，幽、并、涼三州緣邊諸郡無歲不被鮮卑寇抄，殺略不可勝數。熹平三年冬，鮮卑入北地，太守夏育率休著屠各追擊破之。遷育為護烏桓校尉。五年，鮮卑寇幽州。六年夏，鮮卑寇三邊。秋，夏育上言："鮮卑寇邊，自春以來，三十餘發，請徵幽州諸郡兵出塞擊之，一冬二春，必能禽滅。"朝廷未許。先是護羌校尉田晏坐事論刑被原，欲立功自效，乃請中常侍王甫求得為將，甫因此議遣兵與育并力討賊。帝乃拜晏為破鮮卑中郎將。大臣多有不同，乃召百官議朝堂。議郎蔡邕議曰：

　　《書》戒獫夏，《易》伐鬼方，〔1〕周有獫狁、蠻荊之師，〔2〕漢有闐顏、瀚海之事。〔3〕征討殊類，所由尚矣。然而時有同異，勢有可否，故謀有得失，事有成敗，不可齊也。

【注】
　〔1〕《尚書·舜典》曰："蠻夷猾夏，寇賊姦宄。"猾，亂也。《易·既濟》九三爻辭曰："高宗伐鬼方，三年而克之。"《前書》淮南王安曰："鬼方，小蠻夷也。"《音義》曰："鬼方，遠方也。"

　〔2〕《詩·小雅》曰："顯允方叔，征伐獫狁，蠻荊來威。"

　〔3〕武帝使大將軍衛青擊匈奴，至闐顏山，斬首萬餘級。使霍去病擊匈奴，封狼居胥山，登臨瀚海也。

武帝情存遠略，志闢四方，南誅百越，北討強胡，西伐大宛，東并朝鮮。因文、景之蓄，藉天下之饒，數十年間，官民俱匱。乃興鹽鐵酒榷之利，設告緡重稅之令，[1]民不堪命，起為盜賊，關東紛擾，道路不通。[2]繡衣直指之使，奮鈇鉞而並出。[3]既而覺悟，乃息兵罷役，[封]丞相為富民侯。[4][二六]故主父偃曰：「夫務戰勝，窮武事，未有不悔者也。」[5]夫以世宗神武，[二七]將相良猛，[二八]財賦充實，所拓廣遠，猶有悔焉。況今人財並乏，事劣昔時乎！

【注】
〔1〕武帝使東郭咸陽等領天下鹽鐵，敢私鑄錢賣鹽者鈦左趾。[二九]榷，專也。官自賣酒，人不得賣也。又筭緡錢，率緡錢二千而筭一，令各以其物自占。占不悉，聽人告緡，以半與之。《音義》曰：「緡，絲也。用以貫錢，故曰緡錢。一筭百二十也。」
〔2〕武帝天漢二年，泰山、琅邪群賊徐勃等阻山攻城，道路不通。
〔3〕武帝使直指使者暴勝之等衣繡仗斧，分部逐捕也。
〔4〕封丞相車千秋為富民侯，以明休息，思富養人。
〔5〕武帝時，齊相主父偃諫伐匈奴之辭。

　　自匈奴遁逃，鮮卑強盛，據其故地，稱兵十萬，才力勁健，意智益生。加以關塞不嚴，禁網多漏，精金良鐵，皆為賊有；漢人逋逃，為之謀主，兵利馬疾，過於匈奴。昔段熲良將，習兵善戰，有事西羌，猶十餘年。今育、晏才策，未必過熲，鮮卑種眾，不弱于曩時。而虛計二載，自許有成，若禍結兵連，豈得中休？當復徵發眾人，轉運無已，是為耗竭諸夏，并力蠻夷。夫邊垂之患，手足之蚧搔；中國之困，胸背之瘭疽。[1]方今郡縣盜賊尚不能禁，況此醜虜而可伏乎！

【注】
〔1〕蚧音介。搔音新到反。《埤蒼》曰："瘆音必燒反。"杜預注《左傳》曰："疽,惡創也。"

昔高祖忍平城之恥,呂后弃慢書之詬,〔1〕方之於今,何者為甚?

【注】
〔1〕詬,恥也,音許豆反。

天設山河,〔三〇〕秦築長城,漢起塞垣,所以別內外,異殊俗也。苟無蹛國內侮之患則可矣,〔1〕豈與蟲螘(校)〔狡〕寇計爭往來哉!〔三一〕雖或破之,豈可殄盡,而方(今)〔令〕本朝為之旰食乎?〔2〕〔三二〕

【注】
〔1〕蹛國,解見《西域傳》。
〔2〕旰,晚也。《左傳》伍子胥曰："楚君大夫,其旰食乎!"

夫專勝者未必克,挾疑者未必敗,眾所謂危,聖人不任,朝議有嫌,明主不行也。昔淮南王安諫伐越曰："天子之兵,有征無戰。言其莫敢校也。〔1〕如使越人蒙死以逆執事廝輿之卒,〔2〕有一不備而歸者,雖得越王之首,而猶為大漢羞之。"而欲以齊民易醜虜,皇威辱外夷,就如其言,猶已危矣,況乎得失不可量邪!昔珠崖郡反,孝元皇帝納賈捐之言,而下詔曰："珠崖背畔,今議者或曰可討,或曰弃之。朕日夜惟思,羞威不行,則欲誅之;通于時變,復憂萬民。夫萬民之飢與遠蠻之不討,何者為大?宗廟之祭,凶年猶有不備,況避不嫌之辱哉!〔三三〕今關東大困,無以相贍,又當動兵,〔三四〕非但勞民而已。其罷珠崖郡。"此元帝所以發德音也。夫卹民救急,雖成郡列縣,尚猶弃之,況障塞之外,未嘗為民居者乎!守邊之術,李牧善其略,〔3〕〔三五〕保塞之論,嚴尤申其要,〔4〕遺業猶在,文章具存,循二子之策,守先帝之規,臣曰可矣。

【注】
〔1〕校,報也。
〔2〕《前書音義》曰:"廓,微也。輿,衆也。"
〔3〕《史記》曰,李牧,趙之北邊良將也。常居代、鴈門備匈奴,以便宜置吏,市租不入幕府,為士卒費,謹烽火,邊無失亡也。
〔4〕《前書》王莽發三十萬衆,十道出擊匈奴。莽將嚴尤諫曰:"匈奴為害,所從來久,未聞上代有征之者也。後世三家周、秦、漢征之,然皆未有得上策者也。周宣王時獫狁内侵,至于涇陽,命將出征之,盡境而還,是得中策。武帝選將練兵,深入遠戍,兵連禍結三十餘年,是為下策。秦始皇不忍小恥,築長城之固,以喪社稷,是為無策。"班固曰:"若乃征伐之功,秦、漢行事,嚴尤論之當也。"

帝不從。〔1〕遂遣夏育出高柳,田晏出雲中,匈奴中郎將臧旻率南單于出鴈門,各將萬騎,三道出塞二千餘里。檀石槐命三部大人各帥衆逆戰,育等大敗,喪其節傳輜重,各將數十騎奔還,〔三六〕死者十七八。三將檻車徵下獄,贖為庶人。冬,鮮卑寇遼西。光和元年冬,又寇酒泉,緣邊莫不被毒。種衆日多,田畜射獵不足給食,檀石槐乃自徇行,見烏侯秦水廣從數百里,水停不流,〔2〕其中有魚,不能得之。聞倭人善網捕,於是東擊倭人國,〔三七〕得千餘家,徙置秦水上,令捕魚以助糧食。

【注】
〔1〕《左傳》曰,楚大夫薳啟彊對楚靈王曰:"晉之事君,臣曰可矣。"

〔2〕從音子用反。

　　光和中，檀石槐死，時年四十五，子和連代立。和連才力不及父，亦數為寇抄，性貪淫，斷法不平，衆畔者半。後出攻北地，廉人善弩射者[1]射中和連，即死。其子騫曼年小，兄子魁頭立。後騫曼長大，與魁頭爭國，衆遂離散。魁頭死，弟步度根立。自檀石槐後，諸大人遂世相傳襲。

【注】
〔1〕廉，縣名，屬北地郡。

　　論曰：四夷之暴，其勢互彊矣。匈奴熾於隆漢，西羌猛於中興。而靈獻之間，二虜迭盛，石槐驍猛，盡有單于之地，蹋頓凶桀，公據遼西之土。其陵跨中國，結患生人者，靡世而寧焉。然制御上略，歷世無聞；周、漢之策，僅得中下。將天之冥數，以至於是乎？
　　贊曰：二虜首施，鯁我北垂。道暢則馴，時薄先離。

【校勘記】
〔一〕烏桓者本東胡也　按：《魏志》"桓"皆作"丸"。
〔二〕其性悍塞　按：《集解》引惠棟說，謂《魏書》"悍塞"作"悍驚"。
〔三〕簂步搖　按：《三國志》注引《魏書》作"冠步搖"。
〔四〕實如穄子　按：《三國志》注引《魏書》"穄"作"葵"。
〔五〕簂音（吉）[古]誨反　按：張森楷《校勘記》謂吉簂不同母，不得用為反切。據《廣韻》古對切，《集韻》古獲切，疑此"吉"字亦"古"字之誤。今據改。
〔六〕遂自亡畔　"自"原作"皆"，逕據汲本、殿本改。按：《通志》亦作"自"。
〔七〕郝旦等九百二十二人率衆向化詣闕朝貢至於是封其渠帥為侯王君長

者八十一人　按：《魏志·烏丸傳》注引《魏書》，云"烏丸大人郝旦等九千餘人，率衆詣闕，封其渠帥為侯王者八十餘人"，與此異。"郝旦"作"郝旦"，旦且形近，未知孰是。

〔八〕鴈門烏桓率衆王無何（允）　據《刊誤》刪。按：《校補》謂《通志》亦無"允"字。

〔九〕拜其大人戎朱廆為親漢都尉　《集解》引惠棟説，謂《續漢書》及《魏書》"朱"作"末"。按：《校補》謂《通志》亦作"末"。

〔一〇〕朔方烏桓與休著屠各並畔　按："休著屠各"《靈帝紀》作"休屠各"，《南匈奴傳》作"休著各"，此作"休著屠各"者，錢大昕謂乃讀范史者音著為屠，後遂攙入正文耳。參閱《南匈奴傳》校勘記。

〔一一〕延熹九年夏烏桓復與鮮卑及南匈奴（鮮卑）寇緣邊九郡　按：《校補》引錢大昭説，謂下"鮮卑"二字疑衍。本紀是年六月南匈奴及烏桓、鮮卑寇緣邊九郡。今刪。

〔一二〕建安十二年曹操自征烏桓　《集解》引惠棟説，謂《魏書》作"十一年"。今按《魏志·武紀》在建安十二年夏，《魏志·烏丸傳》作"十一年"，誤。

〔一三〕原羊　按：殿本《考證》謂何焯校本"原"改"源"。

〔一四〕鮮卑始通驛使　按：《刊誤》謂"驛"當作"譯"。

〔一五〕北匈奴左伊育訾部　按：《集解》引惠棟説，謂《祭肜傳》"育"作"秩"。

〔一六〕三十年　按：《集解》引惠棟説，謂袁《紀》作"三十一年"。

〔一七〕歆志賁　按：殿本《考證》謂《魏志》注"歆"作"欽"。

〔一八〕延平元年　按：《集解》引王補説，謂"延平"上應有"殤帝"二字。

〔一九〕故城在今營州東〔南〕　據汲本、殿本補。

〔二〇〕殺漸將王　按：殿本"漸"作"斬"。參閱《南匈奴傳校勘記》。

〔二一〕獲其資重二千餘種　按：《校補》謂"種"疑當作"輛"。

〔二二〕牛馬什物　按：殿本作"牛羊財物"。

〔二三〕耿曄遣烏桓親漢都尉戎朱廆率衆王侯咄歸等　按：《刊誤》謂《魏志》此"衆"字作"將"字，言率將胡王等出塞，後乃封為率衆王侯長也。

〔二四〕匈奴中郎將趙稠　按：沈家本謂"趙稠"紀作"王稠"。"匈奴"上奪"使"字。

〔二五〕彈汗山　按：《集解》引惠棟說，謂"汗"《通鑑》作"汙"。

〔二六〕［封］丞相為富民侯　據汲本、殿本補。

〔二七〕夫以世宗神武　張森楷《校勘記》謂《群書治要》"世宗"作"武帝"，是知范《書》原文作"武帝"，後人妄以武帝本是世宗，唐避諱改，遂回改為"世宗"，而不知非也。今按：《邕集》作"世宗"。

〔二八〕將相良猛　按：汲本、殿本"相"作"帥"。

〔二九〕釱左趾　按："釱"原作"鈇"，逕據殿本、《集解》本改。

〔三〇〕天設山河　按：《校補》謂《通志》"山河"作"沙漠"。

〔三一〕豈與蟲螘(校)［狡］寇計爭往來哉　《校補》謂"校"為"狡"之譌。並引柳從辰說，謂《蔡邕集》"校"作"狡"。今據改。

〔三二〕而方(今)［令］本朝為之旰食乎　《刊誤》謂"今"當作"令"。張森楷《校勘記》謂《治要》作"令"。今據改。

〔三三〕況避不嫌之辱哉　按：《校補》謂柳從辰云《蔡邕集》"嫌"作"遜"，今案《前書》本作"嫌"。

〔三四〕又當動兵　《集解》引惠棟說，謂《邕集》"當"作"議"。今按：《前書》作"以"。

〔三五〕守邊之術李牧善其略　按：《校補》謂《通志》"守"作"備"，"略"作"宜"。

〔三六〕各將數十騎奔還　汲本、殿本"數十"作"數千"。按：殿本《考證》謂"數千"《通鑑》作"數十"為是。

〔三七〕聞倭人善網捕於是東擊倭人國　按：魏志鮮卑傳注引魏書"倭"作"汗"。